中国近代
思想家文库

◎

张允起 编

萧公权卷

中国人民大学出版社
·北京·

总 序

  对于近代的理解，虽不见得所有人都是一致的，但总的说来，对于近代这个词所涵的基本意义，人们还是有共识的。一个国家、一个民族走入近代，就意味着以工业化为主导的经济取代了以地主经济、领主经济或自然经济为主导的中世纪的经济形态，也还意味着，它不再是孤立的或是封闭与半封闭的，而是以某种形式加入到世界总的发展进程。尤其重要的是，它以某种形式的民主制度取代君主专制或其他不同形式的专制制度。中国是个幅员广大、人口众多、历史悠久的多民族国家，由于长期历史发展是自成一体的，与外界的交往比较有限，其生产方式的代谢迟缓了一些。如果说，世界的近代是从 17 世纪开始的，那么中国的近代则是从 19 世纪中期才开始的。现在国内学界比较一致的认识，是把 1840 年到 1949 年视为中国的近代。

  中国的近代起始的标志是 1840 年的鸦片战争。原来相对封闭的国门被拥有近代种种优势的英帝国以军舰、大炮再加上种种卑鄙的欺诈打开了。从此，中国不情愿地加入到世界秩序中，沦为半殖民地。原来独立的大一统的中央集权的君主专制国家，如今独立已经极大地被限制，大一统也逐渐残缺不全，中央集权因列强的侵夺也不完全名实相符了。后来因太平天国运动，地方军政势力崛起，形成内轻外重的形势，也使中央集权被弱化。经历第二次鸦片战争、中法战争、甲午战争、八国联军入侵的战争以及辛亥革命后的多次内外战争，直至日本全面侵略中国的战争，致使中国的经济、政治、教育、文化，都无法顺利走上近代发展的轨道。古今之间，新旧之间，中外之间，混杂、矛盾、冲突。总之，鸦片战争后的中国，既未能成为近代国家，更不能维持原有的统治秩序。而外患内忧咄咄逼人，人们都有某种程度"国将不国"的忧虑。

  "天下兴亡，匹夫有责"，读书明理的士大夫，或今所谓知识分子，尤为敏感，在空前的危机与挑战面前，皆思有所献替。于是发生种种救亡图存的思想与主张。有的从所能见及的西方国家发展的经验中借鉴某些东西，形成自己的改革方案；有的从历史回忆中拾取某些智慧，形成某种民族复兴的设想；有的则力图把西方的和中国所固有的一些东西加以调和或结合，形成某种救亡图强的主张。这些方案、设想、主张，从世界上"最先进的"，到"最落后的"，几乎样样都有。就提出这些方案、设想、主张者的初衷而言，绝大多数都含着几分救国的意愿。其先进与落后，是否可行，能否成功，尽可充分讨论，但可不必过为诛心之论。显而易见，既然救国的问题最为紧迫，人们所心营目注者自然是种种与救国的方案直接相关的思想学说，而作为产生这些学说的更基础性的理论，及其他各种知识、思想，则关注者少。

围绕着救国、强国的大议题，知识精英们参考世界上种种思想学说，加以研究、选择，认为其中比较适用的思想学说，拿来向国人宣传，并赢得一部分人的认可。于是互相推引，互相激励，更加发挥，演而成潮。在近代中国，曾经得到比较广泛的传播的思想学说，或者够得上思潮的，主要有以下几种：

（一）进化论。近代西方思想较早被引介到中国，而又发生绝大影响的，要属进化论。中国人逐渐相信，进化是宇宙之铁则，不进化就必遭淘汰。以此思想警醒国人，颇曾有助于振作民族精神。但随后不久，社会达尔文主义伴随而来，不免发生一些负面的影响。人们对进化的了解，也存在某些片面性，有时把进化理解为一条简单的直线。辩证法思想帮助人们形成内容更丰富和更加符合实际的发展观念，减少或避免片面性的进化观念的某些负面影响。

（二）民族主义。中国古代的民族主义思想，其核心是"非我族类，其心必异"，所以最重"华夷之辨"。鸦片战争前后一段时期，中国人的民族思想，大体仍是如此。后来渐渐认识到"今之夷狄，非古之夷狄"，"西人治国有法度，不得以古旧之夷狄视之"。但当时中国正遭受西方列强的侵略和掠夺，追求民族独立是民族主义之第一义。20世纪初，中国知识精英开始有了"中华民族"的概念。于是，渐渐形成以建立近代民族国家为核心的近代民族主义。结束清朝君主专制，创立中华民国，是这一思想的初步实现。第一次世界大战爆发，中国加入"协约国"，第一次以主动的姿态参与世界事务，接着俄国十月革命爆发，这两件事对近代中国的发展历程造成绝大影响。同时也将中国人的民族主义提升到一个新的层次，即与国际主义（或世界主义）发生紧密联系。也可以说，中国人更加自觉地用世界的眼光来观察中国的问题。新生的中国共产党和改组后的国民党都是如此。民族主义成为中国的知识精英用来应对近代中国所面临的种种危机和种种挑战的一个重要的思想武器。

（三）社会主义。社会主义作为一种模糊的理想是早在古代就有的，而且不论东方和西方都曾有过。但作为近代思潮，它是于19世纪在批判近代资本主义的基础上产生的。起初仍带有空想的性质，直到马克思和恩格斯才创立起科学社会主义。20世纪初期，社会主义开始传入中国。当时的传播者不太了解科学社会主义与以往的社会主义学说的本质区别。有一部分人，明显地受到无政府主义的强烈影响，更远离科学社会主义。直到五四新文化运动兴起之后，中国人始较严格地引介、宣传科学社会主义。但有一段时间，无政府主义仍是一股很大的思想潮流。中国共产党的成立，从思想上说，是战胜无政府主义的结果。中国共产党把在中国实现社会主义乃至共产主义作为自己的奋斗目标。此后，社会主义者，多次同各种非科学社会主义思想的信仰者进行论争并不断克服种种非科学社会主义思想的影响。

（四）自由主义。自由主义也是从清末就被介绍到中国来，只是信从者一直寥寥。直到五四新文化运动兴起，具有欧美教育背景的知识精英的数量渐渐多起来，自由主义始渐渐形成一股思想潮流。自由主义强调个性解放、意志自由和自己承担责任，在政治上反对一切专制主义。在中国的社会条件下，自由主义缺乏社会基础。在政治激烈动荡的时候，自由主义者很难凝聚成一股有组织的力量；在稍稍平和的时候，他们往往更多沉浸在自己的专业中。所以，在中国近代史上，自由主义不曾有，也不可能有大的作为。

（五）激进主义与保守主义。处于转型期的社会，旧的东西尚未完全退出舞台，新的东西也还未能巩固地树立起来，新旧冲突往往要持续很长的时间，有时甚至达到很激烈的程度。凡助推新东西成长的，人们便视为进步的；凡帮助旧东西排斥新东西的，人们便视为保守的。其实，与保守主义对应的，应是进步主义；与顽固主义相对的则应是激进主义。不过在通常话语环境中人们不太严格加以区分。中国历史悠久，特别是君主专制制度持续两千余年，旧东西积累异常丰富，社会转型极其不易。而世界的发展却进步甚速。中国的一部分精英分子往往特别急切地想改造中国社会，总想找出最厉害的手段，选一条最捷近的路，以最快的速度实现全盘改造。这类思想、主张及其采取的行动，皆属激进主义。在中共党史上，它表现为"左"倾或极左的机会主义。从极端的激进主义到极端的顽固主义，中间有着各种程度的进步与保守的流派。社会的稳定，或社会和平改革的成功，都依赖有一个实力雄厚的中间力量。但因种种原因，中国社会的中间力量一直未能成长到足够的程度。进步主义与保守主义，以及激进主义与顽固主义，不断进行斗争，而实际所获进步不大。

（六）革命与和平改革。中国近代史上，革命运动与和平改革运动交替进行，有时又是平行发展。两者的宗旨都是为改变原有的君主专制制度而代之以某种形式的近代民主制度。有很长一个时期，有两种错误的观念，一是把革命理解为仅仅是指以暴力取得政权的行动，二是与此相关联，把暴力革命与和平改革对立起来，认为革命是推动历史进步的，而改革是维护旧有统治秩序的。这两种论调既无理论根据，也不合历史实际。凡是有助于改变君主专制制度的探索，无论暴力的或和平的改革都是应予肯定的。

中国近代揭幕之时，西方列强正在疯狂地侵略与掠夺殖民地和半殖民地，中国是它们互相争夺的最后一块、也是最大的资源地。而这时的中国，沿袭了两千年的君主专制制度已到了奄奄一息的末日，统治当局腐朽无能，对外不足以御侮，对内不足以言治，其统治的合法性和统治的能力均招致怀疑。革命运动与改革的呼声，以及自发的民变接连不断。国家、民族的命运真的到了千钧一发之际，危机极端紧迫。先觉分子救国之心切，每遇稍具新意的思想学说便急不可待地学习引介。于是西方思想学说纷纷涌进中国，各阶层、各领域，凡能读书读报者，受其影响，各依其家庭、职业、教育之不同背景而选择自以为不错的一种，接受之，信仰之，传播之。于是西方几百年里相继风行的思想学说，在短时期内纷纷涌进中国。在清末最后的十几年里是这样，五四时期在较高的水准上重复出现这种情况。

这种情况直接造成两个重要的历史现象：一个是中国社会的实际代谢过程（亦即社会转型过程）相对迟缓，而思想的代谢过程却来得格外神速。另一个是在西方原是差不多三百年的历史中渐次出现的各种思想学说，集中在几年或十几年的时间里狂泻而来，人们不及深入研究、审慎抉择，便匆忙引介、传播，引介者、传播者、听闻者，都难免有些消化不良。其实，这种情况在清末，在五四时期，都已有人觉察。我们现在指出这些问题并非苛求前人，而是要引为教训。

同时我们也看到，中国近代思想无比的多样性与复杂性呈现出绚丽多彩的姿态，各种思想持续不断地展开论争，这又构成中国近代思想史的一个突出特点。有些论争为我们留下了非常丰富的思想资料。如兴洋务与反洋务之争，变法与反变法之争，革命与改良之争，共和与立宪之争，东西文化之争，文言与白话之争，新旧伦理之争，科学与人生观之争，中国社会性质的论争，社会史的论争，人权与约法之争，全盘西化与本位文化之争，民主与独裁之争，等等。这些争论都不同程度地关联着一直影响甚至困扰着中国人的几个核心问题，即所谓中西问题、古今问题与心物关系问题。

中国近代思想的光谱虽比较齐全，但各种思想的存在状态及其影响力是很不平衡的。有些思想信从者多，言论著作亦多，且略成系统；有些可能只有很少的人做过介绍或略加研究；有的还可能因种种原因，只存在私人载记中，当时未及面世。然这些思想，其中有很多并不因时间久远而失去其价值。因为就总的情况说，我们还没有完成社会的近代转型，所以先贤们对某些问题的思考，在今天对我们仍有参考借鉴的价值。我们编辑这套《中国近代思想家文库》，希望尽可能全面地、系统地整理出近代中国思想家的思想成果，一则借以保存这份珍贵遗产，再则为研究思想史提供方便，三则为有心于中国思想文化建设者提供参考借鉴的便利。

考虑到中国近代思想的上述诸特点，我们编辑本《文库》时，对于思想家不取太严格的界定，凡在某一学科、某一领域，有其独立思考、提出特别见解和主张者，都尽量收入。虽然其中有些主张与表述有时代和个人的局限，但为反映近代思想发展的轨迹，以供今人参考，我们亦保留其原貌。所以本《文库》实为"中国近代思想集成"。

本《文库》入选的思想家，主要是活跃在1840年至1949年之间的思想人物。但中共领袖人物，因有较为丰富的研究著述，本《文库》则未收入。

编辑如此规模的《文库》，对象范围的确定，材料的搜集，版本的比勘，体例的斟酌，在在皆非易事。限于我们的水平，容有瑕隙，敬请方家指正。

《中国近代思想家文库》编纂委员会

目 录

导言 ·· 1

中西政治思想 ··· 1
拉斯基政治思想之背景（1932 年） ································· 3
晋代反政治之政治思想（1932 年） ································· 15
中国政治思想中之政原论（1934 年） ····························· 19
中国政治思想史参考资料辑要凡例（1940 年） ················· 29
中国政治思想史参考资料绪论（1943 年） ······················ 31
诸子配孔议（1944 年） ·· 76
圣教与异端
　　——从政治思想论孔子在中国文化史中的地位（1946 年） ······· 79
孔子政治学说的现代意义（1949 年） ····························· 93

宪政与民主 ··· 107
原序（1948 年） ·· 109
均权与均势（1936 年） ·· 111
均权与联邦（1936 年） ·· 115
论县政建设（1936 年） ·· 118
施行宪政之准备（1937 年） ··· 122
宪政的条件（1937 年） ·· 127
说言论自由（1940 年） ·· 131
宪政卑论（1943 年） ··· 133

宪政实施后之中央政制（1944 年） ·········· 136

怎样研究宪草（1944 年） ·········· 139

宪政的心理建设（1944 年） ·········· 142

宪政二疑及其答复（1944 年） ·········· 147

英美民主政治（1944 年） ·········· 149

中国君主政体的实质（1945 年） ·········· 154

地方民意机构的初步检讨（1946 年） ·········· 166

低调谈选举（1946 年） ·········· 183

制宪与行宪（1946 年） ·········· 188

论宪草中的国体（1946 年） ·········· 193

宪法与宪草（1947 年） ·········· 196

中华民国宪法述评
　　——为《中美周报》创刊五周年纪念作（1947 年） ·········· 218

说民主（1947 年） ·········· 230

中国政党的过去与将来（1947 年） ·········· 238

论选举（1947 年） ·········· 244

政治评论 ·········· 249

政治领袖的私心（1933 年） ·········· 251

中央外交方针如何转变（1933 年） ·········· 255

当前的三个问题（1935 年） ·········· 258

"以中国攻中国"？（1936 年） ·········· 261

救国的前线与后方（1936 年） ·········· 263

建设有兵的文化（1936 年） ·········· 266

中华民族与和平（1936 年） ·········· 269

从川灾谈到中国的统一（1937 年） ·········· 272

政治上的最后胜利（1938 年） ·········· 275

战后世界和平之基础（1942 年） ·········· 278

中国对战后世界之贡献（1942 年） ·········· 283

中英友谊之基础（1942 年） ·········· 287

和平奠基之年（1943 年） ·········· 290

马歇尔的谴责（1947 年） ·········· 294

四年演变，两个阵营，一条出路（1947 年） ·········· 296

和平丰裕的途径（1947 年）　　　300

中国的政治病（1947 年）　　　304

别良莠、明赏罚、立法纪（1947 年）　　　307

政治改革的动力（1948 年）　　　311

自由与自由社会主义　　　317

二十世纪的历史任务（1947 年）　　　319

自由的理论与实际（1948 年）　　　324

大学教育与学术独立　　　363

如何整顿大学教育（1933 年）　　　365

工作的快乐（1943 年）　　　371

学术独立的真谛（1945 年）　　　373

论教育政策（1947 年）　　　377

大学生的抱负（1947 年）　　　383

教育的矛盾与救急的治标（1947 年）　　　388

一个学术独立的途径（1948 年）　　　392

萧公权年谱简编　　　395

导　言

　　萧公权（1897—1981）先生原名笃平，字恭甫，自号迹园，先后用过石泅、巴人、君衡等笔名，祖籍江西泰和，1897 年 11 月 29 日生于江西南安。据萧公权自传《问学谏往录》回忆，他 6 岁时跟随伯父移居四川西部崇庆州，开始接触《史鉴节要》、《地球韵言》、《声律启蒙》、《千家诗》等启蒙读物，后习《论语》、《孟子》、《国语》等典籍，兼习英文和日文，12 岁时偷偷读过在父亲遗物中发现的《民报》。少年时代的萧公权师从家庭教师何笃贞，五年期间通读《十三经》，精读《纲鉴易知录》，养成博览的习惯与作文的能力。留美期间，何师还常与萧公权通信，并以"通古今，贯中西"相勉。[①] 1915 年，萧公权从四川来到上海，成为上海中国基督教青年会中学三年级学生。1918 年 8 月，考入当时作为留美预备学校的清华学校，成为该校高等科三年级学生。在学期间，他向《清华周刊》投稿，编辑过《民钟》日报。当时的他既反对"打倒孔家店"，也反对"全盘西化"，认为"救国必先读书"。[②]1920 年，24 岁的萧公权开始了为期六年的留美生涯。留美期间，他起初就读于密苏里大学，在政治学者萨拜因（G. H. Sabine）教授的示意与指导下，完成了有关政治多元论的硕士论文。其后，他放弃到哈佛大学学习的机会，在萨拜因教授的推荐下，选择萨氏的母校康乃尔大学，师从哲学家狄理（Frank Thilly）教授，从事政治哲学的研究。1926 年取得博士学位毕业后，辗转于中外高等院校，先后执教于南开、东北、燕京、清华、四川、光华、政治、台湾、华盛顿（西雅图）等中外大学，从事法哲学、政治学理论、政治思想史、中国社会制度等学科的教

---

　　①　参见萧公权：《问学谏往录》，3～22 页，台北，传记文学出版社，1972。
　　②　参见上书，33～39 页。

学和科研工作，并留下《中国政治思想史》、《迹园文录》、《宪政与民主》、《自由的理论与实际》、*China's Contribution to World Peace*（《中国对世界和平的贡献》）、*Rural China*，*Imperial Control in the Nine-teenth Century*（《中国乡村：十九世纪的帝国统治》）、*A Modern China and a New World：K'ang Yu-wei*，*Reformer and Utopian*，1858—1927（《现代中国与新世界：作为改革家与乌托邦主义者的康有为》）等中英文著作。此外，除了散见于各种学术期刊的论文及书评以外，《不列颠百科全书》中也可以找到萧公权撰写的条目。这些著述以现代西方政治理论、中西政治思想、中国传统政治社会制度等为主要研究对象，广泛涉及政治多元论与政治一元论的关系、立宪主义与民主主义诸问题、民族主义与世界主义之关联、现代化问题、保守主义、自由主义、乌托邦思想等等。萧公权学术思想博厚精深，行文细密笃实，对史料的钩沉及其鞭辟入里的分析，在中国现代学术思想史上是罕见的。此外，他对近代以来中外现实政治与世界政治经济体制的深刻洞察与论述，无论在当时还是现在，都是富有启迪意义的。

本卷所选萧氏论著分成五个部分："中西政治思想"、"宪政与民主"、"政治评论"、"自由与自由社会主义"、"大学教育与学术独立"。下文依次简要介绍所选篇目背景及内容，敬请读者参考指正。

一

《拉斯基政治思想之背景》（1932年）是萧氏硕士论文、博士论文关于政治多元论问题研究的继续，可以约略了解其西方政治思想研究之一斑。萧氏对拉斯基多元论思想的基本态度，着重于分析其思想渊源及其得失。实际上，萧氏对拉斯基的思想在某种程度上存在着共鸣之处："吾人于赖氏学说虽有所论评，而实同情于其基本之态度。赖氏既非旧式之个人主义者，亦不采极端之社会主义。就其全部思想观之，实为一种折衷综合之新论。而其综合之原则，则为一种富有人文主义色彩之伦理观念。"[1]

萧公权在其英文博士论文《政治多元论》中没有涉及中国问题，但

---

[1] 萧公权：《评张士林译赖斯基〈政治典范〉》，载《天津益世报·政治副刊》，1930-05-27。

归国途中暗自确定了以后的研究计划："我相信中国文化和西洋文化都有优点和缺点。我们要用虚心的批评态度同时去检讨中西文化。……根据这认识，我立了一个志愿：我今后要利用留美所受的一点训练，所得的一点知识，去从长研究中国文化。我在美国曾研究西洋政治思想。我回国后的主要工作当是中国政治思想的研究。"[1] 归国后，他先后在各大学教授"政治学概论"、"社会学原理"、"比较政府"、"法理学"、"西洋政治思想"、"中国政治思想史"等课程。其中，"中国政治思想史"是他投入精力最多的科目。他精心准备教学，从浩如烟海的中国历史文献中搜集有关政治思想方面的第一手材料，历时十几年，最终撰成《中国政治思想史》这一巨著，标志着中国政治思想史这一学术领域的确立。萧公权在其《中国政治思想选读》（国立清华大学讲义，民国二十三年［1934 年］前后排印本）"凡例"中有言："汉唐以后'子部书'渐少，'集部'渐多，各家政论亦渐趋重实际之问题。至于原则之研讨，有系统之理论，殆绝无而仅有。兹编在可能范围内尽量选录讨论政治原则之著作。"他在《中国政治思想史参考资料辑要凡例》（1940 年）中又说："二千余年中之政论，汗牛充栋，不可悉收。若按西洋政治思想史家之严格标准以定去取，则秦以后之著述，合格者又悉甚寡。兹编选录之标准有二：一曰尽量收录有理论价值之文献，二曰酌量收录有历史价值之文献。其纯乎针对一时一地实际问题而发之政论则不选入。"[2]他看重中国古代典籍中涉及"政治原则"、"理论价值"部分，说明他的中国政治思想研究有很强的政治哲学背景，与所谓只问"事实"不问"价值"的所谓客观主义或价值相对主义不同。作为对清末以来"中体西用"、"全盘西化"等议论的一种独特的回应方式，萧公权的中国政治思想研究与梁启超中国政治思想研究的意图与计划之间存在连续性，其基本立场不仅区别于"西方中心主义"的心态，也与"中国中心主义"的心态迥异。关于中国政治思想研究，萧氏不仅留下《中国政治思想史》这一宏篇巨著，也留下本卷所收部分专题论文，从中不难发现其中西政治思想研究的问题意识。

在《中国政治思想中之政原论》（1934 年）一文中，萧氏将中国政治思想中涉及政治起源的学说分为"天命"、"人归"、"圣立"三种。关

---

[1]　萧公权：《问学谏往录》，70 页。
[2]　萧公权：《中国政治思想史》下册，873 页，商务印书馆，2011。

于"天命"说，他以儒墨诸家学说为代表，指出"神道设教"对中国古代政治思想的影响，并与西方"神权"说相比较。关于"人归"说，萧氏举出管子、淮南子、班固、抱朴子、柳宗元等，并与西方政治思想史上的契约论相比较。萧氏举出《商君书》、《吕氏春秋》、陆贾《新语》、韩愈《原道》等著述，作为主张"圣立"说的代表，指出其本末倒置，与"民为邦本"之说的对立。萧氏认为，上述"天命"、"人归"、"圣立"三派大体以"民本君治"为主旨，为往昔的"仁惠专制"提供了理论根据。他取阮籍、鲍敬言、无能子为例阐述道家的无治思想，并与西方无政府主义思想比较。萧氏此前发表的《晋代反政治之政治思想》（1932 年）中已经论及"消极之无治主义"的特征及其时代背景，并且认为当时"国难"严重，"不亚晋时"，颇有借古喻今之义。

从本卷所选《中国政治思想史参考资料辑要凡例》与《中国政治思想史参考资料绪论》（1943 年）中可以了解他从事中国政治思想史研究的基本态度和大致内容。萧著《中国政治思想史》中"第五编 近代国家之政治思想——成熟时期"内含"第二十五章 孙中山（本编缺文）"。该书《凡例》交代："本书第五编，原稿沦陷，仍存其目，以明原委。"其中原委，不宜妄断，但发表于四川省立图书馆编辑的《图书集刊》第四期（1943 年 3 月出版）上的《中国政治思想史参考资料绪论》"四 成熟时期"专门论述孙文思想系统，其中隐约可见萧氏论断政治思想之倾向及其治学精神："中山先生思想异乎寻常之处虽多，而其最重要之特点，似在其融通中西，调和新旧，以集成为创造之伟大能力。"又言："先生之政治思想会通中外，融旧铸新。采中国固有之原理为基础，以西洋现代之实学为内容。惟能融旧，故吻合于国性民情。惟能铸新，故适应现代之需要。盖处二十世纪之时不精通先秦以来之学术不足为中国之思想家，不精通欧美之学术不足为现代之思想家。此二条件，先生皆具，而又加之以慎思明辨，集成综合之创造能力，中国现代政治思想至先生而始成立，固非出于偶然矣。"

关于孔子在中国文化史上的地位及其现代意义，萧公权在 20 世纪 40 年代先后发表了《诸子配孔议》（1944 年）、《圣教与异端——从政治思想论孔子在中国文化史中的地位》（1946 年）、《孔子政治学说的现代意义》（1949 年）等文章。在《诸子配孔议》中他建议"管老墨三子设位文庙，配享孔子，与先儒先贤一体受国人的尊崇纪念"，强调"民族文化是一个广包兼容的伟大系统，其中是没有门户界限的"。在《圣教与异端》一文中萧氏强调"民族文化是一个复杂的体系，决不是一家一派的思想所能包括"。他破除儒学"独尊"的虚像，指出孔子思想的封建宗法背景，认为"应当对先民的成绩加以了解，分析，评量，抉择。评量抉择的标准，不是任何一时一代、一家一派的主观意见，而当于全体文化、全部历史中求之"。在《孔子政治学说的现代意义》一文中，萧公权详细论述了孔子"人本主义的政治观"，指出："孔子的全部政治学说，从根本到枝节，都以'人'为其最高、最后和最直接的对象或目的。在他的学说当中，政治生活是人性的表现，是人性发展的过程，是人类活动的结果，是满足人类要求的努力。我们尽可套用美国故总统林肯的名言，把孔子的学说称作'人治、人享、人有'的政治观。因为孔子的理想托基于人的本身，所以他绝无追求玄虚理想而牺牲人类实际利益的错误。在今日狂热、冷酷、横暴、险诈风气流行的世界当中，许多人早已忘记了人的尊严，甘愿把成千成万的人用作少数仇恨者或野心家的工具。我们重温孔子人本政治的妙义，仿佛听见了清晓的钟声，发人深省。假如孔子生当今世，他一定有更恳切入时的主张，以与灭绝人性的暴政相抗。"萧公权认识到孔子思想的两个方面——时代性与超时代性。《诸子配孔议》、《圣教与异端》以及《中国政治思想史》阶段主要强调和分析的是孔子思想产生的历史背景及其时代性。而《孔子政治学说的现代意义》则在看取孔子思想的超时代性的同时，立足于人本主义的立场，对20世纪前半期人类历史上的独裁与暴政进行了彻底的批判与挞伐。

二

"在民国二十一年到三十七年当中，我发表过若干讨论政治的文字。为数不多，但涉及的范围颇广。'立言'的宗旨在促进中国政治的现代化。"[①] 萧公权认为"现代化工作的枢纽是政治的现代化"，而现代政治又至少包含两个要点：民主化与制度化。"这两点其实是一种政治的两方面：凡是真正民主化的政治必是制度化的政治。民治与法治是相依为用的。"[②] 他的政论围绕着宪政与民主问题展开，以《宪政与民主》（1948年）为题结集出版。

① 萧公权：《问学谏往录》，187页。
② 萧公权：《政治上的最后胜利》，见《迹园文录》，215页，台北，联经出版事业公司，1983。

　　萧公权有关宪政的最初政论文章是《施行宪政之准备》（1937 年）一文。作为实施宪政的准备，他首先强调了事前教育与训练的重要性，其见解的透彻在同时代人当中是罕见的。与独裁国家强制灌输信仰的做法不同，萧公权强调的是理智的自由发展与思想的自由运用，认为宪政以人民的智力水平为基础，因而自由主义的教育首先应当注重训练人的理智。他继而分析了当时中国国民的心理状态，指出其在理智与感情两方面均欠训练的事实，认为造成此种状况的重要原因是教育方针的不确定以及传统的习惯。他批判了先秦以来中国传统教育理想的不足之处，认为："盖世不能有缺乏理智之道德，而道德实寓于大智大慧品格之中。若就'国民道德'而言，则在宪政国家之中，除理智之人生观外，更无有较适宜于平等自由精神与乎自治会议制度之公民理想也。"有关理智的人生观与言论自由的关系，他在《说言论自由》（1940 年）一文中强调培养"自由之言论"的重要性："何为自由之言论？发自独到之思考，根诸事理之观察，尊重他方之意见，而不受自己感情之支配，或他人主见之指使者是也。"在萧公权看来，"盖非言论自由无以宪政，非行宪政无以得言论自由。"宪政与言论自由具有密不可分的关系，而富于"理智"的"自由之言论"又是言论自由的关键。他以当时的意大利、德国以及苏维埃政权为例，揭示出其极权主义与愚民政策的本质，强调养成"自由独立之理智生活"的重要性。

　　20 世纪 30 年代上半期，以《独立评论》为中心，曾展开"民主与独裁"的论争。有些人鉴于民国以来地方割据、军阀混战的政治现实以及欧洲各国近代国家发展的历史经验，以当时中国国民教育程度和中国所处的国际形势为由，公开打出拥护独裁的招牌。对此，胡适与张佛泉等站在民主主义立场对独裁论进行了正面反驳。1936 年 5 月 5 日，国民政府明令宣布"五五宪草"，民国时期的宪政运动出现新的转机。胡适和张佛泉在《独立评论》上发表各自的见解，主张国民党应该及时公开政权，尽早结束训政，引起关于宪政与训政问题的讨论。①

　　张佛泉在《独立评论》第 236 号（1937 年 5 月 30 日）上发表《我们究竟要什么样的宪法?》一文，指出国人对宪政的误解，逐一批判了梁启超的开明专制论、孙文的训政论以及梁漱溟基于其乡村理论得出的

---

　　① 此时期关于宪政问题的舆论动向可参阅荆知仁：《中国立宪史》，401～409 页，台北，联经出版事业公司，1984。

宪法实施尚早的结论。在张佛泉看来，宪政"应是个生活的过程，决不是个死的概念"，"宪政随时随地都可以起始"，所谓训政阶段是不必要的。胡适与张佛泉的主张相呼应，在《再谈宪政》一文中重申几年前的观点，认为民主宪政不是什么高不可攀的政治制度，最适合训练缺乏政治经验的民族。针对张、胡两人的见解，萧公权撰写了《宪政的条件》（1937 年）一文表明自己的立场和观点。萧公权基本上赞同张、胡两人的立场，但认为"实行宪政固然可以（并且应当）随时起始，而培养民治气质的教育也应当时刻注重"。此外，作为实施宪政的条件，除了"读书识字"这种最低限度的条件以外，他还举出两个极端重要的条件："尊重法律的习惯"和"依法发表政见并服从多数的习惯"。为了避免被人误解，他重申自己的立场："我对于张胡两先生随时可以开始宪政的意见是同情的。我认为除实行宪政外，别无其它训练宪政能力的方法。我们不能再蹈袭前人'训政论'的错误。然而我们也不要轻视了我国人民的弱点。我们虽不可于实行宪政之外求训政，却必须于实行宪政之中努力'养成民治气质'。"萧公权虽然对训政论的思想背景表示理解，但明确反对实施宪政之前的所谓训政阶段，认为只有在实施宪政的过程之中才能提高国民运用宪政的能力。他认为《大学》中"未有学养子而后嫁者也"一句话，可以做一切训政论的答复。

　　萧公权在 20 世纪 30 年代发表的有关民国宪政的言论，主要关心的是实施宪政的条件以及在宪政实施过程中如何提高国民行宪能力等问题。进入 40 年代，他继续关注中国宪政的发展进程，并作为宪政实施协进会（1943 年 11 月成立）的会员，对有关宪政筹备事项，向政府提出建议。[①] 他在《宪政卑论》（1943 年）一文中阐明欧美宪政思想的三层含义："一曰国家当有至尊无上之基本大法以规定政府之职权。二曰人民之权利当受此大法之保障，不容任何人士或法令之侵削。三曰国家治权当以法律为最高之形式。"关于"宪政"与"民治"之关系，他认为"民治之精义在以民决政，宪政之精义在以法治国。民治为体，宪政为用。二者相辅以行而现代民主国家之实质乃具。"他还给宪政作了一个浅近的诠释："宪，法也；政，治也；宪政者法治也。"将"法治"与"宪政"等量齐观。他在《宪政实施后之中央政制》（1944 年）中多次

---

　　① 萧公权：《问学谏往录》，173 页；荆知仁：《中国立宪史》，433～437 页，台北，联经出版事业公司，1984。

重申宪政实施过程中国民守法习惯的重要性，强调公民的政治责任，并对健全的舆论、实行宪政的信心等基本问题予以高度重视。

萧公权在《怎样研究宪草》（1944 年）一文中强调了研究宪草对认识中国宪政的根本意义及其历史意义的重要性，认为可以分别从学理或原则、立法技术及实际效用等方面，采取各种形式进行多角度的宪草研究。通过对宪草的研究，不仅可以反映国民的意见，使宪草趋于完善，还能引起国民对于宪政的兴趣，促成国民对于宪法的了解。他在成都广播电台《宪政的心理建设》讲稿（1944 年 5 月 19 日）中针对当时民众对宪政的冷淡、怀疑态度以及认识上存在的模糊，认真分析其中原因。有关宪政的本质，他在《宪政二疑及其答复》（1944 年）中认为，"它是一种政治制度，也是一种政治习惯。前者成于法律的创造，后者成于心理的修养"，并号召知识分子应该负起宪政先锋的责任。在《英美民主政治》（1944 年）一文中他强调英美国民超乎制度之外的历史及心理条件，并对民主政治的由来与特质进行了思考。他将英美一般人民具有的自尊自重的心理归之于基督教义及自由主义传统的熏陶，强调了英美人民对政治的兴趣和修养以及明确的权利观念和守法习惯。原载《观察》第一卷第七期上的《说民主》（1947 年）一文指出"民主观念的歧异"和"民主问题的严重性"，试图从"政治民主"与"经济民主"或"自由"与"平等"能否协调的角度澄清观念认识上的混乱。萧公权还针对钱穆发表在《思想与时代》第三期（1941 年 10 月 1 日）上的《中国传统政治与儒家思想》一文，撰写《中国君主政体的实质》（1945 年）一文，指出其"牵强附会，名实混淆的错误"，论述中国君主政体的形成及其本质，认为"君主专制是中国微弱的一个主要原因"。

二次大战刚一结束，"联合政府"的构想便在中国浮出水面。各党派及社会人士纷纷提出自己的政见，围绕着未来中国的宪政体制展开激烈论争。众所周知，此一时期中国的政局变动是以国民党、共产党、民主同盟、青年党以及无党派阶层为中心展开的。基于 1945 年的国共会谈，后经各党派多次协商，1946 年 1 月召开了各党派参加的"政治协商会议"。会中，宪法草案组前后举行会议五次，决定组织宪草审议委员会，协议宪草修改原则十二项。会后，宪草审议委员会参酌宪政期成会修正案、宪政实施协进会研究结果及各方意见，制成五五宪草修正案。[①] 但由

[①]　荆知仁：《中国立宪史》，437～445 页，联经出版事业公司，1984。

于国民党内部保守派以坚持"五权宪法"为由修改了政治协商会议决议的一部分,从而招致其他政党的不满,共产党与民主同盟拒绝参加1946年11月15日召开的制宪国民大会。各党各执己见,以邻为壑,最终未能达成政治上的共识,最终经过内战以"革命"方式实现了政权更迭。① 在这充满危机和希望的转折时期,萧公权在《制宪与行宪》(1946年)一文中列举大量古今中外实例,从历史和现实的角度出发对完美主义者的心态进行了批判。面对当时各党各执己见、毫不妥协的政治僵局,萧公权提出了他的"妥协论":"这样的制度势必成于各方面的善意妥协。妥协不一定是坏事。对不同意见的妥协,为了获取有用的结果而妥协,为了避免决裂纷争而妥协——这样的妥协可以说是民主政治的一个运用原则。妥协是让步、是谅解、是宽容、是在尊重自己主张之时也尊重别人的主张。如果毋意毋必毋固毋我是儒家圣人的美德,愿意服从自己所不满意的决议,接受自己所不满意的主张便是民主政治家的雅量。"

《中华民国宪法》于1946年12月25日在国民大会三读通过,并于翌年1月1日由国民政府明令公布,部分人士对其抱着冷淡和敌视态度。萧公权撰写长文《宪法与宪草》(1947年),将"五五宪草"、"政协原则"、"孙文学说"逐一进行比较,详细分析新宪法的内容。在他看来,孙文学说不过是一个象征,而实现一个民主法治的国家才是最终目的。有关国体问题,他在《论宪草中的国体》(1946年)与《宪法与宪草》中都认为没有必要专门将"三民主义"写进宪法条文,放在前言部分即可。他虽然意识到宪法个别条文的欠妥,但认识到宪法本身的妥协性,因此并不对其求全责备,而是呼吁早日实施宪政,将修订工作留待他日。作为相反的例子,他举出苏联宪法,揭示出其毫不妥协的一党独裁的本质。② 萧公权还在《宪法与宪草》一文中提出关于一般宪法的几个基本认识:"第一,就各国先例说,民主宪法多成于妥协。""第二,凡由妥协而成的宪法,可能适用,但不能'完美'。""第三,各国宪法在初行的时候,难免受一部分人士的反对。……宪法的成败系于条文是否完美者较少,而系于行宪精神是否忠实者较多。……制宪不在求精,顾力行何如耳。"对于观察宪法问题的基本立场,他在《宪法与宪草》

① 此一时期的政治史可参阅 Lioyd. E. Eastman, *Seeds of Destruction*: *Nationalist China in War and Revolution*, 1937—1949, Stanford University Press, 1984.

② 萧公权:《宪政与民主》,140、142、156、170页,联经出版事业公司,1982。

中说:"笔者所取的观点,简言之,是超党派的'客观'观点。所谓客观者,就是依据一般政治学的原理和具体的事实,以推测宪法所规定的制度是否可行,在实行的时候可能发生些什么结果。"他在《宪政的心理建设》一文中引用荀子的话自勉:"是非疑则处之以远事,验之以近物,参之以平心。""以仁心说,以学心听,以公心辩。"努力使自己的观点保持公正和客观。20世纪30年代,他虽然理解训政论的思想背景,却明确反对训政论者将训政与宪政割裂开来的做法,站在胡适、张佛泉等人一边,认为不可于实行宪政之外求训政,而必须于实行宪政之中努力养成民治气质。40年代在宪政问题上倡导的"妥协论"也是在历史地、综合地考虑了各方意见的基础上提出的,表现了一个超党派政治学人立足现实、统观全局的广阔视野和深厚学养。

萧公权在宪政问题上主张的妥协论是在总结了古今中外的宪政经验和20世纪前半期中国历史进程中一次次失败教训后得出的结论,是他对当时风雨飘摇之中的中国政治的一种深刻的认识和诚挚的忠告。然而,这些真知灼见在充满暴力性思维定势的政治掮客们面前却没有丝毫的感召力,他们习惯的是明争暗斗、纵横捭阖、权谋术数;考虑的是一党之私、一家之言、个人权威;相信的是铲除异己、结党营私、暴力革命。其实这些都不过是清末以来"保大清不保中国"的旧戏重演,在将武力当作解决所有政治矛盾的最后手段的时候,任何人类的良知和智慧都不复存在,其结果只能是咎由自取,重蹈覆辙,陷民众于水深火热之中。这再一次从反面论证了萧公权所强调的"民主修养"和"法治习惯"对中国社会的良性发展是多么重要。当我们回首20世纪中国所走过的坎坷历程的时候,萧公权对世人的忠告仍然值得每一个炎黄子孙扪心自问、深思反省。

萧公权对中国宪政问题的关注还表现在他对当时的选举、政党政治以及中央与地方关系等问题的论述中。在缺乏宪政经验的20世纪40年代的中国,选举过程中的贿赂、枪杀等种种不法行为时有发生。对此,萧公权在《低调谈选举》(1946年)中认为"不能因噎废食","选举不一定能够宣达民意,拔举优贤,但至少可以作为多数预政,遏暴防专的一个有用方法。选举纵然有时为灾,总比受害于世袭的君主专制或永久的独裁政治要较可忍受一些"。他视选举为民主政治和宪政制度不可分割的成分,是学习民主政治的过程和宪法实施的准备。基于上述考虑,他在《论选举》(1947年)一文中认为,在当时情势下,应该"尽量使合法政党在选举当中发生作用","尽量给知识分子以参加选举(不是候选）的便利"，也"应当从早给青年人以学习运用民主政治的机会"。关于政党组织与选举的关系，他认为"政党是选举的动力。没有政党的组织就不能有民主的选举"。"有了选举，必然就有人操纵，与其让不负责无组织的野心家去暗中操纵，不如让合法的政党去公开操纵。""如果政党能够在选举中发生合法的作用，就是推行宪政的一个初步成绩。以政党作竞选的主力虽然不是'全民'的竞选（假如事实上有这种竞选），但总比官僚包办、豪绅把持、或恶霸强取要更加接近民主政治一些。"政党政治是现代社会保持政治稳定的一个重要条件。对此，萧公权在写作《政治多元论》的时候已经有了清醒的认识，但是 20 世纪的中国政治史上除了政治暗杀、军阀混战，便是一党独裁、言论统制，无论是执政党还是在野党，都很难说对政党政治的精神有深入清醒的认识。20世纪 30 年代中期，鉴于当时国内外的政治局势，萧公权在《当前的三个问题》（1935 年）一文中虽然未明确主张取消"党禁"，但认为"党禁虽不必开，言禁却不可不开"。强调应该严格划分党政两者之间的界限。40 年代发表的《中国政党的过去与将来》（1947 年）一文则比较全面地表明了他有关中国政党政治的立场和见解。文中首先回忆了民国以来中国政党的历史："民元以来，中国的政党凡经三变。在第一期里面，各政党同时公开并存，国民党大体上在野活动。在第二期里面，国民党独掌政权，各党派秘密活动。在第三期里面，各党派公开活动，与国民党合作或斗争，国民党开放政权，但仍为执政的主体。"他接着论及孙文有关政党政治的主张，同时表明自己的见解："在三期的变动当中包藏了若干政治的不安以及政党的失败。然而纵观全局，孙先生的基本政党主张是不曾错误的。他主张民主政治必须靠合格的政党来运用，政治的进步必须赖政党的互相监督而保持，政治的竞争必须以和平的政党竞争为手段。这些都是民主宪政的天经地义。他后来虽然为了应付环境的需要而提出了仿效苏俄的主张，但他的目标还是在实现民主的政党政治。专政与训政不过是过渡的办法。还政于民与各党问政才是最终的鹄的。现在第三期各党并立的局势约略恢复了民国初年第一期的局势。然而这不是退步，而是经过绕弯之后回到了宪政的正途。这不是失败而是孙先生基本主张的终究实行。"在萧公权看来，民主宪政必须依靠合格政党的正常运作，而专政与训政只是过渡的办法，不是孙文主张的最终目标。"为了获取正常的监督起见，一个民主国家必须要有健全的，经常存在的反对党。……这样才能作将来运用宪政的有效准备。"萧公权认为这才是孙文的本意，无疑这也是萧公权自己的见解。可悲的是这种常识性的认识无论在当时还是现在，并没有得到很多中国人的普遍理解。只要我们回顾一下近百年中国政党政治的曲折历史，就不能不痛感中国政党政治的有名无实。

辛亥革命虽然在名义上结束了两千余年的专制王朝，但建设近代国民国家的进程却举步维艰。20世纪上半叶的中国之所以使现代国家的建设屡屡受挫，除了来自外部的因素，其中一个重要的原因就是未能解决好中央与地方的关系。清末以来，有关中央与地方的关系，联邦制的构想始终未能销声匿迹。20世纪20年代初期的"联省自治"运动曾得到很多激进派人士的支持。中央与地方的紧张关系是造成现代中国国家建设屡遭挫折的重要原因。20世纪30年代，在内忧外患之中，中央与地方的关系又成为人们无法回避的重要问题之一。

萧公权对民国时期的中央与地方关系的关注始于抗日战争爆发前一年的两广事件。当时广东、广西的将领以抵抗日寇为借口，无视中央的命令，北上占领了湖南的部分城市。对两广将领的举动，当时的舆论大多持批评态度①，因为这不仅无益于全国统一抗日，反而有酿成内战的危险。萧公权在《均权与均势》（1936年）一文中对陈之迈发表在《独立评论》上的《论中央与地方的关系》一文提出异议，认为陈的主张"过于热心均权制度的实现，同时似乎过于轻视政治统一的价值，而有对地盘主义让步的危险"，进而强调"为消灭地方集权起见，地方政府必须军民分治，而全国的军令必须统一于中央。为培养地方健全的政治能力起见，必须推行地方自治，消除地方专制"。其实，对一个月以前发生的两广事件，萧公权在《"以中国攻中国"？》（1936年）一文中就严厉地谴责过事件主谋者的过失："中央政府以往及现在对内对外的措置固亦不免有错误的地方。但是用分崩离析的手段来矫正中央的错误，不只是将错就错，必至于一误再误，不到亡国不止。有心降敌，是卖国的行为。同室操戈，授人以隙，是误国的行为。"陈之迈对萧公权的意见进行了反驳。他强调单一国家（Unitary State）与统一国家（Unified State）概念的区别，认为萧公权混淆了"统一"与"集权"两个概念。他又重提民国以来"联省自治"的问题，表明了自己联邦制的设想，并

---

① 张奚若：《对于两广异动应有的认识》，载《独立评论》第207号；张佛泉：《国人与时局》，载《独立评论》第208号；齐思和：《两粤事变和中国统一》，载《独立评论》第213号。

且幻想有一部《均权法》来解决中央与地方的矛盾关系。① 对此，萧公权在《均权与联邦》（1936 年）一文中重申了自己的立场："陈先生《论中央与地方的关系》一文虽然讨论一个政制的基本问题，似乎也是针对两广事件而发的。我同意他所主张的均权原则，但不同意他所建议实行这个原则的方法。"萧公权再次强调了自己的立场："要实行均权，须先统一，须先除去地方的'集权'。第二，要除去地方的'集权'，须促成军权的统一（地方的军民分治）及人民的自治。第三，均权制度成功的条件，是各级政府大体上具有法治的习惯。"萧公权将当时中国的"地方"区分为"县"和"省"，认为"我们可以按照均权的原则，充分扩张县市的自治权，却并不必须增加省的独立性"。他认为统一的国家包括单一制国家和联邦制国家，"均权"不是联邦制国家的专利："我们所赞同的均权制不一定是联邦制，而单一的国家也可以均权。"这不只是针对陈之迈个人的意见，也是对清末民初以来联邦论的异议。他对"县"的自治权的重视与康有为、孙文的见解相通。

20 世纪 30 年代，萧公权在《论县政建设》（1936 年）一文中分析由于民众积习以及经费匮乏等原因造成的县政建设的困难，呼吁训练县政建设人才的重要性。考虑到地方恶势力的存在，他强调事前应该"精筹熟划"。40 年代，他根据自己亲身的调查，在《地方民意机构的初步检讨》（1946 年）一文中检讨地方民意机关的得失，认识到"自治是宪政的基础，地方民意机关是自治的命脉"。他从历史和法律的角度分析了当时中国县以下民意机关的本质，认为当时地方民意机构的设立既是战时所需，也是为了实施宪政的准备，是"训政"的产物，不是正式的地方民意机构。他继而详细分析了调查地区的县、市临时参议会或参议会以及乡、镇民代表会和保民大会等民意机构的性质和机能，将其视为"训政"民意机构。认为虽然其本身存在种种不足，但作为实施宪政的准备以及学习运用民权的手段，也有一定意义。应该观察其中的得失，为建设将来的自治制度提供参考。

三

20 世纪三四十年代是世界史上的动荡期。法西斯主义在德国和意

---

① 陈之迈：《论均权与统一》，载《独立评论》第 211 号（1936 年 7 月 26 日）。

大利的蔓延、日本军部的对外扩张以及国际联盟的名存实亡使各国被迫卷入世界范围的军备和战争的泥潭。20 世纪 20 年代末，战前日本脆弱的政党政治逐步崩溃，军人内阁全面掌握了内政与外交的主导权。对中国来说，当时首要的敌对国无疑便是日本。萧公权在《中央外交方针如何转变》（1933 年）一文中指出欧美与日本之间的对立，一面关注中央政府的外交方针的走向，一面思考在复杂的国际局势下中国如何自处的问题。他在《中苏关系》（1936 年）一文中指出中苏两国之间政治制度与理想的差异、苏联对中国内政干涉的嫌疑及其帝国主义的一面，但认为为了亚洲的和平，有必要迅速调整中苏关系。

1936 年后半期，国际局势与中日关系日趋恶化，中国的国防问题迫在眉睫。此时，萧公权面对国内舆论在《救国的前线与后方》（1936 年）中强调"有组织是救国最低限度的一个条件"。劝说民众应该力戒情绪性的爱国活动，同时意识到当时中国军备与财力的不足，呼吁应该切实地做好准备，并表明了一旦敌我开战应采取"相持战"的想法。他在《建设有兵的文化》（1936 年）一文中指出"征兵制"与"募兵制"的区别，认为"无兵的文化"是募兵制的结果，而有兵的文化要靠征兵制维持。国难当头，他强调"兵役不仅是人民的义务，亦且是人民的权利"。此后，世界局势进一步恶化。萧公权撰写《中华民族与和平》（1936 年）一文，指出 1936 年的世界大势恰似 1914 年以前的大战前夕："和平尚未绝望，战机却已潜伏。"虽然中国国力薄弱，无法挽回世界劫运，但必须讲求自身的保全之策，应该"充实国防，扩充军备"。他冷静地指出："从古以来，世界上的国家穷兵黩武的固然终久失败，缺乏战争力量的也要为他人所吞灭。强权固然不是公理，但是没有强权，公理也会失去保障而消沉。在'人性'没有重大改变之先（如果是可能的话），我们虽明知战争的痛苦，也不能不作战争的准备。"在民族危难之际，这里流露的是他对世界政治的现实主义认识及其民族主义思想，而他对战后和平世界的期待则带有强烈的国际和平主义色彩。

1941 年 8 月 14 日大西洋宪章发布以后，萧公权在《战后世界和平之基础》（1942 年）一文中根据宣言的精神阐述了三点意见。第一，和约应该基于协调精神，避免报复或处罚主义。第二，建设民主精神之国际组织。他分析了凡尔赛和约存在的缺点，认为"战后之国际组织必以民主之平等精神为第一义"。矫正此前国际组织采取的单一集权之制度，"以分区合作，分权合议为原则"。首先"树立区域之国际组织，以为有关各国间合作及息争之机构。区域组织之上，别设全世界之国际组织，以为全体合作及息争之机构"。第三，培养及巩固各国之民主政治。他认为"独裁政治与国际侵略显有直接之因果关系"。因此，首要任务是改进各国的民主政治。"轴心国家以武力斗争为工具，吾人则培养和平合作之观念。极权国家认个人为毫无价值，吾人则力行民权主义，培养自治自尊之人格。独裁者以一人之私意垄断全国，吾人则本宪法之精神，培养法治之习惯。"他还谈到中国对战后世界应有的贡献："以公平之精神贡献于和会"；"以'王道'政治贡献于和平"；"以仁智双修之学风贡献于文化"。

　　1943 年元旦，萧公权在成都《中央日报》上发表《和平奠基之年》一文，遥想战后和平世界的到来，意识到和平建设的艰巨性，在呼吁"和平之心理建设"的同时，强调"和平之政治建设"的重要性："国际制度之建设，中外议论甚多，或主张大同合国，或主张联邦分治，或主张国际联合。就今日之时势与以往之经验言，大同联邦虽近理想而皆难行，国际联合已经尝试而深感不足。然则战后之国际组织，殆宜视原有之国联加强，而以稍近联邦制度为原则。"根据以上精神，他对战后的国际组织从九个方面进行了设想，并言及国家主权的问题。国际组织与国家主权的关系在今天也是令人困扰的问题。萧公权基于自己的学识和观察提出的各种见解，在今天从事国际政治的专家看来或许存在不同的评价，但他综合把握历史、现实、理想的学术态度，却不能不令人刮目相看。他在提到国际和平的制度构想时对国内民主政治的强调，也使人想到卢梭、康德的国际和平论乃至康有为的《大同书》。他还就中国对世界和平的贡献留下英文著述，文中提到孔子、孟子、墨子、老庄、张载、林慎思、陆九渊、刘基、方孝孺、黄宗羲以及《书经》、《礼记·礼运》里的思想，将中国传统思想中的"仁爱"、"贵民"、"王道"的理想与西方传统思想中的"博爱"、"民主"、"普遍和平"的观念相比较，期待中国对世界和平有所贡献。①

四

　　萧公权不仅关注当时中国以及国际社会的政治现实，而且对 20 世

---

① Kung-chuan Hsiao, *China's Contribution to World Peace*, China Institute of Pacific Relations Chungking, China, 1945.

纪世界政治经济体制等重大理论问题进行了深入思索。他在 20 世纪 40 年代后半期提出的两种"民主"和"自由社会主义"理论就是值得后人关注的重要理论之一。

20 世纪 40 年代后期，萧公权就政治自由与经济平等的关系展开系统的论述。他在《四年演变，两个阵营，一条出路》（1947 年）中认为"自从十八世纪以来，欧美先进国家在政治自由的环境之下收获了民主宪政和资本经济的两大果实。然而贫富不均的分配制度，减少了民主政治所给予人民的幸福。""人类只有在政治自由和经济平等的综合体系之下方能得到光明的出路。"战后不久中国国内不断深化的政治腐败，因美苏对立而逐步形成的冷战格局，这些都有着深刻的政治经济体制的远因。针对当时中国国内政治腐败的状况，萧公权在这一时期曾写有《中国的政治病》（1947 年）、《别良莠、明赏罚、立法纪》（1947 年）等文章，指斥"官僚资本"，"豪门资本"，政府官员的贪污、无能，呼吁在法律下严惩特权势力。在他看来，政治自由与经济平等同样重要，单方面强调自由或平等，正是形成资本主义与共产主义对立的原因所在。同年，他在《说民主》（1947 年）一文中将上述观点用"政治民主"与"经济民主"的概念加以说明。关于"民主"的内涵，萧公权使用林肯的"民有"（of the people）、"民治"（by the people）、"民享"（for the people）的概念进行说明以后，进而分析自由主义者与共产主义者对"民主"理解的差异。在萧公权看来，自由主义者与共产主义者虽然都向往"民主"，但两者对"民"的看法存在差异，其人道主义的立场显而易见。依萧公权之见，自由主义者与共产主义者虽都承认"民有"的观念，但对于"民治"与"民享"两者的着眼点却不尽相同。前者看重"民治"，后者强调"民享"。萧公权试图调和两种民主观念，认为"关键在于民治民享两重点的平衡。自由主义过于忽略民享，共产主义过于蔑视民治。调和的途径就在民治与民享的兼顾并重"。在萧公权看来，调和自由主义与共产主义的方法在于避免过分单方面地强调"民治"或"民享"，而应两者兼顾。他举出英国工党的社会主义与三民主义加以具体说明，并在说明自己的主张及其历史背景之后，提出"自由社会主义"的理念。

"自由社会主义"（Liberal Socialism）这一概念见于霍布豪斯（L. T. Hobhouse）《自由主义》一书之中①，霍布豪斯认为密尔"在自传

---

① ［英］霍布豪斯：《自由主义》，朱曾汶译，57，83，88 页，北京，商务印书馆，1996。

关于社会主义理想的简短陈述恐怕始终是我们所拥有的关于自由社会主义的最佳总结性说明"①。但是在霍氏看来，"像社会主义这样一个名词有许多含义，可能既有一种反自由的社会主义，也有一种自由的社会主义"②。为了阐明"自由社会主义"的内涵，霍氏在《自由主义》一书的"经济自由主义"一章中首先举出两种与自由主义毫不相干的社会主义——"机械社会主义"与"官僚社会主义"。他认为前者"立足于对历史的错误解释，把社会生活和社会发展现象归于经济因素的单独作用"，而后者的精英意识"在本质上是同民主或自由毫不相干的"。他继而对"自由社会主义"作了如下描述："如果真有自由社会主义这样一种东西——到底有没有还是一个有待研究的问题——它必须明确地符合两个条件。第一，它必须是民主的。它必须来自下面，而不是来自上面。或者不如说，它必须来自全社会为争取更大的正义以及更好的互助组织所作的努力。它必须进行这种努力，不是服从一小撮超人的真实愿望，而是服从绝大多数人的真实愿望。第二，为了这个理由，它必须重视人。它必须让普通人在他真正关心的个人生活中自由发挥。它必须立足于自由，必须支持个性的发展而不是支持对个性的压制。"③ 霍氏这里强调的"民主"、"正义"、"互助"，以及"自由"、"个性"等观念，显然是区别于把个人作为工具并以此实现抽象的人类理想的社会主义。从对人的"个性"的强调，以及关于个人与社会关系的认识，可以看出霍氏的"自由主义"对传统自由主义的继承与发展："自由主义是这样一种信念，即社会能够安全地建立在个性的这种自我指引力之上，只有在这个基础上，才能建立起一个真正的社会，这样建立起来的大厦，其基础深厚广阔，其范围无法予以限制。这样，自由与其说是个人的权利，不如说是社会的必需。"④ 在霍氏看来，"每一个人的权利所服从的公共利益乃是一种每一个人都能分享的利益"⑤，无视每个人具体的利益而片面强调所谓公共利益，同样是抽象的。值得重视的是，霍氏的"平等"观念也是建立在对"个性"的充分理解之上的。"因为共同利益包括每一个人。它建立在个性上，要求让社会每一成员有充分发展个性

---

① ［英］霍布豪斯：《自由主义》，朱曾汶译，57 页。
② 同上书，83 页。
③ 同上书，88 页。
④ 同上书，61～62 页。
⑤ 同上书，64 页。

的机会。这不仅是法律面前权利平等的基础，而且也是所谓机会均等的基础。"①

胡适在 1926 年 10 月 4 日致徐志摩的书信中曾提及"自由的社会主义"(Liberal Socialism) 这一概念："近世的历史指出两个不同的方法：一是苏俄今日的方法，由无产阶级专政，不容有产阶级的存在。一是避免'阶级斗争'的方法，采用三百年来'社会化'(Socializing) 的倾向，逐渐扩充享受自由享受幸福的社会。这方法，我想叫他做'新自由主义'(New Liberalism) 或'自由的社会主义'(Liberal Socialism)。"② 胡适是否读过霍布豪斯的著作，并从中得到启发或受其影响，这些都无关紧要。重要的是他意识到"应该"有这样一种"主义"，通过渐进的改良，逐步扩充每个人的自由，从而达到人人共享幸福的社会。遗憾的是胡适并没有将这种直感扩展开去，根据自己对"自由"的理解，建立一套"自由社会主义"的理论。在中国现代思想史上，这项工作是由萧公权完成的。③

萧公权在 1947 年 8 月 2 日发表的《二十世纪的历史任务》一文中，明确提出"自由社会主义"的概念，并将其作为人类 20 世纪的历史任务。按照萧公权的解释，自由社会主义区别于"传统的自由主义"、"正统的社会主义"以及"民主的社会主义"，或许可以看作"传统的自由主义"与"民主的社会主义"折衷的产物。"自由"与"平等"都是自由社会主义的必要条件，两者缺一不可，并不存在孰轻孰重的问题。我们固然可以在政治思想史上发现其渊源，但如此详尽的阐述则可以说是基于萧公权自身的自由观。1948 年 6 月，萧公权应上海光华大学的邀请进行学术演讲，当时的讲稿略加修改，同年 10 月以《自由的理论与实际》这一书名由商务印书馆作为光华大学丛书之一出版。萧公权在书中以"自由的历史基础"、"自由的误解与真解"、"自由秩序与道德"共三讲系统阐述了自己的自由观。萧公权详细阐述了自己的"遂生达意"的自由观以后，对"自由"做了如下总结："第一，自由不是消极地不受拘束而是积极地满足人性。因此自由不仅是个人权利的享受，而是生活本身的表现。一个人愈作生活的努力便愈有自由。社会当然应该保障

---

① [英] 霍布豪斯：《自由主义》，朱曾汶译，65～66 页。
② 耿云志、欧阳哲生编：《胡适书信集》上，386 页，北京，北京大学出版社，1996。
③ 萧公权在其晚年的著作中曾言及胡适的"自由社会主义"，参阅萧公权：《康有为思想研究》，汪荣祖译，463 页，台北，联经出版事业公司，1988。

个人的自由。但假如个人不努力生活，不努力于遂生达意的活动，社会纵然规定人民有某些自由，自不长进的个人还是没有多少自由。不但如此，努力便是进步。近代人类的文化便是遂生达意活动的结果。因此我们可以说，不进步便是不自由。《周易·乾卦》说：'天行健，君子以自强不息。'自强不息的人才是真正自由的人。第二，自由不仅是个人天性的满足，也是人类社会性的满足。爱类和互助的心理产生了合群的现象。合群的事实又产生了人我交互的关系。个人的自由也因此必须制度化，必须受社会的指导与管制。但自由既是个人自己天性的满足，管制自由的制度也必须由人民自己去选择运用。自由不是个人不受拘束，但自由只能在民主的拘束之下而安全存在。"这里强调的是对"自由"的积极态度以及对其社会性的理解。我们不难发现萧公权"遂生达意"的自由观与新自由主义的"积极的自由"之间的相似性，但同时不容忽视的是他使用《中庸》、《周易》等中国古代典籍中的语言对自由的内涵加以解说的意图。这里不仅留下了他对中国政治思想与西方政治思想研究、思索的痕迹，也体现了他的自由观两重融合（自由与平等的融合、中西思想的融合）的特点，同时也流露出他对人类自由的普遍性与共通性的理解与追求。

五

　　萧公权在 20 世纪上半期思考着学术与政治的关系，批判大学教育中存在的"实用主义"和"党化教育"的倾向，倡导学术独立，呼吁"大学自治"。他对教育的本质、学术独立的真谛均留下掷地有声的真知灼见。

　　作为一名大学教授，萧公权首先关心的是学术的独立以及国家的教育政策。在《如何整顿大学教育》（1933 年）一文中，他着眼于教育的性质和功用，对所谓"学以致用"的实用主义态度进行了批判。他以中国传统教育中的"科举"制度为例，对所谓"书中自有黄金屋"、"扬名声，显父母"、"出将入相"、"经邦治国"等观念进行了挞伐。在萧公权看来，以学问为手段，对其内容毫无兴趣，只是出于名利的诱惑，不得已而从事学术教育工作，无异于旧时代的科举心态。虽说宋明理学家提出的"格物致知"说与西方的科学精神并非毫无契合之处[①]，但最终还

---

　　① 　萧公权曾与熊十力对话，认为"朱子'格物致知'的思想，显然带着西洋科学思想的意味。"（萧公权：《问学谏往录》，112 页）

是与治国之术相附会，未能摆脱传统的窠臼。与此相反，他区别"治学"与"治事"，强调学术本身的价值，阐明培养"学以求知"风气的重要性，认为不应该"把高等普通教育与专门或职业教育混为一谈"。对学者而言，重要的是对学术本身的兴趣，而不是将学术作为敲门砖而另有所图。

十年后，他在《学术独立的真谛》（1945年）一文中进一步阐述了上述观点："近代科学昌大，学术趋于专门，一个人想要学有所就，势必要穷年累月，专心致志，才能收功。但是要这样地'好学不倦'，学者必须先于自己所择定的一门学术发生了真挚的爱好。换句话说，必须对于学术有了浓厚的兴趣，然后才能对于学术有所成就。先能学有所成，自然学有所用。"在萧公权看来，"学术的鹄的在探求真理，而其效用在造福人类"。他并非否定学术的功用，而是反对只追求眼前利益的功利主义态度。关于学术独立的基本意义，他认为"为了使得教育发生它固有的功用，我们必须把学术自身看成一个目的，而不把它看成一个工具。国家社会应当有此认识，治学求学者的本人应当有此认识。所谓学术独立，其基本意义不过就是：尊重学术，认学术具有本身的价值，不准滥用它以为达到其它目的之工具罢了。"为了避免误解，他又解释说："第一，学术独立不是要学术与社会生活隔离，而是要学术能够摆脱社会恶劣风气的影响。""第二，学术独立不是要违抗教令，不遵法纪，放弃国民的职责，而只是要在求学的过程中划分政治和学术的界限。"关于"学术"与"政治"的关系以及作为教师的责任，他认为"学人可以加入政党，可以发表政论。但是入党论政都是国民资格的行为，不是教学求学者身份的行为。倘使一个学人把学校用为政治活动的地盘，把学生用为政治势力的工具，把学术用为政治企图的幌子，他这样地就把学术当做了政治的附庸而毁灭了学术的尊严独立。……一个教学者应当是一个忠实于学术的学人而不是一个戴学术面具的政客。"学术与政治具有不同的功用和规则，这是以市民自律为特征的近代市民社会的必然要求。但是，违反这种常识的事情在当时的中国却屡见不鲜、见怪不怪。萧公权对这种学术与政治界限不分的现象进行了尖锐的批判，其中流露出其强烈的职业伦理精神以及对学术独立的坚定信念。

在1947年发表的《论教育政策》一文中，萧公权对民国以来的教育政策进行了总结。他认为民国三十余年来的教育政策可以明显分为两个阶段："从民国元年到十七年，政府所行的教育政策大体上是放任的

（假定那种放任办法可以称为政策）。从国民政府成立到现在，政府所采的是训政教育或党化教育的统制政策。"对于前者，他认为"有些人滥用了这个自由，另外一些人却从自由中得到进步"。而对后者的统制政策则着重指出其"形式主义"和"党化教育"的弊端。特别对"党化教育"的问题，他站在宪法的高度，强调"任何政党的党化教育都有违宪法的精神"，认为"发展自治精神是宪法规定的一个教育目标，保障讲学自由是宪法赋与的一个人民权利。自治精神只有在学校的自动自主生活当中培养，讲学自由只能在教师自择自决条件之下存在。因此政府对于教育机关的监督应当避免干涉课程教本的内容、教员的思想以及师生的生活。"他进一步阐述教育自治的原则："发展教育最好的方法是把地方自治的原则应用到教育机关。我们可以称之为教育自治的原则。依照这个原则，政府应该避免干涉讲学内容和学校生活。"

不管是对"为学问而学问"态度的强调，还是对以学术为工具的校园政客们的挞伐，抑或是对"党化教育"的批判及对"大学自治"的倡导，其最终目的不外乎实现真正的学术独立。这在某种程度上象征着20世纪三四十年代中国职业知识阶层的诞生，是当时独立知识分子区别于御用文人，自我认识的一个典型。

中西政治思想

拉斯基政治思想之背景
（1932 年）

一

　　任何政治思想家必有其时代之背景，亦必有其思想上之背景。拉斯基（H. J. Laski）为当代新派政治思想家领袖之一。其立论颇致力于破除陈说，阐发新旨；自《政治典范》（Grammar of Politics，1925）一书问世后。拉氏之学说殆已粲然大备，成一家言。虽然，拉氏岂数典忘祖而求尽脱前人思想之羁绊？据拉氏之自承与吾人之分析，拉氏至少曾受近代三派思想之重大影响。兹分别简论于次，或可以供国内讨论拉氏学说者之一种参考。至于对拉氏全部之思想作系统之介绍与评骘，则有待于博雅之君子。

二

　　拉氏于《政治典范》中曾详论社会组织之目的，自谓其所持之论，实际上系修改边沁学说而成之一种新功利主义。拉氏此言，不啻自承为边沁之私淑弟子矣。按边沁之功利主义乃以其分量之快感论为基础。边沁之意以为求乐避苦，乃人生行为之惟一标准，亦即社会组织之最后鹄的。此"为最多数人谋最大的幸福"一语所以为功利派政治思想之中心原则也。拉氏于此原则，大体接受。故谓社会之效用不外以众人合作之智能，图大众公善之实现；而所谓公善者又不外"苦痛之避免与乎幸乐之获得"[1] 而已。盖人类生而有欲；欲则不能无求；求而不得则苦痛随

---

[1] 《政治典范》，页二四以下。

之。社会之设正所以使众人得利用之以共谋满足各人欲望之方法也；且众人共处，其所欲所求，未免有时互相冲突，社会组织之功用正在根据人类之理性，取一切欲望而评量权衡之，按其贡献于全体幸福之程度而定其轻重高下取舍，以制止其冲突。欲望之能利全体于永久者则以公共之力保障之；欲望之利少数于暂时而害多人于永久者则裁制而遏抑之。政府又根据此评量权衡而以法律明定个人之一切权利。故权利之所以为权利，亦以其有利于全社会之人众①而国家者又不过为保障及维持权利，"使多数人能获得最大量公利之一组织"② 耳。

拉氏之新功利主义虽师法边沁，而二人之说又有其重要之不同处。边沁之言"利"偏重个人片断之快感，而拉氏则注意于调和个人之欲望；边沁以个人之自利心为其思想之起点，而拉氏则持人己利害相合之论。拉氏之言曰："个人之利，不能与社会中其他个人之利长久划分；强划分之，亦未见其有益。且人类智理之作用，正在能调和现在与将来之一切欲望；否则吾人心中之欲望交争适足以阻碍人己利益之实现。然则所谓社会之利者，其关键正在修养人格，使个人能努力以服务于社会耳。"③ 拉氏此言颇足以表明其修改边沁功利主义之最重点；拉氏所谓取边沁之学说为适合现今趋势之应用者，意殆指此。虽然，有一问题为吾人所应注意者，则功利主义经此修改后是否尚能保存自身之真面目，不失其中心之意义耳。按边沁之学说中，有二基本原则：（一）边沁以为主观之快感，为一切行为之动机及准绳。快感仅有分量上多寡浓淡久暂之差，无性质上高下优劣之别。多量之快感与少量之苦感两两相抵，快多而苦少，此即边沁所谓利也。（二）个人皆求利己，而利又基于主观之快感。故一人之所利，有时或为他人之害。政府之立法既不能使人人各得其完全之利，则惟有从多数人最大之利着想而已。此二原则既为功利主义之精髓，是修改此二者不啻根本放弃功利主义矣。昔者约翰·穆勒病边沁快乐论之未惬意，乃于其分量之标准外另设性质之标准。④穆勒以为快感虽为尽人所追求，而本身上实有高下等第之判别。与其蠢如豚彘，得下等之快感而乐，毋宁智如苏格拉底求上等之快感而苦。说者谓穆勒之修改边沁，立论虽较为近理，而实已根本摒弃师傅。盖快感既有高下等第之区分，则吾人必须另有评量快感之标准，而快感之本身

① 《政治典范》，页八九、九二。
②③ 同上，页二五。
④ 《功利主义》，第二章。

不复能为绝对之标准矣。拉氏虽未明白否认边沁之第一原则，而于其第二原则则极意抨击：边沁认人我之利相殊，拉氏以群己之利为一。二说之不相容，岂待智者而后辨？拉氏虽自命继边沁之薪传，实亦得功利主义之面目而弃其精神。此虽不足为拉氏诟病，而其为边沁之叛徒则与穆勒等也。

拉氏之思想与穆勒有关系乎？此又不可不论。穆勒虽以其父之故，隶属于功利派之门墙而实则曾深受英国传统自由思想之影响与德人洪博德（W. von Humboldt）之暗示。其《自由论》中之论调，每足以证明此点。盖穆勒以个人之发展为社会及政治之最终鹄的，而以国家之威权为根本上与个人之自由相妨碍。何则？国家之动作，本无积极补助个人生活发展之可能。即或有之矣，而国家过量之干涉个人生活，适足以破坏个人自任自动自创之精神。① 根据此原则而论，则保障自由与限制威权乃政治组织之基本目的。盖优秀之国，专赖有优秀之人。苟全国之人能于自由空气中各自为其人格之进展，则国家亦自然随之而光荣进步。苟全国之人甘于俯首帖耳依赖政府，奴隶之性既成，则虽有干练之政府，而"小人不足以成大事"，国家终必沦于毫无生气之绝境矣。② 吾人读拉氏之书觉其于保障个人自由之一事，反复申言，致意之殷正不减于穆勒。而其重视自由之理由，大致亦与穆勒相同。拉氏有言曰："自由为发展人格不可少之机会，历史上之事迹，固已昭示吾人矣。"又曰："自由者，使个人得机会以实现其最高生活之一种环境也……国家欲使其人民完全发展其本能，必以自由之权利赋与人民。盖自由足以启发人之个性，使人能各以其由己身体会而得之特殊经验公之大众……而免使人类特具之创造力受阻挠之害也。"③ 拉氏此言，倘使穆勒闻之当亦为之首肯。二人著书前后相距约七十年，其论自由之相近如此；然则与其谓拉氏学说为边沁功利主义之新解，毋宁谓其为穆勒《自由论》之嗣响，似尤较为近是也。

三

拉氏之论自由虽因曾受穆勒之影响而带有浓厚之个人主义色彩，然

---

① 《自由论》，第三章。
② 同上，第五章。
③ 《政治典范》，页一四二。

拉氏之个人主义与英国传统之个人主义在精神上有大不同处。洛克
(Locke)① 派之个人主义注意于个人自由与政府威权之对立，以为二者
此伸彼缩，互为消长。故个人主义者斤斤于政府职权之限制与个人权利
之维持。即穆勒之《自由论》亦未脱此种眼光之窠臼。拉氏乃大唱"职
司之权利说"，以个人之权利与社会之福利为相联属而不可分割。盖合
群组社，本为人类天性之必然趋势。拉氏曾谓："人类生今之世，自少
至老皆居于政府管辖之下。其服从政府之义务实根源于本来之人性。人
类受遗传本能之驱策而与同类者同居，足见其为一种富有社会性之动物
也。""且人之生也何尝自由。个人既不能离弃已往之制度而独自生存，
则亦无往而不在铐镣桎梏之中矣。"② 不仅此也，人生而有欲：饥则思
食，渴则思饮，寒暑则思衣室之蔽，孤独则思同类之合。此数者皆人类
最基本之欲望；社会与一切之制度组织不过满足此等欲望之直接或间接
工具耳。据此以论，则社会之成立，一基于人类天性之必然趋势，二基
于人类欲望之需求；个人与社会之间岂有划界分疆之可能哉。

人类不仅有欲望，而亦有智理。智理足以指导人之行动，使其欲望
能得更充分之满足。由欲望之冲动而生社会之事实，由智理之运用而生
社会之思想。人类于是乎始恍然知社会中有公利之存在，凡事之不利于
全体者亦不能终利一己。"盖人既与同类者合群共处于一社会之中，则
利己者亦必利人。"③ 以此眼光论平等，则平等之意义亦不过"实现一
己之最善生活同时必使他人亦能实现其最善之生活"④ 而已。以此眼光
论自由，则自由者所以使人能发展其天才，而以其特长公之社会，使
利己亦能利人也。以此眼光论权利，则权利之设，非仅为个人之私利着
想，而实亦为社会之公益。拉氏以为："享有权利，非为个人之享用计
也。实现权利，亦非为吾一身以内之小天地计也。吾人有欲利，实因个
人生活中一行一动在与社会有相互之关系……依职司派之说，权利者人
所受之权力，使得有所行动，以为社会遗产之继长增高计。所贵乎有权
利者，非为其有所受也，为其有所为也。"⑤ 拉氏此论固足以突破传统

---

① 拉氏亦有得力于洛克处。如拉氏反对以国家与社会混为一谈，而主张二者之界限亟
当划清，且谓国家之范围小于社会。此说虽与柯尔（G. D. H. Cole）及麦克以佛（R. M. McIv-
er）相合，而或亦受洛克之影响。

② 《政治典范》，页一七至一八。

③ 同上，页二〇至二四。

④ 同上，页一五三。

⑤ 同上，页四〇至四一。

个人主义之范围，与现代思想之潮流相合；然谓其毫未受往昔学者之启示，则又未必尽确。伊里约①教授谓拉氏政治哲学中有康德派伦理个人主义之背景，固属非诬。然吾人苟更取拉氏权利之说与英人顾林（T. H. Green）相较，则又不得不承认《政治典范》之得力于政治义务之原则者，固较法理学形上之原则②为尤直接而明著也。

顾林之论曰：国家存在之目的在乎使个人于社会之共同生活中实现其自由之伦理生活。伦理生活之基本意义及内容既属凡人皆同，则每人之独善与社会之公善名虽异而实同为一物；个人苟承认此公善之存在，同时亦即承认其服从社会之义；此国家威权最后之根据也。虽然，伦理生活之实现必待于有实际之行动，而实际之行动又有赖于实际之能力。所谓"天然之权利"者即个人于实现其伦理生活时所必需之能力也。个人既为社会之分子，自不得不根据公善之观念，凭借法律之威权，互相承认此种必需之能力。"政治之权利"者即天然权利已得法律上之认可者也。依据上述之原理，顾林又得三项重要之结论：（一）个人之权利乃个人本身所应有，国家对之仅负承认与保障之责，而不能创造与消灭任何权利。（二）权利既根据人类共同之伦理生活而生，由人群之互认而立，则个人之权利不能离社会而存在。（三）权利之目的纯在使个人能实现人己共同之伦理生活，故权利非为个人私己之享受而设，乃为保障个人服务于公善之能力而设也。拉氏之职司权利论在原则上实与顾林此说相符。拉氏有言曰："吾人以个人之人格为权利者，实因社会幸福之基础必建于个人幸福之上耳。"③ 又曰："吾人有种种之权利，所以保障吾人之人格，亦所以表现吾人之人格。且社会势力之压迫个人者甚大，吾人必有权利而后可以抵抗此势力，保存吾人之特性。虽然，个人之权利又非可以离社会而自存。盖吾人所以能有权利者，正以吾人乃国家之分子；且在实际上吾人非藉此国家组织之权力不能发展吾人各具之特性也。故权利附着于社会之中，而不能独存于社会之外。吾人有权利以保障社会，亦所以保障吾人之自身；以发展最高人格之条件与我，即使我不得不努力以实现此人格；以不受他人侵害之保障与我，即使我不得不避免侵害他人；以教育之利益与我，即使我不得不利用所受之利益

---

① Elliott，"The Pragmatic Politics of Mr. H. J. Laski," American Pol. Sc. Rev. 18：268.

② T. H. Green, *Principles of Political Obligation*，Lectures Land 8；Kant，Metaphysische Anfansgrun de Rechtslehre.

③ 《政治典范》，页九五。

以谋公利之增进。我固不独为国家而生，国家亦不独为我而存；我之所以能有权利，正以我能参加于众人合力企图之公共鹄的而已。然则权利者，使我得与他人共图实现此鹄的之能力……故曰：权利者与职司相关。我有权利，所以使我能尽促进社会公善之职司也。"① 拉氏之言若此，实令吾人不得不疑其深有得于顾林之学说也。②

虽然，拉氏之说二端与顾林相异。顾林虽承认权利可存在于国家范围之外③，然大体仍以国家与社会相混。拉氏则于二者之间划一极分明之界限，以国家为社会中之一部分。此其不同者一。顾林重视个人之自由，同时亦承认"公意"之存在④，拉氏则根本否认公意之理论，此其不同者二。

拉氏论社会与国家之相异曰："国家与社会有不同之处：国家虽为社会之枢纽，而国家非即社会。吾人欲了解国家之性质，不可不先认清此区分也。"⑤ 拉氏之意盖以为社会乃人群共同生活之全部，其内容与范围当然较国家为复杂广大。吾人苟就事实观之，则"国家者不过在某一时间执掌（社会中）实际权力之一群人耳"⑥。国家可以用此权力以满足社会中人众之合理需求，亦可以滥用此权力以压迫或侵害人众之福利。故人民必随时依据社会福利之眼光以批评及监督国家之行动，此言论之自由所以为"国家之元气"也。拉氏此处明明以个人之意志限制政府之威权，其主张似又已放弃顾林之伦理国家观而与洛克派之个人主义重新携手矣。

"公意"（General Will）之说，创自卢梭，为近代"唯心论者"政治思想之中心观念，顾林虽于卢梭之说多所评骘纠正，然根本上实采用其公意之理。⑦ 拉氏以"唯实论"之眼光观察国家，不特否认国家足以代表公意，且根本否认公意之存在。拉氏之意以为人心之不同亦如其面，在一社会中人各有其不同之经验，亦有其不同之意志，故在社会中吾人仅见有万千不同之意志互相争竞，而决无统一意志之存在。至于所谓国家之意志在表面上虽似为一统一之意志，而实际上亦并非唯心论者所说之公意。盖所谓国家在事实上非全数人民之整体而为少数执政之

① 《政治典范》，页九三至九四。
② 拉氏书中亦数引顾林之言。
③ 《政治义务之原则》，第一四一节。
④ 《政治义务之原则》，第六讲。
⑤ 《政治典范》，页二六。
⑥ 同上，页六九。
⑦ 《政治义务之原则》，第九十三至九十四节。

人；所谓国家之意志非全体人民共有之意志，而为此少数执政者之片面意志。在普通情形之下人民或屈于政府之威力，或徇己身之惰性，固能服从此意志而无异言，然此意志之决非"公意"则可断言。且以拉氏观之，唯心论者公意之说尚有一大谬误处：彼等以为全国虽有万千不同之人而公意则仅能有一，公意之在我者无殊公意之在彼也。殊不知人之意志既各相殊异，则多人之意志或可以相合而决不能相同。盖在同一之环境中多数之个人意志固可取同一之目的，作一致之表示，而此多数之意志仍各有其自身之分殊存在，非因其目的之相同而遂混为一体也。

拉氏不特斥公意之说，且更进一步而斥近代公意说所根据之"真意"（Real Will）说[①]。此说虽创自英之波桑克（B. Bosanquet）而其所含之宗旨实为卢梭、康德以来唯心论者所公认。以唯心论者之眼光观之，国家之中必有一理想之真善存在，而此全体共有之真善同时亦为每个人之真善。所谓公意者，即以此真善为目的之意志也。苟合乎真善，虽一人之意志亦足以称为公意。苟不合乎真善，则虽多数人或全体人之意志亦不免为私意。[②] 盖个人虽皆有认识真善之可能，然或以理智之未开启，或以恶势力之诱惑，有时见真善而不能知，舍利人利己之真善而经营暂时之私利，于是乎此个人之意志乃背离公意而成为私意矣。故唯心论者以为理想之政治不仅在乎使人人得发表其自己之意志，而在乎使人人之意志能以真善为目的而成为真意志也。拉氏于此种议论咸加摒斥。拉氏以为个人之意志并不能有真伪之分。吾人苟对某事物发生欲望，则自觉有以此事物为目的之意志。此意志即吾人之真意志，盖除此而外更无所谓意志也。且自由之真谛，在乎个人之自决。凡受外力之强制者，无论其人所得之利益如何，实已失去其自由矣。譬如戒除烟酒固为有利于我之事；然根据己意而自动戒除者为自由，受他人意志之强迫而戒除者非自由；卢梭"被迫而自由"之说，诚为荒谬之尤而不可信者也。虽然，拉氏又非同情于无治主义而谓强力毫不可用也。拉氏以为"每人任性而各行其所是，则任何有组织之社会生活必不可能。假使社会中之公共意向认某种行动为正当，则亦可以用强力以制个人。不过在特殊情形之下，个人同时亦可以违抗国法而甘受其惩罚耳。"[③] 服从国

---

① 《政治典范》，页一九至三五。

② 参阅波桑克 *Philosophical Theory of the State*，第五章。卢梭 General Will & Will of All 之区分，用意略同。

③ 《政治典范》，页三三。

家固为人民之义务，然本个人之良心以批评或反抗国家又为人民更高尚更基本之义务。人民于国家之命令苟一味盲从，则自由之人格将久而沦亡，而团体生活中之高尚目的亦将为暴力所长侵害摧毁。故吾人对于国家之义务乃吾人对于理想国家之义务，吾人反抗现在之国家正所以使之能合于理想也。①

吾人以前所述拉氏之学说，如未错误，则吾人不得不承认拉氏虽明明反对唯心论者之说，而实未脱唯心论之窠臼。且拉氏一方面既接受顾林之伦理个人主义，另一方面又拒绝其根据此而成立之公意说，遂不免自陷于一种矛盾之地位。是亦拉氏政治思想中之一缺点也。何以言拉氏之自相矛盾乎？拉氏既承认顾林之说，以个人之伦理生活为和谐之人格发展②而又否认真意志之存在。夫所谓真意志者不过根据最高伦理之目的，将人生作一合理之通盘筹划耳。图一时之快乐，徇目前之欲望而使全人之发展终久受害者，皆非真意志之表现也。拉氏既采取伦理之人生观，同时又否认"真意志"之存在，此其矛盾者一。拉氏之论权利，得力于顾林之处颇多，故主张个人之利与社会之利为相合而不可分，且更进一步而立公善以外无善可说之言。③ 虽然，既有公善矣，必有以此公善为对象之公意。盖公善之为物，如非玄虚，必存在于社会人众之心志中；以公善为对象之意志，即顾林等所谓公意也。今拉氏既谓个人能认识公善以立社会定权利，同时又否认公意之存在，此其矛盾者二。窃谓拉氏思想中所以发生此类之矛盾者，殆以拉氏同时受二派迥不相同政治哲学之影响。拉氏既承受个人主义与功利主义之原则，又采纳顾林唯心论之主张。其结果乃至于时而以伦理之眼光视个人；时而以非伦理之眼光视国家。拉氏思想中二重不同之背景既不能相容，故拉氏之立说有时亦不免东西瞻顾，徘徊于歧路之间也。

四

拉氏于其各著作中往往标"唯实论"之旗帜，自谓注重实验为其政治哲学之精髓。其所以痛斥唯心论者之理想国家观，此当为重要理由之一。盖拉氏于政治理论上虽同意于顾林之伦理个人主义，其宇宙观与方

---

① 《政治典范》，页九六。
②③ 同上，页二四。

法论则不宗康德、顾林而奉洛克派之"经验论"与詹姆士（William James）之"实验论"为圭臬。拉氏以为人生行为中并无先天之真理；一切利害、甘苦、是非皆必由自身之经验中体会得来。且生活之现状与环境，随时变迁；吾人欲图生存，亦惟有取一前后一致之试验态度，承认一切社会组织之原则，不能于吾人认为具有先天绝对真理之逻辑中得之，而当于个人经验中求之也。①

政治生活既为社会生活之一部分，当然不能成为例外。以经验论之眼光观之，国家之目的与行动皆不含绝对不可易之原则。约言之，其故有二：（一）国家目的之当否必待个人经验之裁判。盖国家所揭橥之目的，必与个人之经验相合，然后可以得个人之赞助与服从；故国家之威权并非绝无限制也。拉氏有言曰："服从威权之义务并非绝对，而须受二条件之限制。威权之施用愈切近于伦理之需要，则服从之义务亦愈大，此其一也。威权施用之决定愈切近于个人之经验，则愈能受个人之遵从，此其二也。"② 故"自由之真谛不在免除一切之限制……而在使限制个人之种种规律能不离开个人之经验，而得个人之承受也。"③ 拉氏以个人之经验为政治威权之基础，是不啻为英国传统思想中之"认可说"（theory of government by consent）进一新解矣。（二）国家善恶之标准不仅在政治目的之当否，而在政治结果之利害。"吾人必须服从国家，非其有理论上灿烂光辉之目的，而以其能以忠诚之态度努力实现此目的。以伦理之眼光观之，权力之本身并无善恶。权力之或恶或善皆随其所表示一切行事之善恶而定也。"④ 故"吾人评判国家，不着眼于其理论上之意义而注意注重其实践之结果……此国家之命令所以不能认为含有先天之真理也"⑤。

詹姆士尝自谓其哲学为一"彻底之经验论"。盖詹姆士以直接之经验为理论是非之标准，以实际上之结果为行为善恶之标准，此足见其思想之来源远出于洛克派之经验论而又曾略受功利主义之影响也。詹姆士推广洛克派之经验论而建设一彻底经验论之知识论、形上学，与人生哲学；拉氏取詹姆士之彻底经验论而应用之于政治哲学。就此以论，则拉

① 《政治典范》，页四一。
② 同上，页二四九至二五〇。
③ 同上，页一四二。
④ 同上，页二七。
⑤ 同上，页二八。

氏与詹姆士思想上关系之深殆远过于边沁、顾林诸人矣。①

拉氏之政治思想既建立于彻底经验论之基础上，故处处注意于防止国家背离个人之经验而转入于绝对威权之途。虽然，拉氏之立说与寻常之政府限制论大异其趣：拉氏虽反对政权之绝对而不主张限制政权。盖以拉氏之眼光观之，国家之危机，不在政府权力之大而在政府之不负责。所谓不负责者，即不顾个人之经验而任意独断专制也。拉氏以为国家为达到美善生活之必要工具。

国家欲实现此鹄的，自必有相当之权力。虽然，国家之权力在某一时间其施用之方法必如何而可有利于此目的？其施行之结果实际上是否有利于此目的？凡此种种皆为政治中之重要问题，必待个人经验之参考而后可决，非政府中少数人所可武断者也。故国家虽有权力，而施用此权力之方法与计划必根据个人之经验。政府虽能以威权统治人民，而此威权又必受人民经验之裁判。依前列之原理，国家立法行政一切事宜不可不集思广益，设立"强迫之咨询机关"以求政治与经验相合。② 依后列之原理，人民不可不根据自身之经验与良心以批评或反抗政府之不良设施。③ 总之，威权与经验必如桴鼓之相应；政权之范围与应用既不能以先天之原则而预定，则传统之政权限制论殆为拉氏所不取矣。

拉氏之政治思想非但得力于詹姆士彻底之经验论，同时亦采取其唯名之多元论。拉氏"多元国家"之观念乃由詹姆士"多元宇宙"之观念脱胎而来。虽拉氏于其较近之著作中弃多元国家之名词而不复用，且抨击柯尔等分权之计划，然多元之思想仍时时流露于其政治哲学中。故吾人可谓拉氏与唯心论者之相抗，实亦多元论者与一元论者之相抗也。

拉氏据詹姆士之说，以为宇宙中物事万殊，彼此间仅有发生关系之可能而无绝对统一之可能。吾人社会生活之情形与此相同。"吾人于社会中所得之统一，决无完成之时。盖吾人虽探求同一之目的，然此目的亦不过具有表面上之一致而已。美善之生活之在我者势必与在彼者相异；其间虽有相似之处……而相似者未必即相同也。吾人举目所睹之现象皆为多元而非一元。吾人岂能强使相异之事物变为一致哉。"且"吾人处社会中能以自身与社会中之各部分发生关系而不必同时与社会之全

---

① 拉氏思想亦颇有与实验主义相悖处。参阅 Elliott, *Pragmatic Revolt in Politics* 第五章。
② 《政治典范》，页八〇。
③ 同上，页二八九。

体发生关系。吾人之所处者非统一之宇宙而为多元之宇宙。吾人如对于局部统一之团体表同情，则吾人可承认吾人对于此等团体之义务与责任。至于吾人对于所谓绝对统一团体之义务，则非吾人所愿闻矣……吾人在社会中之地位非如交响乐中之和音，其意义仅在各音之总和表现而不在每一音之自身表现。盖吾人所获得之每一经验皆具有实在之意义，而由此经验所引起之关系，即为使吾人对于社会表示忠忱之线索……故吾人所认为必需之社会合作，以詹姆士之语出之，乃联治之合作而非专制也。"① 社会合作既为联治，则国家主权统一不分，至尊无上之说亦必随一元之国家论而遭否认。拉氏以为"社会中使用威权之机关，其数目必与能得个人赞同之团体多少相等。苟国家之接触于我之经验者不如教会或工会之充分满意，则我将赞同我之教会以反抗国家，或赞同我之工会以反抗国家耳。"②

詹姆士哲学之价值如何，非本文所能论及。③ 惟拉氏应用其实验论多元论于政治哲学上之得失，则吾人不可不一论之。拉氏以经验论之眼光于政权范围之问题得一新解，为拉氏有价值贡献之一，吾人于前文已大略说明矣。虽然，吾人苟承认拉氏之应用实验论为成功，则不得不承认其应用多元论为失败。所谓失败者其故有二：（一）拉氏既主张威权为复性，同时又未计划相当之复性机关以执行之施用之。拉氏于《政治典范》中摒弃柯尔等所提出之二重议会，职业代表等制度④而保留国家之优越地位，使社会中之复性威权最终不得不受政府威权之控制。吾人虽不谓柯尔之必是而拉氏之必非，然不得不谓拉氏政治哲学中之理想原则尚未与其所计划之具体制度相符也。⑤ （二）拉氏所采多元论之自身虽有相当之价值，然不免与思想背景中之其他原则相抵触。拉氏大体上接受顾林之伦理个人主义，承认国家之中有公善之存在。⑥ 故国家服役于众人之共同及普遍目的，而其他之社团皆不过满足人生片面之需要，此国家之地位所以必高出于一切组织之上也。⑦ 信如是说，则国家之威权纵非绝对，而亦未可以降尊就卑以与其他之"威权"相提并论矣。此

① 《政治典范》，页二六一至二六二。

② 同上，页二五一。

③ 参阅拙著 *Political Pluralism* 第八章。

④ 《政治典范》，页二六六、页三三六至三三九、页四三一。

⑤ 参阅 Elliott 同书页一六七。

⑥ 《政治典范》，页三七、页二八一至二八二。

⑦ 同上，页七〇。

多元论之不适用者一也。且据拉氏之说，在社会之中，个人人格之自由发展外更无较高之目的。国家既基此目的而存在，则社会之中岂容有第二之威权与国家之威权互相竞争？此多元论未能与伦理个人主义相融洽者二也。[①] 此等理论上之研究虽未必影响拉氏全部思想之真价值，然大醇小疵之叹则至少不能免矣。

——原载《清华学报》七卷二期（民国二十一年六月）

---

① 拉氏自信其思想建立于"唯实"之基础上，故力斥唯心论者之公意说为不合事实之理想。其实拉氏之个人主义亦包含一理想。唯心论者假设一理想之国家，拉氏则假设一理想之个人；严格言之，二者皆非"唯实"之政治哲学也。参阅拙著《评张士林译政治典范》，天津《益世报》，一九三〇年五月二十七日。

晋代反政治之政治思想
（1932 年）

一

两晋承三国大乱之后，未能立长久平治之基。除武帝在位二十余年中颇能励精图治略具升平之景象外，后此百余年间大抵纲纪废而不张，政事息而不举；兵祸频仍，民生困敝。故疾时之士或发为愤激之谈，其尤著者如王沉释时①、任子春秋②；而议政事者亦多摒弃"经世"之学，竟以虚无放诞为高。盖崇奖虚浮端开于曹魏，而推衍玄谈风成乎王何。厌世之徒既觉政治之败坏混浊而不可救，乃亦袭取老庄，大唱无治之论以自快。当时之国势如彼而士大夫阶级之思想如此，安得不"误尽苍生"，旋亦自受灭亡之祸哉？③

二

晋代思想因受老庄哲学之影响而产生三数派反政治之人生观：其以个人之自安为宗旨而反对一切之政治干涉者吾人名之曰"消极之无治主义"；其以个人之自适为宗旨而打破一切社会之束缚者吾人名之曰"放纵之自适主义"；其以明哲保身为宗旨者吾人名之曰"谨饬之保身主

---

① 《晋书》，卷九十二，《文苑列传》。
② 《晋书》，卷九十四，《隐逸列传》。
③ 王衍居宰辅之位，乃宗尚玄虚徒思自全，不以经国为念。及兵败于石勒被执而见杀，临终叹曰，"呜呼！吾曹虽不如古人，向若不祖尚浮虚，戮力以匡天下，犹可不至今日。"见《晋书》卷四十三，《王衍传》。

义"。此三者中尤以消极之无治主义足供治政治思想者之参考，故略述之于此。

晋时之无治主义虽脱胎于老庄之无为，而持其论者未必皆能彻底。嵇康，王衍诸人①其言无治之不彻底者也。嵇康有言曰：

> 古之王者承天理物，必崇简易之教，御无为之治。君静于上，臣顺于下。玄化潜通，天人交泰。……自求多福，默然从道，怀忠抱义而不觉其所以然也②。

虽曰"自求多福"犹未废"无为之治"，犹未废君臣之分也。至阮籍，陶潜，鲍生诸人乃发为彻底之无治论。《桃花源记》中所描写之境界纯为一非政治之自然社会。《大人先生传》③痛诋经国治世明礼守法之"君子"而拟之为虱处裈中。其意以为，世之治乱无常故世不足治：若世不失道，则世何待于治？若世既失道，则世又不能治也。所谓不失道者其状何如乎？阮籍曰：

> 昔者天地开辟，万物并生：大者恬其性，细者静其形。……害无所避，利无所争。……各从其命，以度相守。明者不以智胜，暗者不以愚败；弱者不以迫畏，强者不以力尽。盖无君而庶物定，无臣而万事理。

及至朴散为器，诈伪生，争端启，于是

> 君主而虐兴，臣设而贼生。坐制礼法，束缚下民。欺愚诳拙，故智自神。强者睽眠而凌暴，弱者憔悴而事人。……尊贤以相高，竞能以相尚，争势以相君，宠贵以相加。驱天下以趣之，此所以上下相残也。竭天地万物之至以奉声色无穷之欲，此非所以养百姓也。于是惧民之知其然故重赏以喜之，严刑以威之。财匮以赏不供，刑尽而罚不行，乃始有亡国戮君溃败之祸。此非汝君子之为乎。汝君子之礼法诚天下残贼乱危死亡之术耳。

"君立而虐兴，臣设而贼生。"愤激乃过于庄生，岂非时世使然。夫"无君"之美如彼，有君之祸如此，故"大人先生"无取于"君子"之

---

① 《晋书》，卷四十九，卷九十四。

② 《嵇中散集》（《汉魏六朝三百家集》本），"声无哀乐论"。参阅《晋书》卷四十九，《嵇康传》。

③ 《阮步兵集》，参阅《晋书》本传。

礼法而求得"飘飘于天地之外与造化为友也"。阮籍之论固已偏激，而抱朴子《诘鲍》篇中鲍生之言亦有过无不及：

> 鲍生敬言好老庄之书，治剧辩之言：以为古者无君，胜于今世。故其著论云：儒者曰"天生蒸民而树之君"。岂其皇天谆谆言亦将欲之者为辞哉？夫强者凌弱则弱者服之矣。智者诈愚则愚者事之矣。服之故君臣之道起焉。事之故力寡之民制焉。然则隶属由乎争强弱而校智愚，彼苍天果无事也。

立君以治民既非由于天意，然则殆出于人性之自然欤？鲍生以为不然：

> 夫混茫以无名为贵，群生以得意为欢。……夫役彼黎蒸，养此在官，贵者禄厚而民亦困矣……曩古昔之世无君无臣。穿井而饮，耕田而食。日出而作，日入而息。泛然不系，恢尔自得；不竞不营，无禁无辱。山有蹊径，泽无舟梁。川谷不通则不相并兼，士众不聚则不相攻伐。……势利不萌，祸乱不作；干戈不用，城池不设。

及至天真既泯，争乱乃起。"君臣既立，众慝日滋。"故无君者人性之本然，有君者乱世之恶果也。

如谓有君之祸由于君主偶然之不良，非政治本身之过：有桀纣之虐民，固亦有汤武之爱民，非可一概而论；则鲍生应之曰，有君之致治，终不若无君之自安。与其厚禄以养忠臣，何如无取于民之为惠？彼所谓贤君仁主之爱民者实不过如"盗跖分财取少为让，陆处之鱼相煦以沫"而已。[①]

<h1 style="text-align:center">三</h1>

政治思想与社会环境相呼应，此理殆无可否认。晋世因政治恶劣而产生无治之思想，实为一极自然之事。且阮籍鲍生一流之无君论，以迫切之意，发愤激之谈，实为处恶政府下弱者之哀鸣，尤足兴吾人无限之同情。然不求实际上补救有君之敝而徒以消极玄虚之理想自慰，以视西

---

① 当时佛教徒亦有持近似道家之无治论道，参阅《弘明集》，卷六，释道恒著《释驳论》。

洋无治主义之具有进取自强之精神者①，固又有轩轾之分矣。晋人有无君之论而不免于乱亡，西洋之无治主义则有时为革命之先声。其故何在？可深长思也。

　　昔庾子山谓梁时"宰衡以干戈为儿戏，缙绅以清谈为庙略"②，此言亦深中晋代士大夫之病。当今"国难"严重，不亚晋时。今之"士大夫"果有自异于晋世者乎。抑亦放纵颓废或有更甚者乎。其高唱解放人生，打破礼教者固不惜步阮仲容、谢幼舆之后尘③，而"名公巨卿"亦未闻有整顿政事之决心。其甚者至于公言民生涂炭，非人力所能挽救，而临坛灌顶，冀以佛法为自救救国之方，其视晋人以世外桃源为免祸之道者殆亦五十百步之间耳。假使嵇鲍诸人复生今世，其反政治之无治论或将更为迫切愤激，亦未可知；然则吾又不暇致讥评叹息于晋人矣。

——原载《清华周刊》第三十八卷，第七、八合期
（民国二十一年十一月二十一日）

---

　　① 例如 Kropotkin, *Anarchist Morality*, P. 27: "To struggle; to look danger in the face; to live on dry bread in order to put an end to inequalities that revolt us; to feel ourselves in harmony with such as are worthy of love: this for a weak philosopher perhaps means self sacrifice. But for the man or woman filled with energy, force, vigor, and youth, it is the conscious joy of life."

　　② 《哀江南赋》。

　　③ 《晋书》，卷四十九。

中国政治思想中之政原论
（1934 年）

　　中国往昔学者之论政原大抵因各人对于政治之态度不同而异其趣。拥护政治者皆想像一极苦痛无秩序之自然状态，设君立政之后人类始得臻于和平安定之域。反对政治者，则想像一美满安乐之原始社会，而创置政长之结果乃使人堕落于苦痛生活之中。介于二派之间又有持折衷调和态度者，以为太古之无治固极可宝，而淳浇朴散之后，势非立君无以治乱民；故政治有如祛疾之良药，虽苦口而不可不用。兹篇简述先秦以来十数家之说，按拥护政治及折衷调和二派中各家对于立君手续意见之异同，别为三说：曰天命，曰人归，曰圣立，依次论述，而以反对政治各家之说殿其后。所述仅就谫学一时所及，未遑求备；或亦可藉以窥见吾国昔日政治思想之一斑耳。

一

　　置君由于天命，殆为吾国先民之一普遍信念而尤为儒墨二家之所祖述。诗书中所载天命之说于政治起源虽无直接明著之提示，然既谓天"时求民主"，命汤伐夏①；又谓其"改厥元子"，命周伐殷②；则谓始君之立，亦由天命，殆为意中之事。至如邾文公谓"天生民而树之君"③；师旷谓"天生民而立之君，使司牧之，勿使失性；有君而为之贰，使师保之，勿使过度"④；则明明以创政立君之功归之上天矣。此种见解除

---

① 《尚书·多方》。
② 《尚书·召诰》。
③ 《左传》文公十三年。
④ 《左传》襄公十四年。

少数例外，为古代儒家诸子之所共持，而秦汉以还亦不乏传薪之人。①
至如汉之董仲舒、王符，则尤能光大阐发其说者也。董氏立天人相与，
君师同体之论，以为天生民，性有善而质未能善，苟无圣人以礼乐道术
化民，则势必至于"民如麋鹿，各从其欲，家自为俗，父不能使子，君
不能使臣"②，而乱不可止。故曰"王承天意以成民之性为任者也"③。
王符之说，与此小异。王氏谓"太古之时蒸黎初载，未有上下而自顺
序。天未事焉。后稍矫虔，或相陵虐侵渔不止，为萌巨害。于是天命圣
人，使司牧之，使不失性。四海蒙利，莫不被德；金共奉戴，谓之天
子，故天之立君，非私此人以役民也，盖以诛暴除害，利黎元也。"④
且君受命于天，臣受命于君；君号天子，臣为"天官"⑤，"帝以天为
制，天以民为心"⑥。臣以君为制，君为民而立。彼以天下为私利而残
贼庶民者，诚大悖上天置君之初意矣。

董、王二说，悉因儒学之旧；墨家尊天，略近于儒，而其论政原，
则有独到之处。墨子以为创设政长之目的，在乎壹同天下之义以止争。
盖古者民始生未有刑政之时，人各异义，交非相恶，以至"百姓皆以水
火毒药相亏害"，"天下之乱，若禽兽然"。夫天下之乱既由于无政长，
则止乱莫若立君矣。"是故选择天下之贤可者，置之以为三公"；画分万
国，立诸侯国君；诸侯国君择其国之贤可者，置之以为正长。"正长既
已具，天子又发政于天下之百姓，言曰：'闻善而不善，皆以告其上。
上之所是，必皆是之；上之所非，必皆非之。'"⑦ 于是一国之义壹于国
君，天下之义壹于天子，天下同义而百姓无争矣。虽然，墨子所谓选择
天下之贤可者立为天子，谁选择之乎？"尚同中篇"谓"古者上帝鬼神
之建国都，立政长也，非高其爵，厚其禄，富贵游佚而错之也；将以为
万民兴利除害，富贫众寡，安危治乱也。"故立天子者乃天与鬼神，而
就墨学之大体观之，天权殆尤在鬼神之上。盖天为天下从事者之法

---

① 两汉以后朝廷之诏令，每袭天命之说，其尤著者如六朝时禅位诏书、玺书，及即位
告天文。
② 《春秋繁露·深察名号》。
③ 《春秋繁露·立元神》。
④ 《潜夫论·班禄》。按王符兼采天与人归二说。盖天视自我民视，二者之间本无绝对
之分界也。
⑤ 《潜夫论·贵忠》。
⑥ 《潜夫论·遏利》。
⑦ 《墨子·尚同上》。

仪。① 天下之国君臣民上同于天子，而天子又必上同于天，天子不得恣己为政，必待天之政之。② 为天子者苟不能承顺天志，爱利百姓，如桀、纣、幽、厉之所为，则必膺天鬼之罚，受庶民之谤，不得久居其位矣。③

吾人今日观儒墨诸家之说，足见"神道设教"之影响于古代政治思想者甚为深远。欧洲古昔亦曾盛行政由神创之说。然西洋神权说之用意或在抗教会之威权或在排民权之理论，立说虽各有不同，而莫不推尊君权，欲使人主达于至隆至高之地位。其尤甚者至谓君无仁暴，皆奉神意。仁君代上帝施恩，暴君代上帝行罚。人不可以叛神，自当恪遵君命而已。此种为暴君张目之"默从论"④ 殆非吾国昔贤所曾梦见。盖按诸中国天命之说，天意专在爱人，君权止于利众；君尊而民不卑，天贵而人不贱；以民心之向背，占天命之得失；仁暴之分甚明，从违之辨甚显；民贼无亲，独夫可诛。此天命说所以与神权说貌相似而实大异其趣也。

二

王符之论政原，天人并重，与"天视自我民视"之传统思想相合。然各家亦颇有舍天命而专重人归者，如管子、淮南子、班固、抱朴子、柳宗元等皆是也。班固祖述儒学，以为始君之立，不在力而在德。人为有生之最灵，而未有爪牙毛羽以为自养自卫之资；其所以能役物而不制于物者，则以人能任智也。"然不仁爱则不能群，不能群则不胜物，不胜物则养不足；群而不足，争心将作。上圣卓然先行敬让博爱之德者，众心悦而从之。从之成群是为君矣；归而往之是为王矣。"⑤ 班氏以上圣卓行，人众归往为立君之由，于神权、强力诸说外别树一帜，亦可谓

---

① 《墨子·法仪》。

② 《墨子·天志上》。

③ 《墨子·尚贤中》。

④ Doctrine of "Passive Obedience" 基督教之神学家如 St. Augustine，St. Isidore of Seville，St. Gregory the Great 等皆主此说。宗教改革之领袖如 Martin Luther，John Calvin 亦因袭之。此外如英王 James I，英人 Sir Robert Filmer，法人 Jacques Benigne de Bossuet 等亦有相同之见解。参阅 Carlye，*Medieval Political Theory in the West*，vol. I，pp. 115 ff；Figgis，*Divine Right of Kings*，ch. 8；McIlwain，*Growth of Political Thought in the West*，pp. 151 ff.

⑤ 《汉书·刑法志序》。

难能矣。①

柳宗元与韩愈并为唐代儒家代表。然韩氏不脱传统思想之羁绊,柳氏论政,每近荀卿,而有自辟蹊径之处。柳氏以为政长之起,由于初民纷争不已,"强有力者出而治之,往往为曹于险阻,用号令起而君臣什伍之法立"②,然吾人应注意者,政长固不可无强力,又不可徒恃强力以为治。盖政权之所以异于暴力者,正在被治者之心悦而诚服也。柳子伸论其理曰:"人不能搏噬而且无毛羽,莫克自奉卫。荀卿有言曰,'必将假物以为用者也。'夫假物者必争,争而不已必就其能断曲直者而听命焉。其智而明者所伏必众。告之以直而不改,必痛之而后畏。由是君长刑政生焉。故近者聚而为群,群之分,其争必大,大而后有兵。有德又大者,众群之长又就而听命焉,以安其属。于是有诸侯之列,则其争又有大者焉。德又大者,诸侯之列又就而听命焉,以安其封。于是乃有方伯连帅之类,则其争又有大者焉。德又大者,方伯连帅之类又就而听命焉,以安其人。然后天下合于一。"③ 子厚此说虽意在攻击封建制度,未必依据史实,然其新颖之处,直可前无古人矣。

《管子》非儒家之书而其论政原颇有与班、柳相表里处。《管子》谓"古者未有君臣上下之别,未有夫妇妃配之合。兽处群居,以力相征。于是智者诈愚强者凌弱,老幼孤独不得其所。故智者假众力以禁强而暴人止。为民兴利除害,正民之德,而民师之。是故道术德行出于贤人。其从义理兆形于民心,则民反道矣。名物处违是非之分,则赏罚行矣。上下设,民生体,而国都立矣"④。然则按班固之说,政长之立由于圣人卓行仁让而众服其德。按柳宗元说,政长之起,厥因有二:一曰强者假权力以行公义,二曰智者明断曲直而众人服之。按《管子》之说,则其故有三:智者假众力以禁暴,一也。贤者为民兴利除害,二也。正民之德而民师之,三也。有力、有功、有

---

① 然其说有近荀子处。荀子于政治起原之经过,无明文之叙述,而于政治社会成立之基本因素则一再论之。其大意以为"人生不能无群,群而无分则争,争则乱,乱则离,离则弱,弱则不能胜物"。圣人化性起伪,明分使群,以礼义别上下贵贱之等,而人始相安,各遂其欲。故"君者善群者也"。参阅《王制》、《富国》、《礼论》等篇。十六世纪西班牙耶稣会徒 Juan de Mariana 之说与此略同。

② 《柳河东集》,卷一,《贞符》。

③ 《柳河东集》,卷三,《封建论》。

④ 《管子·君臣》。

德，三者具而君道立，政制成矣。

淮南子与抱朴子同为折衷派之道家，其生先后相距逾四百年，而论政原颇相近似。淮南子以为“太清之世”，素朴无欲，万类安和，机械诈伪，莫藏于心。此后制作日繁，物益多，欲益炽，而诈伪争论以起。圣人出，立为仁义礼乐以救之；仁义礼乐不足，又设法令制度以救之，“及至分山川溪谷，使有壤界；计人多少众寡，使有分数；筑城掘池，设机械险阻以为备；饰职事，制服等，异贵贱，差贤不肖；经诽誉，行赏罚，则兵革兴而分争，生民之灭抑夭隐，虐杀不辜，而刑诛无罪，于是生矣”①。然则世当废君毁政以复无治之初而返于冲冥乎？曰，是又不可能也。盖政立由于世衰；苟衰世不可返于太清，则有治安能复于无治。且世之由淳厚而入于浇薄，由无君而至于有君，实有其不得已之势在。“昔容成氏之时，道路雁行列处，托婴儿于巢上，置余粮于畮首；虎豹可尾，虺蛇可蹍而不知其所由然。逮至尧之时，十日并出，焦禾稼杀草木，而民无所食；猰貐、凿齿、九婴、大风、封豨、修蛇，皆为民害。尧乃使羿诛凿齿于畴华之野，杀九婴于凶水之上，缴大风于青邱之泽，上射十日而下杀猰貐，断修蛇于洞庭，禽封豨于桑林；万民皆喜，置尧以为天子。于是天下广狭险易远近始有道里。”② 此后舜使禹治水，汤武诛桀纣，皆为百姓之所尊奉。故圣人者应世乱而出，为民兴利除害；此政长之不得不立者一也。且“凡有气之虫，含牙带角，前爪后距；有角者触，有齿者噬，有毒者螫，有蹄者趹；喜而相戏，怒而相害，天之性也。人有衣食之情而物弗能足也，故群居杂处；分不均，求不赡则争；强胁弱而勇侵怯。人无筋骨之强，爪牙之利，故割革而为甲，铄铁而为刃。贪昧饕餮之人残贼天下，万人骚动，莫宁其所。有圣人勃然而起，乃讨强暴，平乱世，夷险除秽，以浊为清，以危为宁。”③ 故“古之立帝王者，非以奉养其欲也，圣人践位者，非以逸乐其身也。为夫强掩弱，众暴寡，诈欺愚，勇侵怯，怀智而不以相教，积财而不以相分，故立天子以齐一之。为一人聪明而不足以遍照海内，故立三公九卿以辅翼之。绝国殊俗，僻远幽闲之处，不能承泽，故立诸侯以教诲之”。④ 立君所以止人类必然之争，此政长之不得不起者二也。

---

①② 《淮南子·本经训》。

③ 《淮南子·兵略训》。

④ 《淮南子·修务训》。

虽然，吾人尚有疑焉。淮南主尚无为，此论讵不与无为之旨相违乎。曰，亦在如何诠释无为而已。所谓无为者非谓"寂然无声漠然不动，引之不来推之不往"①。而在"因顺自然"、"当于世事"，"无为而无不为"、"无治而无不治"也②。夫太清之世无知无欲，固可废圣人，去仁义，息政事；此因其无为而无为也。当今之世既非太清矣；则又安得不因其有为而设法度君长一切之制哉。"昔者神农无制令而民从，唐虞有制令而无刑罚，夏后氏不负言，殷人誓，周人盟。至当今之世，忍诟而轻辱，贪得而寡羞。欲以神农之道治之，则其乱必矣。"③

《抱朴子》之说不如《淮南子》之详，而大旨与之相近。葛洪谓太古无君之时，人类鸟聚兽散，巢栖穴窜，毛血是茹，结草斯服；入无六亲之尊卑，出无阶级之等威。在此种野蛮之生活中，人类需求虽甚简单，而不能相安于无事。盖"有欲之性，萌于受气之初；厚己之情，著于成形之日。贼杀并兼，起于自然"，于是"人与人争草莱之利，家与家讼巢穴之地。上无治枉之官，下有重类之党……交尸布野，流血绛路。久而无君，噍类尽矣"。幸而有圣人出，受命于天，近取诸身，远取诸物；天尊地卑以著人伦之体，元首股肱以表君臣之序。④ "备物致用，去害兴利，百姓欣戴，奉而尊之，君臣之道于是乎生矣。"故政长之立，应天顺人，出于自然，"安有诈愚凌弱之理"，如崇尚虚无者所想像乎⑤。

西洋政治思想中有所谓社会契约论者，其说大抵想像一无政府之自然状态，在此状态中人众之生活或极端紊乱，或比较和平；然既无政长，终不免争；于是众人一致共订契约，立长置政而咸听其令。上述吾国诸家之说，与此殆貌不同而神似。其相似者所论置君之目的，其不同者所论置君之手续。盖契约论以创立政长之功归之民众，而管、班诸子谓始君具有超群出众之才智，立功树德，除害兴利，而后百姓尊奉之。前说为近世民治政体之先驱，后者则仅可应用于君政，

---

① 《淮南子·修务训》。
② 《淮南子·泰族训》。
③ 《淮南子·泛论训》。
④ 参阅《易系辞》下。
⑤ 《抱朴子·诘鲍》。参阅"讥惑篇"。李充"学箴"谓洪荒之世，民与道忘，乃一极乐之无为世界。其后"资生既广，群盗思通"，而世大乱。贤智者出"遗己济物而天下为公"，百姓始得安生。其说亦调和道儒，可与此参看。充说见《晋书》卷九十二，《文苑传》。

此其所以异也。① 管、班诸子谓立政所以止争，而政治之目的在于民，其大旨固近乎契约论，而柳子厚以设曹断曲直为置君之由，更有似洛克之论。抑自十九世纪以来，契约论虽久已为学者之所抨击弃置，而洛克诸人之说，使后人藉以悟及被治者之同意为政权之最后基础，实亦包含一不磨之真理。我国昔人所阐王者众人归往之义，其价值当与此相提并论，无多逊色也。

<h2 style="text-align:center">三</h2>

老、庄以外各家一致承认人民为政治之主体，同时亦一致否认人民有政治之能力。故其论政原悉以圣人领袖群伦为关键。或谓先圣卓行而后众人归之，上述管、班以次诸说是也。或则竟舍众人归往之义而以创政之功畀诸圣人，《商君书》、《吕氏春秋》、陆贾《新语》、韩愈《原道》等所论是也。商子以为自无治之世以至于有治，社会先后凡经三变。"天地设而民生之。当此之时也，民知其母而不知其父，其道亲亲而爱私。"此初民之社会也。然"亲亲则别，爱私则险；民众而以别险为务则民乱。当此之时也，民务胜而力征。务胜则争，力征则讼，讼而无已则莫得其情也。故贤者立中正，设无私而民说仁。当此之时也，亲亲废，上贤立矣"。以上贤代亲亲，社会乃变化而得一时之安定。然积日多而乱又生矣。"凡仁者以爱为务而贤者以相出为道。民众而无制，久而相出为道则又乱。故圣人承之，作为土地货财男女之分；分定而无制不可，故立禁；禁立而莫之司不可，故立官；官立而莫之一不可，故立君。既立君则上贤废而贵贵立矣。"② 故按商子之说，君长之兴，其来也渐，而有不得不然之势。亲亲必至于争，乃上贤以救之；上贤必及于乱，又贵贵以救之。政治之有无实为人类之生死关键。其论殆隐抗道儒，而为法家尊君重法之旨张目耳。

《吕氏春秋》数阐政原之理而先后互异。《孟秋纪·荡兵篇》谓生民

---

① 黄宗羲《明夷待访录·原君篇》谓："有生之初，人各自私也，人各自利也。天下有公利而莫或兴之，有公害而莫或除之。有圣人者出，不以一己之利为利而使天下受其利，不以一己之害为害而使天下释其害，此其人之勤劳必千万于天下之人。夫以千万倍之勤劳而己不享其利，必非天下之人情所欲也。"其旨实脱胎于管、班诸子。至于谭嗣同《仁学》谓："生民之初本无所谓君臣，则皆民也。民不能相治，亦不暇治，于是共举一民为君。"则其说曾受西洋思想之影响，非纯粹中国所固有矣。

② 《商君书·开塞》。

之初，即有争战。争战之中，"胜者为长。长者犹不足以治之，故立君；君又不足以治之，故立天子。天子之立也，出于君，君之立也出于长，长之立也出于争。"《恃君览》谓上古之时，人尝无君。聚生群处，知有母而不知有父，其乱也有如禽兽。"日夜相残，无时休息，以尽其类。圣人深见此患也，故为天下长虑，莫如置天子也；为一国长虑，莫如置君也。"且人之爪牙筋力俱远不逮物，其所以能役物以自养者以其能合群通力而已。假使君道不立，则人类纵不日夜相残，而离群索居，殆亦无幸存之理。"故君道立则利出于群而人备可完"矣。吕氏一书本合众人之力糅杂而成，其政原论殆亦调和诸家，不主一派。然观其所持二说虽未必一贯，实亦不相矛盾。盖"长"虽出于争，君则必待圣人始立。长恃强力以兴，其利私，尤强有力者势必争之，故不足以为治。君有利群之道，其利公，故圣人立君而力争者止。此吕氏之论所以大异于强权说也。①

汉之陆贾、唐之韩愈皆因袭儒学，无多新义。陆氏大体依据《易传》圣人法天成人之意而推演之。所谓圣人者其数非一，而有"先圣"、"中圣"、"后圣"之分。先圣如神农、黄帝、后稷诸人，或为民制衣食居乘之器，或立刑狱赏罚之事。中圣病民之无礼义，乃设辟雍庠序之教，明父子君臣之义，使民强不凌弱，众不暴寡。后圣病"礼义独行，纲纪不立"，乃定五经，明六艺，"原情之本，以绪人伦"②。至是而人道大备。观陆氏之说颇多模棱，然其意以圣人为创政置君之人则甚显明也。

韩愈谓"古之时，人之害多矣。有圣人者立，然后教之以相生养之道。为之君；为之师。""为之政以率其怠倦，为之刑以锄其强梗。"③又谓"民之初生，固若禽兽夷狄然。圣人者立，然后知宫居而粒食，亲亲而尊尊。"④盖愈假定人类本无自养自治之能力，而一切文物制度悉创自圣人，其旨固与古代儒家相合。至于谓"民者出粟米麻丝，作器具，通财货以事其上"，否则当诛，则近于本末倒置，与民为邦本之说

---

① 西洋主此说者谓政治之起，由于强者凌弱，意在说明政治之罪恶，故每为中古教会一部分人，近世个人主义者及社会主义者所采纳。《吕氏春秋》谓"置君非以阿君，置天子非以阿天子"，又谓"天下非一人之天下，天下之天下也"，其意在阐明政治之利民，与彼相反。参阅《孟春纪·贵公篇》。

② 《新语·道基》。

③ 《韩昌黎集》，卷十一，《原道》。

④ 《韩昌黎集》，卷二十，《送浮图文畅师序》。

相径庭而不免后人之讥议矣。①

四

上述各家之论虽可按立君手续之不同析为天命、人归、圣立之三派，而实则大体皆以民本君治为其宗旨。儒墨诸子之政原论皆不过为往昔"仁惠专制"之理想设一理论之依据耳。老庄之徒崇尚虚无，政体君权皆在所摒弃之列。故道家之论政原，独能脱儒墨之羁绊而自树一帜。儒墨极言初民无君时生活之痛苦，此则盛称上世之淳朴逍遥，与道相忘；儒墨颂扬圣人制政立君之厚德丰功，此则力斥其有害而无益。两派之论乃恰如南辕北辙，背道而驰。先秦道家如老、庄俱于政原无直接之说明，②故兹篇所述仅以阮籍、鲍生及无能子为限。

阮、鲍之说，大致相同，而阮为较略。阮氏以为在有生之初，万类各遂其性而不相害，人众亦彼此相安。"明者不以智胜，暗者不以愚败，弱者不以迫畏，强者不以力尽。盖无君而庶物定，无臣而万理理。"③及至大人先生者起，设为制度以治人，于是"君立而虐兴，臣设而贼生，坐制体法，束缚下民"，天下遂相残害而无已，困民戮君亡国之祸一发而不可收矣。

鲍生敬言斥儒家上天生民树君之说，以为诞妄无稽，而谓政体之立纯出人为。"夫强者凌弱则弱者服之矣。智者诈愚则愚者事之矣。服之，故君臣之道起焉。事之，故力寡之民制焉。然则隶属由乎争强弱而校智愚，彼苍天果无事也。"④且"君臣既立，众慝日滋。"政体既由强者之私利而起，则势必成为罪恶之渊薮。纣、桀之所以能以一人之虐而流毒天下者，正以彼据有天子之势位。向使天下本无君长，则桀纣皆匹夫而已，何由肆其残贼之行哉。矧有君之为人患，又不在遇君之良否。盖有政则相扰，不若无治之相安。厚禄以养贤臣，不若无取于民之为惠。坚甲利兵以防乱，不若息事以宁人。彼深知桀纣之祸而犹冀尧舜之治者，无以异于不揣本而齐末矣。

---

① 谭嗣同《仁学》上篇。然孟子谓劳心者役人，劳力者役于人，韩氏之说本此。
② 参阅《庄子·天运》、《庄子·马蹄》等篇。
③ 《阮步兵集·大人先生传》。
④ 《抱朴子·诘鲍篇》。

阮、鲍之言可谓极愤慨之致，而不如无能子之富于条理。① 按无能子之说，自初民社会以至于政治社会之衰乱，先后凡经四变。太古之时，人与禽兽杂居。茹毛饮血，夏巢冬穴，无男女之别，无父子之序。淳任天真，无所司牧。久之"裸虫中繁其智虑者，其名曰人，以法限鳞毛诸虫。"又复种百谷，营宫室，析牝牡，别父子，"蒙淳以之散，情意以之作。然犹自强自弱，无所制焉。"此一变也。"繁其智虑者又于其中择一以统众。名一为君，名众为臣；一可役众，众不得凌一。于是有君臣之分，尊卑之节。尊者隆，众者同。"当此之时，君长立而政体犹未备也。"降及后世，又设爵禄以升降其众，于是有贵贱之等用其物，贫富之差得其欲。乃谓繁其智虑者为圣人。"此二变也。"既而贱慕贵，贫慕富，而人之争心生焉。谓之圣人者忧之，"而未有救之之策。"智虑愈繁者曰：'吾有术焉'。于是立仁义忠信之教，礼乐之章以拘之。君苦其臣曰苛，臣侵其君曰叛。""为之者为非，不为者为是。是则荣，非则辱。于是乐是耻非之心生焉，争心抑焉。"社会至此而三变矣。然仁义忠信可抑争心于一时，不能制人欲于久远。圣人"乃设刑法与兵以制之。小则刑之，大则兵之。于是缧绁桎梏鞭笞流窜之罪充于国，戈铤弓矢之伐充于天下，覆家亡国之祸绵绵不绝。生民穷困，夭折之苦漫漫不止。"② 社会遂入于衰乱之途，此四变也。夫有生之初，有乐而无苦，制作既起，人类之生活乃如江河日下，不至于大乱不止。及至既乱之后，则所谓圣人者更无挽救之方，而有心人亦惟有付之一叹而已。③ 吾人于此足见道家之无治论，实与西洋之无政府主义相殊。二者虽同一抨击政治，然无政府主义者不特认无政府之理想为有实现之可能，或且拟定所以实现此理想之方法，其中尤激烈者更欲假暴力以摧毁一切之制度。无治论者仅对政长示其鄙弃叹恨之情绪，而未尝谋所以改革之途。前者为革命家之抗议，后者为失望者之呻吟。故无治之论似激烈而实消极，此正与老子守雌之宗旨相符，无足怪矣。

——原载《清华学报》九卷三期（民国二十三年七月）

---

① 无能子，唐黄巢作乱时人，其姓名不详。

② 《无能子·圣通》。

③ 同上："嗟乎？自然而虫之，不自然而人之。强立宫室饮食以诱其欲，强分贵贱尊卑以一其争，强为仁义礼乐以倾其真，强行刑法征伐以残其生；俾逐其末而忘其本，纷其情而伐其命。迷迷相死，古今不复。谓之圣人者之过也。"

中国政治思想史参考资料辑要凡例
（1940 年）

一、本编略仿西人资料专编（Source Book）之例，选录自先秦至清末诸家之著述，以供各大学中国政治思想史课程参考之用。编者前在北平国立清华大学授此课程，乃辑录文献以供参考。其中先秦至明代部分，曾由清华大学印发诸生。清代部分则录稿未竟，而"七七"变作。清华南迁，业遂中辍。民国二十七年春至次年夏任教成都国立四川大学，乃得勉强卒业。终以得书困难，收录未备。应选而未得之文献，只有俟他日之补刊。此编之成，虽事类抄胥，无所贡献。然以军兴后，各大学之图书颇有损失。参考资料，比较缺乏。兹编之出，或可为教学之一助。

二、二千余年中之政论，汗牛充栋，不可悉收。若按西洋政治思想史家之严格标准以定去取，则秦以后之著述，合格者又悉甚寡。兹编选录之标准有二：一曰尽量收录有理论价值之文献，二曰酌量收录有历史价值之文献。其纯乎针对一时一地实际问题而发之政论则不选入。然界限非清，取舍不易。欠妥之处，知所难免。例如所录清季政论颇有涉及维新立宪诸实际问题者。以内容言，固颇重要，以体例言则不尽合也。

三、编中次序以年代之先后为准。其中偶有例外，则以参考之便利为断。全书为章凡五十三，为附录凡三十一。各章所录，以人为主。其标准为：（一）一家之言。（二）影响重大之著述。其思想相近，时代相及而文献不丰者，则仿史书合传之例，酌并于一章之中，借便比观，且省篇幅。附录所收者为：（一）不合上述标准而足资参考之述作。（二）虽合上述标准而文献过于简短或残缺者。（三）真伪未定之书。各章为本编之正文，读者所应悉阅。附录为补充之资料，读者可以择观。

四、每章及附录之前均有小引，说明作者之时代，文献之内容，思想之特点。其有原文条理不甚明晰者，则酌为分题编号，以便读者之探索。附录之小引亦略示其重要之程度，以助读者之取舍。凡此不过略示途径，不必拘牵。

五、治社会科学，客观为难，而治政治思想尤易流于曲解。兹编文献之去取，始终以保存前人本来面目，供给后学研究资料为标准。其短处在不能如思想史之独具见解，自成系统。其长处在编者之主观不易阑入，读者尽可以仁智殊见，自得妙谛。

六、本编用意不仅便利初学，并希望能引起研读原书之兴趣。读者倘不满意于编中所选，自宜取读原书之全体，则编者之最后目的庶几达到矣。

七、坊间已出版《中国政治思想史》数种，可选作教本，与此编并行。本书卷首略述二千余年政治思想之大概，读者阅之，亦可略得端倪。

八、本编所参考之书籍，十之七八为北平国立清华大学图书馆所藏。"七七"变后，除一部分南运保存外，其余已不可问矣。编末原拟附印参考书目，列举已经引用及可资参考之书籍，以在现状之下得书不易，恐成虚设。姑暂从略，以俟异日补入。

九、此编之成，颇承朋友之鼓励及指教，谨志谢意。海内学者如不见弃，至希随时指正，俾谬误之处，得以减少，则幸甚矣。

民国二十九年一月编者谨识

中国政治思想史参考资料绪论
（1943 年）

一、中国政治思想之特点

近世欧美学者辄轻视中国政治思想。例如雅勒（Janet）、邓林（Dunning）诸君，或谓中国无政治思想，或谓其浅陋零碎不足观。非不加论述，即置诸波斯、印度及其他"古代民族"之例。一若中国之文化已成过去，而其政治思想亦应同归澌灭也者。以视十八世纪欧人之崇拜儒家；认为中国政理远驾西洋之上者抑扬迥殊，诚有霄壤之感。吾人推其相轻之由，似不外乎两端。（一）异邦学者于我之文字学术、典章制度，不易有亲切之体会。其所闻知者大半得之于辗转译述。误解难免，阙漏必多。而遽加论断，岂能中肯。故附会之则叹为神奇，损毁之亦可化为腐朽。（二）西人治学，甚重方法。古希腊以来，学术分科，已成风气。著书立说，尤贵系统。而"爱智"既夙为治学之主旨，政治学者乃能超越时地，不求功利，作纯理论、纯科学之研讨。相沿已久，遂成不可移易之标准。彼见中国政论多不合此标准也，遂弃之以为不足道。其非持平之论，亦不待言。吾人以为中国不特自有其政治思想，且其思想亦具有不可否认之价值。其异于欧美者不在价值之高低，而在性质之殊别。故吾人治中国政治思想之先，宜一探寻其特点之所在。

重实际而不尚玄理，此中国政治思想最显著之特点也。十八世纪德国大哲学家莱布尼兹（Leibniz）曾比较东西文化，认定中国长于实践，欧洲工为思辨。故逻辑、数理、形上诸学几为后者所独占，而伦理、政治则为前者所擅长。其论虽不尽确而大体可信。盖西洋学术，重在致知。中国学术，本于致用。致知者以求真理为目的，无论其取术为归纳、为演绎、为分析、为综合，其立说必以不矛盾、成系统为依归。推之至极，乃能不拘牵于一时一地之实用，而建立普遍通达之原理。致用者以实行为目的，故每不措意于抽象之理论，思想之方法，议论之从违，概念之同异。意有所得，著之于言，不必有论证，不求成系统。是非得失之判决，只在理论之可否设张施行。荀子所谓"学至于行而止"，王阳明所谓"行是知之成"者，虽略近西洋实验主义之标准，而最足以表现中国传统之学术精神。故二千余年之政治文献，十之八九皆论治术。其涉及原理，作纯科学、纯哲学之探讨者，殆不过十之一二。就其大体言之，中国政治思想属于政术（Politik；Art of Politics）之范围者多，属于政理（Staatslehre；Political Philosophy，Political Science）之范围者少。

中国政治思想之第二特点为多因袭，少创造。任何民族之政治思想皆有其历史之条件。最超脱之乌托邦亦不免为实际政治之反映。此中外之所同然而吾国为尤甚。盖学术既主致用，则多注重于此时此地之问题，而求解决之途径。于是思想为事实所限制而随之转移，超越时地之创说自难生产。假使社会之进化甚速，政治之变革甚剧，则环境既殊，问题迭起，思想与之共变，亦能日新月异，与时消息。不必得永久可用之真理，而自有继续不断之进步。然而吾国之政治，除商周之交，周秦之际，曾有部落为封建，分割归统一之重大变迁以外，由秦汉至明清二千余年之中，君统无改，社会少变。环境既趋固定，思想自多因袭。必至海通以后，外患与西学相共侵入，然后社会骚然，人心摇动，激成清季空前思想之转变。以视欧洲，其事大异。西人论政，不甚注意于眼前之问题，比较易为高瞻远瞩、超轶环境之新学说。例如柏拉图、亚里士多德之思想，虽均以希腊之政治为背景，而又不全受其限制。后此之霍布士、洛克、卢梭诸大家亦能于历史之现实中，求普遍之真理。惟其不过于致用，故能免短视之弊，脱陈言之窠臼，得先时之前知。加以欧洲社会政治之变化，二千余年中，至繁且速。故其政治思想，无论是否针对一时一地之问题，亦新旧遭替，变化多端。自希腊以至今日，列国并争，异说纷起，不啻一长久之战国时代。以较吾国先秦"诸子百家"活动时期之仅有二三百年者，诚有久暂之别。抑更有进者，中国之君主政体，秦汉发端，明清结束，故二千余年之政论，大体以君道为中心。专制政体理论之精确完备，世未有逾中国者。然而二十余朝君主之中，能实行孔墨以来所发明之治术者，实无多人。正确之学说以未行而保持其信仰，错误之理论亦以未试而得隐其弊谬。修改思想之必要因此减少，崇古守旧之习惯随以养成。王安石变法必借口于《周礼》六官，康有为变法亦托词于《春秋》三世，可见思想因袭，积习难除矣。欧洲政制，自古代希腊以来，即新旧迭更，君主民主、少数多数之各种政体在纪元五世纪以前即已先后尝试。彼弊则此兴，而政论亦因之是此以非彼。盖思想与制度，相持而共变。论者既知无百年不弊之法，即知维持此法之理论亦有修改或摒弃之必要，西洋政治思想之多变，此亦一大原因。至于欧洲民族之综错，交往之频繁，国家之密迩，皆甚于中国。此天然环境之影响政治思想而使之生变化迟速之差者，其事显然，无待赘说。

如上所言，则以西人之眼光，评中国之政论，诚不免有歉然未足之感。然而就史家及学者严格之客观立场论，则中国政治思想自有其价值，不必因其内容异于欧美而受损失。盖中国政治思想者，中国文化与社会之产物，而同时为二者不可割离之部分。吾人如欲彻底了解中国之文化与社会，自不得不研究中国之政治思想。纵使此思想之本身，支离破碎，如西人之所臆断，吾人亦不应弃之不顾。然则最低限度，中国政治思想固具有学术上研究之价值。不仅此也，中国政治思想虽比较乏系统、少变化，然而未必因此对于人类政治生活即无所贡献。公羊家谓孔子为天下万世立宪定制，其言诚夸诞不足信。然平心而论，吾人不得不承认吾国先民曾发现不少超越时地之政治真理，不独暗合西哲之言，且在今日而仍有实际之意义。良以古今之世虽殊，而人性大体若一。社会组织之方式与宗旨虽变，而维持社会生活之基本条件未改。西人有谓柏拉图之国家论有现代之意义，亚里士多德之政治学历久而不可废者，荀子亦谓"类不悖，虽久同理"。依此解释，洵非谰言。然则中国政治思想，除具有研究之价值外，尚有不容轻视之本身价值。

二、中国政治思想之流派及演变

史家治史，以求研究便利，段落分明之故，每有分划时代之办法。欧洲学者例分历史为上古中世及近代之三期。吾国史家亦有沿用之者，然似不甚适于研究中国政治思想史，吾人以为中国思想史似含有自然可分之四大阶段：

一曰创造时期，约自孔子降生①至始皇统一②为时约三百年，包括春秋晚期及战国时代。学者通称之为"先秦"时期。

二曰因袭时期，自秦汉迄宋元③为时约一千六百年。

三曰转变时期，自明初迄清末④为时约五百年。

四曰成熟时期，自三民主义之成立以迄于今。⑤

(一) 创造时期

吾人何以称先秦为创造之时期乎？盖以中国虽有四千年以上之文化，而仅有二千余年之政治思想史。夏、商以前记载缺失，推想当时民生质朴，组织简单，殆未有具体可观之政治思想。周代尚文，学术初起。然《诗》《书》所记盛周时代之言论，只含零星之政治观念，而未足语于思想。中国政治思想之勃兴，实当晚周衰乱之世。儒家首播讲学论政之风，墨、道诸家相继并起，各以其所得拨乱定治之道号召当世，然后有较成理之政治思想始出现于中土。

政治思想突兴于晚周之故，梁启超、胡适诸君已有详细之推论。吾人以为最要之原因有五：（一）《易传》称"作《易》者其有忧患乎"。政治思想之盛起，亦每在社会衰乱之时，盖仁智兼全之士，见政治之崩坏，生民之痛苦，而思有以补救之，政治思想遂因以成立。孔、墨、老、庄之徒皆生当春秋战国之世而深有忧患者也。（二）封建及宗法制度渐趋破坏，世官之学入于民间，于是治学之风气开而学说大盛。（三）各国并存，言禁未立。"处士横议"虽"邪说"亦可大行。思想遂以得自由而发展。（四）战国时代，竞智角力之风更烈。国君广纳才士，说客例蒙优遇。其对于学术影响尤大者如魏文侯，以大夫僭国，礼贤邀誉，大开养士之风尚。而田齐稷下，立官设禄，招致学士，宣王之时达"数百千人。"⑥"喜议政事。"⑦ 孟子虽或不隶稷下，而"后车数十乘，从者数百人，以传食于诸侯"。贵士尊贤亦为学术发展之一诱因。（五）少数天资卓绝之思想家，如孔、墨、庄、韩诸人，适生周季特殊环境之

---

① 值公历纪元前五五一。

② 始皇二十六年，为纪元前二二一。

③ 值纪元前二二一至纪元一三六七。

④ 值纪元一三六八至戊戌政变一八九八。

⑤ 《三民主义》之讲演在民国十三年，其最初完成则在孙中山先生伦敦被难以后居英之二年中，即一八九六与一八九八年之间。

⑥ 见《史记·田齐世家》。

⑦ 见《新序》。

中，"英雄时势"，相得益彰，遂造成中国政治思想史光荣之一页。

先秦时代号称有百家之学，然政治思想之体大思精，可以成家而文献足征者，只儒、墨、道、法之四派。秦汉以后至于清初之政论，殆难出四者之范围。其间虽时有修改调和之迹，未必纯守师说，而渊源可按，先秦之影响历二千年而未绝。亦如希腊思想成为欧洲文化之永久成分。兹按四派成立先后之次序述其大概如下：

甲、儒家 儒家奉孔子为宗师。孔子政治思想之来源与意义，后学所加之解释不尽相同，似以孟子"集大成"之说为最近是。集大成者，以盛周之制度为背景，根据《诗》《书》及前人已有之学说，加以新创之见解，调和融通而成新思想系统之谓。就一方面言之，孔子思想在晚周之地位，略近苏格拉底门人埃索格拉底（Isocrates）之于雅典。埃索格拉底虽无精深博大之思想足与孔子相较，然其主张恢复梭伦所缔造之祖先旧制，则有似孔子"从周"之论。《淮南子·要略》谓"孔子修成康之道，述周公之训，以教七十子，使服其衣冠修其篇籍，故儒者之学生焉"。其言大体可信。

盛周制度为孔子所赞许者，约言之，即封建之天下与宗法之社会。封建之天下以天子为元后，司礼乐征伐之大权，而群后分土列国，各治其境内。孟子谓"孔子成《春秋》而乱臣贼子惧"。《春秋》尊王而贬诸侯、大夫、陪臣之僭窃。凡此足证孔子维护盛周制度之主张。至于孔子请讨陈桓，称许管仲，则并非放弃尊周之本意，而为退求其次之一种让步。宗法社会以家族为社会组织之基础，以人伦道德为社会生活之原则，孔子认孝友即为政，讥晋国之铸刑鼎，亦足证其思想之对象非近世之政治社会，非嬴秦法治之军国，亦非秦汉以后一统之郡县天下。严复谓孔子为宗法社会之圣人，固非完全无稽之谈。抑又有当注意者，孔子之政治思想不但根据旧制度，亦且采用旧观念。孔子号称删《诗》《书》，定《礼》《乐》，修《春秋》，古文家以为此皆因袭旧文。公羊家则谓皆托古改制之创作。其实创作固有其事，因袭亦按迹可寻。天命民本，仁义孝弟，礼乐刑政诸观念殆为当时士大夫所共喻。而散见于《诗》《书》旧史之中，特皆未经整理阐发，故其意义不深切，其条理多支蔓。孔子之功，大致在融铸旧观念以成新思想。《史记》谓儒家出于司徒之官。吾人不必拘执其说。然如谓孔子之学实有所本，非由凭空杜撰，则诚不诬。总之，孔子集大成之主要工作在铸旧以融新。孔子虽"从周"，然非纯粹牵羁于事实，以历史上之制度为不易之成规。孔子取封建宗法之社会而理想化之，复以此理想化之社会为拨乱反正之标的。

孔子虽"好古",然非完全步武先民,因袭陈说。孔子取前人之观念加之以新意义,赋之以新条理,而以此深刻化之古学为其从政施教之原理,故孔子之政治思想,似守旧而实维新,有因袭而复能创造。

孔子思想创新之要点,简言之,在以完成人格为政治最高之目的。孔子思想之起点,在假定一具有完全美善人格之君子(圣人,仁者)。君子本其固有之仁心,推其一己之至善,以及于人,使天下皆得成为君子,则行道之目的完全达到,然行道之程序必由近以及远。君子必先修身。道备于己,然后齐家、治国以迄于平天下之理想,故在孔子思想之中,个人与社会完全贯通,毫无间隔。个人之仁心为政治之起点,天下之归仁为政治之终极。其旨殆视柏拉图群己利害相通之说,尤为精湛。然而君子为政,又必以教养为方法,正名为条件。盖天下远近上下之人,必须各守其位,各尽其分,秩序井然,则教养可施而仁义得行。故正名亦为孔子政治思想之要义,与成仁之旨并重。

孔子没后其弟子及后学各取其思想之一方面而发挥之。其最著者孟子言仁心仁政,荀子主正名礼治。然以时世变迁之故,孟荀之政治思想又有异于孔子者。孔子生春秋之世,旧日之制度尚未完全崩溃。天王之威虽实亡而名存,诸侯之争虽已数而未烈。秦致统一之势未明,故孔子犹有从周之想。孟荀俱生于战国纷争之际,旧制既已摧毁殆尽无重建之可能,而天下定于一尊之形势又已略见端倪。且杀伐之结果宗法坏而士族衰,君权日张,富强是务。故孟子虽不放弃先生之根本主张,然力黜桓、文,意不尊周。齐、梁之君皆得闻行王道,一天下之说。荀子之言礼,意每近于法家。富国强兵之议,几夺仁义之席。就此而论,则孟荀政治思想之对象皆为将近成熟之一统天下。吾人若仿严复之意谓孔子为封建天下之圣人,则当谓孟荀为秦汉政治之先觉。就政治制度言,则孟荀之思想新而孔子为旧。就基本之原理言,则二子均不脱孔子之范围。惟荀子性恶之主张,尤与法家相接近,为当时新派思想重要假定之一。故孟子又可称为儒家"左翼"之代表。

乙、墨家 墨家思想为儒家之反动。故其成立,势必在儒学兴起之后。《淮南子·要略》谓:"墨子学儒者之业,受孔子之术,以其礼烦而不说,厚葬靡财而贫民,久服伤生而害事,故背周道而用夏政。"此言最能得其实况。孔子从周,墨子用夏,二者相较,孔守旧而墨复古。然墨家以兼爱、尚同、尚贤、节用、非攻、天志等为其政治思想之主旨。考其内容,亦非悉与儒家相对抗。韩愈曾谓孔墨相同,其相攻者由于末学之辩。据吾人所见，儒墨之所同者仁民、博爱与兼爱、交利之主旨，其所异者此主旨之根据及施行之程序。儒家以推己及人为恕，己立立人为仁。至于交征以自私者则斥之为"利"。墨子以视人若己为"兼"，亏人自利为"别"。儒者之仁与墨子之爱，其间实无重要之殊异。然儒家行仁，必由亲亲仁民而后达于爱物，故仁无远近之限制而有先后之等差。墨家言爱则意近平等，虽未完全否认先后之次第，而不如儒者之以此为重。此二家行仁程序之异也。孔孟言仁，以人类天赋之同情心（恻隐之心）为出发点（荀子为例外）。格物致知之学，正心修身之业，虽有生知学知、先觉后觉之差异，然其共同不可少之条件则为人类之仁心。墨子言爱，不复注重此点。其所反复证明者为爱人者己亦得利，恶人者己亦受害之事实。故兼爱之心理基础，非人类之同情心而为人类之自利心。《尚同》篇中且暗示性恶之意，尤与孔孟相违。此二家思想根据之异也。此外则尚贤、非攻等说二家所同，非乐、节葬诸论二家所异，其理自明，无待深辨。

墨子弟子为数虽众，而其著作传于后世者甚少。《汉书·艺文志》所载《随巢子》、《胡非子》、《我子》、《田俅子》，及《论衡》所举《缠子》诸书，今均散失。《韩非子》谓"墨离为三"，有相里氏、相夫氏及邓陵氏之墨，而未详其内容。《荀子·非十二子》篇墨翟、宋钘同举，谓其"上功用，大俭约，而慢差等，曾不足以容辨异，县君臣"。则宋钘亦墨者。《汉志》小说家有《宋子》十八篇，今佚。其思想之片段可于《荀子·正论》、《天论》、《解蔽》，《庄子·逍遥游》、《天下》、《韩非子·显学》等篇见之。其见侮不辱、少情寡欲之论则又近于《老子》，不为纯墨矣。盖墨家最重实践，不尚理论，著书既少，传世尤稀。秦汉以后，除游侠一派足继墨家一部分之精神外，墨家之政治思想突然消沉。"道统"之短促，先秦四大家中以此为最。

丙、道家 老子为道家之宗师，按旧说老子之时代略先于孔子。近代多数学者认定《老子》一书，为战国时代之作品，是否早于《庄子》尚难确定。以道家思想之内容言，其所含之自然主义似不能先神权思想而发展。且《老子》书中讥斥仁义，反对尚贤任刑诸语，似针对儒墨而发。此道家成立不能早于儒墨二家之一证。复次，老庄崇尚无为，诋毁政治，似为衰世苛政之反动思想。其失望消极之态度，亦可使吾人意想其为先秦社会崩坏以后之学派。然吾人当注意，道家思想之成熟虽晚，而其萌芽则较早。例如《国语》越王勾践三年①范蠡谏伐吴，有"天道盈而不溢，盛而不骄，劳而不矜其功。夫圣人随时以行，是谓守时。天时不作，弗为之客。人事不起，弗为之始"等语，即与《道德经》之旨相近。惟吾人研究先秦道家政治思想之文献既限于《老》、《庄》二书，则不宜因道家思想来源较早而遂置之于孔墨之前。盖若就渊源论，儒墨二家思想一部分根据《尚书》，岂非仍在道家之先乎？

道家政治思想为一种不满意于现状之抗议。儒墨亦不满于晚周现状。然其立言之宗旨为图政治上之积极改进而非作消极之讥评。故二家肯定政治之价值而道家否定之。《老》、《庄》二书之内容亦有分别，二者皆否定政治而其程度有深浅之异。简言之，老子主"损之又损以至于无为"，而未主张废除政治组织之本身，其最后之理想，不过"小国寡民""老死不相往来"而已。且老子之损道，于消极之中仍寓积极之意。故提出知白守黑、长民先下、以退为进种种治国保身之术。庄子则超然物外，以个人之绝对自由为理想。不独否认治术之必要，亦且否认国家之必要。以西洋政治学之名词举之，老子近乎不干涉或放任主义②。庄子则似无政府主义，而彻底或有过之。盖庄子最后理想之中，并社会组织而无之，不仅否定政治而已。故就老庄之内容论，道家思想自成二派。战国末年之法家（如韩非子）以老子无为之旨为其法治思想之哲学根据。汉代道家承老子之余绪，应用"无为"以为经世之术，而成"黄老"之学。魏晋之道家大体宗庄子逍遥、齐物之思想，而衍为清谈之"老庄"。此后则当晚唐五代大乱之际，无治思想，一度再兴。北宋以后道家乃失去独立学派之地位。历史之长远，仅亚于儒家。

先秦"为我"（个人主义）学派，老庄而外，略可考者尚有数人。如列御寇、杨朱、彭蒙、田骈、它嚣、魏牟、子华子、陈仲子皆是。今传之《列子》，据近世学者考证，为东晋时之伪书。其中纵或有先秦遗说，亦难于辨别，似以编入魏晋时代为较妥。惟《庄子·让王》篇谓列子辞郑子阳遗粟，不罹其难。《达生》篇称列子问于关尹。《列御寇》篇以汎若不系之舟喻自得之旨。《吕氏春秋·审己》篇载列子

---

① 即鲁哀公元年，公历纪元前四九四。
② 或赫胥黎所谓行政虚无主义（Administrative Nihilism）。

与关尹论射而因及治术，以求诸己为宗旨。《战国策》引（韩）史疾对楚王之问，谓列子"贵正"。《尔雅疏》引《尸子·广泽》篇谓"列子贵虚"。综上各端，仅可窥见列子思想之片段。杨朱思想之要点见于《孟子》之转述。"杨子为我，拔一毛而利天下，不为也。"《吕氏春秋·不二》篇谓"杨生贵己"。其为极端之个人主义者，殆无可疑。彭蒙、田骈、慎到同见《庄子·天下》。彭蒙无考。《汉志》有道家《田子》二十五篇，殆即田骈之书，而今已佚。据《庄子》所言，二人思想之大概为"公而无当，易而无私，决然无主。趣物而无两。不顾于虑，不谋于知。于物无择，与之俱往"。《吕氏春秋·不二》谓"陈骈贵齐"。与《庄子》所举"齐万物以为首"之旨相合。慎到则依《汉志》为法家之流，而开申韩以法治为无为之学风。它嚣、魏牟今亦无传书。其思想大要见《荀子·非十二子》篇。所谓"纵性情，安恣睢，禽兽之行，不足以合文通治"者是也。子华子见《吕氏春秋·贵生》篇。其言曰："全生为上，亏生次之，死次之，迫生为下。故所谓尊生者全生之谓。所谓全生者，六欲皆得其宜也。所谓亏生者六欲分得其宜也。……所谓死者无有所以知，以复其未生也。所谓迫生者六欲莫得其宜也。……故曰迫生莫若死。奚以知其然也。耳闻所恶，不若无闻。目见所恶，不若无见。……嗜肉者非腐鼠之谓。嗜酒者非败酒之谓也。"其思想与它嚣、魏牟相近。陈仲子见《孟子》及《荀子》。《滕文公下》篇称："仲子齐之世家也。兄戴盖禄万钟。以兄之禄为不义之禄而不食也。以兄之室为不义之室而不居也。避兄离母，处于于陵。"《非十二子》篇论其学云："忍性情，綦溪①利②跂③苟以分异人为高，不足以合大众，明大分。"《战国策》亦载赵威后问齐使之语："于陵仲子尚存乎？是其为人也，上不臣于王，下不治其家，中不索交诸侯，此率民而出于无用者，何为至今不杀耶？"则仲子乃洁身自好之无政府主义者。至于《论语》所举之隐者如晨门、长沮、桀溺、楚狂、荷蓧、荷蒉丈人之辈，亦为不事王侯之实行为我主义者，其思想并皆无从考见。

兹举上述为我思想之各家，列表如下：

---

① 未详。
② 同难。
③ 跂足离于物以自洁。

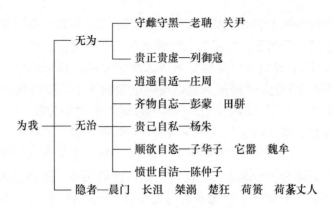

丁、法家　法家为先秦晚出最新之学派。儒墨皆托古，法家思想则纯以战国时代之新环境为对象而提出维新之主张。盖周代封建宗法制度解体之后，旧日之礼教人伦渐失去其维系社会之能力。争战之结果使君权大张，国土渐广，平民解放，贵族式微。治国者遂自然倾向于强兵富国"严而少恩"之法治。《淮南子·要略》论申商思想之产生最得当时之实况。其论申子曰："晋国之故礼未灭，韩国之新法重出。先君之令未收，后君之令又下。新故相反，前后相缪，百官背乱，不知所用。故刑名之书生焉。"又论商子曰："秦国之俗贪狠强力，寡义而趋利。可威以刑而不可化以善，可劝以赏而不可厉以名。……地利形便，畜积殷富。孝公欲以虎狼之势而吞诸侯，故商鞅之法生焉。"然法治之兴，在春秋已见端绪，且不限于秦晋二国。郑铸刑书[①]，晋铸刑鼎[②]，即其明证。私人著法书者有郑人邓析。《吕氏春秋·离谓》篇与《列子·力命》篇均谓邓析乱子产之政，故子产诛之。据二书所述，邓析之行为，颇似后世之讼师。然《左传》载昭公二十年子产卒[③]，定公九年[④]驷歂杀邓析而用其竹刑。杜预注曰："邓析郑大夫，欲改郑所铸旧制，不受君命而私造刑法。书之于竹简，故曰竹刑。"此说较为可信。盖昭公六年子产所铸刑书条理未密，故邓析得舞文乱法，而别造较精之竹刑。驷歂诛其乱政之罪而用其可取之法，亦情理之常也。惜其书今已失传，《汉志》名家《邓析》二篇殆非其旧。今本之《邓析子》又非汉时之旧，尤不足信矣。法家虽始见于春秋，然彼时环境尚未成熟。故刑书见讥于叔向，刑鼎起

————————

① 公历纪元前五三六。
② 前五一三。
③ 前五二二。
④ 前五○一。

孔子之非议。盖士族庶民之势力，正在变动消长之际，刑虽已用，礼犹未灭。至战国中社会大变，法家乃迅速发展，建立体用兼备之学说。邓析死后约百年，子夏弟子与曾相魏文侯之李克复著《法经》。《晋书·刑法志》云："律文起自李悝①撰次诸国法，著《法经》。以为王者之政，莫急于盗贼，故其律始于盗贼。盗贼须捕劾，故著《网经》一篇。其轻狡、越城、博戏、假借、不廉、淫侈逾制，以为《杂律》一篇。又以其律具其加减。是故所著六篇而已。商君受之以相秦。"据此则《法经》亦实用之条文，非理论之著作。又《汉志》儒家有《李克》七篇，《李子》三十二篇。其内容均不可考，而并与《法经》失传。总之，邓析、李克并为法治思想之宗师。直承其学而光大之者为商鞅与尸佼。尸子晋人，为商鞅客。《史记集解》引《别录》谓"商君谋事画计，立法理民未尝不与佼规也"。著书二十六篇，六万余言。《汉志》列杂家，凡二十篇。今亦散失。故其"兼儒墨合名法"之思想不可详考。② 商鞅相秦孝公变法兴治，立混一六国之基。韩非子谓"公孙鞅为法"，则重法乃其思想之特点。上述重法思想以外，先秦法家尚有二派。一曰重"术"之申不害，二曰重"势"之慎到。《申子》六篇今已佚。韩非子述其学之大旨，谓申不害言术。"术者因任而授官，循名而责实。操杀生之柄，课群臣之能。此人主之所执。"韩非子又评其失，以为"虽用术于上，法不勤饰于官"。"故托万乘之劲韩，十七年而不至于霸王。"虽然术治之兴，自亦有时代之背景。钱穆君谓"游仕既渐盛，争以投上所好，而渔权钓势，在上者乃不得明术以相应。"③ 其论至当。《慎子》四十二篇著录《汉志》，列入法家。今本乃明人慎懋赏所伪作。其学之概要发挥"势"之理论，略似欧洲之主权论。《韩非子》有专篇以驳之。庄子评之则谓其"尚法而无法"。荀子讥其"蔽于法而不知贤。"④ 足见慎子之说殆近商子之为法，而不同于申子之言术。然庄子又谓"上则取听于下，下则取从于俗"。荀子亦谓其"有见于后，无见于先"。足征慎子复受黄老之影响，与彭蒙、田骈同渊源矣。

综上所述，先秦法家似有三派。重法派，以邓析、李克、商鞅等为代表。重术派，以申不害为代表。重势派，以慎到为代表。其融合诸派

① 按崔述《史记探源》，谓悝克一声之转，故李悝即李克。
② 孙星衍及汪继培二家各有辑本。
③ 《先秦诸子系年考辨》页二二三。
④ 《解蔽》篇。

而集法家思想之大成者则为荀况门人之韩非。至于《管子》一书，号称管仲所作。然自晋傅玄以来学者即疑为伪托。其出战国法家之徒所纂辑，殆成定论。就其内容观之，则儒道二家之言时时掺杂其间，与尸子"兼儒墨合名法"之作风略相近。

列表如下，略示法家思想之渊源及派别。

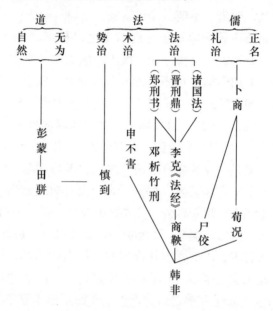

先秦政治思想四大家之概表，略如上述。就其对于政治之态度言，法最积极，道最消极，儒墨则介二者之间。盖法家思想以国与君为主体，个人之道德与权利均在否认之列。其论治术则注重富强而以兵农政策为扩张君威国势之途径。故其眼光所注，既非已然消沉之宗法社会、封建天下，亦不囿于列国并存，互维均势之战国局面，而实趋向于秦皇统一之政治。吾人如谓法家根据既成之事实，觅取适当有效之方法，而促成势将出现之局面，或不至于大误。易词言之，法家思想，以唯实而维新者也。道家则既不满意于现在，亦不留恋于已往，更不作计较于将来。最彻底之道家只图个人之安全幸福。政治生活中之义务与权利皆失其价值。故道家所贡献者乃一种反政治思想。其不根本否认政治之必要，而发挥无为之治术者，态度虽较和缓，而终不免于消极。持与法家相较，则彼唯实而此逃实。譬如鸵鸟见追，不取进攻自卫之道，埋首于无为空穴之中，而求得安慰。处战国之世而高唱小国寡民，老死不相往来，上如标枝，民如野鹿之理想，岂非不识时务之尤。儒墨二家均不脱离现实而亦不废弃理想。二者均认政治为必要而又不主张扩大君国之威势。墨家于个人之地位不甚注意。儒家群己贯通之理论，折中道法之间。且独善兼善，视际遇之穷通为转移。一考当时士人之行迹，即知此论之因事实为理想。二家之论治术亦介居进取与无为之间。儒家重"均""安"，墨子倡非攻节用，大意实倾向于以改善现状为维持现状之办法。孔墨之道若行，则由战国复返于春秋，由春秋再归于成王周公之政治。封建之天下，决不中绝于始皇之统一。持与法家相较，则彼完全维新而此均有守旧之成分。然吾人又当注意。孟子称孔子为圣之时者。以吾人所见，不独孔子非顽固之守旧派，儒家思想亦善于适应变动之环境。孟荀之思想即其著例。

以四家之历史论，儒为最长，几与全部中国政治思想史同终始。道次之，至宋以后始失去独立学派之地位。法又次之，汉代犹与儒家争雄长，此后则成为实用之技术，不复有思想上之贡献。墨家最短，至汉而绝。长短差异之故，除偶然之因素外，亦有可得而言者。儒家存在之所以特能久远者，盖半由其适应能力之强大，半由其思想内容之丰富。儒之善变，顷引孟子之言已足为证。而《荀子·儒效》篇谓儒者"持险应变曲当，与时迁徙，与世偃仰，千举万变，其道一也"，尤为明著。通权达变之弊，虽或流于曲学阿世，而只须保持"其道"，则亦终不失其为儒。故孔子以后，战国有孟荀之儒，汉有叔孙通、陆贾、贾谊、辕固生、董仲舒等之儒。唐有韩愈、柳宗元之儒。宋有邵、周、程、朱以及司马光、王安石等之儒。元有许衡之儒。明有刘基、方孝孺、黄宗羲、顾炎武、王夫之之儒。清有康有为之儒。凡此诸儒之政治思想俱与时代相呼应。虽同守六经以为政治之最后标准，而其对于六经内容之解释，则因时而各异。所可惜者秦汉以后，清末以前中国政治之变迁不出朝代迭兴，华夷更主，一统分割，互易之循环。故儒家之变，亦受此循环之限制。其次，儒家思想蕴蓄之丰富，亦为各家之冠。孔、孟、荀之思想，合而观之，为先秦最渊博之系统。理想与实际并重，原则与方法兼全。以仁义忠信为政治之根本，以礼乐刑政为政治之制度。荀子所谓"合文通治"之优点，殆为儒学之所独具。汉高祖侮慢儒生而卒不得不求助于叔孙通、陆贾诸人。此后则统不问偏正，主不问夏夷，其不以儒术缘饰政事者少数之例外而已。况荀子以后大多数之儒者

"法先王，隆礼义，谨乎臣子而致贵其上"①，正合乎秦汉以后君主政体之趋势。儒家政治思想之能历久不绝，得力于政府奖进者当不在小。持上述二长以论墨、法、道三家，皆有望尘莫及之势，而墨、法尤甚。墨家之基本理论既与儒相通，而其规模狭隘内容简单，不啻一平民化之儒学。其"合文通治"之能力，至为微弱，以此"若烧若焦"②。"大瞉"之道③说世君时相，其不见用，可想而知。道统早绝，殆由于此。法家之明法饬令，虽足以经世致用，然其思想少弹性，内容亦较儒学为俭约。法家所专长者儒已兼有之。④ 于是"坐而论道"之儒遂占上风，而"刀笔吏不可为公卿"亦成为流行之见解。史传循吏酷吏之分界，大致即儒家法家之分界。命名之顷，抑扬已见。复次，荀卿以后之儒，虽同法家持尊君重国之论，然法家主以法限君，故其思想在理论上为君权绝对主义，而在实行上为君权有限主义。如张释之依法论犯驾之囚，不容汉文帝任意诛杀，最足以表现法治之精神。严格之法治，于君主颇有不便。贤君尚可见容，非可以责诸中人以下之主。章炳麟曾谓中国二千余年中仅秦皇能行法治。盖商韩学派之消沉，亦大受环境之影响也。至于儒家之尊君，既无具体限权之方法，而仅以比较宽泛空洞之道德原则，以图约束专制君主之行为。而大权在握，难为矩范。空泛之道德约束，实等于无约束。后世儒者又变本加厉，引申"致贵其上"之主张至于极端，君主遂"圣明天纵"，"德迈唐虞"，而自身成为道德上之无上威权。故中国专制政体之完成，儒家之功，殊不可没。如此便利时君之绝对主义，岂法家所能争胜？⑤ 道家历史何以又长于墨法乎？简言之，道家政治思想所以能历久而不废者，正有赖于其消极之态度。先民对于专制政体之压迫，别无解救之方法，而只能以"贵民"与"无为"之思想，减削其程度。贵民则"一夫"可诛，使暴君知所警惕。无为则伤害

---

① 《儒效》篇。

② 《荀子·富国》。

③ 《庄子·天下》。

④ 如董仲舒以《春秋》决狱，即儒兼刑名之一例。孔子自谓听讼犹人，儒家以礼乐刑政并举，李克为子夏弟子，韩非、李斯出荀卿之门，儒能通法，其来已久，二宗相异，在其用法之精神。

⑤ 孟子一派之民贵思想，二千年中不如荀子一派之得势，明代孟子且几失去从祀孔庙之权利。大体言之，孟子之民贵思想每值衰乱之世，一度复兴，与老庄思想同为苛政之抗议。清季维新及革命党人亦鼓吹孟子。谭嗣同辈谓二千年学术，受荀学之支配，就政治思想言，固属非诬。盖儒家孟荀二派，大体上可视为野党与朝党之思想。尊君者取政府之观点，贵民者取百姓之观点。前者见诸实行，后者大半不越空谈之范围。

减少，使暴政略有限度。而无为之说，尤为含蓄，言者无罪，不如贵民说之易触怒听者。若压迫更甚，则求解救而转为反抗，于是"黄老"之无为，变为"老庄"之无君。道家之提倡个人自由，与儒家之拥护政府威权，两者相对略如野党之与朝党。直至宋代专制政体发展至于极点，此抗议之呼声，始暂归沉寂。①

儒墨道法为先秦政治思想之主潮。四家之外，尚有应附带述及者二家，一为许行之农家，二为邹衍之阴阳家。许行之思想，见于《孟子》。其"神农之言"大意在"贤者与民并耕而食饔飧而治。今也滕有仓廪府库，则是厉民而以自养也"之数语。其用意似在以劳力服务，均平君民。其主张之实践则为"其徒数十人皆衣褐，捆屦织席以为食"。其言行与儒家之君臣殊事，尊卑异礼，"四体不勤，五谷不分"，正相反对，然文献缺乏，不为显学。故其思想之内容，不能详考，而对于后来之政治思想，亦未发生影响。邹衍阴阳家之思想，具有较大之历史重要性。据《汉书·艺文志》阴阳家有《邹子》四十九篇，《邹子终始五德》十六篇，两书今均失传。其思想之大概见于《史记·孟荀列传》。略云"邹衍深观阴阳消息，称引天地剖判以来，五德转移，治各有宜，而符应若兹"。《史记·封禅书》谓"邹子之徒，著终始五德之运。及秦帝而齐人奏之，故始皇采用之"。《集解》引如淳曰："五德各以其所胜为行，秦谓周为火德，灭火者水，故自谓水德。"又《淮南子·齐俗训》高注引《邹子》曰："五德之次，从所不胜。故虞土，夏木，殷金，周火。"盖阴阳家以一种神秘之宇宙观，解释政权与政制之遭递，为先秦诸家所未有。邹衍"谈天"之来源，已无可考。若《荀子·非十二子》篇所论不诬，则"五行"倡自子思而孟子和之。② 所惜荀子不明言其内容，只斥之为"案往旧遗说，谓之五行，甚僻违而无类，幽隐而无说，闭约而无解"。邹衍之五德，是否脱胎于思孟之五行，难于确断。若以年代论，邹衍当齐王建时曾在稷下先生之列，晚于孟轲数十年。孟子果有五行禅代之说③，邹子因之而演为五德自属可能之事。自始皇采用之后，遂成为汉魏六朝新旧政权转移之主要理论。汉代儒家之公羊派受其影响而产生董仲舒之政治思想。

先秦各家之思想至战国时代发生相反之两种趋势。一方面宗派分

---

① 上举各家历史长短之故，皆只就政治一方面，论其大略，自不能确切详尽。

② 惟《孟子》七篇中不见五行幽隐之说可异。

③ 《荀子》杨注以仁义智礼信为五行，殊牵强。若无，荀子何至斥为僻违幽隐。

裂，末学辩生，所谓儒分为八，墨离为三者，即其所表现之事实。另一方面则学派通流，交相影响，师法失其真纯，杂家一时大起。其中调和诸家，折中众论，蔚为大观者，首推《吕氏春秋》。先秦政治思想，盖至此而结局。梁启超有《先秦学术表》①，颇便参考。略加修改，附录于此。

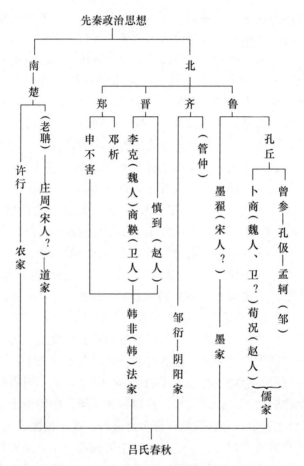

（二）因袭时期

秦始皇帝并吞六国，改封建为郡县。周末社会政治之变化，至此底于完成，开中国历史上空前之局面。孟子定一之主张，法家至尊之理论，遂见诸事实。此后君主之权位日趋扩大崇高，二千年之专制政体实

---

① 见梁撰《中国学术思想变迁之大势》。

奠基于此。然而自秦汉迄宋元①，此一千五六百年中之政治思想，远不及先秦之精彩新颖。兹为叙述便利起见，将此冗长之因袭时期分为（甲）秦汉（乙）魏晋六朝（丙）隋唐五代（丁）宋元之四段落，依次略述其政治思想流派变迁之大势。

甲、秦汉②　始皇焚书坑儒，用李斯之议，"别黑白而定一尊"③。先秦学术自由之风气遂因之一扫无余。然已经成立之学派则未尝悉数消灭。汉兴以后，复用儒生，建立博士，除挟书禁，广求遗籍，学术渐有昭苏之象。不独儒术复兴，且以政府之奖进而成为正统学派，道法二家亦各具相当之势力，以与儒家争胜。先秦四家中无形消灭者，仅墨学一家而已。

儒家　汉代儒学在高祖即位之初已与朝廷发生关系。陆贾以客从高祖定天下，言称《诗》《书》。叔孙通以秦博士降汉，奉命制朝仪。儒者既开国有功，则儒学见重，事极自然，文景之世，虽以黄老势盛，儒术未能独尊，然当时《诗》《书》《春秋》《论语》《孟子》已立博士。诸王之中，如楚元王交，河间献王德皆提倡儒学。武帝为太子时曾受其傅王臧④之陶融。而初即位时之大臣如窦婴⑤、田蚡⑥、赵绾（御史大夫）诸人皆为儒者。自用赵绾、董仲舒之言，罢黜非治五经之博士以后⑦，儒学遂取得法律上之正统地位。皇帝诏书，群臣奏议，鲜不引经义以为据。朝廷以此取士，郡国以此为学。元成以后，殆已臻极盛。然而汉代经生多耗精力于章句训诂。⑧致用者亦不过以经术文史事。其政治思想之较有内容而可观者，屈指可数，而其中复有文献残阙不可详考者。故终汉之世，足供今人之研讨者数人而已。综其要者，共得三派。一曰受黄老影响之儒。二曰受阴阳家影响之儒。三曰纯粹之儒。

第一派　汉初惩秦任法有为而诈短，故无为之思想，见重于世。不独黄老一时盛行，儒家之中亦有倡清静之治术者。陆贾《新语》谓"道

---

①　严格言之，明代大部分亦在内。
②　秦始皇帝二十六年至汉建安二十四年，公历纪元前二二一至纪元二一九。
③　全文见《史记·始皇本纪》及《李斯传》。
④　臧为申公弟子。
⑤　丞相辅政。
⑥　太尉。
⑦　按文景时有博士七十余人，五经外有治诸子百家者。
⑧　如桓谭《新论》云，秦近君说尧典篇目两字之谊至十余万言。《后汉书·郑玄传》亦谓东京学者"章句多者乃至百余万言"。

莫大于无为"。又谓秦之治天下，"事愈烦，天下愈乱，法愈滋而奸愈炽。兵马愈设而敌之愈多"①。其语与老子"法令滋彰，盗贼多有"之意，如出一辙。《新语》之异于《道德经》者始终以仁义为治国之基本耳。贾谊生文帝之世，为时晚于陆贾。观其请文帝改正朔，易服色，定制度官名，固不脱儒家之本色。周勃、灌婴辈又斥其"年少初学，专欲擅权，纷乱诸事"则似更倾向于有为。② 然《新书》中之言论，亦略与陆贾相合。《道术》篇有云："道者所从持物也。其本者谓之虚，其末者谓之术。……明主者南面而正，清虚而静，令名自宣，命物自定。"此贾生所谓"虚"也。至其论"术"，则以为人主先具仁义诸德于己身，而天下向风，自然平治。故《新书》之政治思想，亦属于参和儒道之一派。

第二派 武帝以后，国势渐盛，制度已定，反对法家有为之思想，乃日趋衰退。无为而治之儒家思想亦不复流行。代之而起者为倾向有为之董仲舒一派。董生景帝时为博士。其所著《春秋繁露》及武帝时贤良对策中之"天人相与"学说大体为糅和《公羊春秋》与阴阳家言之结果。董生大倡天权，极言灾异，以"三统"五行附会政事。虽其思想系统，博大精密，为汉代儒家之冠，且矩范一代，影响重大，殆为儒学之中坚。然而律以思想进化由神权而进至人本之通例，则董子之政治思想殆不免为一种还原退化之趋势。从此阴阳五行之说大昌，符命谶纬继之以起。迷信成风，政同巫祝。篡窃之徒，更欲假天命以惑众。王莽附会唐虞，公孙述妄引"赤制"③。其余类此者不可悉数。流毒远播，至六朝犹未绝。闰运偏安之小朝廷，莫不引五德三统、符命瑞图以为文饰。推董生之原意，或在申天治以限制君权，而其结果则君主托天意以自固。末流之弊，不可胜言。虽以桓谭非谶而不能悟中兴之刘秀，王充《论衡》亦未得显著之反响。足见汉代阴阳家之儒及相随兴起符谶之学，势力雄厚，深入人心，不易铲除矣。

第三派 两汉儒家思想之比较纯粹者人数最多，内容亦最旧。其政治思想尚值论述者，如桓宽④以仁义道德与法家之功利对垒，班固⑤调

---

① 《无为》篇。
② 文帝崇黄老，贾谊不见用，此为一大原因。
③ 见《后汉书》，卷四十三。
④ 《盐铁论》。
⑤ 著《汉书》及《白虎通》，后者或非所著。

和孟子之仁政与荀子之礼治，荀悦①继兰陵令之薪传，王符②阐天治民本之理论，徐幹③则本儒家之原理，论汉季之实政。凡此诸人，皆少新颖之贡献。

道家　黄老治术盛行于汉初之六七十年中，上文已略述及。高祖之功臣中即有不少信徒。曹参学于盖公，以清静宁一之治，见诸实行。张良、陈平似亦受道家之影响。文帝及其后窦氏均好黄老，令太子及外家子弟习之。处士王生至令廷尉张释之结袜云"欲以重之"。文帝本人更力行"慈，俭，不为天下先"之道家三宝。故废肉刑，惜露台之费，不事征伐，以致匈奴内侵，诸王坐大。然休养生息，为武帝立进取之基，其功亦不可掩。"景帝以黄帝老子，义理尤深，改子为经，始立道学。敕令朝野，悉讽诵之。"④　其尊崇道家，可谓至极。士大夫之奉黄老及受其影响者，如郑当时、杨王孙、直不疑、汲黯、司马谈、司马迁等皆其著者。然汉初道家，偏于实践，无著述传世。思想上之表现，反在武帝之世及儒盛道衰之后。其内容可观者，有《淮南子》及《论衡》二书。《淮南子》为武帝诸王刘安令其宾客所撰。其思想以黄老为中心而参以孔孟之仁义，申韩之刑名。盖太古无治之社会，虽最为美善，而"朴散为器"之后，亦只有认政治为必要矣。故《淮南子》之思想，属于"杂家"，略似《吕氏春秋》之体例，非纯粹道家也。王充《论衡》虽有时作调停之论，然其思想之精彩，实在其宿命论与无治之主张。王充认定政治之兴衰，不由人事之得失，而为"自然之道，适偶之数"所决定。具体言之，政治上之治乱，由于人民衣食之有无，衣食之有无，决于年岁之丰歉，年岁之丰歉，系于天时之良否。此则完全出于自然，非人力所能影响。以中国过去之政治史观之，王充此论，诚具有相当之真理。惟过于注重政治之物质条件，又持过于消极之态度，故仍不免作错误之结论。至于《论衡》排斥五行阴阳之言警辟确当，直欲突过荀子之《天论》。

法家　申韩任刑重利之学，汉初虽受排挤，武帝以后，则与儒学并趋兴盛。宣帝曾谓"汉家制度，本以霸王杂之，奈何纯任德教乎"⑤，

----

① 著有《申鉴》。
② 著有《潜夫论》。
③ 著有《中论》。
④ 《广弘明集》卷一，引吴人阚泽语。
⑤ 《汉书》，卷九。

史家讥其察察为明，殆即由于宣帝重视刑名之故。臣下之学申韩者，为数尤众。各朝之能臣法吏，多据之以经世决狱。其中有阐扬任法重刑者。如文帝时为廷尉之张释之不肯从文帝枉诛惊驾之人，以为"法者天子所与天下公共也"。其言与管子"法令者君臣之所共守也"① 一语，完全相合。又如武帝时为廷尉之张汤，汲黯诋之为"刀笔吏不可为公卿"，"令天下重足而立，侧目而视"。此外"酷吏"如义纵、王温舒之流，殆均实行商鞅重刑轻罪之主张，而承袭其渭水尽赤，号呼震天之作风者。此后则桓帝时之崔寔，"明于政体，吏才有余"，欲以"霸政"挽汉末政治颓靡之风，主张"重赏深罚以御之，明著法术以检之"。立论亦近于法家之商韩。此汉代法家之一派也。其另一派则尊崇君主，富强国家。举其要者，如学申商刑名于轵张恢生之晁错，上书文帝，谓"人主所以尊显功名，扬于万世之后者，知术数也"。其意略近申不害之术治。如黄生与辕固生辩汤武之事于景帝前，黄生持汤武乱君臣名分之议，举《韩非子》② 之言，实无差别。又如为武帝兴利开边之桑弘羊，由《盐铁论》中可推知其富强思想之梗概。然而两汉法家，偏重实行。不独鲜自创之思想，亦且乏专门之著述。晁错之《新书》，崔寔之《政论》，并皆散佚殆尽。先秦法家思想之创造精神，至汉而终止发展。

乙、魏晋南北朝③ 汉亡后之三百余年，为道家政治思想盛行之时期。盖儒法二家之思想，均倾向于积极。当天下比较太平之际，人心思治，仁义刑名之术，自足动人之听。道家思想，亦不尚玄虚，以消极之无为，作积极之治术。终汉之世，态度比较消极之重要思想家，仅王充一人而已。自曹魏乘桓灵失政之余而窃国，促成天下三分之局面。其后晋虽灭吴暂得不及四十年之统一，而五胡纷扰，元帝渡江，复造南北对峙、六代迭兴之紊乱政治。在此环境之下，失望悲观，自所难免。故就大势观之，不仅儒法消沉，即道家之"黄老"，亦几乎有为"老庄"压倒之势。儒学之消沉，在汉末即已开始。《后汉书·儒林传序》谓："自元帝览政，薄于艺文。博士倚席不讲。朋徒相视怠散。学舍颓弊，鞠为园蔬。"《魏志》卷十三引《魏略》曰："初平之元，至建安之末，天下分崩，人怀苟且。纲纪既衰，儒道尤甚。"正始中"朝堂公卿以下四百余人，其能操笔者未有十人"。又汉末官书屡遭浩劫，或有甚于秦火。

---

① 《七臣七主》篇。

② 《忠孝》篇。

③ 魏黄初元年至陈祯明二年，公历二二○至五八八。

《后汉书》谓："董卓移都之际，吏民扰乱，自辟雍、东观、兰台、石室、宣明、鸿都诸藏，典策文章，竞共剖散。其缣帛图书，大则连为帷盖，小乃制为縢囊。及王允所收而西者裁七十余乘。道路艰远，复弃其半矣。后长安之乱，一时焚荡，莫不泯尽焉。"如此所言，则文字几灭，何况学术？然吾人应注意者，儒家思想虽趋向于湮沦，而儒家传统之观念则依旧为朝士所沿用，以为粉饰太平或政治建设之资料，其中最流行者，除仁义教养等常谈外，以"五德终始"为尤著。南北朝之禅代，无不以之为口实。[①] 北周宣帝之自比上天，殆为天治思想之病态表现。至于北魏孝文帝太和九年之下诏均田[②]，为王莽元年以后首见之最大田制改革。而太和二年诏定婚制，宣武帝永平三年诏立医馆，皆足表现以儒术为依据之积极政治。

在此儒学衰微之时期，仅有傅玄[③]一人，不但力倡儒术，且从事著述。《傅子》一书诚为晋代儒家之巨制。王沉称之，谓"足以塞杨墨之流道，齐孙孟于往代"[④]，然自今日观之，殊觉卫道之功多，发明之绩少也。

法家之政术，以魏武帝之提倡而暂行。[⑤] 桓范之《世要论》，殆为此潮流中之产物。然书已失传，内容难考。[⑥] 蜀相诸葛亮"科教严明，赏罚必信"。亦具法家之色彩。然著述不传。清朱璘所编之《诸葛丞相集》为摭拾之书，不可尽信。[⑦] 魏晋时代法家之显学，只此二家。此外更无表现矣。

道家思想为魏晋时代之主潮，上已言之。其勃兴之始实溯源于魏正始中[⑧]何晏、王弼等之"祖述老庄"，王衍之奖重王、何。盖"衍累居显职，后进之士莫不景慕仿效。选举登朝，皆以为称首。矜高浮诞，遂成风俗焉"[⑨]。两晋时代，其势转盛。"有晋始自中朝，迄于江左，莫不

---

① 惟不用董仲舒相克，而用刘歆相生之次序。南北朝之代数不同，势必发生困难。盖在南朝为汉火。魏土，晋金，宋水，齐木，梁火，陈土，隋金。在北朝则晋金，魏水，周木而隋当为火。

② 《北史》，卷三，《魏书》，卷七上及卷五十三。

③ 玄，晋武帝时为驸马都尉。

④ 《晋书》，卷四十七。

⑤ 傅玄谓"魏武好法术而天下贵刑名"，见《晋书》卷四十七。

⑥ 《玉函山房辑佚书》及《适园丛书》有辑本。

⑦ 《蜀志》载原书二十四篇，十万余字。篇目中有"权制"、"综核"、"法检"诸名。

⑧ 值公历二四〇至二四八。

⑨ 《晋书》，卷四十三。

崇饰华竞，祖述玄虚。摈阙里之经典，习正始之余论。指礼法为流俗，目纵诞以清高。遂使宪章弛废，名教颓毁。"① 至于勃兴之原因较著者，似有五端。（一）老庄为"为我"之个人主义。每当政治崩坏、社会解体之际，自然趋于滋长。汉末以来之长期纷扰，使个人失去对社会之信心。知识分子之失望与悲哀，殆尤深切。彼等既知兼善之无方，乃退求一己之安全或满足。老庄之消极政治思想，彻底个人主义，正合时代之心理需要，故一经推演，立成风尚。（二）失望之尤者或流于厌世。玄虚之说，以超世之乐观，掩厌世之悲观，其作用略同宗教信仰为"犯罪者"之安慰。（三）乱世公道不伸，个人易罹横祸，老庄谦退之术，乃全身之妙诀。（四）衰世人士对于传统之社会制度，风俗思想，失其信仰，且生反感。故反对礼教之拘束，则生解放之运动，反对有为政治之徒劳，则倡无为之思想。老庄之勃兴，此亦一重要之原因。（五）佛教先已传入中土，至魏晋而始盛。道家虚无之旨，得释家寂灭之说以相助，意义愈趋深邃，波澜更为壮阔。②

当时道家思想之可得见者约有十家，虽均以为我为出发点，而其为我学说之内容不尽同，其所取对政治之消极态度亦深浅互异。综括之似可析为无为与无君之两派。

无为派 以时代之先后论，无为思想之代表，当首及"清谈"始祖之何晏、王弼。二家之思想皆承老子。何晏著书虽富③而思想已不能详考。其论政之大旨，略见《景福殿赋》④。所谓"除无用之官，省生事之故。绝流遁之繁礼，反民情于太素"。悉不出《道德经》之范围。⑤王弼曾注《老子》，为何晏所称许。⑥ 其论人生则主谦退，论政事则尚清静，亦一本老学。如《老子》六十三章注云："以无为为居，以不言为教，以恬淡为味，治之极也。"足以见其政治思想之大意。然王弼虽主无为，而并不主无君。《老子注》二十九及三十二章解释政治之源起，谓"朴散为器"，则"圣人因其势散，故为之立官长"。而"始制官长，不可不立名分，以定尊卑"。故政治之兴，理有固然，非圣人之矫作。

---

① 《晋书》，卷九十一，《儒林传序》。
② 战国时代仅具上列之前三原因，故道家仅占诸子之一席，不能如魏晋之独尊。
③ 晏有《论语集解》、《周易解》、《文集》等。除首列一种外，均已散失。
④ 《文选》，卷十一。
⑤ 严可均《全三国文》中从《列子》张注等所引何晏《道论》、《无名论》诸篇，最为完备。然有关政治思想者殊小。
⑥ 此外又有《周易略例》、《周易注》、《论语释疑》、《文集》等书。

王弼又释《老子》"不尚贤"之说，以为不尚贤者，非泯除等差，强为平等。第四十九章注曰："能者与之，资者取之，能大则大，资贵则贵。物有其宗，事有其主。……又何为劳一身之聪明，以察百姓之情哉。……无所察焉，百姓何避？无所求焉，百姓何应？无避无应，则莫不用其情矣。人无为舍其所能而为其所不能，舍其所长而为其所短。如此则言者言其所知，行者行其所能。百姓各皆注其耳目焉，吾皆孩之而已。"王、何之论，大致温和，不如晋代诸家之纯主虚无，态度激烈。

王、何以外，持无为论者，尚有注《庄子》之向秀、郭象，注《列子》之张湛，与为司马昭所杀之嵇康。向秀"雅好老庄之学"，曾于旧注外为《庄子》解义，"发明奇趣，振起玄风。读之者超然心悟，莫不自足一时。"① 故向秀之阐扬《庄子》，亦如王弼之有功于老学。惟其书已佚。郭象取其内容，自成《庄子注》② 流传至今。向、郭二人之政治思想可于此见其梗概。约言之，两家以庄子之自由（逍遥），为人生之极致。故注逍遥曰："庄子之大意在乎逍遥游，故无为而自得。"注《齐物论》曰："凡物云云，皆自尔耳。非相为使也。故任之而理自至矣。"虽然，"与人群者不得离人"③。而无为者非寂灭之谓。"夫实由文显，道以事彰。有道而无事，犹有雌而无雄耳。"④ 既有事矣，则政长势不可无。"千人聚，不以一人为主，不乱则散。故多贤不可以多君，无贤不可以无君。此天人之道，必至之宜。"⑤ 君臣尊卑之分，亦一本自然，非出于矫揉压迫。"夫时之所贤者为君，才不应世者为臣。若天之自高，地之自卑，首自在上，足自居下。"⑥ 然向郭二氏只肯定政治，而不肯定有为烦扰之政治。《庄子注》中随处皆流露此种放任主义之倾向。专制政府则尤为其所反对。《在宥注》曰："己与天下相因而成者也。今以一人而专制天下，则天下塞矣。岂己通哉。故一身不成而万方有余丧也。"有君无为之思想，发挥至为明晰，魏晋各家，无逾此者。

嵇康尚魏宗室女，睹魏之衰而无以救之，故入于厌世之人生观与消极之政治观。其所著有《养生论》、《答难养生论》、《声无哀乐论》、《难

---

① 《晋书》，卷四十九，《向秀传》。

② 《向秀传》谓秀义象"述而广之"，《郭象传》（《晋书》卷五十）谓秀卒后其义零落，象遂窃为己有。

③ 《人间世注》。

④ 《列子·黄帝》篇注引。

⑤⑥ 《齐物论注》。

自然好学论》、《释私论》等篇。大旨在运用老子废智寡欲之方法,以达到个人"意足"之境界。嵇康虽无具体之政治思想,其所谓"崇简易之教","君静于上,臣顺于下",则亦发挥"无为而治"之不干涉主义。①张湛亦有异于王何诸人之处。王何虽崇尚虚无,然未受佛教之影响。张湛则略取佛经之寂灭,以附会道家之清静。故《列子注》之哲学思想与老庄二注均不尽同。惟其政治思想则仍不脱"黄老"之范围。

无君派 上述诸人均崇尚无为而不否认政治之必要。阮籍、刘伶、陶潜、鲍敬言及《列子》之伪造者,则承庄子逍遥之旨而引申之以为无君之论。其态度愈悲观,其言论愈高旷。其思想愈消极,其行为愈放纵。政治之价值,至此完全"转换",个人之自由,遂成为绝对之价值。欧洲之无政府主义,就理论言之,尚不如中国魏晋时代无君无治思想之彻底也。②

阮籍之思想,颇含愤世之成分。盖"籍本有济世志",以世乱不能行,乃郁为不平之意。疾世俗礼教之虚伪,故打破礼教。疾世俗君臣之徒劳,故主张废弃君臣。《达庄论》叙无为之贵,《大人先生传》著无君之美。而后者所言,尤为激切。籍谓民之初生,相安于淳朴。"无君而庶物定,无臣而万事理。"此后真淳不保,制度乃起,而痛苦随之。"君立而虐兴,臣设而贼生。坐制礼法,束缚下民。"如此所言,则政治为众恶之源。不独老庄不逮其愤激,即王何亦当掩耳。刘伶与嵇友善,其思想亦近阮籍。史称伶"放情肆志,尝以细宇宙,齐万物为心"③。《酒德颂》中之"大人先生","行无辙迹,居无室庐,幕天席地,纵意所如。"其所表现者即为绝对自由之理想生活。陶潜"自谓羲皇上人"。其哲学思想不必属于老庄之系统④,而其政治思想,则略同于魏晋之无君。《桃花源记》及诗中所描写之境界,不仅合于老子"老死不相往来"之条件而实尽泯君之迹。诗中"秋熟靡王税"之一语,足为吾人作明

① 嵇康之人生观,与当时纵情欲、破名教者根本不同。康主寡欲,顷已言之。其《家诫》一篇,以尚志重节训子,谓"临朝让官,闻义让生,若孔文举之求代兄死,此忠臣烈士之节。"文天祥《正气歌》中所咏叹之嵇侍中,即嵇康之子。可谓能承父教,而康之为人,亦可想见矣。

② 欧洲"革命之无政府主义"主张以暴力推翻政治之组织,然后重建自由合作之社会组织,中国无君之思想否认一切组织之需要,而不主张用武力颠覆政府。故就理想言,后者较彻底,就手段言,前者较激烈也。

③ 《晋书》,卷四十九。

④ 陶潜之生晚于嵇阮辈约百年,清谈之风气,自正始至太元中(潜三十岁前后)殆已盛极而衰。潜之思想或渊源儒家。如《饮酒诗》云:"少年罕人事,游好在六经。"

证。然陶潜天性冲淡，故其无君之理想亦出以温婉美妙之辞，绝无鲍敬言瞋目切齿之姿态。吾人若谓陶渊明为无君思想之托尔斯泰，则鲍敬言殆可为巴枯宁、蒲鲁东之流亚。鲍生之名，见《抱朴子》之《诘鲍》篇，他无可考。如确有其人，疑当生葛洪之前，或与之同世。① 据《抱朴子》所引，鲍敬言思想之要点为"古者无君，胜于今世"。盖往古无君之世，太平安乐。及强者凌弱，众者暴寡，服事既兴则君臣之道起。从此争夺暴虐丧乱之祸遂相仍不绝。桀纣之性纵极凶残，向使本无政治制度，则二者并为匹夫，岂能流毒天下？故"君臣既立，众恶日滋"。鲍生之结论，大致与阮籍相同。惟鲍生遍举暴君主之罪恶，几可作一篇讨暴君之檄文读。虽未主张行动，其论调之激昂，亦前此所未有。《列子》一书之内容，较为复杂。② 其无君之结论与上述诸家相似。其无君之论调则大体基于纵欲之人生观。此则为他家所共有。《杨朱》篇托杨朱之言，谓人生苦乐系于物欲之是否能畅达无阻。故人生最高之目的，在能恣情纵欲，其他皆无足取。若人人能自恣，人人能自乐，则人人不利天下而天下治。其说殆近于先秦它嚣、魏牟之一派而亦为魏晋一部分士大夫放荡生活之理论根据。抑吾人宜注意者，就上述诸人观之，则晋代之无君论者，似有二重要之流派。其一派认定政治为有害，而主张君不可有。阮籍、鲍生是其代表。又一派则认定个人当自足，而主张君不必要。陶潜及《列子》中之杨朱皆属之。③ 复次，《列子》书中之无君论，并非完全一贯以纵欲为依据。如《黄帝》篇称华胥氏之国谓"其国无帅长，自然而已。其民无嗜欲，自然而已"。其意境略近于老子之寡欲。至于《天瑞》④、《仲尼》⑤、《说符》⑥ 诸篇所言，又近于"黄老"之无为，不逮无君之论。此亦《列子》内容芜杂，为后人掇拾纂集之明证。⑦

魏晋老庄思想之盛行，以今日之眼光观之，不独为先秦道家之复兴，亦可视为儒学中衰，互为因果之思想解放。晋代之个人主义中实包

---

① 洪卒于晋咸和间，约当公历三二八至三三四。

② 《列子》为晋代伪书，殆已成为定论，但谓为张湛所造则无确据，其中或有先秦遗说，不尽出于杜撰。然亦难于抉择矣。

③ 然此仅就二派立世之注意点而区分之，非谓其主张必互相排斥两不相容也。

④ "圣职教化，非人则义。"

⑤ "尧治天下五十年，不知天下治欤，不治欤？"

⑥ "治国之难，在于知贤而不在自贤。"

⑦ 《仲尼》篇又设为孔子对商太宰之问，谓"西方之人，有圣者焉。不治而不乱，不言而自信，不化而自行，荡荡乎民无能名焉"。西方圣者，似影射释迦牟尼。若然，则亦《列子》为晋人伪托之一证。或者此段即张湛所加入，亦未可知。

含一"冲决网罗"①，打破礼教之潮流。盖汉魏之世，名教既衰，日趋虚伪。拘牵礼法，桎梏性情。孔融以秃巾微行被奏，陈寿以父丧有疾，使婢丸药而见议。加以汉末党人，激扬"清议""互相讥揣"，势必至于吹毛求疵，以礼法德行相律。压迫积久，自生反动。朝廷先弛气节之标准②，士大夫更贱名检之拘束。《老》《庄》书中有薄礼贵真之言③，晋人引申之，遂成其极端之任情思想。何晏、王弼倡其风④，阮籍⑤、刘伶⑥、阮瞻、王澄⑦、阮咸⑧、毕卓⑨、谢鲲⑩诸人承其绪，《列子·杨朱》篇则大畅其旨，遂酿成空前之解放运动。其蔓延甚广，妇女亦竟参与，几有近代妇女社交公开之风气。⑪然而矫枉过正，"振子之摆动"又恢复原来之方向。自正始至太元，清谈之流行已一百五十年。社会与政治不安定之情形，并无可睹之改善。且五胡乱华，二帝虏死。⑫中原失陷，南北分局，成中国空前之巨变。于是当时人士，又觉清谈足以误国。向之风靡一时者，今则为人诟病。桓温入洛阳过淮泗之言，谓"遂使神州陆沉，百年邱墟，王夷甫诸人不得不任其责"。虽不必平情合理，而亦足觇风尚之转变。其余论者如孙盛⑬著《老聃非大圣论》、《老子疑

---

① 谭嗣同语。

② 《魏志》卷一，建安十九年（公历二一四）令云："夫有行之士未必进取，进取之士未必能有行也。……有守明思此义则士无遗滞，官无废业矣。"

③ 《老子》三十八章"礼者忠信之薄而乱之首"。《庄子·大宗师》篇言子桑户死，其友孟子反子琴张临尸而歌。孟孙才之母死"哭泣无涕，中心不戚，居丧不哀"。

④ 范宁谓二人"不遵礼度"。见《晋书》卷七十五。

⑤ 《晋书》卷四十九言之颇详，故称其"能为青白眼，见礼俗之士，以白眼对之"。至于其哭母吐血、哭邻女尽哀，亦表现其破伪率真之主张，《大人先生传》斥守礼君子之言论，则此主张之说明也。

⑥ 伶"放情肆志"。《酒德颂》："贵介公子，搢绅处士……陈说礼法，是非锋起。"而大人先生视之如"蠃蠃之与蜾蛉"。其意亦极显明。

⑦ "去巾帻，脱衣服，露丑恶，同禽兽。"

⑧ 咸与豕同饮。

⑨ 卓盗饮被缚。

⑩ 鲲挑邻女，投梭折其齿。

⑪ 《抱朴子·疾谬》篇谓："今俗妇女，休其蚕织之业……舍中馈之事，修周旋之好。更相从诣，之适亲友，承星举火，不已于行。……游戏佛寺，观视鱼畋，登高临水，出境庆吊。开车褰帏，周章城邑。杯觞路酌，弦歌行奏"。《晋书》卷五《怀愍帝纪》论亦有相类之观察，并谓当时妇女"先时而婚，任情而动。故皆不耻淫佚之过，不拘忌妒之恶"。

⑫ 永嘉五年（公历三一一）刘聪兵陷洛阳，怀帝被掳。建兴四年（三一六）刘曜陷长安，愍帝出降。

⑬ 与王导同时。

问反讯》①，范宁②著论斥王何③，王坦之④作《废庄论》⑤ 均破毁虚玄，重申实有。故南渡以后，老庄顿衰。迄隋唐统一以前，政治思想复归蛰伏。除传统之儒家观念尚流行于南北及《刘子新论》一书，尚有可观外，此二百余年，诚可谓为政治思想之黑暗时期。⑥

魏晋政治思想之大势为道儒对立、道强儒弱之局面，然持调和论者亦颇有之。李充、葛洪皆其著例。李充⑦虽"幼好名利"，然观其《学箴》所论谓："世有险夷，运有通屯。""老庄明其本"宜行于"太初"之时，"圣教救其末"当用于今日之世。则亦折中于儒道之间，以道为体，以儒为用。原则上尊道，实际上重儒。名为调停，而实深抑虚浮也。葛洪论政亦依违于儒道之间，而推尊君主，尤甚于李充。《抱朴子》书中，大抵内篇在原则上尊道⑧，外篇则极言君主之必要与治术之不能无为。⑨ 李、葛二人皆生晋世。南北朝时代尚有作者未定之《刘子新论》，亦属调和一派。立言大旨与李充相似。⑩

佛教所引起之争论 佛教输入已久，魏晋以后始得盛行。教义既在出家脱苦，其不能对政治思想有所贡献，诚势所必至。然其组织习惯、行为思想，均带殊方异国之色彩。其必引起拥护"本位文化"者之反对，亦意中之事。惟南北朝时代反佛言论之重心，不在儒而在道。若以地域而论，则反抗之力量，南朝较强而北朝较弱。综括双方争论之有关于政治思想者，共有二端。（一）佛教以"出家"教人。出家之后，则个人对于国家之义务，伦理政治之束缚，均可置之不顾。故父母可以不养，君亲可以不敬。

---

① 《广弘明集》，卷五。

② 宁简文帝时人。

③ "二人之罪，深于桀纣。"《晋书》卷七十五。

④ 与范宁同时。

⑤ 《晋书》，卷七十五。

⑥ 西晋时已有反对玄虚者，如傅玄《上武帝书》（《晋书》卷七十四），裴颜《崇有论》（《晋书》卷三十五），然大体出于门户之见，尚非由风气之转移也。

⑦ 充与王导同时。

⑧ 《明本》篇云："道者儒之本也，儒者道之末也。"故"治世之圣人"不及"得道之圣人"。

⑨ 《嘉遁》篇曰："普天率土，莫非臣民。"《良规》谓"夫君，天也，父也"。"民生在三，奉之如一。"《诘鲍》篇反复驳斥无君之论，谓圣人观象立制，兴利除害而百姓奉以为君。故政治之起，既自然又合理，非如鲍生所言。《君道》《贵贤》《任能》《用刑》诸篇则谓礼乐刑政皆为要务。至于道家无为之说，"用之则弊"。清静宁一之境界，"可得而论，难得而行也"。

⑩ 此书作者或题刘勰，或称刘昼，或疑唐人袁孝政伪作，均待考。

晋释慧远《答桓太尉书》① 所谓 "凡出家者隐居以求其志，变俗以道。……是故内乖天属之重而不违其孝，外阙奉主之恭而不失其敬"（《弘明集》卷十二），正可以代表释教之观点，而说明其与儒家政治伦理冲突之主要理由。盖纲常名教，深入人心。虽未必普遍实行，而已成普遍之观念。故不仅儒者维持传统观念，攻击沙门之无父无君，道徒亦往往利用伦常之说以保持宗教之地位。盖晋代之道家，打破礼教，与儒为故。南北朝之道徒，拥护礼教而与儒携手。时异世迁，化敌为友，亦一有趣之事。当时反佛之言论，似以道家所立之 "三破论" 为最扼要，三破者 "入国而破国"②、"入家而破家"③、"入身而破身"④ 是也。⑤ 然上述之争，仅为私人之意见尚未有直接之政治意义。自晋咸康六年⑥庚冰辅政，代成帝下诏，令沙门尽敬于君父⑦，于是引起朝野之争辩⑧。大抵主致敬者伸 "率土之滨，莫非王臣" 之义。⑨ 反对之者则持 "方外之宾" 不顺化求宗之论。⑩（二）中国在先秦时代即有一种以文化为标准之民族观念。南北朝时代胡汉互诋⑪，文化民族之观念，又复流行。道家利用之以卫教，事极自然。顾欢之《夷夏论》，足为代表。其论大旨谓道佛一贯，而一戎一华。"舍华效夷，义将安取。"⑫ 佛徒之反驳则以大同思想替代民族主义，而力维释教之独立性。如宋释慧通《驳顾道士夷夏论》云："夫大教无私，至德弗偏。化物共旨，导人俱致。在戎狄以均响。处胡汉而同音。圣人宁复分地殊教，隔宇异风。岂有夷邪，宁有夏邪！"⑬ 至如谢镇之谓："天竺者居娑婆

---

① 《高僧传》，卷六，作《沙门不敬王者论》。
② 大意斥沙门不事生产而消耗，以致发生 "国灭人绝" 之结果。
③ "孝道顿绝"，"骨肉生雠"。
④ 毁伤生命，断绝子孙，废孝养恭敬之礼。
⑤ 《弘明集》，卷八，《灭惑论》引。
⑥ 公历纪元三四〇。
⑦ 诏略云："因父子之敬，建君臣之序，制法度，崇礼秩，岂徒然哉，良有以矣。既有其以，将何以易之。" 沙门虽已出家，然 "凡此等类，皆晋民也。岂可以殊俗之礼，抗万乘之尊"。此事不见《晋书》。《弘明集》卷十二。
⑧ 后卒从众议，许沙门不致敬，唐高宗龙朔二年（公历六六二），此议再起，朝臣互有可否。卒令沙门拜亲不拜君。见《广弘明集》卷二十五。
⑨ 如卞嗣之、袁恪之、马范等皆引用之。
⑩ 如释慧远，见前引。
⑪ 北诋南为 "岛夷"，南诋北为 "索虏"。
⑫ 见《南齐书》，五十四卷。
⑬ 《弘明集》，卷七。

之正域，处淳善之佳会。"① 僧佑谓："天竺居中。"② 则直持变于夷之主张。故佛教之兴，其给与中国民族思想之打击，殆不在小矣。

丙、隋唐五代③　一治一乱之循环，自隋文帝统一又重新开始，至五代而再度完成。此三百七十年中之政治思想，亦重现由积极趋于消极之故态。就大体言之，隋及盛唐，儒家思想较占优势。佛教虽势力甚大，道教虽经朝廷之尊崇而发展，与佛教相抗衡，然二者为宗教之信仰，与政治思想无直接之关系。故贞观、开元时代之朝廷政事，君臣言论，仍以儒学为基础。"太宗锐意经籍"，与十八学士讨论经义④，尤开重儒之风气。此后取士用人，虽诸科并列，而"世崇儒学"，六经始终不废。⑤ 且盛唐疆域之广，声威之远，法制之备，文化之盛，汉代可望其项背，此外均不能相拟。中国成为一兼统夷夏之帝国。⑥ 新罗、日本亦入贡留学⑦，虽未必真能"用夏变夷"，然自信之心既得恢复，则儒家有为之积极思想，势必随之而流行。天宝乱后，渐露衰兆。中唐以降，政事日非，祸乱迭起，痛苦经验之中又产生抗议之思想。故抗议乱政之殃民，则民贵之思想复兴；抗议专制之祸国，则无君之思想再起。晚唐五代政治思想之大势，殆略与晋代相似。盖老庄盛行，而儒家亦大倡孟子民本之旨。

儒家　隋唐儒家之宗师，殆应首推王通。⑧ 皮日休及司空图《文中子碑》谓唐初名臣如李靖、魏徵、杜如晦、房玄龄均出其门。⑨ 王通之论政，以"帝制"为理想，以"王道"为典则，不足以言新创。唐太宗之《帝范》，武则天之《臣轨》，《贞观政要》所载当时君臣之言论，则表现朝廷之观点，其内容亦不出传统儒学之范围。至于辅佐德宗中兴之陆贽，则为一儒学之实行家，其思想亦纯然因袭。盖唐代儒术虽盛，大体上已达定型而硬化之情状。⑩ 宋叶适谓唐代"六经语孟，举世皆习。

①　《重与顾道士书》，《弘明集》卷六。
②　《弘明集》，卷十四，《后序》。
③　隋开皇九年至周显德六年，值公历五八九至九五九。
④　《旧唐书》，卷二，《太宗本纪上》。
⑤　《新唐书》，卷四十四，《选举志上》。
⑥　唐太宗贞观四年（六三○）以诸蕃君长之请，下制玺书赐西域北荒之君长，皆称"皇帝天可汗"。
⑦　《旧唐书》，卷百九十九上，《新罗日本传》。
⑧　隋大业十三年卒（公历六一七）。
⑨　宋司马光、朱熹等均疑其妄，并斥王氏学。
⑩　永徽五年颁行《五经正义》，即其明证。

其魁伟俊秀者乃去而从佛老之说"。虽容有过甚,实能说明大势所趋。三百年间儒家政治思想之较可观者,仅韩愈、柳宗元、林慎思等数人。以时代论,韩、柳生德宗中兴之后,已衰而未大乱之世。林慎思死于黄巢之乱,唐亡二十七年之前。以思想内容论,韩、柳近荀子之尊君,林则袭孟子之贵民。三人之间,正足以代表儒家思想,由积极入于消极之趋势。韩愈思想,殆为对佛道虚无之反动。故谓圣人之道不过饮食男女。君臣之义,其要在君治民奉。唐代拥护专制政治之思想,当以此为最彻底。柳宗元论政治原起由于判讼息争,而政治组织由小至大,其说颇为新颖。观其屡讥苛政,则其思想亦有孟学之成分,适居韩、林之间。林慎思之《伸蒙子》《续孟子》纯为乱中悯人伤世之作品。其痛恶苛政之极,遂不辞逃于无为之消极思想。

道家　唐以姓李而尊老子①,立"崇玄学",以老庄列文取士②。天子自为教主③,道士或列朝班④。政府之用意或在进道以抗佛,而儒学亦受影响。故白居易"将应制,举揣摩时事",作《策林》数十首,而道家之言几占其半。则唐代学风,略可想见。然而此种老庄之政论,不过人云亦云之仕途"敲门砖",不足以称思想。其发自衷心,针对时势,足称思想,大致可观者,当推元结⑤、《无能子》⑥及谭峭⑦三者。元结者少著《元子》,推重清静无为之政,不出传统老学之范围。《无能子》⑧则有似鲍敬言无君之论而愤激过之。书中谓人与万物,同为一炁。人物纵死,其炁常存。然则天下虽乱,无所用其拯救。又谓:"中国天子之贵,不过在十分天下一二分中,征伐战争之内,自尊者尔。"如此蔑视君主"大不敬"之言,可谓空前创见。盖不经大唐帝国之经验,亦无由成此"小天下"之观点也。谭峭《化书》为五代道家之唯一代表⑨。其立论本于道家而不如《无能子》之消极。盖谭子以道德无为为最高之理想,每下愈况,退而为"仁"、"食"与"俭"之政治。所谓

---

①　武德三年高祖立老子庙。乾封元年高宗追尊老君为"太上玄元皇帝",《唐会要》卷五十。

②　开元二十年,《旧唐书》卷二十四。

③　天宝七载玄宗册授尊号曰"开元天宝圣文神武应道皇帝"。

④　代宗用李国桢。此后道士人官者时有之。

⑤　生于开元十一年,卒于大历七年。

⑥　书成于光启三年。

⑦　后唐道士。

⑧　作者之姓名待考,书成于黄巢乱中。

⑨　旧题《齐邱子》,南唐宋齐邱撰。

"仁化",实近孟子仁政同乐之旨。然此尚非其思想之特点。《化书》最动人之部分,为其"食化"、"俭化"之说。《巫像》篇谓"虎狼不过于嗜肉,蛟龙不过于嗜血,而人无所不嗜。所以不足则斗,不与则叛"。《无为》篇谓"自天子至于庶人,暨乎万族,皆可以食而通之"。此种凄厉沉痛空前之"唯食论",亦唐末人民苦况之反映①。

儒道二家为唐代政治思想之主要潮流。此外尚有属于"杂家"之赵蕤②、罗隐③二人。赵蕤有《长短经》④,兼采儒、法、黄老之言。罗隐著《两同书》及《谗书》,调和儒道,其态度略似《刘子新论》。

丁、宋元⑤ 宋太祖受周之禅,五代纷争之局遂告终结。然而辽夏并立,金元代起。始于不完全之统一,继成不自主之偏安。及元陷崖山,中国全部沦于异族,为时几达百年。在此民族衰微之时期,中国之学术及思想反呈兴盛之势。盖魏晋突兴之外来佛教思想,至此已完全成熟,与固有之儒道思想调融混合,产生空前之理学。而政论家受外患之刺激,颇倾向于极端有为之思想。中国大规模之维新运动,首见于宋代。守旧者起而相挠,酿成新旧交争之局。惟当时两党言论,均不脱传统儒家之羁绊。维新者以儒术为借口,反对者以非儒攻之。故就表面言,宋代之政治思想,仍以儒为正统。至于道家思想则或吸收于理学之中,或存于少数文献之内⑥,或偶为政论家所称引,大体上已失去其独立之存在。故宋元为道家无为思想消沉之时代。盖先秦政治思想,原有四大流派。四派之中,墨灭于汉,法亦变为实用之技术,终止学理上之发展。此后仅儒道二家继续存在,随时势之治乱,互有盛衰。唐代二家并在,门户尚显然可分。至于两宋,则儒既非纯,道亦垂尽。先秦学派之分野,至此完全消灭。就此言之,宋元之四百年,为中国思想穷极将变之时期。

宋代政治思想之流派,主要者二。一曰理学家,二曰事功派。附庸者二,一曰守旧派,二曰"蜀学"。理学家又可分为援道入儒及援佛入儒之二支流。前者以邵雍、周敦颐等为代表,后者以朱熹、陆九渊等为

---

① 懿宗、僖宗之世,饥荒尤甚。"贫者以蓬子为面,槐叶为齑。"昭宗在凤翔为梁兵所围,"城中人相食,父食其子。而天子食粥,六宫及宗室多饥死。"《新唐书》卷五十二《食货志二》。

② 开元时人。

③ 五代时人。

④ 成于开元四年。

⑤ 宋建隆元年至元至正二十七年,值公历纪元九六〇至一三六七。

⑥ 《文子缵义》,《子华子》。

领袖。张载则同受道佛之影响。然吾人宜注意，理学家之哲学思想虽各不同，而其政治思想则大致一贯。其要旨在以三代之政治为最高之理想。以汉唐之功利为不足道，以大学之格致诚正、修齐治平为唯一之政术。对于当时之实际问题每持"反对党"之态度，为在野士大夫清议之中坚，辄为当局所深恶而排斥。

理学家立言虽处处求致用，而事功派视之，则无往不迂阔。事功派认定圣人必言功利，国家有赖富强。"王"固宜尊，"霸"亦可取。其论貌似法家，而实近荀学。盖北宋之世，外夷之强势已见，中国之积弱未除。远识之士，已知非大加整刷，不足以御侮图存。南渡以后，国势愈蹙，尤非大有为不足以进言恢复，退求自安。事功派之思想即以此为背景。当时变法之主张，即出于此派重要人物之王安石。故两宋之事功派，以近人之名词称之，实具唯实眼光之维新派也。[①] 此派之思想，大抵以浙江与江西为中心。其最著者，在赣有李觏、王安石，在浙有陈亮、叶适诸人。李觏著《礼论》，以礼为修身治国要道之总称。又著《富国》、《强兵》、《安民三策》、《平土书》、《周礼致太平论》等书，提出具体之治术。于宋人中其思想最近荀子。王安石为实行之政治家，其"新法"以推行不得其人，且为旧派所阻，而归于失败。然其有为之思想实亦本之儒家。宋人以非圣人之道攻之，或竟取老子无为之旨以与新法相抗[②]，不独"无的放矢"亦竟"认贼作父"。以今日之眼光论之，王学之失不在其不合经术，正在其附会《周官》，不能脱旧思想之羁縻。陈亮之功利思想较乏系统而最为露骨。其《与朱元晦论王霸书》足以表示事功派与理学家精神不同之处。叶适之思想最精湛有条理而态度则较温和。盖叶适以孟子仁政贵民之旨为政治思想之起点，与理学相近，而与李觏不同。

两宋儒家不属于理学系统者，当以欧阳修、司马光等为最重要。盖皆为守旧思想之中坚，与新法相对立者也。[③] 其立论不外三代之仁义，扬黄老之无为，以新法为乱政，斥安石为"小人"。其思想极陈旧，其实力则颇广大。新法之败，党祸之起，此派应负一部分之责任。苏氏父

---

① 理学家非不知世变之急，整兴之要。然其所重者不在行为而在动机，不在物质建设而在精神力量。故"正君""正心"为其政论之中心。对外力主战议，以为只须君主之心中"人欲净尽，天理流行"则国家一切兵财政教之问题，皆迎刃而解，何必言功利。

② 如司马光《与王介甫书》，引用《老子》"我无为而民自化"等语。

③ 理学家非功利而不尽反新法。

子中，轼、辙皆近传统之儒家。其政论与欧阳修等相响应。苏洵之学
"出于纵横而杂于禅"。其《六经论》解释儒家之治术，间及社会生活之基
本原理，颇具特见，非如他家断言于新旧之争，着眼于一时一地之问题。

（三）转变时期

元以蒙古入主，中国沦于异族之暴政者约一百年。华族备受蒙古及
色目人之凌辱。许衡一代儒宗，存用夏变夷之妄想，不惜屈膝于夷狄之
君，而于事无补。《春秋》内外之义既亡，汉人且甘心蒙古化。① 以视
齐朝之某士大夫，其无耻殆有过之。② 在此政治黑暗期中，不但民生苦
痛，思想亦复消沉。及明太祖起兵草野，揭民族革命之帜，光复九州。
华族自主之政治，得重见于中土，而政治思想亦随之更生，且开始进入
一新时代。简言之，即自古代思想而转为近代思想之时期也。近代思想
之主要特征有二。一曰以民族国家为思想之对象，二曰以民有民治为政
之归宿。③ 中国先秦以来之思想虽亦严"夷夏之防"然重文化而轻种
族。当华族势盛，则进为用夏变夷之文化帝国主义。值异族入主，则退
而为叛国事仇者之口实。故严格言之，中国固有之民族思想，既非彻
底，亦不完全。复次，中国政治思想之对象，为略带大同主义色彩之
"天下"。大意与欧洲中世之"世界帝国"相近，而与近代之"民族国
家"不同。故严格言之，"国"之观念亦为先民之所未有。以不完全之
民族思想，与非国家之天下观念相合，其不能臻近代民族国家之境界，
实为情理中事。不仅此也。先秦以来之政论家，发扬"民为邦本"之学
说者虽不乏人，然以近代之语述之，彼等大体只知"民享""民有"而
未知"民治"之政治。且孟子一派虽以"得乎邱民为天子"以及"一
夫"可诛之说阐明"民有"之精义，然既无民治之说以伸之，则有体无
用，二千年中，亦只传为原则上之空谈。况孟子以后之人，多半仅传民
享之观念。不知民有，何况民治。人民虽为政治之目的，而君主永为政
治之主体。民本者未实现之理论，而专制为不可否认之事实。梁启超谓
中国二千余年之中有"朝廷"而未尝有国④意即指此。故古代之民本思
想，乃不完全之民权思想，其去近代民主政治之观念，实有若干距离。

---

① 《廿二史劄记》卷三十"元汉人多作蒙古名"。
② 《颜氏家训》卷上《教子篇第二》："齐朝有一士大夫尝谓吾曰：我有一儿，年已十
七，颇晓书疏。教其鲜卑语及弹琵琶，稍欲通解，以此伏事公卿，无不宠爱，亦要事也。"
③ 此为文明国家之共同趋势，不仅中国为然。
④ 见《少年中国说》。

就大势言，明清两代政治思想之贡献，即在逐渐放弃专制天下之观念，而达到近代民族国家、民主政治之境地。

明清政治思想转变之原因，一部分可于历史环境中求之。其较明显者有二：一曰痛苦经验之教训。盖中国专制之毒，异族侵凌之祸，至元代而达于极点。其结果使士大夫感觉旧日之思想，如佛老之虚无，理学之心性，皆不足以保障国家之治平，而贵民攘夷之思想，则具有亲切之实际意义。二曰泰西文化之刺激。明代海通，西洋思想传入中土。国人之知识渐广，眼光渐变，政治思想遂得一空前未有之新机会、新方向以发展。外国思想之输入，前乎此者虽已有天竺之佛教。然而佛教为非政治之宗教哲学，对于中国之生活与思想虽有重要之影响，而对于政治则贡献甚微。总之，自身之经验与外来之刺激二因相合，遂促成政治思想之转变，而转变之来又非一蹴而及。盖亦曾经长期酝酿几度波折，然后底于完成，概括言之，约有下列之阶段。

甲、转变之萌芽　元明之际民族、民本之思想突然盛兴。朱元璋之《谕中原檄》①以"驱逐胡虏，恢复中华"号召，尤足想见民族思想传布之广，殆已成为人所共喻之大义。方孝孺之《释统》及《后正统论》诸篇，重申华族政治自主之旨，其论更为深刻。盖前此之攘夷思想，注意于民族文化之自存，明初之排元思想则注意于民族政治之独立。孔子谓"微管仲，吾其被发左衽矣"。孟子谓东夷西夷之人"得志行乎中国"。顾欢称"舍华效夷，义将安取？"凡此皆以文教风俗为重，而不及于政治。至檄文乃明揭"未闻以夷狄治天下"之语。方氏更斥"夷狄而僭中国"，认为绝对不足以称"正统"。中国固有之文化民族观念，遂进展而成为政治民族观念。此虽尚与近代之民族国家观念不尽相同，而已与之接近。明代思想之转变，此为最重要之一端。民本思想之复兴，以刘基、方孝孺之力为最多。前者之《郁离子》与后者之《宗仪》、《君职》、《民政》等篇均重申孟子贵民之旨。刘基之言，较少发明。而方氏欲寓地方自治于宗族组织之内，虽不足以语近代之民权，然其建议，实有关民治之基础。吾人不必以其牵涉传统之宗法观念而少之。至王守仁《南赣乡约》所立之制度，则更与地方自治之原则相接近。秦汉以来之专制官治思想，至此亦有转变之征兆。

明代思想之转变，尚另有一途径焉，则阳明学派反理学之解放运动

---

① 出宋濂之手。

是也。南宋理学末流之弊，已发生"礼教吃人"之威胁。而唐宋肇端之科举制度，至明亦达僵化之绝境。程朱经义，颁自政府。程文墨卷，流行民间，学术范围，难越乎此。加以八股之桎梏，则思想更遭窒塞。况明代君主之专制暴虐，超越前代。明太祖屡兴文字之狱①，此后则"廷杖""诏狱"，任意诛杀。黑暗残酷，前所未有。故明代虽有驱元复夏之功，而政治上则仍袭蒙古之专制，毫无进步。不及三百年而中国又失去政治之独立，实本身政治之不健全有以致之。然而压迫至极，自生反动。王守仁起抗程朱之正统，倡学贵自得之说，欲举思想之束缚，一扫而空之。其根据佛教禅宗所创"心学"之价值如何，吾人于此不必评论。然王氏曾谓"求之于心而非也，虽其言之出于孔子，不敢以为是也"。如此明白揭橥思想自主者，求之前人，似亦未见。盖先秦以来，门户相攻，末学生辩。思想界中，明是非、决去取者，虽不乏其例。然而有奴必有主，儒墨相非，道儒互诋，皆各有其黄帝、尧、舜、夏禹、周文之偶像。则亦以此偶像破彼偶像而已，非能根本打破偶像，而以自我之识见为最后之标准，如王氏之所主张者也。况孔子自汉迄明，屡经专制政府之推尊，其思想之威权，已与政治之威权相合，而势力愈大。吾人试推想明代社会之情形，则可了然阳明学派思想解放运动之难能可贵。王守仁之哲学，建设多于破坏，故其思想解放之主张亦简略而不过激。至其门人及私淑弟子，推波助澜，变本加厉，遂或入于"狂禅"，而演成突过晋代之自由思想。私淑王门弟子王畿，及四传弟子罗汝芳等，殆足以代表此思想潮流之极端发展。李贽思想有与晋代相近者，亦有与之根本不同者。李氏摧毁名教提倡个人自由，与阮籍诸人，先后相应，此其相同之处。魏晋清谈，扇道家无君之消极政治思想。李贽虽称许无为，然对于有为之政治家亦极尽推崇。《藏书》评二千年中之历史人物，一反宋明传统之标准，如谓"秦始帝骂皇自是千古一帝"，"西楚继蚩尤而兴霸，孝武绍黄帝以增廓，皆千古大圣"。商鞅、吴起皆成大功。冯道与齐王建有德于民。此种议论，足以证明李氏狂禅之中，实含有积极之成分，盖其思想带浓厚个人主义之色彩，然其最后之基础，则为儒家仁民爱物之同情心，此与老庄之纯然为我者既大异其趣，则亦与晋代之解放思想根本不同矣。抑吾人又当注意。阳明学派，不仅直接有

---

① 《廿二史劄记》卷三十二明初文字之祸，载太祖以文字疑误杀人之事甚多。以则、贼，生、僧同音而取祸者尤众。

助于思想之解放，而间接亦贡献于民权思想。欧美先进民主国家之经验昭示吾人，思想自主为民治之精神条件。不人各具独立创新思想之事实，必须有人人思想自决之假定。孔教定于一尊，既为专制政体之产物，则摧毁思想之桎梏，亦可为民权政治之先驱。所惜晚明之世，时机尚未成熟。王、李诸人亦未彻底明了其所倡导解放运动之最终意义。故其所促成者，思想转变之萌芽而已。

上述两方面之转变，均由中国本身之内在原因，酝酿而出。其中虽已隐藏新方面与新意义，然其运用之观念及所认识之对象，则大部分承袭前人之旧。至万历年间利玛窦入京觐帝①，西洋之宗教及科学遂传入中国。政治思想似有因外来文化之冲激，而发生更大转变之可能。然此可能，终明之世，以迄清初，并未成为事实。盖西洋教士所著之书，虽"多华人所未道"，"而士大夫如徐光启、李之藻辈首好其说，且为润色其文词，故其教骤兴。"② 然而当时教士以传教为目的，以算、历、制炮为手段，欧洲之政教学术，殆无暇顾及。且海通之始，风气未开，言语阂隔。即有介绍，亦难引起注意③。西洋文化，不能发生影响，洵意中事。此后不及五十年，明社遂屋，中国再度沦于外族之统治。当明清之际，政治思想又倒退二百余年，重演元末明初之局面。简言之，即根据固有之观念，阐扬民族、民权之思想是也。黄宗羲之《明夷待访录》，唐甄之《潜书》皆为贵民思想之主要文献。黄氏主张以学校为舆论之机关，则亦趋向于具体化之民治，虽根据明末"东林"之经籍而来，实与近代民主之精神暗合。顾炎武之《郡县论》主张以县为政治之基本单位，而以乡亭、保甲佐之。其意在裁抑专制政府之中央集权，以为人民之保障。虽非民治思想，而亦与黄、唐一派相呼应。民族思想之势力，在清初尤为深切而普遍，黄、唐诸人，皆曾参加覆清复明之运动。直至雍正以后，经清廷之极力压迫摧残，始暂时沉寂。吕留良、曾静等殆为民族思想最后之重要代表。至于发扬民族思想最透澈、最完备之著作，则当推王夫之之《黄书》、《读通鉴论》及《宋论》。《黄书》放弃传统之文化民族观念，而明揭种族之界限，以族类之殊别，为文化歧异之原因，其论尤为前所未发。至于王氏之论政治制度，则以历史之事实为参证，以历史之趋势为标准。盖古今社会，随时演变。观其演变之过程即

---

① 事在万历二十九年，公历一六〇一。
② 《明史》，卷三百二十六，《意大里亚传》。
③ 《明史·意大里亚传》谓"其所言风俗物产多夸"，足证。

可窥见历史之趋势。制度与此趋势合则足以为治，否则徒滋纷扰。《读通鉴论》谓："夫论政之患闻古人之效而悦之，不察其精意不揆其时会，欲姑试之而不合，则又为法以制之。于是法乱弊滋而古制遂终绝于天下。"其思想样貌似传统之"因时制宜"，而其精神则暗与欧洲十九世纪之历史学派相合。就此而论船山亦前无古人。

在明代清初转变萌芽之际尚有纯就传统思想范围中，寻求治平之道者。明代之张居正、海瑞、吕坤等皆是。张居正主张"尊主威定国是，振纪纲剔瑕蠹"，为拥护专制政体之实行家。赵翼谓："万历中张居正揽权久，操下如束湿，异己者辄去之，科道随风而靡。"又谓："张居正卧病，京朝官建醮祷祀，延及外省，靡然从风。"与魏忠贤之生祠无异。[①] 则亦可见其主张之实效。海瑞抑豪强，平土地之主张，与吕坤"满腔子是恻隐之心，满六合是运恻隐之心处"一语，均因袭孟子以仁心行仁政，正经界之旧说。至清代之杨光先则排斥新近传入之西洋宗教，而为旧文化作卫士。杨氏著《不得已书》，其《辟邪论》谓"天主教不许供君亲牌位，不许祀父母祖先，真率天下为无君父者也"。《食天象准验篇》谓教徒"著书显言东西万国，及我伏戏与中国之人，尽是邪教子孙。其辱我天下之人，至不可言喻"。又曰："光先之愚见，宁可使中国无好历法，不可使中国有西洋人。"[②] 则并欲拒西洋之科学矣。

乙、太平天国之革命思想　清初志士之复明运动先后失败。满洲乘其方盛之势，又得圣祖不世之英才，以巩固其初得之政权，运动之失败，乃势所必至。清廷为保障其子孙永久之基业起见，乃对思想中坚之士大夫阶级，迭用利诱威胁之手段，以图使其驯伏就范。故始则招纳降臣，开科取士，令天下英雄，入其彀中[③]，继则禁止结社[④]，屡兴科场[⑤]、奏销[⑥]、文字诸大狱[⑦]。康熙乾隆两朝又复假怀柔以行抑制。故举山林隐逸[⑧]，开明史

---

① 《廿二史劄记》卷三十五。

② 《不得已书》之板后为教士购毁，光先亦被毒死。江上蹇叟（夏燮）《中西纪事》卷二"猾夏之渐"条引。

③ 顺治初年政策。

④ 顺治十七年。

⑤ 顺治十四年以后。

⑥ 顺治十八年。

⑦ 较著者如康熙二年庄氏史案，五十一年戴名世案，雍正四年查嗣廷案，雍正七年曾静案，其余尚多。

⑧ 康熙十二年。

馆①，设四库馆②而编纂《四库》，"使无碍之书，原听其照旧流行，而应禁之书，自不致仍有藏匿。"③ 旧籍之遭焚毁或窜乱者为数可惊。④ 朝廷又利用程朱之纲常名教，以桎梏人心，湮没清初蓬勃之民族思想。如康熙十六年颁圣谕十六条，劝孝悌勤俭。雍正七年刊《大义觉迷录》，重君臣之名分，泯夷夏之区别。乾隆四十一年上谕《明史》立《贰臣传》，"为万世臣子立纲常"⑤，皆此政策之表现。利诱威胁之结果，使知识阶级意气消沉。不入科举势利之途，即从学于不关治乱之考证。其能保持民族之观念者，殆为极少数之例外。故清代雍正、乾隆之世，政治思想几于绝迹。当时一线之希望，系于天主教徒所传入之西洋科学。圣祖既加重视而亲自学习，似有向前发展之可能。及雍正元年禁天主教，此一线之希望告绝。然而嘉庆、道光以后，清势渐替，朝政日坏。士大夫之中偶有深虑远见者，觉苟安之不可久，改革之必要。适当文纲稍弛，乃始发为论政之言。其著者如包世臣之《说储》⑥ 主张大举变法⑦，管同之《永命篇》及《拟言风俗篇》⑧ 指陈当时颓靡风气之弊，龚自珍之《明良论》、《乙丙箸议》⑨ 亦讥弹颓风，明唱变法。惟此不过少数人之先见。当时一般人士，和之者盖寡。正龚定庵所谓衰世"人心混混而无口过也，似治世之不议"。且忌讳尚多，言之者不敢尽辞。其与旧思想旧制度作正面之冲突者，则尚未见。⑩

———————————

① 康熙十八年。

② 乾隆三十八年。

③ 《四库全书总目》卷首，乾隆四十一年上谕。

④ 乾隆三十九至四十七年之间焚书二十四次，书一万三千八百六十二篇。南宋明初书斥金元，及明季书斥清者多窜改。

⑤ 王先谦《东华全录》，乾隆四十八年。

⑥ 作于嘉庆六年，公历一八〇一。

⑦ 包括废八股，以经术及时务策士。设给事中，封驳朝廷诏敕，令国学生议大政、大狱等事。

⑧ 见《因寄轩集·初集》，同卒于道光十一年。

⑨ 前书作于嘉庆十九年，后书作于嘉庆二十及二十一年。

⑩ 学者之中甚至有持反民族思想之历史观者，凌廷堪（生于乾隆二十年，卒于嘉庆十四年）《学古诗》有云："拓拔起北方，征诛翦群寇，干戈定中夏，岂曰无授受。蕞尔江介人，弑篡等禽兽，荒淫无一可，反居魏之右。金源有天下，四海尽稽首。世宗三十年，德共汉文懋。南渡小朝廷，北面表臣构。奈何纪宋元，坐令大纲覆。兔园迂老生，永被见闻宥。安得如椽笔，一洗贱儒陋。"（《校礼堂诗集》卷五）其他抑华族、扬异类之言尚多，如惜金不灭宋（《文集》卷三十一《书金史太宗纪后》），元亡于明（同书《书元史陈祖仁传后》）。秦桧、史浩则平反之（同书《书宋史史浩传后》），范长生、陈元达、张宾、王猛则赞许之（《文集》卷十一《十六国名臣序赞》）。凌氏少贫，曾为两淮（词曲馆）检校词曲中字句违碍者。其媚外之思想，殆成于此时。吾人以其"如椽"之笔与许衡"如轮"之眼相较，觉许氏尚略为委宛含蓄也。

太平天国之起为弊政之反应，亦为民族思想之复兴，以及西教之激动。嘉庆以来之教匪本有经济之背景。洪秀全金田起事，有赖于饥荒民变。然苟非有民族思想与基督教之信仰以为根据，则亦无以自殊于普通之教匪，而发展成为定都建国之势力。[①] 以历史之眼光论，则"天国"之命虽短，其所倡之政治思想则有空前之意义。简言之，太平天国者，中国受欧洲文化影响而发生之第一次思想革命也。《太平诏书》、《天朝田亩制度》等文献，不仅远承明末清初之民族思想，揭橥颠覆异类政权，恢复华族自主之鲜明主张，且根据基督教之平等博爱精神而图摧毁清廷所假借之传统纲常名教。此诚二千年中未有之剧变。宜乎曾国藩讨洪檄文中以保存数千年圣贤礼仪文教自任。抑吾人宜注意者，天国之政治思想虽有异常新颖之处，而实含有重大之缺点：（一）洪杨诸人只有民族之观念而无民权之观念。故金陵建号，帝制自为。专柄纵欲，不亚满洲，而或有过之。主权虽由夷归夏，政治则伯仲之间，故太平天国仅有民族革命，而未喻政治革命之义。纵使卒能灭清久祚，殆亦不过如朱明之代元，恐不能担负建设现代中国之使命。（二）天朝之首领多为不学无术，下层阶级之人士。宗教之热忱，豪雄之抱负，坚强之自信，是其所长，而近代政治之知识与技能，则为其所未具。即如洪秀全曾历粤省风气早开之地，亲与西洋教士相接触，宜得有新知识以为天朝建设之根据。乃观其言行，不仅于西方之政治学术一无所闻，即对其所奉宗教之内容，亦持似是而非之见解，故天京制度，皆糅杂秘密社会之习惯及原始基督徒之共产组织而成。再参以周代六官之形式，其不伦不类之状态乃益为触目。如此之政治，以抗曾国藩且不可能，遑论建树华族自主之富强中国。然则天国之转眼灭亡，其政治思想之不健全，亦一因素，不专系于军事之失算也。

丙、戊戌之维新思想 太平天国为近代政治之陈胜、吴广，其扫除之功，多于建设。盖清廷虽赖汉人之力平"发逆"，定"捻匪"，然元气消耗，外患日深。朝野一部分人士渐悟西国富强非我所敌，不急变革，无以图存。同治维新，遂以发动。然当时人士有意无意之间，坚持毫无根据之两种假定。一曰清廷可以维新，无取乎革命之手段。二曰中国之长在制度文物，西洋之长在船坚炮利。只须采彼之长，以补我之短，则

---

① 道光二十二年，鸦片战后，和议中列保护教士一款。二十五年徇法人之要求，准海口设立教堂。咸丰八年英法联军之后，以往一切限制教士之禁令均予废除。天主基督教遂得畅行于中土。

富强可致。故同治维新为物质技术之维新，皮毛之维新，当时所行之新政，如同治六年设同文馆，光绪二年遣留学生，皆表现其不彻底之精神。然而海通既久，中外之接触既多，西洋学术政治之知识势必输入中土。一方面由于旅华西人之介绍，如丁韪良、慕威廉、李佳白等组织学会，翻译西书①，影响非细，同时留学生中亦有能超出西技范围之外，留心西政西学，以之介绍中国者，如严复即光绪二年派遣留英海军学生之一。及至安南、台湾、胶州相继丧失，甲午又败，人心愈震。戊戌维新思想遂酝酿成熟而出现。技术维新之运动乃进展而为政治维新之运动。

康有为、谭嗣同、梁启超为戊戌变法之思想首领。三人政见共同之点为（一）维持满洲政权，为富强之动力。（二）保存君主政体，以为立宪之基础。（三）参照西国之经验，大事变法，以为保国之手段。故就大体言，戊戌新党之思想为反对民族、轻视民权之思想。有为称孔子托古改制。其实康党不免寓守旧于维新②。彼等理想中之"开明专制"不啻欲为异族君主立万世之基业。故戊戌维新之较同治维新进步者，在觉悟徒恃西技不足以图强，而提出借鉴西教，易法更制之主张。其仍蹈同治维新之故辙者，则迷信清廷之足与有为，欲借保皇以救国。若以戊戌维新与太平天国相较，则彼舍民权而倡民族革命，此弃民族而对民权作让步。彼以天父耶稣为唯一之主宰，此以孔子为圣人而兼崇耶佛。彼为下层社会所发动，此则为知识阶级所领导。虽内容不同，互有长短，而其归于失败则一。

虽然，上文所论，仅及新党之大势而已。若就康、谭、梁个人之思想言，则内容较为复杂，又非可作如上之简单论断。梁启超思想之先后屡变，不受康氏之羁绊固无论矣。即谭之与康，亦不尽同。康较守旧，亦较富于建设之思想。谭较激烈，亦较长于破坏之言论。具体言之，康氏依傍公羊家《春秋》"三世"之说，演为社会进化至于"大同"而完成之理想。盖大同实现则天下太平。一切因有种族、国家、阶级等界限而发生之痛苦，均得消除。万法平等，人类极乐。其说颇新奇可喜，虽难免美言不信之嫌，然体系之完整，内容之渊博，洵前此所未有。故就其维新之主张言，康氏为拥护现政权之保皇党，就其最后之理想论，则

---

① 上海广学会，所刊书报如《泰西新史览要》、《治国要务》、《列国变通兴盛记》、《万国公报》等，均可启发思想，灌输知识。

② 康氏守旧之思想，民国后完全呈露。

康氏又为一幻想之社会主义者。至于其反民族思想之态度则始终一贯。谭嗣同虽深受康氏之影响，然其《仁学》一书之作用，多以破坏为主。故欲破坏旧礼教则倡"冲决网罗"之主张，欲破坏旧政治则发君由民举之理想，欲破异族之专制则历数辽、金、元、清之罪恶。然则谭虽拥康，思想实异。其民族之感觉，革命之情绪，皆非康之所有。谭之成为康党，殆半由于事会之偶然。假使谭氏得与兴中会、同盟会接触，其不同情于保皇立宪之运动，而赞成民族革命之工作，就其思想之内容论非绝对不可能之事。梁启超戊戌之主张本大致与康相同。而壬寅（光绪二十八年）以后，渐有分歧。及至辛亥革命以后，则几乎完全对立。盖二人之性格不同，故思想难以一致。康富恋旧之情，梁喜随时而变。康性武断，梁近宽容。就性情论，梁为一渐进之民治主义者，自难久为康党之忠实信徒。梁氏反康，重要之点，如反对尊孔而重思想独立，反对专制而认"自由民政"为"世界上最神圣荣贵之政体"，反对保皇而称"凡国未经民族主义阶段者不得谓之为国"。故康氏所缺乏之民族民权思想，梁氏皆明明有之。特梁氏"太无定见"，议论数易。时而大同，时而民族。时而开明专制，时而革命共和。[①] 除始终相信知识为政治之条件，道德为政治之基础外，其主张殆悉因事而发。主君宪者所以抗民党之共和，倡民权者所以促清廷之立宪，重国权者所以抑军人之割据，尊民国者所以斥洪宪之帝制。吾人如谓康氏之思想最富于高远之理想，谭氏之思想最富于破坏之力量，则梁氏之思想殆最富于时间之意义矣。[②]

戊戌维新，以康党为其中心。然而当时同情维新而与康党无直接关系者，颇不乏人。严复、何启、胡礼垣，其较著者也。严、何均曾留学英国，对于欧洲十九世纪之社会政治及学术有亲切之认识。易词言之，即对于近代国家之内容有正确之认识。其西学根柢，不仅远优于同治维新之士大夫，亦非康、梁诸人所能企及。[③] 严复以海军驾驶生派赴英

---

① 梁启超既日倡革命、排满、共和之论，而其师康有为深不谓然也。见《清代学术概论》页一四三。

② 梁氏光绪三十一年之《开明专制论》，虽为保皇党张目，然其二十八年《论政府与人民权限》一文则开发民权及宪政之精义，至为明白。如谓"构成一完全至善之国家，以明政府与人民之权限为第一义"。又谓："中国先哲言仁政，泰西近儒倡自由。……仁政必言保民，必言牧民。牧之保之云者，其权无限也。故言仁政者只能论其当如是，而无术以使之必如是。……何也，治人者有权，而治于人者无权。"凡此皆具永久真理，至当极确之论。

③ 梁启超自谓"吾既未克读西籍，事事仰给于舌人，则于西史所阐，知其浅也"。论君政民政相嬗之理。

国。于学习海军各种技术外，兼通其国之学术政事，深受天演论及民主思想之影响。归国之后，力主维新，介绍西学。其所译之各种西书，如《天演论》、《社会通诠》等尤能启发国人之心思，转变思想之风气。《原强》文中谓西洋国家之富强，人民之德智均为我所远不及。"苟求其故，则彼以自由为体，以民治为用。"非对西洋文明有深邃之了解者，不能有此卓识。然而以学术之标准衡之，严氏最大之贡献为光绪三十一年之《政治讲义》书中运用近代科学方法采取天演之观点，分析政治生活之演变及形态。条理分明，态度谨严。吾人如谓康有为之《大同书》为中国第一部近代政治哲学之著作，则严氏此书可以称为中国第一部政治科学之著作，而毫无愧色。抑严氏虽持客观之态度，而非无明晰之论断。《政治讲义》之主要结论为"政界天演程度既高，则其国不独有扶倾政府之权力，而又有扶倾政府之机关，以宣达扶倾政府之权力"。易词言之，即议会制之立宪政体，为人类政治之最后归宿。所可惜者戊戌以后，严氏渐趋于保守。民国以来，其见解更入于顽固。初则同情于君宪，继复列名于"筹安"。其晚年且主以"孔子之书""先王教化"为立国之本。虽或有为言之而难免后时之叹矣。何启与胡礼垣均为广东人，何氏且曾留学英国多年，兼习医术、法学。二人合作之《新政真诠》亦主张变法，提倡民权，赞美英国式"君民共主"之宪政。然其思想与上述诸人不同之处有二：一为主张彻底变法，二为鼓吹国际和平。前者针对同治维新及中体西用之说。何、胡二氏力辩机器制造为西法之皮毛，而维新之根本，在变革旧日一切政治之弊病。六经中圣人之言，今日已成既陈之刍狗，毫无用处。故一切附会孔子之言论，不仅牵强错误，且适为变法之障碍。此其彻底维新之说也。[①] 国际和平之主张，则针对甲午庚子之主战及排外言论。何、胡以世界大同为最后之理想，以万邦协和为过渡之方法。狭隘之民族主义，意气用事之复仇思想，非独无用，实亦有害。此虽半出"拳匪"之反响，亦二人宗教信仰之表现。[②] 在清末思想界中诚属少见。

丁、辛亥之革命思想　中国政治思想之转变，至戊戌维新时代已达将近成熟之境界。二千年传统之政治观念，经新思潮之冲激，渐露根本摇动之势。君臣之天经地义，有人加以批评，二千年之君统有人加以攻

---

①　《书保国会第一集演说后》明斥康有为之尊孔。《劝学篇书后·变法篇辩》驳张之洞之中体西用。《曾论书后》则辨同治维新之仅得其末。

②　何胡皆为基督教徒。

击，万世师表之孔子有人对之怀疑。当时为旧制度、旧思想尽保卫辩护
之力者，固不乏其人。如苏舆之《翼教丛编》（成于戊戌），吴光耀之
《起黄》《广王》《质顾》，虽为朝廷及顽固派之所喜，而在知识阶级中，
并无显著之势力。然而戊戌之思想，有一重大之缺点。康、梁、严、何
诸人均误信满洲之专制政府足与谋建设新中国之大业。故拥护君宪，排
斥民主。轻视民族，梦想大同。以渐进为安全，惧革命之致祸。殊不知
满人之猜忌，朝廷之腐败，已至无可救药之程度。政府之于新党，力所
能及则消灭之。力所不逮则敷衍之。而于新党主张中心之君主立宪，则
始终采缺乏诚意之搪塞延宕政策。① 故戊戌维新思想之失败，一部分之
原因，在其对于时代认识之错误。其内容之丰富新颖虽远过前人而终不
能与方兴之革命思想相抗。

　　辛亥革命结束数千年之君政，其性质之重要，远过于始皇之统一。
辛亥思想则完成明清发动之思想转变，其内容之精彩亦无愧于先秦。孙
中山先生之三民主义、五权宪法为划时代之思想。当专述之。兹举章炳
麟以说明辛亥与戊戌不同之要点。② 章氏对于革命最大之贡献在阐发民
族革命之精义。《检论》定民族之区别，"以多数之同一血统者为主体"，
以有史以来之种姓为限断，足以破康党满汉同源之说。又谓种姓为文化
之基础，则引申王船山之论，一扫传统之文化民族观念。其论至为明
快。章氏又有《驳康有为论革命》、《排满平议》、《复仇是非论》诸文，
辩明革命之必要，清廷之不足与有为。吾人如认清革命之目的在颠覆异
族之政权，恢复汉族之自主，则任何牺牲，所不当惜。况革命之艰难，
固不如康党危词耸听者言之甚乎。凡此抨击君宪之议论，亦极为透辟。
章氏对民权思想之贡献，为其关于民主制度之讨论。章氏针对立宪派之
主张力辩代议制度不足以表现民治之真精神（见《代议然否论》）。欲求
民权之施行，必先建立分权、自治及法治之完善制度。其法治、人治与

---

　　① 光绪三十一年派五大臣考察各国宪政。次年上谕预备立宪。又改政治考察馆为宪政
编查馆。三十四年定九年国会之期限，宣布宪法大纲。其中规定"君上之大权"至为庞大，
举凡立法行政司法诸权均集中于元首，国会徒具形式而已。人民之权利亦毫无保障。简言之，
满洲专制政府精心结构之"如意算盘"也。宣统元年再下诏申明实行预备立宪，并颁行府厅
州县及城镇乡自治章程。二年资政院开会，与各省督抚奏请同时设立内阁及国会。清廷乃下
诏允于宣统五年召集国会将各省之请愿团强力遣散。及辛亥革命军兴乃仓皇失措，颁布十九
信条而大势已去矣。

　　② 同盟会中如胡汉民、汪兆铭、陈天华、朱执信、宋教仁及章氏均曾先后主笔于《民
报》，发挥民族革命之理论。然思想最有系统当推章氏。

德治之讨论，颇具深刻之创见①，非泛泛之比，至于四惑五无诸论所提出之个人主义与无政府主义则纯为乌托邦之理想，与革命思想潮流，无直接之关系。②

（四）成熟时期

中国政治思想之转变，至辛亥革命已达最后之地步。孙中山先生之思想系统，亦在此时代中发展完成，而成为革命与建国之理论基础。中山先生思想异乎寻常之处虽多，而其最重要之特点，似在其融通中西，调和新旧，以集成为创造之伟大能力。先生尝自述其思想之来源，谓"有因袭吾国固有之思想者，有规抚欧洲之学说事迹者，有吾所独见而创获者"③。指示吾人，至为明白。先生又谓："民族思想吾先民之所遗留，初无待于外铄者也。余之民族主义，特就先民所遗留者，发挥而光大之，且改良其缺点。"（见《自传》）此民族主义以因袭为创造之大概也。先生又谓："中国古昔自唐虞之揖让，汤武之革命，其垂为学说者，有所谓天视自我民视，天听自我民听，有所谓闻诛一夫纣，未闻弑君，有所谓民为贵，君为轻，此不可谓无民权矣。"则民权主义亦由吾国固有之思想发挥光大而成。既非杜撰，亦非外铄。复次，先生在《民族主义》第六讲中极言吾国欲图自立，必须恢复民族固有之道德④，固有之智能与乎固有之政治哲学⑤。此亦足见儒家思想为先生政治哲学之基础。此外如"天下为公"理想之出于《礼运》，民生主义之与"民本"思想有关，先生虽未明言，亦可推论而得。虽然，先生之思想，如仅集中国二千年之大成，其功虽伟，而未必能满足建设现代国家之需要。盖中国固有思想之中，已有者政治之原理，所缺者现代之制度，所长者人格之修养，尚无者富强之科学。先生思想所以必须有规抚欧洲学说事迹之处者，其故或在于此。吾人谨再引先生之言以证之。先生尝谓中国古昔虽有民权之学说，"然有思想而无其制度，故以民立国之制不可不取

---

① 见《秦政记》、《非黄》、《商鞅》、《释戴》等。

② 清末无政府主义者颇不乏人。李煜瀛、吴敬恒、张继等曾于光绪三十二年前后在巴黎发刊《新世纪》，依据克鲁泡特金、巴枯宁之著作，提倡社会革命。此派之运动至民国九年以后渐趋沉寂。其他流派之传入中土者，如宣统三年，胡贻谷译，克卡卜之《社会主义史》（译名曰《泰西民法志》），江亢虎于同年组社会主义宣传会，刊行《明星报》。马克思及基尔特社会主义之传入，似均在民国纪元以后。前者之正式介绍，当始自民国九年陈与李大钊之加入共产党，后者之输入在民国八九年之间，张东荪为其主要人物。

③ 见民国十二年《自传》。

④ 忠孝仁爱信义和平。

⑤ 格物、致知、诚意、正心、修身、齐家、治国、平天下。

资欧美。"先生又谓："予游欧美，见其经济岌岌危殆之状……因念吾国经济组织，比较欧美虽异，而贫富不均之现象，必与日俱增。故不可不为绸缪未雨之计。由是参综社会诸家学说，比较其得失，觉国家主义犹稳而可行。……故决定以民生主义与民族主义、民权主义，同时并行。"① 此先生规划政治、经济制度而借鉴欧美之处也。先生重视吾国之固有文化，顷已述及。然先生又深知仅仅复古，不足立国。故谓但恢复固有之道德、智识及能力，仍未能进中国于世界一等之地位。吾人如不学外国之长，则不免于"退后"，而外国之所长者，"巧夺天工"之科学。日本"专学欧美，不数十年而为世界列强之一。中国天赋，厚于日本，故其成功亦尝较易"②。先生重视西洋科学之深意，于兹可见。先生之友人宫崎寅藏③曾以康有为与先生相较，谓"孙取泰西之学，康发汉土之微。彼养于耶稣教，此育于儒教"④。虽未足以赅先生思想之全体，而与先生精通西洋学术政治之事实则完全相合。盖先生十三岁赴夏威夷入耶教学校，即擅英国语文。十六岁习医学。旋毕业医科，得博士文凭。此后复游美居英，亲身"考察其政治风俗，探治道之真，而倡三民主义"。先生甲午上书李鸿章亦云："幼尝游学外国，于泰西之语言文字，政治礼俗，与夫天算地舆之学，格物化学之理，皆略有所窥，而尤从此心留于其富国强兵之道，化民成俗之规。至于时局变迁之故，睦邻交谊之宜，辄能洞其窍奥。"坦白之自述中尤足见先生为曾受现代教育，富有现代学识之通人。故先生之政治思想会通中外，融旧铸新。采中国固有之原理为基础，以西洋现代之实学为内容。惟能融旧，故吻合于国性民情。惟能铸新，故适应现代之需要。盖处二十世纪之时不精通先秦以来之学术不足为中国之思想家，不精通欧美之学术不足为现代之思想家。此二条件，先生皆具，而又加之以慎思明辨，集成综合之创造能力，中国现代政治思想至先生而始成立，固非出于偶然矣。

——原载四川省立图书馆编辑《图书集刊》
第四期（民国三十二年三月）

---

① 引自孙先生《自传》。
② 《民族主义》第六讲。
③ 别署白浪滔天。
④ 见《三十三年落花梦》，上海大达图书供应社，页三十四。此书先生曾为作序。

诸子配孔议
（1944 年）

八月二十七日是孔子诞辰纪念日，也是政府规定的教师节与各学校开学日。在这一天各地的文庙举行祀孔典礼，各市县的学校也各自举行尊师或始业的仪式。这一个历二千年而不废的纪念日，到了今天更具有新的意义而值得文化教育界人士的重视及庆祝。

我们都知道，在文庙里面，除了孔子的牌位以外，大成殿上还有四配十哲，两庑之上还有先儒先贤的许多配享从祀的牌位。这些前代的经师人师完全属于儒家的道统。"异端"的学者，无论其学术德行如何优长，是不在祀典之内的，这是汉武帝以来推尊孔氏、罢黜百家政策的必然结果。民国缔造，此风沿袭未改。但笔者认为在学术昌明的今日，这个古老的独尊祀典似乎有修改的必要。

我们在讨论这个问题之先，应当探究今日祀孔的理由所在。孔子生逢晚周乱世，教授四科，是中国的第一位大思想家，也是中国的第一位大教育家。孔子陶铸中国文化的伟大功绩，为旷古所仅见。子贡说孔子"贤于尧舜"，就这一方面来看，并不是阿好溢美之辞。我们今日崇祀孔子的最大理由就是：一则纪念他陶铸文化的殊勋，二则尊仰他立德立言的楷范。我们把晚周以后的先儒先贤列入从祀，其用意也是在纪念他们发扬孔教、推展道术的劳绩。

假使我们所说祀孔的理由尚非错误，那么我们就要问：除了孔子及其门人后学，我们的先民是否还有陶铸文化，具有成绩的人呢？这些人的学术道德事功是否也值得我们纪念尊崇呢？

平心而论，在儒家门户以外确有不少可敬的先民。我们就晚周时代来说，我们想到第一个这样的人就是管子。无论孟荀如何攻击鄙视，孔子对于这一位辅相桓公、纠合诸侯的大政治家是很尊重的，孔子曾说，

"微管仲，吾其被发左衽矣。"这一句话明白地承认了管子保全华夏的功劳。管氏虽然有僭礼之行，孔子始终不肯抹杀他的好处。不仅如此，战国时人每艳称"管商之法"。《管子》这一部书纵然不是管仲所著，但先秦法家奉管子为宗师却是事实。秦汉以后的儒生往往斥法家为惨刻寡恩。其实法家所明之法不仅是治道所必需用，也是儒学所不能废。《尚书》"象以典刑"的记载，《周礼》"悬法象魏"的规定，《礼记》有"礼乐刑政四达而不悖"的理想。此后如李悝《法经》，萧何《九章》，叔孙通《旁章》，以至于晋唐律等，都足证明一点：刀笔吏虽不必可为公卿，而法制确为立政齐民不可或缺的工具。这只是就法之狭义而言。若就广义来说，古人所谓"法"是指整个的政治制度。其精神与"礼"有异，而其范围则与礼相同。孔子政治哲学包含了一个正名的原则，荀子传之而为礼治，韩非李斯再传而变为法治。古代亲亲的宗法社会既转变而为战国以后贵贵的政治社会，礼治当然会随之转变而为法治。假使秦汉以来二千余年之中没有法家所立的学术及制度，虽有孔孟的道德仁义，恐怕是"徒善不足以为政"。中国人民虽未必弄到"被发左衽"的地步，中国社会必然难免江翻鼎沸的危险。照这样看来，法家之功真不在禹下了。我们崇德报功，推尊为法家宗师的管子，似乎不是过分的举动。

其次，我们要想到孔子问礼的老聃。问礼一事倘非虚构，孔老之谊可以说是介乎师友之间。两家学说的内容及宗旨诚然大不相同，但是老子柔逊谦下之道也曾为孔子称美。"宽柔以教，不报无道，南方之强也，君子居之。"这个孔子许为君子的南方之强岂不就是道家者流吗？《道德经》纵或不是老子所著，但晚周以来的道家奉老子为宗师，传五千言之玄学，是确然无疑的事实。二千年中，宗风不息，其陶铸文化的功绩也彰然不可掩蔽。汉初用黄老清静之治术，宋儒讲先天太极之理学。冲和逊退之风，经老子之提倡，且成为民族文化之一特点。无怪乎汉唐的帝王有嗣祀老子的盛典，而唐朝甚至立道教为国学，以道经试举子，无形中打破了儒术独尊的局面。我们今日倘若对于老子作适当的推崇，也不是无稽的创举。

墨子是我们不容忘记的第三位先民。孟子虽然反对兼爱，骂墨子为无父的禽兽，其实兼爱之旨可以辅孔子的仁学，非攻之说有合于儒家的王道。古人往往孔墨并称，不是毫无根据。《淮南子》说墨子"受孔子之术"，韩退之说"墨子必用孔子"，更是深知两家学术之言。就孔墨的品格及行事来看，其相近之处尤为明显。孔席不暇暖，墨突不得黔；这足见两人救世的热心相似。孔门弟子，贤者七十；墨徒服役，百八十人；这足见两人教育的成功相似。孔子墨子都曾游行列国，非义不仕；出处也颇相似。就大体说，墨子的德行学术纵或不及孔子，却断不在孟荀诸人之下。墨子步梯救宋，墨徒孟豫死守阳城，其精神也和孔子所说杀身成仁，曾子所说临节不夺，子张所说见危授命，以及子路结缨而死，漆雕行直能怒等言行是一致无二的。汉以后的儒者忘了孔子宏毅之教，末流之弊至于"手无缚鸡之力"真不免有愧于墨徒。像墨子这样一位智仁勇兼具的先民，谁能说不配我们的敬仰呢？

根据上述的理由，笔者建议：管老墨三子设位文庙，配享孔子，与先儒先贤一体受国人的尊崇纪念。我不主张另立专祠，分别祭祀，理由约有两端：第一，中国文化的陶铸，以孔子功为最伟。诸子配享，正所以表示孔子大宗正统，德硕元勋的地位。第二，别建专祀，未免过费，文庙从祀，也可以暗示诸子学术虽然异流，文化本身却为一体。至于诸子受享之位，当如何安排，自可从长斟酌，以求尽善。再者，所举三人不过是就先秦时期，举其著者。我们如果纵览全史，当然还可以发现其他足资崇敬的大政治家、教育家，及思想家。国人不难各就所见，酌量举出。

也许有人问：儒法道墨是互相抗拒的派流。孟子说："能言拒杨墨者圣人之徒也"。如果我们把异端的代表与孔子共祀一堂，岂不与孟子之言相违？这个疑问是不难答复的。孔子本人学无常师，故能金声玉振，集古代学术之大成。四家学行相通之处，上文已经略略讲过，孟荀等讥诋杨墨，正所谓辩生末学。虽然心存卫道，不免陷于门户主奴的见解。民族文化是一个广包兼容的伟大系统，其中是没有门户界限的。我们上溯文化的渊源，追念学术的先进，必须破除狭隘的门户，一以高尚的学术为重，这样才能够认识民族文化的全体，不抹杀先知先觉分工合作缔造这个文化的伟绩。

孔诞日于成都

——原载《燕京新闻》（民国三十三年十一月一日）

圣教与异端

——从政治思想论孔子在中国文化史中的地位
（1946 年）

一

近代人士讲到中国文化，总不免拿儒家思想来做代表，好像认识了儒家思想就可以认识中国文化的全体。其实民族文化是一个复杂的体系，决不是一家一派的思想所能包括。儒家思想虽然博大宏深，有合文通治的妙用，然而它原来不过是先秦显学之一。儒家以外还有许多"持之有故，言之成理"的学说。这些学说都是先民思想的结晶，中国文化的泉源。我们尽可认儒家为思想的主潮。但是舍百川而不受，必定无以成就沧海的洪深。我们尽可奉儒家为文化的大宗，但是弃小宗而不祀，恐怕要犯"数典忘祖"的错误。

认儒家思想为中国文化的代表，其事不始于今日。我们试加推究，便知道由来久矣。孔子本人即以"道统"自任。所以他说："天之未丧斯文也，匡人其如予何？"又说："攻乎异端，斯害也已！"孟子诵法先王，愿学孔子，也以"圣人之徒"自任。所以他说："我亦欲正人心，息邪说，距诐行，放淫辞，以承三圣者。"荀子虽被后人批评为大醇而小疵，择焉而不精，但他自己也未尝不以圣教自任。他把春秋战国时代墨翟宋钘等十二家的学说分别加以非难。他说："假今之世，饰邪说，文奸言以浇乱天下，欺惑愚众，谲宇嵬琐，使天下混然不知是非治乱之所存者，有人矣。"邪说既然可以乱天下，仁人君子的责任就在"上则法舜禹之制，下则法仲尼子弓之义，以务息十二子之说。如是则天下之害除，仁人之事毕，圣人之迹著矣。"荀子死后约一百年，董仲舒建议于汉武帝，"以为诸不在六艺之科，孔子之术者，皆绝其道，勿使并进"。内多欲而外施仁义的武帝果然采用其说，表章儒学，罢黜百家，于是二千年尊孔之风以朝廷的提倡而正式开始。从此以后，中国的君相士大夫，无论出身或贵或贱，品行或正或邪，在口头上文字上总要奉孔子为宗师。甚至异族入主的时候，只要征服者能够行先王之法，中国的士大夫就可以俯首帖耳，奉之为君，丝毫不感觉良心上的谴责。例如元初的许衡、吴澄，清初的汤斌、李光地一般人都以程朱派的大儒，为异族之名臣。华夷可以不分，圣教不可不奉。尊孔崇儒，可谓至极。到了这个地步，普通的读书人除了四书五经之外，几乎不知道中国尚有其他可供研讨的学术。张之洞说："九流之精皆圣学之所有也，九流之病皆圣学之所黜也。"又说："诸经之义其有迂曲难通，纷歧莫定者，当以论语孟子折衷之。"号称儒臣的文襄公尚且如此，其他可以不言而喻了。

这种罢黜百家的偏见实在是认识中国文化全体的障碍，我们必须加以矫正。我们要承认：在先秦思想发源的时候，儒家不过是"九流"之一；在汉代儒术"独尊"以后，诸子的道统也未曾完全断绝；而且在汉清二千年之间，儒术并不曾完全领导中国的政治和社会生活。

二

儒家在先秦时代并未曾被一般人视为学术正统，这是人所共知的事实。孟子论战国的学风曾说："杨墨之言盈天下。"韩非说："天下之显学，儒墨也。"《庄子·天下篇》列举儒墨道名诸家的要旨以说明作者所见"天下之治方术者多矣"及古之道术"无乎不在"的现象。我们若证以齐稷下招贤的史迹，更可确知儒家思想在当时决未能取得正统的圣教地位。稷下先生知名者十余人当中属于儒家者只有荀卿。孟子虽曾游齐，或不肆于稷下。此外彭蒙、慎到、宋钘、尹文、接子、环渊、邹衍、邹奭等人都与孔门无涉。我们若就先秦学术地理分布的情形来看，儒家的地位也不能够凌驾诸子。庄子论儒学说："其在于诗书礼乐者，邹鲁之士，缙绅先生多能明之。"照我们所知，儒学传布的范围虽不限于邹鲁，然而就孔子和孔门弟子的国籍游踪来看，儒家的影响所及实不出邹鲁及邻国的范围。西方的秦晋、南方的楚越，都是当时"圣教"不曾达到的区域。孟子说："陈良楚产也。悦周公仲尼之道，北学于中国。"这不是在战国的时候，儒学还未曾盛行于楚国的明证？其余诸子的学术，单就与政理有较大关系的墨道法三家说，墨学传布的区域显然比儒家较为广阔。墨子本人为鲁人（或说宋人），墨徒的国籍游踪却远达南北。楚人有苦获、已齿、邓陵子，秦人有唐姑果。游仕所及，于北有代中山，于南有楚越。道家和宗派接近的诸子也有比较儒家略为广阔的活动范围。老子为周守藏室史。楚威王想聘庄子为相。子华子曾游韩魏。韩非有"解老""喻老"。可见道家思想的影响深入了盛行秦晋的法家。法家的范围虽未必广于儒家，然而他们自有其领域，不容儒家侵占。申不害相韩，商鞅先后仕魏秦，韩非游秦，李斯楚产而相秦；总而言之，法家盛行的区域，恰是儒术未及的秦晋。

儒家思想在战国以前不但是不曾取得正统的地位，而且备受"异端"的排斥，几有并偏安局面难于维持之势。古书中记载侮慢孔子的言词，数见不鲜。《论语》一书所录便有几件。至于攻击儒家学说的话，在先秦子书中更是指不胜屈。《墨子》、《老子》、《庄子》、《商君书》、《韩非子》等书，或立"非儒"的专篇，或随处加以指摘，或指名驳难，或暗致诋毁。真所谓"彼亦一是非，此亦一是非"。诸子的攻儒和孟荀的辟异端，在当时是旗鼓相当，未知鹿死谁手！孟子说："子岂好辩哉？予不得已也！"照孟子看来，在当日学派混战的前线上儒家并不曾取得主动的攻势。

三

秦始皇吞并六国以后，处士横议的局面随政治统一而归于结束。然而，儒家思想却不能取得完全的与最后的胜利。论史的人都承认始皇统一，开二千年郡县天下之大业，其功不可埋没。但是我们往往不注意助成嬴秦统一的学术不是儒家而是法家。秦代以吏为师，无疑地这是一个法家思想独尊的时代。汉以后的人追论秦二世而亡的原因，几乎众口一声，归咎于仁义不修而专用刑法。其实二世而亡的原因决不如此简单。假如与法家有关，我们应该说秦亡于胡亥任情纵欲，破坏孝公所立法治的规模；亡于李斯逢迎上意，诬蔑管商所传学说的精神；亡于赵高盗弄国柄，违犯韩非"八奸"的教训。《史记·李斯列传》的记载，十分清楚，我们尽可加以覆按。

汉高祖翦灭群雄，天下再归于平定。各处儒生来投效新主的颇不乏人。陆贾、叔孙通就是其中最出色的人物。高皇帝虽然承认马上不可以治天下，虽然很满意朝仪的效用，然而在汉初几十年中，盛行于朝野的学术不是孔孟，而是黄、老、申、韩。孝文皇帝"好道家之学"。他所行的政策简直是老子所说慈、俭、不敢为天下先的"三宝"。文帝死后，因为窦太后极力提倡，到了景帝的时候，大臣学者反对黄老的竟至免官受罚。朝廷尊崇道家的情绪是如何的热烈！公卿士大夫实行黄老政术的为数更多。高惠两朝有陈平、曹参，文景两朝有邓章、田叔、直不疑、司马谈，武帝时有汲黯、郑当时。我们要注意，这些黄老后学不仅传授清静之道术，而且应用清静之政策。史家论汉朝的政治成绩，首称文、景；因为文、景"与民休息"，奠定了四百年国祚的根基。这话大体上是不错的。我们虽不可完全归功于道家，然而黄老信徒的帮助是不容抹杀的。至于《淮南子》和《论衡》二书都曾深受道家思想的影响，这更是人所习知的事实。

法家的政术在汉代也曾一时盛行。帝王当中虽不肯公然以申韩号召，然而暗用刑名者却不只一人。以文帝的慈俭也"本好刑名之言"。宣帝为政，"信赏必罚，综核名实""所用多文法吏，以刑名绳下"。太子劝他稍从宽厚，他竟说："汉家自有制度，本以霸王道杂之，奈何纯任德教，用周政乎？"这真是坦率大胆的自白！武帝好大喜功，开边拓土，广义言之，何尝不是商鞅农兵政策的变相？汉朝的声威，到武帝而极盛。汉朝的法纪，经宣帝而一振。法家治术的效用是未可厚非的。至于臣下应用刑名为治的尤属不胜枚举。大概的说，《汉书·酷吏传》中的人物，几乎全是申韩的后学。所谓"酷吏"并不尽是惨刻寡恩的刽子手、杀人取乐的屠伯，其中也有深得任法精意的能臣。酷吏以外的刑名大师更不愧为管商的法裔。文景时代的治南守吴公、张叔、晁错；光武时的樊晔；和帝的周䊸；灵帝时的阳球；这些都是以治申韩之学著名的。晁错且曾著书三十一篇，《汉书·艺文志》列入法家。可惜原书现已失传了。蜀汉丞相诸葛亮所著的书也不幸佚亡，然而从他的治迹看，他也显有法家的色彩。如果我们把佐高祖定天下的丞相萧何算入，我们可以说法家的政术在四百多年当中与刘汉的国祚终始！

我们若把汉代法家的治迹和言论加以分析，我们可以发现他们似乎自成守法、严刑、尊君主、图富强的几派。景帝时郅都为中尉，"行法不避贵戚"。武帝时以刀笔吏为中大夫的赵禹"据法守正"，"绝知友宾客之请"。光武时洛阳令董宣按治湖阳公主奴杀人罪。至于文帝时廷尉张释之不让文帝违法诛杀犯驾盗环的罪人，更能充分表现重法的精神。他对文帝说："法者天子所与天下公共也"。他这句话倘使写在管商书中，真是丝毫没有逊色！这些都是守法派的著例。严刑派的代表，人数更多。义纵为定襄太守，一天杀四百多人，"郡中不寒而栗"。王温舒为河内太守，杀人甚多，"至流血十余里"。王吉为沛相，五年当中，杀万余人。此外《酷吏传》中所载者尚多，不必悉举。尊君主的代表如杜周事武帝，为廷尉，"善候伺。上所欲挤者因而陷之。上所欲释者久系待问而微见其冤状"。有人批评他不守法，不公平。他答复说："三尺法安出哉？前主所是著为律，后主所是疏为令。当时为是，何古之法乎？"这简直是李斯"督责书"的口吻而变本加厉！张汤的作风与杜周相像，更加上了假公济私的手段。这只可认为法家的败类，大违商韩尊君的本旨。富强派的代表多生在武帝一朝。张汤、桑弘羊等请笼盐铁，置均输等事，就是最著名的实例。晁错请文帝以粟为赏罚，募民屯边地，毫不客气地抄袭了商鞅市利尽归于农，边利尽归于兵的原则。文帝虽不能尽用，武帝却完全接受了晁大夫富国强兵的观点而成为历史上少数雄才大略君主之一。

照我们上面的叙述，可见在二千年君主政体形成时期的秦汉两朝中，先秦主要学派，除墨家归于消沉外，道家与法家均保持不容轻视的力量，而且对于郡县下的政治建设确有不可否认的功绩。倘若当时没有黄老的清静以调济长期战争后的民生疾苦，没有申韩的刑名以树立长期紊乱后的秩序，而单靠叔孙通的朝仪、陆贾的仁义、公孙弘的经术、董仲舒的灾异，恐怕刘家的天下未必能维持几百年之久。宋襄公徐偃王岂不是前车之鉴？矫枉过正，秦二世不免要窃笑于九泉之下！

魏晋以后，儒家的政理也不曾继续地取得独尊的地位。魏晋的士大夫多喜老庄，务清谈，这是人所共知的事实。汉朝的君主，从武帝到献帝虽然一贯表章六艺，然而到了安帝以后，儒学竟趋衰微。于是讲"内圣"之学者往往自逃于虚无，求"外王"之用者多致意于法术。魏晋"名士风流"的影响，几乎把汉儒所提倡的礼教完全摧毁。孔融曾说："父母与人无亲，若瓶寄盛其中。"阮籍居母丧，饮酒食肉。他骂礼法之士为虱处裈中。谢鲲挑邻女，投梭折其齿。《晋书》记载当时妇女的情形："先时而婚，任情而动。故皆不耻淫佚之过，不拘忌妒之恶。父兄不之罪也，天下莫之非也。"这些言行直接的否定了父子夫妇大伦的尊严。石崇和王敦到太学。石崇见颜渊、原宪的塑像而叹他们的贫穷。王敦说："子贡去卿差近。"石崇正色说："士当身名俱泰，何至以瓮牖语人？"这两句话明白地看不起从祀孔庙的"先贤"。当时"八达""七贤"

一般人的狂荡，比较起来，孔、阮诸人还算略为含蓄些。至于法术的应用，也彰然可考。自从汉高祖"约法三章"以后，法律的条文随着实际需要，随时都有增益改进，趋于繁密。举其要者，如萧何作《律九章》。叔孙通益之成《傍章》十八篇。张汤、赵禹等论定律令，作"见知故纵监临部主"之法。后来条文更密，多到三百五十九章。魏晋以后的法条虽不必尽承汉律，有如汉承秦律一样，然而任法明刑的治术是一贯不改的。汉以后的君相尽管诵法周孔，但并不曾真实地施行囹圄空虚，必使无讼的德导礼齐政策。不但如此，一统天下的君相既默认先秦法家的观察，相信亿兆的臣民是"杀然后从，见利然后用，被治然后正"的坯子，而因此视刑法为治国经郡之要道，于是不仅刀笔吏应普遍的需要而产生，当时儒生中的一部分，为用世起见，不免兼取申、韩以与孔、孟相糅杂。在两汉先秦学派界限依然明白存在的时候，这种兼用儒法的倾向尤属显然。贾谊兼明申商，晁错受书伏生，董仲舒作《春秋决事比》，都是最著之例。后汉桓谭、崔实等大倡杂霸的主张，更可为二家合流的明证。自此以后如诸葛亮、张居正等人都实行法术而不公然鼓吹。宋代攻击王安石的人往往斥他为法家。虽不完全确当，但是王荆公的学术确与理学家不同，而微带法家的意味。我们只要加以探寻，不难在汉魏后人的当中得到更多的实例。

四

如果把秦汉以后二千年的思想史加以分析，我们可以发现儒家思想的进行并不循着一条直线，而是随着时代的变迁，大有起伏。墨家思想，上面已经提到，到了汉代成了绝学。法家主张的一部分，从秦汉起，成了百世不废的实用治术。这两家当然谈不到进行或起伏。儒道二家却与此不同。就大势说，每逢政治比较安定的时候，儒家思想便占上风，道家思想就随之衰微。反过来，到了社会衰乱的时候，道家思想便一时盛行，而儒家思想就相形见绌。不但如此。先秦儒家政治思想有孟荀两大宗派。孟倾向于民本思想，荀倾向于尊君思想。秦汉以后的道家有"黄老"与"老庄"两派。黄老倾向于以清静之术用世，老庄倾向于以逍遥之旨养生。当儒家独尊的盛世，荀派尊君的学说较受欢迎，而孟派的民本学说往往在大乱方治或盛极而衰的时候代之兴起。老庄思想虽然每应乱世而生，但是在乱极初治的时候黄老思想却占优势。我们不敢说这是中国思想史里面的定律。这只是中国思想史里面的事实。

具体的说：汉初鉴于秦法惨刻的流弊，想用宽大的政策去收取人心。于是清静无为的治术盛极一时。满口仁义道德的贾生也大讲虚无之道。到了武帝以后，天下治安已久，黄老遂趋隐微，儒学立为正统。而当时一般的儒生已不甚明贾生"民无不为本"的学说。西汉第一大儒董仲舒因为阐发《春秋》天人灾异的理论，藉以防止君主专制、君权无限的流弊，大为朝廷所不喜。他不但终身不得高官，而且几乎被处死罪。"曲学阿世"的公孙弘反致位卿相，封爵列侯。其中消息，大可玩味！东汉始重提倡经术，皇帝且亲自讲经，然而儒家思想却并无显著的发展。肃宗以后的经学已有徒具形式之感。和帝安帝以后，连徒具的形式也难于保持。于是老庄的"虚无"便有乘虚而入的便利。西汉建立的儒家霸权，到了魏晋就暂为异军突起的"玄言"所夺。其实履霜冰至，由来已久。在光武帝的时候，王充已经得风气之先，而单枪匹马，对汉朝的经术来了一次带有歼灭战意味的总攻击！

唐宋到明清千余年中，大概说来，是儒学复盛的时期。然而仔细考察一下，我们也会发觉儒家的据点，依然受着"异端"野战军或游击队奇袭的威胁。先就儒学本身说。唐初士大夫的一部分颇受王通的影响而成为开国的儒臣。原来在南北朝的时候，南朝的君臣偏重文章清谈，对于周孔的圣教并不重视。梁元帝在投降西魏以前，把所藏古今图书十余万卷一齐焚毁。有人问他何以焚书，他说："读书万卷，犹有今日，故焚之。"即此一端，可以想见当时的风气。至于江左君臣佞佛的恶习，更是人所共知。杜牧的诗有"南朝四百八十寺，多少楼台烟雨中！"之句。这真是诗人的实录。用诗人的眼光来看，"楼台烟雨"的确是江山如画的妙景。然而用政治或史家的眼光来看，就不免有"乌烟瘴气"之感了。南朝虽不信奉圣教，北朝的索虏却极力摹仿汉族的文化，提倡孔子的道术。北魏一朝的制度风尚，尤表现儒家的色彩。魏周两朝都曾有毁寺诛僧的举动，和七百多年前秦始皇焚书坑儒的举动遥成对照。所以就大势说，南北朝时代中国圣教的保持者是北朝的胡人而不是南朝的汉族。这真是一个有趣的矛盾！王通生在大河以北的龙门，他所以成为隋唐间的大儒，恐怕还是受北朝学风之赐。等到唐太宗撰《帝范》以教太子，武则天著《臣轨》以训百官，尊儒的趋势便经朝廷的承认而表面化了。

唐代儒家思想的变化，可以韩愈、柳宗元及林慎思三个人的言论中得一线索。韩柳同时生在唐运盛极始衰的大历长庆年间。林慎思却生逢懿宗僖宗大乱之世。韩柳的思想都近荀学，而前者尊君轻民的态度更为露骨。"原道"一篇当中曾说："君者出令者也；臣者行君之令而致之民者也；民者出粟米麻丝，作器皿，通货财以事其上者也。君不出令则失其所以为君。臣不行君之令而致之民，民不出粟米麻丝，作器皿，通货财以事其上，则诛。"严复在清末的时候，专写"辟韩"一文来驳他，认为韩学是民权思想的障碍。严氏的看法，并非没有根据。韩柳死后约五十年，林慎思便著《续孟子》和《伸蒙子》二书申述"亚圣"的民本学说。这是衰世儒学的自然倾向。

照上文所说看来，唐代儒术虽然在汉族恢复神州疆土的一统天下当中，同时也转败为胜，重掌旧有的霸权。然而道家思想的主力不但未被消灭，且有结阵反攻的征兆。唐朝皇帝，自以姓李，为迎合门阀的风尚起见，遂和道教宗师的李老君联了谱。于是推崇老聃为"太上玄元皇帝"，在宗正寺里面设立了一个崇玄署来管理天下的道士女冠。宗正寺本是掌管皇族事务的机关，道士女冠受它管理，不啻承认他们都是皇族或享受皇族的待遇。老、庄、文、列的遗书全被尊为"经"典，全指定为国立道教大学（崇玄学）的教本，全成了士子应科举必读的要籍。《道德经》、《南华真经》、《通玄真经》等在学术的地位上与儒家五经平等。不但平等，而且有时还侵占五经的地盘。开元年中，玄宗曾下诏令贡举人减试《尚书》、《论语》，加试《老子》！我们要注意，唐代提倡老庄并不认它做纯粹的宗教信仰，而把它看做用世的治术。白居易、元稹都是一代词人。他们准备应举，揣摩时尚作《策林》，七十五门当中便有不少汉代所谓黄老家言。例如第十七目"黄老术在尚宽简，务清静，则人俭朴，俗和平"就是最好的证据。道教既被认为治术，道士也自然取得做官的权利。李国桢、刘玄靖等都以道士仕至高位。虽然中唐以后的皇帝多以迷信神仙丹药而崇信道教，和盛唐以前的用意有乖，然而尊崇道教的事实是勿庸讳言的。

唐代前期的道家思想大体倾向于"黄老"，后期的道家思想却转向于"老庄"。最可惊异的例子是黄巢乱中无名氏所作的《无能子》一书。作者的根本思想虽然因袭道家的传统，并无新义，他对于政治及社会生活的论调则十分激烈，几乎是儒家思想中一切价值的倒转。他认定人类所遭遇的争乱苦痛都生于"圣人"所创设的伦理道德、礼乐兵刑种种不合自然的制度。于是照他看来，儒家所尊奉的圣人实在是摧残人类幸福的罪魁祸首。圣人提倡人伦，教人以亲亲之道，勉人以孝悌之行，督人以君臣之义，这实在是误尽苍生的教化。父母兄弟的关系是由名号的幻觉而产生。天下的人和我的父母兄弟同具圆颅方趾，事实上有何区别，君臣之义立于君之可尊。但是中国的君主不过是在地面上极小一部分中暂时锦衣玉食的一个人。他生无治安的能力，死与蝼蚁同腐朽。他有何值得尊贵的地方？杨子为我，墨子兼爱，孟子已经骂他们"无父无君，是禽兽也"。《无能子》的这些议论才真是无父无君。假如孟子听见，恐怕要骂为禽兽之不如了。

宋朝定鼎，儒学又有复盛的景象。赵普半部《论语》治天下的话固然是不足凭信的大言，我们却可以从它窥见圣教再起的消息。但是宋朝的儒学既不是汉代的经学，更不是先秦的孔孟荀学，而是具有特殊观点和内容的理学。理学是中国思想史中光荣的创造，这是无人否认的。理学家的一部分援道入儒，另一部分援佛入儒。能够真拒"二氏"之异端者，几乎不可得见。道佛二者之中，尤数后者的影响为深刻。倘若魏晋隋唐时代佛家哲学不大量输入中土，宋儒不闻彼宗心性诸说，理学的发生是很难想像的。明代"心学"流入"禅狂"，这是自然的趋势。宋明理学虽然刷新了儒学的阵容，但是它所援用精锐武器—重要部分是取资于国内外的异端！

元明清三朝的儒学思想，严格的说，不曾表现真正重大的进步。许衡、吴澄一般人妄想用周孔的政教同化蒙古。元朝在表面上虽然虚与委蛇，实际上却用征服者马上治天下的手段来压制汉人。读书人拿五帝二王的大道去事奉异族，其结果只取得了"九儒十丐"的身份。明朝的儒学略呈昭苏之象。明初的刘基、方孝孺和清初的黄宗羲、唐甄等在乱极初定的时代大倡民本的孟学，王守仁和他的门徒在明朝的中叶提出思想自主的大胆主张，这是比较可以注意的两件事。后者尤其是思想史上值得大书的贡献，然而王学是从禅学一转手，并非纯粹的儒学。王阳明虽然说满街都是圣人，孔子是否承认他是圣人而不发"非吾徒也"之叹，是不易答覆的疑问。至于清儒多承宋明理学的余波，于政理更少发明，我们无庸赘及。晚清海通以后，西洋思想输入，孔孟之学每遭急进维新论者之唾弃。曾国藩消灭太平天国的最大目的不是扶清，而是保卫唐虞三代以来历世圣人所扶持的"名教"。倭仁反对变法，他不是反对扶清，而是反对与圣教不合的夷法。张之洞厌恶新党，他不是拒绝富强的西学，而是恐惧谭嗣同等"冲决网罗"的主张，怕他们会打倒儒家三纲五常的大道。在曾、倭诸公的心目当中，晚清的西学正如晚周时候的杨墨，都是无父无君的异端，都应该拒而辟之。在他们的心目当中，他们所负的使命正如孟子所说："我亦欲正人心，息邪说，距诐行，放淫辞，以承三圣者。"不过孟子说："杨墨之道不息，孔子之道不著。"他们应加改正而说："西夷之道不息，中圣之道不著"罢了。今日事后平心论之，儒家思想在清末的时候，的确遭逢了空前的危机。就儒家的立场看，卫道的工作实在有其必要。然而这却证明了我们上文所说：在一统天下时代儒学不曾取得最后的绝对胜利，是一句不无根据的话。

五

但是在儒学独尊的时候，例如汉唐的盛世，孔子之道是否果然实行于政治而为全国大多数人安身立命的领导原则呢？以往学者的意见极不一致。张之洞鼓吹保教，因为他相信"我圣教行于中土数千年而无改"。从五帝三王到明清，一贯地"政教相维"，崇尚儒术。康有为主张立孔圣为国教，因为他相信"孔子为万世制宪"。孔子"所为经传，立于学官，国民诵之，以为率由；朝廷奉之，以为宪法"。"中国能晏然一统致治二千年者何哉？诚以半部《论语》治之也。"这是极端的肯定答复。朱熹却相信从汉唐到南宋千五百年中虽不无小康，"而尧舜三王周公孔子所传之道未尝一日得行于天地之间"。这是极端的否定答复。照我们看来，张康仅着眼于形式，朱子独严论历代君相的心术及其政事的内容。比较之下，似乎后者更加确切可信。

我们不妨略考史实，就历代帝王的行事以为朱说的佐证。"其身正，不令而行"、"身修而后家齐，家齐而后国治"、"一正君而国定"，这些都是儒家政理中的要旨。但是三代以下的皇帝有几个能够实行修齐的圣教呢？昏庸的汉献唐僖一流君主固不必说，采用异端的汉文也不必说。我们姑且把首先推尊孔氏的汉武帝加以考察。汲黯说他"内多欲而外施仁义"，从他的行为去看，大概并不十分冤屈。第一，武帝好内宠，终久酿成巫蛊大狱以及卫后戾太子自杀的家庭巨变。第二，武帝好长生，求神仙，用方士，莫名其妙的妖道竟冒大将军的高爵。第三，武帝好大喜功，开边武。用近代的眼光看，他不失为民族的英雄。但是用儒家的眼光看，他却不免为圣教的罪人。这三桩事都是"多欲"的表现。武帝毕竟是雄才大略的英主，他虽多欲而不纵欲，所以很聪明地"外施仁义"，以表章六艺来粉饰太平。如果我们勉强要认武帝是修齐治平的圣主，恐怕孔子未便承认。鲁国季氏将伐颛臾，孔子斥之。卫灵公问阵于孔子，孔子不对。齐人馈女乐，哀公三日不朝而孔子去鲁。假如孔子生为武帝之臣，他纵然不批评讨伐匈奴的武功，恐怕在武帝纳李夫人或钩弋夫人的时候也会乘桴浮海！武帝以后值得考察的首推唐太宗。贞观之治，的确是中国政治史上光荣之一页。当时的名臣如魏徵、房玄龄等也以儒家自命。然而杀害弟兄，纳武氏，废太子；无论如何宽解曲说，我们总不能承认太宗实践了齐家的圣教。汉武唐太是历史少有的英主，他们尚且不能真行儒术，何况其余？

朱子的论断既确然有据，我们就可以随之再下一论断：汉武帝以后号称儒术盛行的时代，不过是形式上的尊尚六艺，与孔学的宗旨或实际的政治并无深远的关系。这种名与而实不与的尊儒，和孔孟在世时的情形比较起来，也并无重要的区别。孔子虽然畏于匡，厄于陈蔡，见侮于楚狂，然而他为鲁人所尊是没有疑问的。当时君主卿相时时向他咨询政事。他也曾仕至中大夫；倘若他不自动去国，也许还可向上升迁。他死后哀公亲自致诔，仿佛得了国葬的荣典，至少可抵国家的褒扬。鲁君固然不曾罢百家，但他也不曾采用杨墨法道等任何异端。然而孔子欲自叹道不行而之异国，甚至于想浮海，想居夷。孟子后车数十乘以传食于诸侯，宣王尊称为叟，食禄至于万钟。安富尊荣，胜过孔子。然而《史记》却说："当是之时，秦用商君，富国强兵；楚魏用吴起，战胜弱敌；齐威王、宣王用季子、田忌之徒，而诸侯东面朝齐。天下方务于合纵连横，以攻伐为贤，而孟轲乃述唐虞三代之德。是以所如不合，退而与万章之徒序诗书，述仲尼之意，作《孟子》七篇。"足见孟子的遭际，和孔子大同小异。以孔子之至圣尚且不能自行其道，以汉武唐太的英主尚且不能真行孔子之道。我们应当推广朱子之说而说："二千五百年中孔子所传之道未尝一日得行于天地之间！"我们如果说孔子之后有人已经实行孔子之道，这不是诬蔑圣教的内容便是侮辱孔子的能力。

我们不禁要问：何以孔子之道在一统天下之中始终不能实行？

我们第一个答案是：从政治的立场看，孔学陈义过高，有难于实行的苦衷。儒学精深博大，值得任何人的赞美崇拜。然而它是否可以普遍奉行，却还待考。孔子把人品分为中人、上智、下愚三等。上智与下愚不移，中人可上可下。按照统计学的定理，中人占大多数而上下各为少数。天下亿兆人当中能学孔子的必然是如凤麟罕见。我们不要忘了，从晚周到清末只生了一个孔子！我们不妨套韩非的语调说：待孔子然后治，是千世乱而一世治也！不但如此，据孔子的自白，他的学术并非容易得来。孔子说："吾十有五而志于学，三十而立，四十而不惑，五十而知天命，六十而耳顺，七十而从心所欲不逾矩。"孟子也说："我四十不动心。"孔孟正心修身的工夫到了四十岁才大体告成，到了七十岁才完全成熟。天资学力不及他们的人必然更需时日。所以及门的大弟子会有"仰之弥高，钻之弥坚，瞻之在前，忽焉在后"，以及"道则高矣美矣，疑若登天"的感叹。一个政治家倘若要先做到了正心修身的工夫方去从政，他已到了衰暮之年，不免要叹"吾老矣，不能用也"！倘若正心修身的工夫未曾做到便去柄国执政，他不免如朱子所说在"利欲场中头出头没"。

内圣外王兼行的困难极为明显。然而宋代第一大儒朱子仍向孝宗皇帝强聒不舍，一贯地拿"维精维一"的尧舜心传去劝他实行。从前希腊大哲学家柏拉图曾说：除非哲学家成了政治家，或政治家成了哲学家，天下事是无可为的，他自己是哲学家，但是没有机会取得大权，所以不能兼做政治家。于是他终于应了叙拉古斯国舅底昂之聘去教导它的专制君主帝奥尼修，希望把他变成哲学家。无奈柏拉图陈义过高，使他的学生也有疑若登天之感。例如他规定必修课目中的算学、几何、辩证等项当然要弄得一般的南面王头昏脑晕。结果是不但哲君治国的理想不能实现，一代哲人的本身几乎沦为奴隶，不能自拔。朱子晚年遭受削官职、禁伪学的待遇，竟和柏拉图略相仿佛。二哲如在九泉相遇，也许会莫逆于心，喟然而叹。但是其间却有一点不同。柏拉图死后，他的后学颇能指出他陈义过高的困难，而设法加以补正。程朱以后的儒者却谨守师说，始终要拿正心修身的最高理想去期待政治家。这是否儒者胜过（或不及）柏拉图后学的地方？

我们第二个答案是：从历史的立场看，孔子思想有封建宗法的背景，未必能够全部适用于一统郡县天下的政治环境。秦汉以后中国的社会和政治均有重大变动。在春秋以前，中国的政治组织是以列"国"为单位，而以"天下"为全体。天子在名义上君临万邦，为各国的共主；在实际上他也是一个国君，只能直接享有管治"王畿"以内的人民土地，和列国君主直接享有管治他们"四境之内"的人民土地相仿佛。这就是封建制度。那个时候的社会组织是以宗族为本位，而个人一切的权利义务都依照他宗族上的身份而确定。贵族平民的阶级于以产生，宗子庶子的地位于以区别。古人所谓"家"，并不是今日由己身、配偶和直系血亲所组成的"家庭"，而是包含若干家庭的宗族。宗族与封建两个制度又联结一体，相辅为用。大概的说，天子国君是大宗的宗子，小宗宗子便做"世卿"，士大夫多是宗族庶子。在这种制度里面，只要宗子能够修身谨礼，自然可以有齐家治国平天下的效用。孔子的政治哲学并不是空中楼阁的乌托邦。他把封建宗法的制度理想化、道德化，而创造了空前美大的政理。严复说孔子是宗法社会的圣人，这话容有不尽妥当的地方；但就上述一点而论，未尝不含有一部分的真理。

到了晚周时代，孔子思想所反映的政治社会已经迅速崩溃而归于完全变形。各国的世卿衰亡，阶级荡平，君主独尊，庶民解放。大国兼并，最后成了天下一统的局面。就政治和社会制度的形态看，孔子所立为政的四个对象都起了非常大变。第一，宗族之"家"已经分解破裂成为缺乏正式政治地位的较小社会单位。第二，"国"的遗蜕虽在汉初短期存留，而不久完全消逝。第三，"天下"的名称虽沿用直到明清，然而秦汉以后的天下是郡县一统，和周代的天下名同实异。四个对象之中，两个变质，一个灭亡。个人失去了宗族的凭借和束缚，失去了政治的身份和阶级的界限，他的力量和地位也随之大异。社会的形态既殊，生活的内容必改。在春秋时代郑著刑书晋铸刑鼎，当时的政治家已经感觉礼不足以维持秩序而必需乞灵于法；秦用商鞅不过是顺着这个方向更进一步。汉以后法条更密，虽然表面上避免任法之名，实际上比秦代又较进步。在这种小家、无国、一统天下的新环境当中来实行修身齐家治国平天下的政理，必然是窒碍难通。一个小百姓修身齐家不一定能平天下，这不用赘说。韩非说得好："尧为匹夫不能正三家。"这正是适合新环境的推论。即使一个尊居九五的帝王，果然正心修身，他也未必单恃此而能平天下。天子尽管是皇族的首领，但是皇族和天下百姓并无政治的联系。天子是用政治首领而不是用皇族首领的资格去统治臣民。当然，一个昏淫的天子，一个秽邪的皇族，往往是政乱的重要成因；但是一个皇帝德如曾史，孝友慈爱，"九族既睦"，而别无材能设施，也难保不会有权臣夺位，暴民犯上，或强邻压境的祸事。反过来说，一个英明有为的皇帝，纵使心不正，身不修，家不齐，仍然可以得天下，安百姓。汉高祖，孝武帝，唐太宗，宋太祖，明太祖——这些第一流的皇帝哪一个是由修齐的工夫而造就了丰功伟烈？朱子尽管骂他们在"利欲场中头出头没"，时代的逻辑却不允许他们兼顾内圣外王的工夫。

六

我们不惮烦絮地辨明二千余年儒术不曾独尊、不曾实行的史迹，我们的用意不是攻排孔子，更不是看轻中国固有文化。孔学伟大的地方，正如诗人所谓"不废江河万古流"，岂是任何人攻排得倒的。我们的目的在开端的时候已经明白透露：我们不揣简陋，想对于阐扬民族文化的工作小尽微力。但是我们相信阐扬文化不可"食古不化"或生今反古，而应当对先民的成绩加以了解、分析、评量、抉择。评量抉择的标准，不是任何一时一代、一家一派的主观意见，而当于全体文化、全部历史中求之。传统学者所定圣教与异端的区别，正是儒家主观的标准，我们不敢轻于接受。

每年到了八月二十七日全国各地都要举行祀孔典礼，崇敬先民，推尊师道，这个大典的用意是不错的。但我们在上文所得的结论如果不误，可见先秦诸子对于中国的文化典章都各有贡献，纵然不及孔子的伟大，似乎还可以和孟荀以下的"四配十哲"以及其他"配享"的"先贤先儒"较短长。我们何妨也举行一个纪念的典礼来对墨、老、庄、韩诸子表示钦崇之意呢？

——原载上海《观察》第十、十一、十二期（民国三十五年十一月）

孔子政治学说的现代意义
（1949 年）

一、孔子政治学说的价值

伟大思想家所以长久受人尊崇，必是由于其学说含有重要的真理。这些学说是否在某一时期得着实行的机会并不是一个必须考虑的条件。例如在欧洲政治思想家当中，柏拉图和亚里斯多德至今还为学者所重视，后者且有"政治学鼻祖"之称。然而这两位卓越思想家的学说便不曾对希腊末世的实际政治发生影响。孔子政治学说在中国历史当中的地位大致言之，约略与柏拉图、亚里斯多德相似：不能得到同时代人们的采行，但本身包含着可贵的真理，因而享受后世人们的赞美。所不同者，孔子对于二千余年以来中国文化和政治的影响，比较这两位西哲，显然更加深远重大而已。

一种政治学说是否包含真理，可以从两方面去判断。第一，人类的思想，尤其是社会和政治思想，不能离开历史环境而发生。因此衡量一种学说是否真确，便可依照其是否能切合一个时代的需要，或反映一个时代的实况而断定。第二，思想虽然不能完全脱离环境，伟大的思想家却能够不受时代的限制，在当前的环境里面发现人生和社会的基本原理。他们在立言的时候虽然针对着某一时代的生活实况，但因为他们"目光如炬"，所提出来的结论尽可以包含"百世以俟圣人而不惑"的大道理。这样的思想当然具有高度的真确性。

从上述两方面去看，孔子的政治学说都具有无可置疑的真确性。我们如果推尊他为中国政治哲学的鼻祖，他应当是受之无愧。若干年前有一些学术文化界的人士大倡"打倒孔家店"之说，把孔子的学说看成

"封建"的谬说、进步的障碍。他们致误之由不止一端。最低限度的错误是他们只知道孔子的思想有时代的背景，而不知道它也含有超时代的成分。孔子生在晚周，他的许多见解当然针对着春秋时代的现况。他不但不能够想像近代国家的一切情形，他也不能够预知战国或秦汉时代中国政治生活的情形。（公羊家的说法难于令人置信。）他的政治学说大部分是为了改善春秋时代的"天下无道"而建立的。他认定当时许多祸乱的直接原因是全社会上下的人士不能各尽其应尽的责任，各守其应守的地位。他觉得最有效的纠正方法是"正名"。然而正名必须有确定的标准。他既不知道秦汉以后中国君主政治的标准，更不知道近代西洋民主政治的标准。他受了历史经验的限制，只能用盛周的宗法封建政治来作标准。于是乎他表示"从周"，"梦见周公"，希望恢复"天下有道，礼乐征伐自天子出"的盛世。严复说"孔子是宗法社会的圣人"，在上述意义之下，这话是确有根据的。

改革是一种艰巨的政治工作，用旧观念、旧标准去推动改革，尤其难于收效。在宗法封建制度已经崩坏的时候还想用宗法封建的标准去维持社会秩序，正好像挥戈回日的难能。与孔子同时的石门晨门说孔子是"知其不可而为之者"，真是一语道破。孔子政治学说不能够发生直接的实际影响，这也许是一个原因。我们因此或者可以说孔子政治学说以春秋社会为背景的一部分虽然能够反映春秋时代的实况，却未必能够充分切合春秋时代的需要。战国的事实便是一个证明。我们甚至可以说，孔子政治学说的这一部分既然针对着封建社会，当然不适合于近代社会的需要，而应该放弃或"打倒"。

然而孔子的政治学说不限于有时代性的这一部分。在分析晚周政治的时候，孔子发现了若干政治社会的基本原理。他从行将朽溃的宗法封建制度当中体会出"仁"的原理、"人伦"的观念，和"人治"的理想。这些学说托根于春秋时代的环境，但它们所含的意义都超越了那个环境的范围。汉武帝以来的君主有不少人想利用孔子的学说去巩固他们的统治权。但是假如孔学本身缺乏动人的真理，这些君主也就无从去利用它。我们平心静气一看，便可以承认这些学说在近代政治生活当中仍有被考虑的价值。把"孔家店"的货物都认做破铜烂铁，是一个不可宽恕的错误。

把孔子政治学说全部都看做永恒的真理，如多数宋明理学家所为，当然也是错误。圣人能够发现真理，能够发现比寻常人更多更大的真理，但不一定能够发现全部真理，或能够每发一言都是真理。"全知"的境界只有宗教家所信仰的上帝可以达到，不是任何人所能企及的。过分推尊圣人，不仅自陷于皂白不分的偏见，反易授怀疑者以批驳的口实。民国初年打倒孔家店的主张，似乎是康有为一流人过分尊孔所激起的一种反感，我们应当避免这一类的盲目崇拜。我们应当客观地研究孔学，指出其中历久不磨的精义，使我们知道孔子确然有可尊之处，心悦诚服，而且认识其中万世常新的要旨，进一步作今日政治建设的参考。这样尊孔才有意义。本文的目的便在指出孔子政治学说的精义。因为篇幅有限，作者的学识无多，阙漏疏失之处当然难免。

二、人本主义的政治观

孔子的政治学说，曾经许多人作不同的诠解，"见仁见智"各有所得。作者不敏，认为孔子政治学说最大的特点是把"人"作为政治生活的起点、内容和目的。西洋学者有时候称儒家思想为人文主义，这个看法是颇有根据的。但因为人文主义这个名词颇有歧义，容易引起误会，作者认为不如改用"人本主义"或更较妥当。这虽出于杜撰，似乎尚能指出孔子政治学说的基本精神。

孔子心目的"政治"，与近代人所谓政治有一个极大不同之点。近代人一提到政治，便会想到"国家"、"政府"、"主权"、"政党"，这一些事物，并且把它们看做政治生活当中的主要内容。但是在孔子的思想当中，政治的主要活动并不是治人者对被治者的管理或统治，不是当政者的取得或保持政权，也不是政治机构的组织或运用，而是人性的合理发展与合理满足。人不能够单独地生存。我们一切的要求必须在同类共存相与的条件之下，才能够获得精神和物质的最大满足。人与人间的才能不会一一相等。优秀者领导扶助平庸者的结果，不但平庸者获得满足与发展，优秀者也同时获得满足与发展。这种同类合作的活动不是由于外来的压力，而是人类天性的表现。整个的社会（包括家庭和狭义的政治社会）不过是这种活动、这个表现的客观场所而已。

孔子不曾详细说明人性的内容，但有一点是我们可以肯定的：孔子虽不曾和孟子一样提出"性善"的主张，他却很显明地承认人类当中有"生而知之"的上等人物。这等人物不必经过人为的学习便可"从心所欲"，完美尽善。这样的人性，当然是"善"的。然而其余人士的性并不是"恶"的。他们所以不能生而知之（用宋儒的名词来说），不是由于他们"性之本"有缺点，而是由于他们"气质之性"有美恶。孔子往往依照气质的美恶，把人分为几等。例如他说："生而知之者上也。学而知之者次也。困而学之者又其次也。困而不学，民斯为下矣。"（《论语》十六）孔子又相信人类善恶之分，是由于后天习染所致。所以他说："性相近也，习相远也。"（《论语》十七）照孔子的看法，人类当中除了气质太劣或习染太坏的少数以外，都能够以"生知者"为最高标准而充分发展其本性。孔子自谦地说："我非生而知之者，好古敏以求之者。"（《论语》七）又说："吾十有五而志于学，三十而立，四十而不惑，五十而知天命，六十而耳顺，七十而从心所欲，不逾矩。"照孔子的自白，他经过学知的途径，最后达到了生知者的境地，"从心所欲"，完成了他本性的最高发展。我们要注意：不一定人人能够生知，也不一定人人能够学知到孔子的成就。然而假使一个"气质"不及孔子的人能够努力学习，他也可以达到他自己气质所容许的一个限度。这个限度的发展，照全部人类的标准说，不是最高度的发展。但就这一个人本身的能力说，却是他最高的发展。

孔子发展人性的学说，《中庸》有几句话发挥得极其明晰动人。《中庸》说："天命之谓性，率性之谓道，修道之谓教。""唯天下至诚为能尽其性。能尽其性，则能尽人之性。能尽人之性则能尽物之性。能尽物之性则可以赞天地之化育。可以赞天地之化育，则可以与天地参矣。"朱熹的注解有一段值得我们征引："率，循也。道，犹路也。人物各循其性之自然，则其日用事物之间莫不各有当行之路，是即所谓道也。修，品节之也。性，道虽同而气禀或异，故不能无过不及之差。圣人因人物之所当行者而品节之，以为法于天下，则谓之教。若礼乐刑政之学是也。"照这样说来，可见得人类全部的道德、社会和政治生活不过是发展人性，满足人性（率性，尽性）的具体历程而已。道德、社会和政治既然是人性的客观表现，又可以见得人是道德的、社会的和"政治的动物"。（借用亚里斯多德语。）

孔子的这个观点是很有意义的。如果我们接受他这个"人是政治动物"的主张，我们必然无法接受"国家是阶级斗争工具"，或"国家是社会在某一演化阶段产品"一类的主张。因为"率性"的活动，必然要"尽其性"、"尽人之性"。人与人之间根本不能够发生"阶级"，发生"斗争"。哪里会发生"阶级斗争的工具"？因为政治生活与人性发展既有不可分离的关系，只要人性一天存在，国家也定然存在。不但如此，孔子的人本政治观也不容许任何"独裁"政治的发生，因为"尽性"是人人的正当需要，政治领袖当然不能够剥夺人民的尽性机会。相反地，政治领袖本人尽性的活动必须以协助人民尽性为其一部分的条件，这些道理在下文当中有更加具体的说明。

三、人性、人伦与人格

孔子不曾正式分析人性的内容，但从他的言谈当中，我们可以推知，他发现了人性包含着三个部分：一是与禽兽同具的生物性，二是人类特有的道德性，三是与一部分禽兽共具的社会性。因此发展和满足人性必须发展或满足人类生物的、道德的和社会的要求。政治家的工作就是要给予每一个人满足这些要求的机会，并且协助或领导他去得到满足。政治社会的作用就在供给满足人性要求的秩序与制度。

照孔子看来，一个政治家所以要负担上述的工作，完全是因为如果他不这样做，便不能够完成他自己天性的发展——道德性和社会性的满足。孔子认定人自然地也必然地会爱他的同类，尤其是与他有血统关系的同类。这种爱家族爱人类的天性便是道德、社会和政治生活的直接原动力。一个人既然爱他的同类，他必然愿意看见他们得着他们本性的要求。如果他的能力许可，他必然进一步愿意帮助他们去得着这些要求。人类的本性是根本相同的，因此一个人只要反躬自问，自己有些什么要求，便可以知道别人有些什么要求。

孔子时常用"仁""恕"两个字来标示这个爱类的学说，有时候他也名之为"忠"。例如，"仲弓问仁。子曰，出门如见大宾，使民如承大祭。己所不欲，勿施于人。"（《论语》十一）又如，"子贡问有一言而可以终身行之者乎。子曰，其恕乎。己所不欲勿施于人。"（《论语》十五）又如，"子曰……忠违恕道不远，施诸己而不愿，亦勿施于人。"（《中庸》十三）又如，"子曰……夫仁者，己欲立而立人，己欲达而达人。能近取譬，可谓仁之方也已。"（《论语》六）《大学》（传十）说："所恶于上，毋以使下。所恶于下，毋以事上。所恶于前，毋以先后。所恶于后，毋以从前。所恶于右，毋以交于左。所恶于左，毋以交于右。此之谓絜矩之道。"这个絜矩之道正是"仁""恕""忠"的较详解释。

"己欲立而立人，己欲达而达人。"这是孔子所见到个人最大的道德目标，也是政治家最高的政治动机。

这个动机的实践不能只凭政治家主观的情绪，而有赖于具体的社会制度。最主要的制度便是一般儒家所谓人伦——人类相互间自然发生的若干比较固定的关系：君臣、父子、夫妇、兄弟和朋友。本着"忠恕"的原则去维持这些关系，就可以使得社会生活调协，个人的天性满足。针对着每一关系有一特殊的基本原则。孝、悌、忠、信、慈、友便是儒家所提倡的美德。但是我们要注意，这些人伦中的美德，虽然施用的对象不同，实践的形式有异，而归根结底终究只是"仁""恕"原则的分殊表现而已。孔子重视人伦，一再明白表示。最扼要的无过于他答复齐景公问政的话："君君、臣臣、父父、子子。"景公在恍然大悟之下也从反面说明这个真理："信如君不君、臣不臣、父不父、子不子，虽有粟，吾得而食诸？"（《论语》十二）

从孔子这八个字当中我们可以窥见人伦观念所有的一个重要含义：人伦间的道德义务是交互的而不是片面的，人伦间的相待是要依照合理的原则而不可"豕交兽畜"使对方陷于不义。孔子对于君臣一伦的交互义务讲得最为清楚。鲁定公问君使臣，臣事君如之何？孔子答复说："君使臣以礼，臣事君以忠。"朱注引尹氏说："君臣以义合者也。故君使臣以礼，则臣事君以忠。"（《论语》三）季然子问大臣，孔子答复他说："所谓大臣者以道事君，不可则止。"（《论语》十一）孔子的意思显然是：君臣所处的地位虽然不同，但所抱的目的，所任的工作是一样的，他们都要本着忠恕之道去满足自己和同类的天性要求。因此彼此应当依照这个共同目标，互相协助，互相匡正。如果一方面发现对方无法合作，君主固然可以罢黜臣下，臣下也可以离去君上。臣下既没有无条件服从君主的义务，更没有永远效忠于他的义务。所以"子路问事君。子曰，勿欺也而犯之"。（《论语》十四）朱注说："犯谓犯颜谏争。"《说苑》载着孔子的一段话，把这个主张引申到其他人伦里面并且加以说明。这段话值得我们特别注意。

> 良药苦口利于病，忠言逆耳利于行。故武王谔谔而昌，纣嘿嘿而亡。君无谔谔之臣，父无谔谔之子，兄无谔谔之弟，夫无谔谔之妇，士无谔谔之友，其亡可立而待。故曰，君失之，臣得之。父失之，子得之。兄失之，弟得之。夫失之，妇得之。士失之，友得之。故无亡国、破家、悖父、乱子、放兄、弃弟、狂夫、淫妇、绝交、败友。（《正谏篇》）

至于臣下离去君主的主张，除了孔子去鲁，自己用行为表示以外，还借着管仲的事迹加以阐明。管仲原来事奉齐公子纠，后来公子纠为桓公所杀，管仲不但不能够像召忽一样殉难，反而转身事奉桓公。子贡和子路先后质问孔子，疑惑管仲不合乎"仁"道。孔子的答复是："管仲相桓公，霸诸侯，一匡天下，民到于今受其赐。""桓公九合诸侯，不以兵车，管仲之力也。如其仁，如其仁！"（《论语》十四）这个说法，正足以证明臣下事君，并不是效忠于君主的个人，而是效忠君主所应当做的事业。"忠臣不事二主"是宋明以后的谬说，孔子断然不能承认。

孔子也断然不能承认君主专制，或少数独裁的政治：因为第一，政治是君主、臣下、人民全体"尽性"的共同生活。让一个人或少数人把持全局，剥夺多数人活动机会的办法是和孔子的人本政治观相冲突的。第二，孔子不相信一个人不犯错误，但坚持他必须过而能改。事实昭告他，春秋时代的君主（包括他祖国的君主）很少是具有独断的智能的。因此他主张任何君主不应当一意孤行，必需要尊重采纳群臣的意见，而对于虚心认错的君主也加以赞许。例如定公问"一言而丧邦"，孔子答复说："人之言曰，予无乐乎为君，唯其言而莫予违也。如其善而莫之违也，不亦善乎。如不善而莫之违也，不几乎一言而丧邦乎。"（《论语》十三）又如《韩诗外传》卷三载宋君答谢鲁君吊问水灾，引咎自责。孔子称赞地说："昔桀纣不任其过，其亡也忽焉。成汤文王知任其过，其兴也勃焉。过而改之是不过也。"孔子这些话好像是"老生常说"，十分陈腐。但我们试想，民主政治和独裁政治的一个重要差别岂不正在行政首长之是否"言莫予违"和"不任其过"？民主立宪国家的行政元首要受宪法和议会的限制，纵然发出的是善言，也必须合法而得着议会的赞同方能有效。孔子不知道有近代民主政治的制度，当然无法想到"责任内阁"或"权力划分"的办法去确切保证君主不能够言莫予违，并且保证其任过必改。但是他的基本看法合乎民主而反对独裁却是不容置疑的事实。如果孔子生在今日的中国，他一定会同情于英美的制度而斥责墨索里尼、希特拉或斯大林的作风。

孔子人伦学说还有一方面时常被人误解，我们必须加以说明辩正。孔子人本的（也就是仁爱的）政治观承认人类天赋情感的重要，因此推行仁道必然以仁爱家庭中的同类为起点做基础。这一步工作完成了然后可以进一步扩充仁爱的范围，以达到全部的同类。把仁爱的范围限于家人，把忠恕的活动停滞在家庭里面是一个很大的错误。为了仁爱同类而遗弃了仁爱家人也是错误。必须要像《大学》所说，由修身进而齐家，由齐家进而治国，由治国进而平天下，然后"尽性"的工作才能按步前进，不生阻障。换句话说，仁道必须由近及远，既不能中道而废，也不可舍本逐末。牺牲了人类天然慈孝的性情去行大同博爱的理想，照孔子的学说看来，简直是磨灭人性的高调。

孔子承认博爱工作之艰难和家庭情爱的容易流于偏私。所以当子贡问他"博施于民而能济众"的行为是否"仁"道，孔子便说："何事于仁，必也圣乎。尧舜其犹病诸。"（《论语》六）《大学》说："人之其亲爱而辟焉。"故谚有之曰，"人莫知其子之恶。"一个人溺爱子女，或为了满足一家人的欲望而亏损同类的幸福，显然违反了"己所不欲，勿施于人"的原则。然而孔子在另一方面又指出遗弃家庭范围以内的人伦天性是不应当的。例如宰我根据"三年不为礼礼必坏，三年不为乐乐必崩"的理由反对三年之丧。孔子斥责他说："子生三年然后免于父母之怀，予也有三年之爱于其父母乎?"（《论语》十七）又如叶公说："吾党有直躬者，其父攘羊而子证之。"孔子便驳他说："吾党之直者异于是。父为子隐，子为父隐，直在其中矣。"孔子当然不承认盗窃是正当的行为而鼓励父子互隐。他的意思显然是：假如人类至于父子的天性都沦丧了，社会当中的一切制度（包括礼乐刑法）也会失去最后的凭依了。孔子说："孝悌也者其为人之本欤。"（《论语》一）就是这个道理。如果我们上面的解释不误，可见孔子的政治学说，尤其是其中的人伦观念，是以仁爱为其基础。这是孔子仁爱的人生观所产生的一个必然结果。有一些人因为孔子重视家庭在人类整个社会生活当中的地位，便误认孔子的政治学说是"封建的"。我们在本文起首时已经提到，孔子的学说诚然受到封建社会的影响，然而这种扩充仁爱的理想正有打破或改善封建"天下为私"的重大意义。用我们现代人的眼光来看，孔子仁爱的人伦观确仍有极深的意义。近代人的人生观不只一种，但我们可以大概区分为仁爱的人生观和仇恨的人生观两大类。基督教徒是前者的重要代表。马克思信徒是后者的主要代表。由前者我们得到世界大同的理想，由后者我们得到阶级斗争的理论。在今日的世界当中，这两种人生观正在互相争长。孔子如生于今日，他将加入那一阵营，是不难推知的。

孔子的学说还有一个值得我们注意的地方：人格的重视。孔子不但希望每一个人能够生存，还希望他能够好好地生活。因为人之所以异于禽兽在于人有道德的或精神的生活，而禽兽只有生物的或物质的生存。

要发展人性，政治家不但要使人民丰衣足食，还要培养他们的人格，使他们都能修身立德。《大学》所说"自天子以至庶人壹是皆以修身为本"是孔门一个基本的主张。

孔子所认识的理想人格，是智、仁、勇三德兼全的人格。他说："智、仁、勇天下之达德也。"（《中庸》二十）"仁者不忧，智者不惑，勇者不惧。"（《论语》十四，九篇文小异。）具有这些美德的人不但有宽容的风度，而且有坚毅的意志。孔子本人便是一个例证。他虽有充分的知识，却能够避免自是而拒人的狭隘态度，《论语》"子罕篇"说"子绝四，毋意，毋必，毋固，毋我。"这是如何开明通达的人格！孔子曾说："有教无类。"（《论语》十五）甚至以"难与言"著名的互乡童子，孔子也与以接见。（《论语》七）子贡替孔子解释门人品类甚杂的事实说："君子正身以俟，欲来者不拒，欲去者不止。"（《荀子》三○）这是如何宽容的作风！孔子当然希望别人能够接受他所认为正确的主张。但他从来不曾表示要强迫别人接受与他自己相同的意见，或禁止别人保持和他相异的意见。他曾说："君子和而不同，小人同而不和。"（《论语》十三）近代独裁政治排斥异己，统一思想伎俩也许会被孔子看做小人之尤，而民主政治互相尊重自由权利的原则也许会得着他的赞同，认为有"君子"之风。①

宽和圆通的品性并不排斥坚毅独立的品性，而必须同时兼具，相得益彰。孔子说："三军可夺帅也，匹夫不可夺志也。"（《论语》九）他又说："志士仁人无求生以害仁，有杀身以成仁。"（《论语》十五）他答复子路问强也说："君子和而不流，强哉矫。中立而不倚，强哉矫。国有道，不变塞焉，强哉矫。国无道，至死不变，强哉矫。"（《中庸》十）按照"絜矩"的原则，一个人自己要保持不可夺志，中立不倚的品格，当然要承认别人也可以保持同样的品格。一个保持这样品格的人当然不愿意用"集中营"、"思想学习"一类的方法对付和自己主张不同的人。《荀子》书中有孔子为鲁摄相杀少正卯的记载，据说他的主要罪状是"居处足以聚徒成群，言说足以饰邪营众，强足以反是独立"（《曾子》廿九）。照这个记载孔子俨然是一位独裁国家的政治警察长官。近代学者江永（《乡党图考》）、崔述（《洙泗考信录》）、梁玉绳（《史记志疑》）、

---

① 荀子比较倾向于尊君的主张，因此戊戌维新诸子加以贬斥。其实荀子的基本观点也与孔子相近。至少他反对臣下对君上一味恭顺。《子道篇》说："入孝出弟，人之小行也。上顺下笃，人之中行也。从道不从君，从义不从父，人之大行也。"

钱穆（《先秦诸子系年考辨》）等考证其绝非事实。从孔子学术的内容来看，也可以判定他不会有如此的举动。

假如尊重人格是近代自由主义的一个基本信条，那么孔子学说显然在这一点上有不谋而合，精神相通之处。[①]

四、人治

人本政治最高的目标是培养具有高尚人格的人。但人本政治的实行条件是得着这样人格的人去领导大众的生活。这就是孔子人治主义的学说。

孔子不否认治国应该有良好的制度和适宜的改革，但他坚信任何制度政策必需由好人去运用推行才能有效，他答复哀公问政的一段话是最为著名的："文武之政布在方策。其人存则其政举，其人亡则其政息。……故为政在人，取人以身，修身以道，修道以仁。"（《中庸》二）孔子这个"为政在人"的主张，有理论上的根据，也有事实上的根据。就理论说，政治既是仁人君子行道的具体活动，如果从政的人本身无德不仁，这个活动便失去了它的立场和起点而不成为政治。就事实上说，要人民服从政府的指导，必须政府言行相掩，能够取信于民。如果像俗话所说，禁止百姓点灯而州官却自己放火，百姓便依然会偷着点灯了。

孔子十分注重君长身先百姓，取信于民的原则，以至不惮再三申说。子路问政。孔子说："先之劳之。"（《论语》十三）朱子《集注》说："凡民之行，以身先之，则不令而行。凡民之事，以身劳之，则虽勤不怨。"季康子问政。孔子说："政者正也。子帅以正，孰敢不正。"（《论语》十二）此外孔子又说："其身正，不令而行。其身不正，虽令不从。""苟正其身矣，于从政乎何有。不能正其身，如正人何？"（《论语》十三）《大学》里面有一段话虽未必是孔子所说，最能阐明这个道理：

> 尧舜帅天下以仁而民从之，桀纣帅天下以暴而民从之。其所令反其所好而民不从，是故君子有诸己而后求诸人，无诸己而后非诸

[①] 孔子"民可使由之，不可使知之"一句话颇受近代人的批评。孔子确然不曾认识人民的智慧，但承认"不可使知之"而任随人民"不认不知顺帝之则"，总比强迫他们接受教条要接近民主一些。

人。所藏乎身不恕而能喻诸人者，未之有也。（传九）

孔子相信，执政者果能修身立德，以为天下的模范，再加上任用修身立德的百僚以相辅助，政治上的一切重要问题都可自然解决，而执政者本人便可不须劳形苦虑便可"无为而治"。鲁哀公说："有语寡人曰，为国家者为之堂上而已矣。寡人必以为迂言也。"孔子驳他说："此非迂言也。丘闻之，得于身者得之人，失于身者失之人。不出于门户而天下治者，其惟知反于己身者乎。"（《吕氏春秋·季春纪·先己》）这不但不是迂言，而且有历史的事实为其明证。孔子说："无为而治者，其舜也与。夫何为哉？共己正南面而已哉。"（《论语》十五）

我们方才说过，孔子不否认治国需要良好的制度和政策。"无为而治"这个理想是指君德完成以后的境界，而不是一个政治建设的方案。反对法令滋彰，仁义撄心而主张虚静无为是老庄的政治学说，与孔子所谓"无为"大有区别。相反地，照孔子所说，执政者在修身立德的道德基础上面，还要建立"郁郁文哉"的制度、礼乐刑政的设施和安民卫国的政策。

我们不必须在这里详述孔子所提到的制度和政策。但有一两点值得我们注意。第一，孔子十分重视人民的经济生活，但始终认定道德生活是人类生活的主体。孔子和其余的儒家一样，相信一切政策以惠民为目的。他完全了解"民享"政治的观念，因此凡是利民的措施他都赞同，凡是殃民的举动他都深恶痛绝。他曾说："道千乘之国，敬事而信，节用而爱人，使民以时。"（《论语》一）他所提出的这几件事都是利于民生的。夏禹是中国古代帝王当中最能够服务于人民的。孔子称颂他说："禹，吾无间然矣。菲饮食而致孝乎鬼神，恶衣服而致美乎黻冕，卑宫室而尽力乎沟洫。"（《论语》八）鲁国年荒，臧孙辰请籴于齐。孔子批评他说："君子为国必有三年之积。一年不熟乃籴，失君之职也。"（《春秋繁露》六）冉求帮季氏搜括民财。孔子斥责他说："求也，非吾徒也，小子鸣鼓而攻之可也。"（《论语》十一）季氏将伐颛臾，孔子对冉求季路说："有国有家者不患贫而患不均，不患寡而患不安。"（《论语》十六）兴师动众，劳民伤财的举动，照他看来，一定会引起不幸的结果。

孔子重视人民物质上的利益，但他并不因此看轻他们道德上的需要。他到了卫国，看见人口众多，赞叹地说："庶矣哉！"为他驾车的门人冉求问他："既庶矣，又何加焉？"他说："富之。"又问："既富矣，又何加焉？"他说："教之。"（《论语》十三）子贡问政。孔子答以："足食，足兵，民信之矣。"子贡问他："必不得已而去，于斯三者何先？"
他说："去兵。"又问："必不得已而去，于斯二者何先？"他说："去食。
自古皆有死，民无信不立。"（《论语》十二）从这两次的问答，可以推
知孔子对于物质生活与精神生活的看法。

孔子不肯因为满足物质要求而放弃道德生活的主张，初看似乎不近
人情，而细想却含至理。孔子的人本政治观以人性为其基础，又以发展
人性为其目标。照他看来：人之所以为人，所以异于禽兽，就在乎人虽
然和禽兽同样要物质的生存，禽兽却没有与人同样的道德生活。一个政
治社会如果仅仅使人民丰衣足食而丝毫没有道德，人民纵然可以彼此相
安，他们的生存与一群牛羊何异？他们虽然可以有组织，可以经济平
等，可以各尽所能，可以不发生阶级剥削，阶级斗争，他们的生活与一
群蜂蚁何异？如果财富的有无是生死的关头，财富分配的均平与否是治
乱的关头，那么道德的有无便是人兽的关头。孔子既说"足食足兵"，
"不患贫而患不均"，又说"民无信不立"。这不是自语相违，而是要人
民同时打破三个关头，达到丰裕安定的生存和高尚美善的生活。

关于政策还有一点值得我们注意。孔子因为尊重人格，爱惜人民，
信任德的力量，所以一贯地反对用严刻的和强暴的手段。甚至合法的刑
罚他也不愿意多用，不合法的杀伤可想而知。他说："今之听民者求所
以杀之，古之听民者求所以生之。不得其所以生之之道乃刑杀之，君与
臣会焉。"（《尚书大传》）

孔子并不否认人民可以犯罪的事实，但他要把人民犯罪的责任放在
教导无方的君长身上。《荀子》有一段记载，我们征引在下面：

> 孔子为鲁国司寇。有父讼子者，孔子拘之三月不别。其父请
> 止，孔子舍之。季孙闻之，不悦。……冉子以告。孔子慨然叹曰，
> 鸣呼，上失之，下杀之，其可乎。不教其民而听其狱，杀不辜也。
> 三军大败，不可斩也。狱犴不治，不可刑也。罪不在民故也。嫚令
> 谨诛，贼也。今生也有时，敛也无时，暴也。不教而责成功，虐
> 也。已此三者然后刑可即也。……（廿八《宥坐》。亦见《韩诗外
> 传》三，《说苑·理政》，文小异。）

照孔子的看法，治理人民的正当方法是人格的感化和道德的启迪。
一切强制的方法，不但无满意的效果，而且会引起意外的反动。因为用
强制的手段去管理人民，充其量他们表面上服从政府的法令，而内心里
面依然藏着潜在的犯法动机。"道之以政，齐之以刑，民免而无耻。道

之以德，齐之以礼，有耻且格。"（《论语》二）假如严刑重法，过于压制人民，那更会养成人民仇恨的心理，造成叛乱的伏流。孔子说："鞭扑之子不从父之教，刑戮之民不从君之政，言急之难行也。故君子不急断，不意使，以为乱源。"（《说苑·杂语》）①

反过来看，宽仁厚德的感化政策却有宏大的功效。季康子问孔子"如杀无道，以就有道，何如？"孔子答复说："子为政，焉用杀？子欲善而民善矣。君子之德风，小人之德草。草上之风必偃。"（《论语》十二）孔子相信道德的力量，并且自己努力去实行。他一再表示"听讼吾犹人也，必也使无讼乎。"（《论语》十二，《大学》传四）但是他不过度乐观，认为这种移风易俗的大业不可以在短期之内完成。所以他谨慎地说："善人为邦百年，亦可以胜残去杀矣。"（《论语》十三）

"胜残去杀"，真是蔼然仁者之言。孔子何以要如此主张？为了维护统治阶级的利益？为了剥削人民？恐怕我们无论用哪一样的诡辩，哪一种的逻辑，都无法诬蔑孔子的纯正动机。

孔子的全部政治学说，从根本到枝节，都以"人"为其最高、最后和最直接的对象或目的。在他的学说当中，政治生活是人性的表现，是人性发展的过程，是人类活动的结果，是满足人类要求的努力。我们尽可套用美国故总统林肯的名言，把孔子的学说称作"人治、人享、人有"的政治观，因为孔子的理想托基于人的本身，所以他绝无追求玄虚理想而牺牲人类实际利益的错误。在今日狂热、冷酷、横暴、险诈风气流行的世界当中，许多人早已忘了人的尊严，甘愿把成千成万的人用作少数仇恨者或野心家的工具。我们重温孔子人本政治的妙义，仿佛听见了清晓的钟声，发人深省。假如孔子生当今世，他一定有更恳切入时的主张，以与灭绝人性的暴政相抗。缅怀先圣，我劳如何！

孔子诞辰二千五百年纪念日

——原载《民主评论》一卷六期（民国三十八年九月一日）

---

① 《大戴礼记·主言篇》有孔子答曾子问一段话可与此互证："上之亲下如腹心，则下之亲上如保子之见慈母也。上下之相亲也如此，然后令则从，施则行。"

宪政与民主

原　序
（1948 年）

　　前几年作者留滞成都的时候，承朋友们督促，在教学的余暇，偶尔写点讨论时事的文字，在若干刊物上发表。来南京之前，吴惠人教授来信说刘百闵先生愿意把作者所写有关宪政的文字汇集付印，希望从速送稿。自省并无高明深刻的见解，值得重行刊印流传。但以部分友人每以个人对于宪政的意见如何相问，重复口答，颇觉费辞，现在有这个良机，可以作一种省事的"书面答复"，当然乐于接受。因此到南京后便搜检旧作，把勉强可以见人的几篇，寄交刘先生付印，并且杜撰了"宪政与民主"一个好看的书名。现在行宪业已开始，书中所发的片段零星议论有一些已经过时了。但作者相信个人对于中国宪政的基本认识尚没有修改之必要。

　　第一届国民大会开会时一部分代表发动了一个修改宪法的运动。主张修宪者的最大理由似乎有两个：宪法的条文不完善和制宪时的特殊环境已改变。一部分的国大代表希望在两年之后，再度集会时来推进修宪的工作。作者承认任何宪法都可以修改，并且在不能适用的时候必须修改。但同时作者也承认宪法不可以轻易修改。宪政就是法治。宪政的成立，有赖于守法习惯的培养。在我们缺乏守法习惯的中国，严守宪法的习惯远比条文完美的宪典为重要。如果宪法可以轻易修改，任何人都可以藉口条文有缺点，企图以修改宪法为名，遂其便利私意之实。现行宪法纵不完善，似乎还不至恶劣到开始行宪，即需修宪的程度。照宪法规定，国民大会六年必须开会一次。因此至少六年当中有一个修宪的机会。任何迅速的进步，似乎不至于迅速到使得六年可以修改一次的宪法成为国家进步的障碍，"行宪国大"开会时候的政治环境诚然异于"制宪国大"开会时候的政治环境，最重要而显明的差异就是中国的政治局势同多党共同"协商"而转入于三党联合戡乱。"协商"局势对于宪法最大的影响似乎有两点，第一是因为各党的主张，把"五五宪草"所拟定略近于总统制的中央制度改为略近于内阁制的中央制度，第二是略为加强草案所拟定的地方制。这两个由协商影响而采取的制度是否果然优于原拟，是一个可以讨论的问题。但我们不经试行，实在无法断定它们的好坏。如果说，不修改宪法而行宪法所规定的制度是以全国的安危作尝试，那么试行修改宪法后所立的制度，那个制度既然未经在中国行过，岂不也是以国家作尝试吗？

作者久已渴望民主宪政的实现。他在这本小书中的意见纵然可能有许多错误，但希望能够由这些意见而引起了国人对于宪法更大的注意，引出了时贤对于宪政更高明正确的主张，使宪政能够早日纳入正轨，逐步前进。

除了感谢刘百闵、吴惠人两先生外，作者对于督促他写这些文字的各位先生和原来发表它们的各刊物主编者同样表示谢意。

民国三十七年五月一日序于南京

均权与均势
（1936 年）

《独立》二〇八号《论中央与地方的关系》一文里面，陈之迈先生提出了一个很重要的政治问题。陈先生以为"自从秦代统一中国以来，我们一向的理想是中央集权的政制"。但是事实上"地方的官吏不一定是绝对服从中央的，不服从中央有时是很方便的，并且是很有利益的"。所以集权理想和地盘主义的趋势是永远相冲突，因此引起了政制上的重大纠纷。陈先生主要的结论是：

> 二千多年来，中央政府总是高悬集权为理想，制为层层监视的官员或机关，希望监视者与被监视者彼此牵制，中央从中贯彻其势力。同时，二千多年来，地方政府的官吏纵然在拜命之初是最忠君爱国的，一到了地方，便感觉到中央统制的掣肘，而发生一种反集权的心理。

这种反集权心理可用四种方法表现：

> 第一，他们把他们的"地盘"封锁起来……拒绝执行中央的命令，拒绝解款到中央去。
> 第二，为保持其地盘不为中央的武力征服，他们征集人民，组织有力的军队。……
> 第三，他们希图扩张势力，故有时与别的地方联合起来对抗中央，组织所谓"联防"。
> 第四，最可耻的是他们时常凭藉着外国的势力来对抗中央。……

陈先生所提出补救的方法是：

> （一）中央政府应该放弃其集权的梦想，而产生一种合宜的

"中央地方权责划分纲领"。……

（二）地方政府应该同中央政府通力合作。……

但是陈先生又加以声明，"在这两点上，中央的责任比地方的责任重要"，而实现均权的途径，在中央与地方的诚意磋商。

我对于陈先生所主张的"均权"原则是无条件的接受。但我以为陈先生所举的理由和所得的结论似乎还有可以补充的地方。现在提出几点以就正于陈先生及读者。

自从秦代统一中国以来，政府总以"统一"为理想而未必总以集权为理想。"普天之下，莫非王土，率土之滨，莫非王臣"，成了政治的基本信条。但是改朝换代的时候总要闹一闹"因革损益"的大问题，而"扶衰救弊"是解决这问题的通用公式。集权与分权的政制便大体上更迭或参杂为用。我们姑且就统一的朝代说。秦代的郡守丞、县令长都是直接由皇帝任命，并且每年要向中央呈报政务。这是集权的郡县制。汉朝采用郡国制，在景帝三年以前诸王自治之权较大，酿成了七国的叛乱。三年以后把"国"权减削，中央且派相国以监视之。两汉的刺史各主一州。在西汉时代，刺史每年之末要亲到京师奏事，东汉时权力逐渐扩大，至灵帝时竟专州郡之政，养成了割据的风气。两汉虽没有尽"革"秦代的集权制，却也没有完全因袭它。此后隋唐两代的刺史虽名存实亡，非汉时之旧，但唐代的各道巡察使（后屡改名）尚不失集权的色彩。景云以后节度使统掌数州的军兵庶政，割据的局面比汉末还要严重。宋惩唐末及五代的失误，极力推行集权的制度。例如知府州军监县事的地方官都由朝臣京官出任，如巡按地方的使官甚多，都由中央差遣，如各路的民兵、刑狱、财赋由中央派官分掌，每遇较重要的事件须呈报中央施行。因为宋代集权制度实行比较彻底，所以在南渡以后每有人把政府无力御侮的过失算在集权制的账上。陈亮曾说："郡县太轻于下而委琐不足恃，兵财太关于上而迟重不易举。"其结果是"郡县空虚，本末俱弱"。元代的行中书省制倾向于分权，明代虽沿袭前代的行省，集权的成分却比较增高。清代总督、巡抚的权力，比较明代因事而设，废置不定的总督巡抚较为重大，集权的程度又不及明代。到了末年竟有北洋打仗，南洋中立的异闻。

如果上面我对于历代中央与地方关系的见解尚非尽误，我们似乎可以说：（一）在理想和事实上二千年来并没有贯彻集权的政制，（二）陈先生所描写的反抗中央心理及行为是一代政治衰败后的非常现象而不是

"天下一统"盛世的正常现象，（三）"地盘主义"的盛行，除其他原因外，每由于地方之"集权"——地方长官总揽一方之兵民财运种种大权——而不一定是中央集权的反响。其实，就历史的事实看来，反抗中央集权举动的发生，往往在地方集权成功以后。东汉的州牧，唐代的藩镇，民国的督军，都是如此。

　　均权或分权原则，在政治学上有不容否认的价值。但在实际应用之先，必须认清其成功的条件。第一，实行均权，须以政治统一为条件，而不可用"均权"为应付地盘主义的工具。理由是很明显的。试看欧美各洲，已经根本解决了中央与地方政府关系问题的国家，也就是早先已经解决统一问题的国家。倘若统一问题没有解决，地盘主义依然猖獗，在这种情形之下而行"均权"，想由中央政府与地方当局的磋商而产生合宜的"中央地方权责划分纲领"，势难有效。地盘主义者的欲望甚大，而且态度无常。要他们放弃割据的利益，差不多等于"与虎谋皮"。让中央迁就割据，牺牲统一，也不免像"削足就履"。第二，均权制度的施行，必须待各级政府大体上已养成"法治"的习惯，国内重要的政治或军事纠纷已经解决。不然，任何均权的规定，不免成为具文。

　　根据以上的见解，我觉得陈先生过于热心均权制度的实现，同时似乎过于轻视政治统一的价值，而有对地盘主义让步的危险。也许我误解了陈先生的意思。但无论如何，我相信与统一不相容的中央与地方分权，实在只是均势，而不配称为均权。我相信真正均权的实现，当从比较基本踏实的工作上努力，不可把希望放在一切应变的政治磋商上面。有两件事至少是必须要做的：为消灭地方集权起见，地方政府必须军民分治，而全国的军令必须统一于中央。为培养地方健全的政治能力起见，必须推行地方自治，消除地方专制。这两件事虽然已是"卑之勿甚高论"，实行起来也要相当长远的时日。要想已经尝到地方集权专制滋味的地方当局接受现代法治精神的均权制度，不是一桩容易的事。除非是他们认识了国家的立场，自动放弃不合理的特权，或者是中央贯彻统一，使他们不得不就范；均权的理想同中央集权的理想一样的不能实现。如果统一的均权可以和平的代价取得，我们应当努力于和平的方法。如果和平的方法行不通，万不得已的实力手段也未尝不可用。北美合众国一八六五年以后的统一和均权制度比前更形稳固了，就是一个很好的例子。据这几天报纸上所登载的消息，因广东军人中深明大体者表示服从中央，所以两广问题和平解决的希望又扩大起来。这的确是一件值得庆幸的事。但同时我希望和平解决的结果，不是暂时的均势，而是统一的均权。

——原载《独立评论》第二一〇号（民国二十五年七月十九日）

均权与联邦
（1936 年）

在本刊二一〇号里我曾略论均权和均势的分别，藉此与陈之迈先生讨论中央与地方关系的问题。多承陈先生不弃，在二一一号里发表了一篇近五千字《论均权与统一》的文章，对于我的意见有所辩驳。如此一来一往，几乎有酿成"笔战"之势。陈先生声势浩大，我决非他的敌手。但是在被迫投降之先，我还有"余勇可贾"，再略述我的意见。

陈先生《论中央与地方的关系》一文虽然讨论一个政制的基本问题，似乎也是针对两广事件而发的。我同意他所主张的均权原则，但不同意他所建议实行这个原则的方法。为便利读者起见，我把我在《均权与均势》一文里所提出，并且现在仍坚持的几点，简述如下：第一，要实行均权，须先统一，须先除去地方的"集权"。第二，要除去地方的"集权"，须促成军权的统一（地方的军民分治）及人民的自治。第三，均权制度成功的条件，是各级政府大体上具有法治的习惯。这是我对于中央与地方关系所抱的见解，且承陈先生表示，"当然是要紧的"。倘若我没有误解他的意思，我以为我们主要的意见是相当的接近。

陈先生最不满意于我的地方是我没有区分集权与统一。他反覆譬解，博引旁征，以求铲除"统一与集权混谈的恶习"。因为：

我们得根本承认实行联邦均权的国家也是能统一的国家。统一的对待名辞是瓜分割据（例如一省或数省或一地方宣布独立）；联邦（分权，均权）的对待名辞是单一（集权）的国家。如果我们弄清楚了这一点，我们便不必学民初之时一样，提到联邦便认为是存心破坏统一，而能在合理的原则上建造一个中央地方权责清明的"均权制度"。

这一段话说得非常明快。倘若我果然把集权与统一混为一谈了，陈先生的袭击当然要使我"全军覆没"。但是徼幸，我虽未曾明白地区分统一与集权，却并没有使他们亲善之极，合为一体。陈先生如果注意我在前文里曾说，"北美合众国一八六五年以后的统一和均权制度比前更形稳固"，必定不会说我把统一与集权混为一谈，或把均权与统一认为两不相容——除非陈先生以为一八六五年以后美国变成了单一国。"稍通西洋史者都能承认这是不可通的看法。"民国初年政论家的"恶习"因为我尚未曾染上，不敢"掠美"，而陈先生这方面的袭击虽然有力，但其结果只等于现代国家中之战斗演习，所"战胜"者不过是自己安排的假想敌。

陈先生把联邦与均权或分权看成完全同义的名辞。在原则上这是不错的，但似乎也还有可以考虑的地方。一切联邦的国家都采用分权制，但是分权的程度或情形不尽相同。一切单一的国家都是集权的国家，但是集权的限度不必一样。法国可以代表高度集权的单一制，美国可以代表高度分权的联邦制。加拿大的分权程度不及美国，英国的集权较之法国亦有逊色。《建国大纲》说明中央地方权限的时候不用分权而用均权的字样，似乎有特殊的用意。《建国大纲》所指示，宪法草案所规定和现行的政制，显然是单一而非联邦。现在我们的问题是：单一的国家能否均权？如果我们严守陈先生的界说（即单一＝集权，联邦＝分权或均权），我们的答案当然是：不能。但如果我们略为变通，拿均权这个名辞来表示程度较低的分权（或程度较低的集权），我们的答案是：可以。我们不妨把上面的意思，用下图表明：

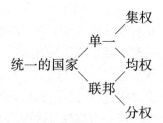

"地方"一个名辞的含义也颇复杂。至少它可以同时指自治的单位（如我国之县）和介乎中央与这些单位之间的组织（如我国之省）。陈先生和我以往的讨论都偏于后者。其实在中国的情形之下，均权的对象应注重前者。均权的要义不过是把有全国一致性质的事务和有因地制宜性质的事务分别划归中央与地方政府。我们可以按照均权的原则，充分扩张县市的自治权，却并不必须增加省的独立性。我们的理想略近于英国的地方自治而与美国的各邦联治不同。如此我们可以避免联邦制分崩离析可能的危险（如 Bryce 所说）而受均权制的实惠。

关于中国历史上集权分权的事实，我以为本刊八十一号陶希圣先生的一篇论文可以供我们的参考。陶先生说"从来的行政只有地方的行政"。这是极敏锐正确的观察。历来的县官，在他一县范围之内，职权甚为广泛。就拿号称集权的宋朝说，县令的职权是"掌总治民政，劝课农桑，平决狱讼……"（《宋史·职官志》）因为职权广泛，所以地方官可以不必秉承中央而自办"因地制宜"的事务。例如王安石知鄞县时行青苗法以便利农人，如崔立知江阴军教民浚港溉田，开河通运，如吴遵路知常州预市米备荒等事务，都不是彻底一贯的集权制下所许可的。其实中国以往的制度固然不是现代的分权，亦何尝是真正的集权。我们如说"地盘主义"是集权的结果，恐怕不很确当。

上面探讨的结论是："我们所赞同的均权制不一定是联邦制，而单一的国家也可以均权。"这样说法，也许不合政治学者普通的论调。但我希望陈先生和读者能"不以辞害意"，对于鄙见加以实质的指正。末了还要附带声明，陈先生所抱中央与"带有割据色彩的地方当局"商谈均权而得着消灭地盘主义结果的"幻想"，我认为是近乎"美言不信"。但是关于这点，我不坚持。我希望陈济棠、李宗仁、白崇禧诸公能证明我的错误。

（七月三十一日）

——原载《独立评论》第二一三号（民国二十五年八月九日）

论县政建设
(1936 年)

　　吾国当局数年来颇致力于县政之革新与地方之建设。其中措施，如实验县之设立，县政人员之训练，县政调查之举行，皆足以觇见努力之趋向。至于县政制度之本身，亦曾经一度重要之改革，尤为留心国事者所不可不注意。按四五年前党国领袖秉承中山先生遗教，着手于推行人民自治。然未获成绩，终遭失败。盖人民之习惯难移，知识不足，对此新政，不特漠然，且怀疑惧。视纳捐为苛敛，目指导为压迫。自治所以利民，不图反转为扰民之政。政府因见自治之尚非其时，乃依据匪区善后之经验，别采吏治警治之原则，建立现行之制度。省府则合署办公，行政有专员督察。县府裁局，设科治事。区设署长，民编保甲。凡此诸端，自成系统。吾人若以政治学中之名辞，说明此项制度之改革，则由自治而变为吏治，实不啻离分权而趋于集权。意义重大，不待赘言矣。然本文所欲讨论者不在分权集权二原则之是非，而为吾国现行制度之实际利弊。吾人所欲探求者为自治所遭遇之困难，是否因吏治而尽消灭。如其不然，补救之方何在。吾人所采观点，为纯粹县政建设之观点。其他观点，如国防军事等虽极重要，暂不参入。所讨论之对象，偏重于已经改革，较有进步之各县。其旧习尚深，积弊未除者亦姑置不论焉。

　　窃谓县政建设之困难，有显而易见者四端：一曰人民之知识未开，狃于旧习；二曰县政人才之缺乏；三曰地方势力之障碍；四曰建设经费之支绌。四难不去，则任何建设难收美满之效果。就制度论，则人民知识与习惯之困难，对自治为较重大，较直接，而对吏治为较轻减，较间接。现行制度之优点，此为最明。然按之实际，亦仅止于避免困难，尚未必能作根本之解决。惟此事牵涉教育，范围綦广，暂不讨论，只就其他三端，一抒鄙见。

请先论人才之困难。吾国习惯，素轻亲民之官。清季已然，民国尤甚。盖县长秩小位卑，权微事冗，遂为自命才能出众者所不愿为，而为之者又不必才能之士。佐治人员，更无论矣。才难之因，此为最要。自治吏治，两皆不免。政府深见此失，力思矫正，其措施之最重要者殆为县政人员之训练。其办法之大概为：遴选现任人员及招致毕业学生，给与适宜之训练而加以考核。合格者任用留用，不合格者令其解职。用意立法，两均甚善。切实执行，必有良效。然尚有二事，宜加注意。政府欲罗致人才，宜使一般人士发生县政服务之兴趣，欲训练之切于实用，宜注重于养成深入民间之志趣。欲达前项目的，宜改善县政人员之待遇及出路。欲达后项目的，宜培养其对人民之同情与了解。尝谓国民服务于社会之动机，为公亦复为私。故奖励人才，要以合法之名利劝诱为最有力。所谓改善县政人员待遇及出路者，处今日财政支绌之时，固不必以大量增加薪给为上策。然出路一层，尚有游刃之余地。政府似宜定为升转之法，使县府人员从政达到一定年限，且经考格具有治绩者得升级擢用于省府，或登庸于中央。同时亦不妨规定各级政府中某一部分人员之选任，须具有县政成绩之资格，于考试征荐外别辟铨叙之途。如此则不特才志之士乐于从政，县府人员免于职守，而上级政府中有此身历地方政事，目击民间艰苦之人员参加工作，其于全国之政治及建设，岂云小补。

办法虽至平庸，亦未始非增进人才之一道也。官民隔阂，为吾国一大陋习。其起因固半由于人民之愚懦，半亦由于官长之易作威福。昔日县令掌生杀在我之权，今诚已不复存。然即在目前较进步之诸县官长中，恐不免仍有轻视乡民者在。盖居统治领导地位之人，最易流入于优越自尊之心理。于是对县政本体之人民既乏同情，且亦不求了解。建设事项一遇人民之误解或反对，自无委曲开导之耐心，而辄以大刀阔斧之强制执行了事。只知建设之本身有利，而不思施行失当之建设，每利失而弊生。只自信操清心热之无愧，而不顾失人心之可惜。只知乡愚之不足与喻于改革，如古人所谓民可使由，不可使知者，而不虑官民因此愈形隔阂，豪绅胥吏因此愈得肆其奸邪。凡此困难，惟有培养县政人员"到民间去"之兴趣可以解除。故训练教材，应特注意于此，务使人人了然。民虽无知，却为县政之主体，理宜善导，不可迫使；何况民虽愚而有智，对于有利之善政，初或不解，及其效验既著，无有不心悦诚服者，又何必处处以高压强制行之乎。故吾谓县政人员训练，除灌输现代专门之智识，养成发扬蹈厉之精神外，尤宜培植临民之正确态度。旧史"循吏传"中所纪，颇不乏慈祥恺悌，爱民如伤，利民如不及之县官言行。其政事之内容虽不必适合于现代社会，而其对人民之态度则或有足以矫正吾人之过失者。政府如能养成多数具有科学家冷静头脑，改革家紧张情绪，及循吏宽仁风度，慈爱心肠之县政人员，则县政建设之进行，必可得惊人之结果。理想虽高，诚未易达，然训练人才不可不怀此为最后之鹄的也。

县政建设之又一困难为地方恶势力之阻挠。吾国幅员广阔，地方与中央难维密切之关系。二十余年中割据分划之影响，尤足使国家法令，格于地方。近年统一逐渐完成，局势已大异于昔。然尚有一种潜力甚大，历史甚久之地方势力，一时未易消除者，则城乡间之胥吏豪绅是也。前者经县府整顿之后，大体尚知敛迹，后者则以不在正式组织之中，势力依然可畏。此辈横立于县府与人民之间，每能操纵赋税保卫诸务，上下其手，于中取利。政府欲革其弊则力不逮，有时且不得不假手彼侪，推行政事。建设之效力，辄因其阻挠或舞弊而大为减色。熟悉地方弊端者类能道之，无待于兹赘举。此种困难，自治吏治，同样遭遇。根本铲除，既非易事，惟有思治标之法耳。第一，县政人员宜深入民间，察其情伪，知厥甘苦。民隐由此上通，奸邪势可稍减。论者或疑县府公务多端，岂能得暇与小民接触。殊不知此种工作为一切建设之基本，此不可办，其他皆不免粉饰空虚之病矣。第二，凡建设事宜，举行之先，应精筹熟画，勿径贪速效，以免人民未蒙其利，反为豪绅造营私之机会也。

县政之又一困难为经费之支绌。中国之贫，久成定论。吾人睹民生困苦之情形，不得不承认生计建设之刻不容缓。然一思政府之财政窘迫，人民之负担已重，财力甚微（例如占人民绝对多数之农民，平均每人耕地，按照内政部最近发表之统计计算，不过三四亩左右），又觉建设工作之难于措手。困难之中，此最不易解决。开发全国富源，虽已由政府苦心擘划，戮力推行，然兹事体大，非积年累月不能见其端倪。在目前状况之下，愚以为与其增加人民负担以勉求成绩不甚可靠之建设，尚不如与民休息之为愈。闻县府经费，少者不过月得千元左右。以此区区之数维持普通行政，犹感捉襟见肘之苦。高谈建设，岂非梦吃。

综上所论，县政建设之困难，并未因改制而自然消除。欲求解决，尚须努力。然不佞有亟欲声明者，则持论虽似悲观，而用意并非消极。指出建设之困难，所以矫正不健全之乐观，以求解决之途径，既非提倡知难而退，更非抹杀现制之优点与其已得之成绩也。抑又有进者，县政建设固有赖于刷新机构，亦绝不可忽视目标。建设所以复兴民族，而利民为其第一义。所谓利民者初不必好高骛远。吾国多数之人民忍苦耐劳，需求甚低。衣食不乏，赋税不苛，盗贼不扰，如此而已。所谓利民，范围不外乎此。马伯援先生"百姓真好"，"好官易为"之言（见《为宰十月记》），诚足以供从事县政者之玩味。余谓一切县政之组织与建设，如不合于利民之目的，皆不能认为有真正之价值。县政譬如一架机器，民利为其当然之出品。刷新机器，增加效率之目的，在乎制造大量出品。否则轮飞轴舞，亦不过虚掷动力。今日县政改革之成绩，是否已越过修理机件之程序，而跳入开工出货之阶段，非不敏如余者所能妄测。当局于县政建设之艰难辛苦，想已备尝洞悉。篇中迂阔肤浅之言，虽无所当，或可以引起国人对此问题之注意欤。

——原载《大公报》星期论文（民国二十五年九月六日）

施行宪政之准备
（1937 年）

　　自三中全会于二月二十日议决国民大会召集日期以后，吾国已渐近宪法实施之光明坦途。近来中常会复通过修正国民大会组织法及代表选举法一案，该两项法规已经过立法程序，选举工作即可积极进行。是宪政实施已踏入实际筹备之阶段，尤当为国人所欣慰。虽然，就愚见所及，宪政之预备工作，似尚有在法规与选举以外者。谨陈一得，以供参考。按中山先生之《建国大纲》，以一省达到完全自治为其宪政开始时期，而自治之程度，除物质之条件外，以各县人民曾受四权使用之训练为标准。盖宪政之先，须经训政之段落，乃得循序渐进之效。西洋学者亦尝谓宪政之成功，有赖于人民之良好习惯，而非可专恃政府之法令，故宪法宜如草木之天然生殖而不可勉强人为也。今日距孙先生著《建国大纲》之时已逾十稔。时迁世易，殊不必墨守昔日擘画之成规。然回首北伐成功，军政结束，以至今日，为时亦非甚短，而训政之工作，尚未见圆满之效果。平心而论，不特三民主义未成举国同奉之信条，即一般人民之政治程度亦乏十分显著之增加。揆之"遗教"，似觉歉然。故在今日人民无充分宪政准备之时，闻宪政实施之佳音，殊难免有一喜一惧之感。

　　读者如疑鄙论之近乎空谈，则请以现代之事实证之。现代之国家，就其立国之根本原则，可以大致分为宪政与独裁之二型。此两类之国家，不特各有其特殊之政制，而其所以能各有成功者，则有赖适合其立国精神之心理背景。约言之，独裁政治以民众之信仰为基础，故自法西斯以至共产主义之国家，均以培养信仰，激发感情为国策中心之要图。其不同者，前者偏重于人格教育，后者较注意于技术训练而已。独裁国家之教育既以培养信仰为方针，势必轻视理智之自由发展与思想之自由运用。希特拉（今作希特勒，下同。——编者注）尝谓国家教育之方针，不在灌输纯粹之知识而在培养彻底健全之身体。心力之发展，当在体力之后，而人格之培养，又为发展心力之先务。故纯粹知识之教育，乃最后且较不重要之工作。希特拉是言虽不足以概括一切独裁国家之教育原则，其反理智之趋势则颇足表现其特色，与宪政国家成一对照。盖宪政以人民之智慧为基础，故自由主义之教育亦注重训练理智。所谓训练理智者，既非径在传授知识，更非培养信仰，而在养成各人之思想力、理解力、评判力，俾其学成之后，不独于事理之是非得失能有独立之见解与判断，而又能根据真理无止境之认识，对于一切异己之主张，持宽容之商榷态度，不人云亦云，亦不必强人同己。既不任感情蒙蔽理智，亦不以信仰替代思想。人民必须有如此之训练，然后民主政治乃能尽量发挥其优良之效用。吾人实际上虽不能得见完全理智之人民，然人民之程度愈高，宪政之成功愈大，此则凡治政治学者类能道之，无待于兹赘述。

　　吾人若一检讨目前国内一般人民之心理状态，恐不免有理智与感情两乏训练之感。乡村不识字之农人以及城市中年以上之人姑置不论，请仅就"知识阶级"国家命脉所寄之青年言之。吾人之私见不足据，请举青年自己之批评证之。例如王芸生先生在《国闻报》发表《告北方之青年书》所引起关于青年问题之反响，其中即不少透辟精到之认识。郑邅明君谓今日青年之病在"感情超越理智"，"浅薄胜过精深"，诚一针见血确切不易之论。郑君又举其亲身所见之事实以为感情超越理智之证曰："西安事变之前，笔者曾参加近二千人之扩大座谈会，遇有教授演说，痛陈政府措施不当，立即掌声雷动，愤慨高呼；而间有冷静言词，分析时势，指明强敌虎视的危险，反而无人重视，一若无足听取。"郑君举浅薄胜过精深之证曰："我亲眼看见许多中学生毫无选择地买著××生活，××知识一类的杂志，上课的时候捧着薄薄几十页的大纲、讲话在偷看。从报纸上，杂志上，书本上，知道了许多美丽而空洞的名词，输入些模糊怪诞的观念。开口骂人机械，读书不求甚解。"如此之心理状态，既表示理智之缺乏，固不足与英法美诸先进民主国家之人民争短长，复泄露感情之浮薄，亦岂能比拟意德俄诸民族之程度。郑君所言之现象当然不能包括全体之青年，而自西安事变以后，一般青年之言行已渐趋沉着稳健，不复如郑君所指。然青年之理智与感情，果已于惊风骇浪之经验中，多得充分之训练，足以为未来宪政之基础乎？此则尚未易言也。

时人论青年问题者对于青年感情激越，理智短浅之病因，多归罪于（一）外侮之凌逼，（二）政治之不良，（三）言论之受压迫，（四）社会之不安与青年之少出路，（五）教育之不切用等等。凡此诸说，皆有根据，而愚以为清末民初以来教育方针之不定，民族结习之未除，当为其最要原因之一。按吾国先秦暨汉以来之传统教育理想，即与西方现代诸国训练理智或激发感情之方针异趣。其论学也，则重在致用之工具。其治学也，亦重先贤之经说，社会之定制，而轻视个人之特识与创解。儒墨以及法家之思想皆难逃此公例。流风所被，遂使中华民族缺乏求知之科学精神，因而亦缺乏自由思想之习惯与乎开明容忍之态度。孔教定于一尊，"邪说势在必拒"。圣人之言在昔既可以成为决疑解纷之绝对权威，"大纲""讲话"上之公式、名词，在今日又何难成为支配行为之原则？打倒东方圣人周公孔子之后，势固不得不另设西方圣人如马克思、列宁、墨索里尼、希特拉之新偶像而膜拜之。论者每以青年思想偏激为忧，而不知真可忧者乃在根本缺乏思想，缺乏真知灼见独到自得之主张也。张东荪先生曾谓东西文化之分，在彼为"主智"，我为"主修"，其论甚精。然吾人幸勿误会，以为理智如少发展，感情即自充实。盖吾国以往之教育，或不注重训练感情，或求有以训练之而不得其道。两宋道学盛行之结果，流为"礼教吃人"，固无论矣。即北宋道学大家之致意于存心养性者亦不能有所贡献。"吟风弄月"，"涵养用敬"，充其量不过使感情平稳，得成就静态之修养而已。及至天理人欲，人心道心之说盛，而感情且被视为害性之具矣。有此历史上及文化上之背景，无怪乎一般个人似尚感情而感情不坚，似多理解而理解不透，既乏殉道苦修之宗教热忱，复少明通豁达之智慧，更无休休有容之雅量也。独裁之激发感情，宪政之依赖理智，上文已略论之矣。吾国将来之政体，就孙先生之遗教，宪法草案之内容以及最近政治之趋势言之，皆明明为宪政而非独裁，则当今教育之方向为何，可以不言而喻。宪法草案第一百三十一条谓："中华民国之教育宗旨，在发展民族精神，培养国民道德，训练自治能力，增进生活知识，以造成健全国民。"条文之规定虽未明言训练理智，然既曰"训练自治能力"，则民主政治根本条件之应培植，已在不言之中。宪法草案固尚不能视为吾国已经成立之根本大法，然此后关于此条所拟之教育大计，或不至有甚大之修改。然则今后教育界努力之方向，在积极培养理智之人生观，以为宪政之准备，已大致可知矣。

虽然，有二疑问，尚待解释。（一）教育注重理智，是否忽视道德。（二）训练思想，是否放任感情。吾人欲释此二疑，应先说明理智人生观之内容。吾人理想中之人物，非记诵渊博之学究，而为智慧明达之通人。荀子所谓"以仁心说，以学心听，以公心辩"者，庶几略近此理想。若此之人，道德与感情皆应受理智之指导而自然合轨。盖世不能有缺乏理智之道德，而道德实寓于大智大慧品格之中。若就"国民道德"而言，则在宪政国家之中，除理智之人生观外，更无有较适宜于平等自由精神与乎自治会议制度之公民理想也。感情与理智之关系亦复如是。人类非纯粹之理智动物，教育诚不能废除感情。然理智发达则感情就范，激发感情则理智每因之退化，此宪政国中教育政策之所以不得不根本异于独裁国家也。

吾人于此又有进焉。自来提倡自由主义者间不免有所误解。一曰误解自由为放任，二曰误解民治为实质上或形式上之多数参政。请先论前项而以言论自由一事为例。时人攻击政府者辄喜以其压迫言论为口实。夫言论之不自由，固为目前不争之事实，然徒知提倡言论之自由而不努力培养自由之言论，则其论亦不免偏狭之病。何为自由之言论？发自独到之思考，根诸事理之观察，尊重他方之意见，而不受自己感情之支配，或他人主见之指使者是也。吾人试一检时人之言论，其能虚心持平以立说，合于以上述标准者固不乏其例，而意气用事之谈，偏狭无容之见，亦触目易睹。异己者势欲打倒，同调者奉若神明，圆通宽大之风度，渺乎其不可寻。此种入主出奴，反自由精神之论，以较压迫言论者之器识与见地，实无异一丘之貉。且言论自由而无理智之修养以为根基，则各自是以相非，群言淆乱而不能收切磋之益。观其欲以一人之私见，易天下之耳目，其用心与独裁者之统制思想何以异？使与之易位而处，其行为殆亦不能殊也。故人民若无理智之修养，言论自由亦失其真正之效用，而培养理智遂成为宪政准备之要务。传统自由主义之放任政策，不足以解决宪政之问题，此误解之有待纠正者一也。今日谈民主政治者动喜以民众运动相号召。宪政之必以全民参政为归宿，自无待论。然吾独有说焉。民众参政，只能充实宪政之量，而未必能改善其质。佛朗士尝谓"七千万人众口一声所发之谬论，亦终不免为谬论"。盖民治之真髓，在吾人前此所说之理智人生观，而不尽在参加人数之多少。意德二国现在之政权皆曾得全国绝对大多数选民投票之拥护，而世无认法西斯或纳粹政治为民主者。假使墨索里尼与希特拉之政权无限延长，思想统制之政策全部成功，举国数千万之人民皆能"尚同"于其领袖，领袖之所是，民必是也，领袖之所非，民必非之，虽全国之民悉数成为忠实党员，取得参政之权利，吾知意德之政体亦仍不可与英法相提并论也。列宁及其信徒亦以苏维埃政体允许国内多数民众参加，为高度民主政治之实现。殊不知从苏俄人民思想不独立，理智乏修养之状况观之，无论其技术教育之如何猛进，民众运动之如何热烈，其政体之实质与吾国古代之愚民政策，甚少显明之分别。国人欲避免左右倾之危险，不作西班牙第二，或"根本铲除共党"乎？惟依可靠之途径，厥为培养自由独立之理想生活而已。此误解之有待纠正者二也。

综上所言，吾人之大旨不过在阐明宪政之施行，必须有教育上之准备。如以缺乏理智修养与自治经验大众，骤然作宪政之尝试，窒碍甚多，成效必缓。语云："未有学养子而后嫁者也。"人民政治之智慧，大半只能于实际政治生活中求之。本此认识，故愚意决不主张缓行宪政。兹编所论，仅在说明训练理智之重要，冀政府能于法令与教育之中，双管齐下，兼程并进，而尤冀负教育之责者勿斤斤于枝节问题，而能对国家百年大计，努力有所贡献，庶人民于宪政实施之先知所准备，宪政开始之后知所从事，或可从此一洗民元以来具文宪法口惠而实不至之羞乎？

——原载《大公报》星期论文（民国二十六年五月二日）

宪政的条件
（1937 年）

　　两星期前张佛泉先生曾在本刊发表了一篇文字，讨论《我们究竟要什么样的宪法》；胡适之先生也写了一篇《再谈谈宪政》，和张先生的主张相呼应。我觉得两先生的主张包含许多确切不易的重要真理，很值得国内留心宪政人士的考虑。但我又觉得两先生的议论似乎仍有可以补充的地方，所以不揣简陋，也来参加讨论这个问题。

　　宪政的理论和制度，不容讳言，是欧美的创造品。自清末以来国人对于宪政有错误的见解，如张先生所指出，是无足惊异的事实。张先生以为国人的错误是把宪政看得太死板，把宪政的理想看得太高远，非用多年的功夫去准备，没有实行的可能。张先生又举出三四个人的错误见解来作佐证。梁任公先生是第一个例。因为他先立下了一个全民"躬亲政治"的理想，所以他认为必先实行开明专制，"牖进国民程度"，才可以谈宪政的实行。孙中山先生是第二个例。因为他立下了一个人民运用四权的理想，所以他认为在施行宪政之先，必须有训政之阶段。梁漱溟先生是第三例。因为他的理想是乡村社会中"各分子皆有参加现社会，并从而改进社会之生活能力"，所以他承认"中国此刻尚不到有宪法成功的时候"。这几种见解（也可以说这一类的见解）都是错误的。因为宪政"应是个生活的过程，决不是个死的概念"，"宪政随时随地都可以起始"，我们根本用不着训政。

　　我个人也相信宪政是一种政治的生活方式，并不是高远玄虚的理想。但如说它毫无理想的成分，却又似与事实不尽相符。现代宪政国家的宪法中不乏包含政治理想的实例。我觉得较妥当的说法似为：宪政是过程也是目标，而目标即是过程的一部分。"千里之行，始于足下"。要达目标，须经过程。要实现较圆满的宪政，只有从较幼稚的宪政做起。

张先生说我们不能在达不到完美宪法理想的时候，"先过几天黑暗的政治生活"，真是十分明快透辟之言。《大学》"未有学养子而后嫁者也"一句话，也可以做一切"训政"论的答复。但是有一点值得我们的注意。训政的理论虽可以推翻，政治程度的事实却不容否认。以往政论家的错误似有两点：第一，他们以为宪政是高程度的政治，低程度的人民不能尝试。第二，他们把预备宪政和实行宪政打成两橛，以为必先有训政，然后能有宪政。张胡二先生和他们不同之处在主张宪政可以让低程度的人民去行，并不需要经过训政的形式。但两先生并不否认人民政治程度有高低的分别。胡先生说，"我们不妨从幼稚园做起，逐渐升学上去。"张先生更具体地提出了"逐渐推广政权"的办法。第一，因为一般人民的程度不够，所以不要普选。张先生说：

> 我把"政治能力"当做参加政治的资格。我以为有这能力的人即须容他参加政治。但没有这能力的也不能相强。这能力的计量器是什么呢？我以为最好便是教育程度。

第二，因为受过比较新式教育的人多半在都市，所以宪政基础的自治应由城市起始，逐渐推行之于地方。总之，"宪政要从少数有政治能力的做起"。我以为张先生的说法，实在也包含一种训政的观念，不过他的训政观念，与国民党的训政观念不同。孙中山先生相信国民党员是少数有政治能力的人，所以要他们去训练一般人民。张先生相信一般都市人民的当中自有少数具有政治能力的人，我们应当先让他们实行宪政，然后逐渐养成全国人民的民治气质。

我所以不惮烦琐，指出此点，并不是想为训政论张目，而是想说明人民程度高低的事实既然存在，训政论在以往受一部分人士的拥护，并不是毫无理由。梁先生等的错误只在不知道于实行宪政中求宪政之进步。所以我对于张先生这方面的主张，拟提出如下的补充意见：（一）宪政随时可以开始，但比较完美宪政的实现需要经过相当时日的推广与进步。（二）由低度宪政到高度宪政实行的过程，在实质上包含一个学习的（也可以说教育的）过程，而且学习的过程和实行的过程融为一片，不容分割为先后的段落。（三）宪政是过程，也是目标。由幼稚园的宪政"逐渐升学上去"是过程，大学的（或研究院的?）宪政是目标。"从少数有政治能力的人做起"是过程，养成多数人的"民治气质"以达到"全民""普选"是目标。

张先生提到过政治能力与教育程度的关系，但他没有详细告诉我们用什么标准来测量教育程度。张先生说，"我深信中国几十年来的新教育，已经为我们贮存了很大的一份新政治力量。如能尽量容这力量发挥出来，便很可以打破现有政治的局势，很可以奠定下'制度'的基础"。张先生的意思显然是要拿学校教育做政治能力的标准。这个看法，在原则上是不错的。但我觉得"知识阶级"的民治，不过是宪政的起点，而且这个"阶级"的本身尚有缺乏"民治气质"的现象。例如不久以前"五四"纪念会场上一部分青年的动武，便是知识阶级缺乏宪政能力的佐证。因此我想到：实行宪政固然可以（并且应当）随时起始，而培养民治气质的教育也应当时刻注重。不然的话，倘如我们果然实行城市中有政治能力者的自治，又如果这般宪政的"先进"依旧保留近年的"文人结习"，每逢政见不合的时候，小则相骂，大则相打，恐怕幼稚园宪政的升学要屡经波折，不易实现了。

我以为幼稚园的宪政也应当有最低限度的条件。读书识字便是其中之一。此外还有两个极端重要的条件：（一）一般的人民有尊重法律的习惯，（二）一般的人民有依法发表政见并服从多数的习惯。何以这两个条件是重要？我们要注意，所谓宪政不但包含民治并且同时包含法治的要素（所以专制，独裁，和暴民政治都不是宪政）。我们并不把"法"和"法治"看成高远玄虚的理想。宪政中心的宪法，在政治生活当中的效用，其实也不过像足球篮球或任何运动或游戏的规则。除非参加的人员大致遵守规则，运动或游戏必至于无法进行。除非参政的人民大体遵守法律，宪政也难于维持。民主宪政还有一个要素：一般人民了解和平集议及多数表决方法的运用。宪政是多数同意的政治（Government by consent），也是多方议论的政治（Government by discussion）。我们也不要把同意与议论看成高远玄虚的理想。用胡先生的话来说，只要"绝大多数的阿斗"，"逢时逢节，来画个诺，投张票，做个临时诸葛亮，就行了"。但是如果这些阿斗根本不肯到场，或者到场之后，不画诺，不投票而骂人打人，不做临时诸葛亮而表演"西班牙主义"，我们的宪政也要不能维持了。

我们的知识阶级是否充分具备上述的两个条件，拿最近一二年文化界的行为来看，似乎不容过于乐观。但我再确切的声明，我对于张胡两先生随时可以开始宪政的意见是同情的。我认为除实行宪政外，别无其他训练宪政能力的方法。我们不能再蹈袭前人"训政论"的错误。然而我们也不要轻视了我国人民的弱点。我们虽不可于实行宪政之外求训政，却必须于实行宪政之中努力"养成民治气质"。知识阶级应时时注意提高自己"参加政治的资格，以为一般后进民众的先驱和榜样"。张胡两先生的言论已经给我们的知识阶级有力的鼓励，我现在要向他们敬献一点鞭策的意见。两先生或可不嫌我"续貂"多事罢？

　　　　　　——原载《独立评论》第二三八号（民国二十六年六月十三日）

说言论自由
（1940 年）

　　言论自由，世人论之审矣。其基本意义乃人类之所共喻。西人说之最详，而吾中土发明尤早。惟中西之观点不同，故立说亦遂互异。西人说言论自由多注意于个人之表现。古希腊哲人苏格拉底即认个人之良心为真理无上之权威。虽国法君令不能压倒良心，使之屈伏而发为违心之论。氏之此说实为欧洲言论自由最早之呼声，亦即西方后此言论自由之基本信条。英诗人米尔呑（今作弥尔顿。——编者注）于一六四四年刊布《自由演讲词》一书。其中有谓：检查出版物之结果"使吾人因不能运用已有之知识而能力钝折，且使将来有关政治宗教之智慧亦遭摧残，不能再有新创。两路受攻，遂令一切学术短气，一切真理停滞"。故言论自由乃个人最迫切之要求。"在一切自由之上，请先给我自由以思，自由以说，自由以辩，纯按良心而不受任何束缚"。约翰·穆勒于一八五九年著《自由论》一书亦谓压制言论者其本人之意见未必永远无误。如以错误之意见压制正确之言论，则此言论所含之真理必遭剥夺。如以正确之意见压制错误之言论，则其事虽似合理，而究不如任真理自力战胜邪说为更有益。盖自由辩难以外，绝无任何权威足以保障人类意见之正确也。凡此诸说大体皆就个人之观点以立论，其意在反抗国家之权威而不在保障国家之利益。

　　中国民主政治之实行虽晚，而舆论早则已为先民所重视。例如厉王监谤，召公非之曰："防民之口，甚于防川。川壅而溃，伤人必多。民亦如之，是故为川者决之使导，为民者宣之使言。"又如郑人游于乡校以议执政，子产不肯听然明之言毁乡校而为之说曰："夫人朝夕退而游焉，以议执政之善否。其所善者，吾则行之。其所恶者，吾则改之。是吾师也。"又如孟子论政，谓国君进退百官，必"国人皆曰贤"，然后察而用之，"国人皆曰不可"，然后察而去之。国君判决罪刑，必"国人皆曰可杀，然后杀之"。凡此诸人皆就国家之观点以立言，与欧洲思想家所陈述显异其趣。

中西二说长短，不在其最后之结论而在其立论之据点。盖就结论言，二说实殊途同归，并主言论自由之大义。就观点及论据言，则偏重个人者理有所未通，偏重团体者较平正而寡过。吾人欲明个人自由之困难，当先知个人言论之实际。人之言论，基于意见。人之意见，源于其所受家庭社会之习染与夫学校师友之熏陶。个人自身之创造，并不甚多。众人彼此间意见之分殊亦不如寻常所想象者之大。今我发为一言，自矜为独到自由之创见。倘试平心察之，则知我所以为此言者，实缘我平日所取之习染熏陶既已如此，于是我之所言遂不得不如此。我之言论，不啻社会假口于我，为之代发。既非我所独创，亦非全出自由。言与不言之权虽操于我，而所言之内容则不知不觉间有所受之。然则就事实言，世固无纯然出于个人之思想言论。此不徒于常人为然，即震铄古今之大思想家亦不能脱离历史之传统及社会之环境而凭空创造。妄矜自我作古者恒不免数典忘祖。夫言论思想之内容既由社会赋之个人，则个人表现之权利自当由社会操其予夺。不当禁而禁，不当发而发，其最大之利害悉由社会受之，而个人得失之关系，转较微小。吾先民由历史之经验深知国家处分言论之政策，失于过严之弊远大于失之过宽，于是发明言论自由之大义。"为民者宣之使言"，此真中国政术中至精至当之要旨也。当欧洲近世初期，人民受宗教与政治之压迫，忍无可忍，乃发为民权自由之呼声，其伸个人而抑国家，诚为势所必至，亦为理所当然。惟此皆适应时世，有为言之，自不能全合中道。及至民权宪政大昌之今日，国家与个人间不复成对立局势。个人无待于伸，国家亦不容抑。吾人除就国家观点以立说外，言论自由更无妥善之根据。

此理既明，吾人即可知言论自由范围之大小，国家有斟酌时宜而为决定之全权。在非常状态中自由之范围可以缩小，在经常状态中自由之范围当然扩大。现代民主国家，无不准此原则而行之者。若就目前之中国言，则在抗战期中言论自由可取相当之限制，在宪政期中言论自由必须取充分之保障。盖非言论自由无以宪政，非行宪政无以得言论自由。此理至显，毫无可疑。吾人惟当谨记自由之根据不在个人而在社会，则可恍然于言论为国家应尽之义务而非所享之权利，庶几能得自由之真谛而不自陷于欧洲十八世纪个人主义之误解矣。

（民国二十九年）

宪政卑论
（1943 年）

吾国之宪政，经蒋主席在五届十一中全会提示步骤及国民参政会议决设置"宪政实施筹备会"以后，已进入于始行肇基之阶段。政治建设之工作，未有更重于此者。惟宪政底成，力待众举，必需人民有正确之认识，乃能免歧误之措置。爰不揣简陋，谨举一得之知，卑勿高论，以与国人相商讨。

立宪政治，创自欧美。远则英国十三世纪之"大宪章"，近则美洲十八世纪之联邦宪法，是皆西洋宪政思想制度之渊源。推原宪政之初起，实由臣民对专制之反抗。恶执政之武断横暴，故共立约章法条以限制其职权。恐人民受政府之侵凌，故明订个人之权利而加以保障。然自十九世纪以来，民主政治之基础渐趋稳固。昔日由于消极反抗而产生之政治运动乃转入于比较积极之政治制度。在今日欧美立宪国家之中，宪政之中心观念已不复为防止专制或抵抗政府，而显然倾向于推行民主之法治，以纳政府行动于正轨，促国民福利之进步。故就欧美宪政之历史事实观之，彼邦之宪政思想至少包含三义。一曰国家当有至尊无上之基本大法以规定政府之职权。二曰人民之权利当受此大法之保障，不容任何人士或法令之侵削。三曰国家治权当以法律为最高之形式。

吾人上述分析如尚不误，则知宪政虽与民治有不可分剖之关系，而就其根本意义及作用，二者固有区别。民治之精义在以民决政，宪政之精义在以法治国。民治为体，宪政为用。二者相辅以行而现代民主国家之实质乃具。古希腊民主政治所以与今世民主政治异者，以其虽有民治而无宪政也。法西斯纳粹政治所以与民治异者，以其虽有公民投票表意之形式而无宪法以为之纲纪也，古希腊具民治之体而其用不彰，纳粹则体用并亡，故皆不足预以近代民主立宪政治之列。

吾国立宪运动发轫于亡清末年。彼时谈宪政者多取十八世纪之革命学说以为借鉴。流风所播遂致后来论者每于不自觉间偏重反抗专制与保障人权之二义，而于法治之一义辄淡漠置之。其或措意于大法经制者又斤斤于制度之摹拟选择。于是英宪美宪，内阁总统诸问题一时甚嚣尘上，争论历久不决。又或者为全民政治之崇高理想所歆动，亦不甚致力于培植循章守律之基本宪政风习。北伐以前之宪政运动所以屡遭失败，主因不一，而国人宪政观之未臻正确殆有以致之。

愚意以为在今日宪政实施筹备之际，国人不仅当一扫西洋十八世纪既陈刍狗之无用，且当矫正民国初年买椟还珠之谬举。吾人请为宪政作一浅近之诠释曰：宪，法也；政，治也；宪政者法治也。国民治立大法以定制，政府依据此法以行权。全国上下咸守此法而莫有或违，则宪政之基础大定。蒋主席于《中国之命运》中谓三民主义之政治"本之于道德"而"行之以法律"。此正可奉为今日实施宪政之箴言。

吾人浅言宪政，非轻蔑之而实求其易于实现。盖吾国一般民众既较乏政治知识，亦较鲜政治经验。经十余年训政之结果虽已有相当之进步，而就目前之实情平心论之，四万万五千万人中不能行使四权者，殆仍不乏其例。在宪政实施之初与其厉行全民政治，使一部人民与绝尘之叹，少数之迟驽牵掣全体之进行。何如照顾国情，实事求是，先侧重于法治思想及习惯之养成。及行之较久，人民濡染较深，经验较富，传播较广，然后以四权之全部运用责之全体人民，庶几水到渠成，毫无扞格。吾人幸勿疑此说有悖于划分训政宪政时期之遗教。吾人应知社会进步断非突然，国家政策无取急骤。宪政期中不妨暂继训政之工作，正如训政期中先已潜寓宪政之精神也。

宪政内容（即政体）之问题似困难而实易解决。昔孟德斯鸠尝谓一国之政体与其社会生活之全部有密切之关系。故强摹他国之政体者辄有变橘之讥，此论诚为不容否认之真理，然而此特就政体之极端殊异者，如君主专制之与民主共和等例而言之耳。若就政体之本质相类者言，则在民主国中能行内阁制者未必不能行总统制。美法诸国革命后政体之相异，半由历史上之偶然因素所致，非真社会生活中有铁定之因果关系使在甲为可行者在乙即决不可行也。民国初年迭仿美法诸制而悉归失败者，最重要之直接原因为国人不能实践躬行，遵宪守法。倘有宪而能实行，则民元以后所拟之种种政体，其纸上之条文皆精密周详，尽有过于法美立国之大法，固无一不可以致治。惟其法虽立而不行也，故卒不免为覆瓿之资。且吾人今日处境之优越，远有过于民初。彼时政治纷紊，民心惶惑。不仅宪政之内容乏一致之见解，即国体问题亦一再引起巨变。今则九有一心，三民主义与五权宪法已久为举国共奉之规模。政体如何，更不复为重大之疑问。"五五宪草"之所拟定，尽可经将来国民大会之通过而付之实施。其中即有可加润色之处，亦毋庸吹毛求疵，多费争议。与其法密而流为具文，毋宁法简而安行易守。约法三章，可治天下。窃谓在实施宪政之初宜本此宽简朴质之精神以赴之。先能守法，然后可进求尽善尽美之法。先养成多数人民守法之政风，然后可达到全体人民运用四权之政治。

抑吾人当注意，就历史经验观之，人民与宪政之关系随时代之转移而变动其性质。在革命之时期，人民志在颠覆专制政府，故宪政之要求，于人民为一神圣之权利。及革命已遂，主权在民，则宪政之实行，在人民又为一艰巨之责任。盖在专制政府之下，政事之得失，法制之废兴，咸可责之政府。而在民主立宪之下，则全国大众之事皆当为人民所抉择推行而责无旁贷。古人谓"天下兴亡，匹夫有责"。此语在民主立宪国中最富亲切实际之意义。吾国经革命及训政之两大时期，辛亥迄今，已逾卅载。今日宪政实施之筹备，即人民接受民权责任之前夕，此诚最伟大庄严之时期。凡我国人当肃然而作，毅然以赴，承政府之启迪，与同侪相策勉。行远自迩，登高自卑，各秉循规遵宪之决心，共奠政治建设之基础。此又吾人值此伟大庄严时期不容怠废之神圣义务也。

（民国三十二年）

宪政实施后之中央政制
（1944 年）

　　玉清先生来函要我就"宪政实施后之中央政制"一问题提出讨论。政治制度本不是我研究的范围，但以重违玉清先生的雅命，只得勉为其难，略陈鄙见，以求指正。

　　预言是极危险的事。然而预测宪政时期的中央政制尚非十分困难。第一，我们不久即将实施的宪政根源于中山先生的遗教。中山先生政治建设的大计以三民主义为其精神，以五权宪法为其机构。所以在宪政实施以后，我们的国体必然是"三民主义共和国"，我们的政体必然是五权并立的五院制。这是毫无疑问的。

　　其次，"五五宪草"也可以帮助我们作预测的尝试。"五五宪草"虽然还未成为正式宪法，虽然或有修改的可能，虽然要待将来国民大会的决议以定去取，然而它是经立法院详细讨论通过，国民政府明文宣传的一个草案，其细微节目容有变动之可能（例如二十九年三月三十日国民参政会宪政期成会所通过之修正案即对草案作条文上之修改），其大体是遵照三民五权之原则而制定的，必不至有重要的变动。所以我们只要考察"五五宪草"的内容便可瞭然于宪政时期中央政制轮廓。照草案的规定，将来召集国民大会以行使全民的政权，组织中央政府以行使全国的治权。中央政府设总统以为国家元首，设行政、立法、司法、考试、监察五院以分掌五权。换句话说：除添设正式的政权机构以外，宪政时期中央政制的形式和规订的制度相较，不会有重大的差异。

　　一国的政制虽然关系重大，但是一种制度是否能发生预期的效果却有待于适宜的运用。古人说得好：徒法不能以自行。又说：其人存则其政举。将来五权宪法运用的成功，专赖全国上下人士的努力。我们应当努力的方面虽多，下列几点似乎值得注意。

（一）我们应该维持坚定不拔的守法习惯。如果国人缺乏奉公守法的诚意，任何完美的制度也会徒成具文，无由发挥其效用。民国元年到北伐以前，中国也曾采用过几种政制，制定过几种宪法。这些宪法和政制在本身上或条文上未尝不具有相当的优点。但是因为当时的政府和人民大部分没有实行的诚意，所以它们尽成了覆瓿的废纸。我们今日全国上下一致的决心推行宪政，与以往的虚伪立宪，根本不可同年而语。我们有了决心，便应该表现之于事实，守法的习惯就是实行宪政诚意的最明白表现。到了宪政时期，全国官民的职权都有宪法及法律的规定。我们要依从规定去各尽其义务，各享其权利。我们不仅自己守法，我们还要帮助别人，监督别人，使他们也一同守法。法治的完成便是宪政的完成。必须如此，五权的中央政制才能够毫无障碍地发挥它最高的效能。

（二）我们应该各尽公民的政治责任。在宪政实施以后，中央政府须由"政权"以产生，赖"政权"以维持，受"政权"之监督。人民行使政权以表现治权机构的原动力和控制力。这是民权宪政的基本理论。从前古希腊的人民会为缺席全民大会而被罚锾。十八世纪的法国人民会为争民权而流血。现在我们的政府推行宪政，归政于民，要人民负起行使政权的大任。我们对法国人足以自豪，对古希腊人决不可有所自愧。我们应该毫不退缩地接受这个神圣伟大的职责，以协助宪政之成功。这当然不是一件容易的工作。在欧美宪政先进国中，四权的行使（尤其是创制、复决和罢免权的行使）只能得到有限度的成功。中国地广人众，一般人的教育程度及政治知识都不甚高。我们要行使四权，自然会遭遇若干困难。但是我们总不可知难而退，因为程度不够便让宪政停顿。古人说："未有学养子而后嫁者也"。民权宪政虽不是不学而能，但也不是要学成而后才可以致用。宪政没有专门的学校，我们惟有从实行中去学习。宪政一朝开始，我们每一个公民都应该各尽公民的天责来学做公民的工作。我们当然不可忽视了程度问题。我们承认行远自迩、登高自卑的道理。我们不欲速，不躐等。先就较小的范围内行使四权，然后顺着宪政经验的进展，逐渐扩充到理想上最大的限度。

（三）我们应该发扬公忠的舆论。言论自由是宪政国家人民的权利，也是宪政国家人民的义务，言论所以必须自由，不是因为言论可以表现个人的意见，而是匡助政府，启迪人民的意见。健全的舆论是政治进步的一种原动力。它必须具智仁勇三方面的美德：有见地，合理性，根据爱国爱群之心，养为不屈不挠之气。少数导于先，多数赞于后，在这个条件之下，自由的言论就可以成为公忠的舆论。这样的舆论不是政府的对敌而是政府的后援。有了公忠的舆论作后援，五权的政制便能够完全表现民权主义的精神。

（四）我们应该有实行宪政的信心。时贤对于五权分立的制度间或有抱怀疑态度者。照他们看来，孟德斯鸠的三权分立学说在事实上已经不能完全兑现，五权分立制的实行比三权要更加困难。考试、监察两权很难离行政权而作有效的独立。它们在事实上也很难和行政权互相抗衡，并驾齐驱。这种批评固然是持之有故。但是我们要注意，五权分立和三权分立的基本理论不同，不可相提并论。三权分立的目的在使政府的权力分散，彼此制衡，不能流入专制的危险。五权分立的目的在使治权的运用圆满，政府的效力增加，以接近于"万能政府"的理想，所以中央的政制必须在五院上设一国家元首以为治权之总汇。"训政纲领"说："此（五院）制之特点，于职掌则求其因事分工，于精神则求其遇事合作，庶几国政自归于统一，而建设始能进行一贯。"孟德斯鸠说："每一政府中有三种权力。……一人或一机关……独自施行这三项权力，一切都不堪设想。""若想防止权力的滥用，必须用权力来牵制权力。"两者相较，其用意真如风马牛之不相及。民权主义的宪政，当然不忽视权力的控制。照中山先生的主张，政府治权的根本控制在人民政权的适宜行使，而不在政府各部分的互相制衡。五权与三权的性质既然如此悬殊，我们就不可用三权学说的眼光来怀疑五权。孟德斯鸠曾说："人间事务上有一种行动的必然性。这个必然性强迫着政府行动，并且必使各机关互相调协。"因此三权虽然分立，决不会成僵局。孟德斯鸠这几句话虽然尚欠透澈，却很可表现他对于三权制度的信心，我们对于五权制度至少要具同等的信心。五权制度究竟能够发挥多少效能？其关键在将来我们努力实行程度的大小。我们有了坚定的信心，自然就会作重大的努力。这是五权政制最可靠的保证。

（十一月二十六日成都）

——原载《三民主义半月刊》（民国三十三年一月一日）

怎样研究宪草
（1944 年）

　　近来有些青年朋友问我应当怎样去研究宪草。现在我借重《燕京新闻》的篇幅，把个人一点愚见简单地写出来，以做参考。

　　研究宪草，首先要认清中国宪政的根本精神。近代的宪政包含两个主要成分：一是民主，二是法治。这是各国之所同然，中国也不为例外。"五五宪草"第一条拟定"中华民国为三民主义共和国"，其用意正在标明中国宪政的民主精神，而中国的宪政也就可以称为三民主义的法治。

　　但是我们要注意，中国的宪政既然是三民主义的法治，它的根本精神当然和英美法苏各国迥然不相同，各国的宪政宪法虽然可以供我们有价值的参证，我们却不可用欧美宪政的眼光来评判中国的宪草。西洋的宪政渊源于十三世纪的英国，而大盛于十八世纪以后英法美各国。就大体说，美法等国宪政的精神倾向于消极的限制政府。人权的保障，代议的制度，三权的划分，立法权的提高，行政权的限制……诸如此类的宪法规定，就是这个精神的具体表现。在民国初年的时候，国内人士往往醉心于宪政先进国家的成绩，想拿美法等国的规模，做中国宪政的措施。他们这样的主张，照时代的意义看，是可以原谅的。因为在清政府颠覆不久时候，国人怵于专制之余毒，又缺乏立国的中心观念，想借用欧美传统的宪政精神以建设中国的宪政，这几乎是一个不可避免的结果。但是现在的情形和二三十年以前大不相同了。我们今日来谈宪政，没有再乞灵于欧美传统精神的需要。我们只有根据三民主义和五权宪法的最高原则去研究宪草。我们要把握权能划分的学理，然后不至于为欧美旧说之所诱惑，而自陷于矛盾枘凿的错误。

　　研究宪草之先，我们还要认清中国宪政的历史意义。近代各国宪政的完成，大约不出演进与突创的两种方式。英宪属于前者。美法等国属于后者。中国宪政的完成却有异于这些国家。中华民国的成立虽然由于革命，但是今日的宪政是遵照国父军政、训政、宪政分期的学说而推进的。我们宪政的完成既与一蹴而就的有别，也与自然发展的互异。它是一种按照固有计划的演进。具体地说，宪政时期是训政时期的继续，宪政完成是训政的结果。因此宪政不是推翻既往，不是否定过去，而是完成既往，肯定过去。"五五宪草"不是凭空的创造，它是根据或参照"国民政府建国大纲"、"训政纲领"、"中华民国训政时期约法"等现行"根本法"和"中华民国国民政府组织法"，各院组织法，省市组织法等现行法规而拟定的。我们当然不能够墨守现行的成规。否则我们何必画蛇添足，施行宪政？但是我们也不能够不注意这些成规。否则我们讨论宪草就不免要受"数典忘祖"之讥。

有了这两个认识之后，我们便可以进行研究宪草的工作。这个工作似乎可以分做几方面去进行。第一，我们可以从学理上或原则上去研究，中国的宪政以中山先生的遗教为根据。我们不可不对于三民、五权、权能划分等学理加以深切的了解和分析。第二，我们可以从立法技术上去研究。我们应当把全部的条文，细细地加以寻绎。我们要看：这些条文是否能够充分地表现中国宪政的根本精神和目的？它们是否条理一贯、系统严密，不至有前后参差，或彼此抵触的缺点？条文的文字是否明确妥当，不至于发生误会或歧异？第三，我们可以从实际效用上去研究。我们要察看宪草所拟定的制度是否合乎国情，是否便于运用，是否能有效率？在作如此研究的时候，我们不但要利用中国以往及现在的经验以为论断的根据，我们也可以参考欧美各国的经验以充实我们的论断。因此可供我们研究的参考资料是十分丰富的。除了宪草本身以外，孙先生的著作，党政的重要法规，民国以来的宪法、约法、宪草，欧美主要民主国的宪法，中外学者所著宪法的书籍论文等，都值得我们的翻检或寻绎。

为交换意见，交相启发起见，最好约集多人，作集体的讨论。如果人数较多，最好按宪草的内容，分组讨论。例如总纲，人民之权利义务和宪法之修改及施行（第一、第二、第八章）可为一组，国民大会（第三章）为一组，中央政府（第四章）可为一组（或可按五院再分为五小组），地方制度（第五章）可为一组，国民经济（第六章）可为一组，教育（第七章）可为一组。同学各就其兴趣所在，选择加入。到了各组讨论有了结果之后，更可作全体通盘的讨论。

也许有人要问：研究宪草的价值何在？大学中的青年虽然是知识分子，但所习各有专门，未必人人对于宪法有深邃的学识。他们研究宪草是否果能有所贡献？倘如没有贡献，岂不是白费了时间和精神？

这个疑问可以作肯定，也可以作否定的答覆。宪法虽是专门的学问，"五五宪草"也是国内专家精心的作品。在二十六年五月十八日国民政府公布以前，它不但曾经多次易稿，也曾经多人的详尽批评。我们今天要从研究中得到重要新创的意见，当然是不容易的事（但未必是不可能的事）。然而因为不容易有贡献而认研究为庸人自扰，这个结论是显然错误的。我们推动研究宪草的目的，除了希望国人贡献真知灼见，以使宪草再经修改而臻于完善以外，就是要引起国民对于宪政的兴趣，促成国民对于宪法的了解。宪政是民主的法治。除非人民对于宪法有兴趣、有认识，宪政是不能成功的。今日研究宪草的工作至少有两种意义。一方面它是训政工作的进展，它可以看做《建国大纲》所说训导人民政治知识能力的一种方法。另一方面它也是宪政实施的准备，让人民普遍地研究，自由地批评宪草不啻是举行一次正式的制宪复决。我们所当重视的不是学术上的得失，而是全国民意的可否。我们虽未必能够提供新创的意见，但是我们的意见对于将来的宪政是可以发生影响的。经过人民研究讨论而修正实施的宪法，才是人民自己的宪法，才是有生活力的民主宪法。这才是研究宪草最基本的价值。

——原载《燕京新闻》（民国三十三年二月六日）

宪政的心理建设
（1944 年）

诸位先生，今天兄弟应四川国民宪政研究会之约，来和新闻界文化界诸位先生谈宪政，感觉到十分荣幸。但是兄弟学识浅薄，在诸位面前放肆，简直是班门弄斧，所以同时也感觉到十分惶恐。好在兄弟也忝为文化界的一个走卒，而且在少年时代也会一度作专修新闻学的打算，后来虽不曾实现这个作无冕之王的雄心，至少可以算一个新闻界的逃兵，攀上了这两重渊源之后，才敢放胆来就宪政的心理建设这一个题目，提供个人一得的愚见。

心理建设这个名词，诸位都知道就是孙先生所著《建国方略》之一知难行易学说一书的名称。这个学说的精义，是人生一切的事功都成于知行，凡知者必能行，不知者也能行；先知先觉的发明家，和后知后觉的鼓吹家，是知而能行的人物，不知不觉的实行家，是不知而能行的群众，有了发明家的创造，又经过鼓吹家的传播，一般实行家自然就能够躬行实践，习焉不察了。兄弟不敏，请依据知难行易的学说来检讨今日文化新闻界对于宪政应该担负的责任。

自从政府发动宪政实施和宪草研究运动以来，全国人士群起响应，这确是一个极可庆幸的现象。但就个人默察，宪政运动虽然顺利地在展开，而一部分人士对于宪政的本身似乎还未曾得到亲切的体认。换句话说，在这些人士里面显然还有几种心理障碍的存在。其中最显明而有害的，约有三种：一是冷淡的情绪，二是疑虑的态度，三是模糊的了解。我们必须扫除这三种障碍，然后宪政的进行方能够完全顺利。在宪政运动风起云涌的今天，来说人民对于宪政情绪冷淡，似乎厚诬了人民。但是只要平心静气去观察，便可知道这并不是毫无事实根据的谰言。情绪冷淡的第一个证据，是直到最近为止，宪政运动并不曾普遍地达到民众，除了都会当中一部分知识分子以外，有许多人绝口不谈宪政，就是谈宪政的知识分子，也未必人人对于宪政都有热烈的情绪。有的是为了装饰门面，有的是为了应付功令，甚至有的是为了不满意于宪政而谈宪政。这几样的人为数虽然不多，但是他们无形中也可成为宪政推行的一个心理障碍。

人民对于宪政的疑虑态度，更是显而易见。他们的疑虑可以从不同的方面表示出来，他们怀疑政府实行宪政的诚意，他们怀疑人民实行宪政的能力，他们怀疑将来宪政的内容。诸如此类的疑虑，个人都曾经亲自耳闻，并不是出于悬虚揣拟。

宪政第三个心理的障碍，是一般人对于宪政缺少明晰正确的了解。最严重而且最普通的一个错误，是不明瞭中国宪政的基本精神，而去批评宪法草案。中国宪政的最高原则是三民主义、五权宪法，但是有些人仍旧因袭欧美自由主义和三权分立一类的观点来批评宪草。中国的宪政是由训政演进而成的，"五五宪草"是以现行的根本法、组织法与其法规为根据的，但是讨论宪草的人士有时候忘记了这两个不容抹杀的历史和法律根据。立法院在二十二年宪法草案起草委员会成立和草案完成以后，曾经征求国人的意见，并且也曾参考这些意见酌量修改草案，二十五年宪草宣布以后，国内学者专家和关心宪政的人士又曾对它作讨论批评和解释答辩，但是今日研讨宪草的人士有时候旧话重提，把从前已发之论，已释之疑几乎丝毫不改，重新复述。"五五宪草"只有一百四十七条，内容并不繁重，意义也不十分难解，但是讨论宪草的人士，似乎有时候对于这百余条的内容不甚了解。张鉴虞先生曾在上星期一《新新新闻》的专论里指出一个可笑的错误，有一些"五五宪草"的翻印本竟把条文的数目和宣布的年月都弄不清楚。

我们检讨我们的过失。并不是吹毛求疵，我们希望"有则改之，无则加勉"，把这些心理的障碍完全扫除。使到宪草的研究在宪政的实施能够更加迅速更加圆满地进行。

第一，我们要扫除冷淡的情绪。一般人对宪政缺乏浓厚兴趣的原因不外两个：一是鉴于民国初年宪政试行的失败，二是不知道今日宪政需要的迫切。民国初年的种种失败，是人所共喻的事实，我们不必在这里追述。因为前车覆辙，所以后至者裹足，这是人之常情。但是我们应当知道因为从前宪政的试行失败了，所以我们更不容错过当前这一个无比良好的立宪时机。我们也应当知道今日的环境，与二三十年前相较，大有不同，而且今日宪政的精神，也和"天坛宪草"等大有区别。民初的中国尚未受北伐的洗礼，国家未能真正统一，专制遗毒未能完全肃清。在那种情形之下，就是有了完美的宪草，也必然受事实上障碍而不能实施，何况良好的宪草根本上不能成立呢。至于宪政在今日需要的迫切，我们只要略加思索，便可了然。国父孙先生致力革命的目标，除了求民族自主和民生充裕以外，就是求民权的实现。而要求民权的实现，便非实行宪政不可。近代国家所以须实行宪政，并不是少数人骛新好奇的主张，而是从各国人民长期经验得来的结论。经验告诉我们，非民主无以立国，非法治无以立政，非民主与法治无以措国家于治平，致人民的福利。所谓宪政，不过就是民主的法治。宪政不是什么稀奇古怪、玄妙高深的乌托邦、华胥国，而是二十世纪立国的康庄坦途。我们不要怀疑宪政认它是一种点缀升平无关实际的装饰品。它虽不必直接地对于人民福利有所贡献，但是在缺乏宪政条件的时候，一切幸福都无从取得或保持。我们作一个粗浅的比喻，空气这样东西，饥不能食，寒不能衣，但是在昼夜二十四小时当中，一刻离开了空气，人类就不能生存。清洁的空气，可以保健康，污浊的空气，可以致疾病，污浊到了极点的空气，也可以令人窒息。专制好比污浊的空气，宪政好比清洁的空气。我们在以往二千多年当中，呼吸了专制的污浊空气，以致内忧外患，百病丛生。倘不是在辛亥年徼幸的得着了医国圣手的孙先生，恐怕我们的国家不免窒息以死。我们今日应当按照孙先生所立的经验良方去继续培养国家的健康——我们必须保持并增加我们政治生命当中的清洁空气，我们必须实行完全的宪政。

第二，我们要扫除疑虑的态度。宪政是人民自己的事。宪政是否成功，最后的关键系于人民自己是否要宪政。所以我们不要问政府有无实行宪政的诚意，而只要反躬自问人民是否有实行宪政的诚意。按照《建国大纲》，由训政转入宪政的过程是国民党还政于民的过程。政府还政，同时人民要受政。倘若人民事先没有诚意的准备，政府虽要移交政权，也苦于人民不能接受。反过来说，倘若人民诚意接受政权，政府必然不会延宕不交。不但如此，照我个人观察，政府对于宪政实施无疑地具有充分的诚意。这次宪政运动的发起，事实上是出于政府的自动，而不是由于人民的要求。从根本上说，中国宪政最初推动的人是领导国民革命的孙先生。后来的人，继承孙先生的遗教，逐步求其实现。远在民国二十年的时候，中国国民党四届三中全会曾经依据《建国大纲》，议决由立法院从速拟定宪法草案。立法院用几年的时间，七次易稿，完成了中华民国宪法草案，于二十五年五月五日由国民政府明令宣布，"五五宪草"便如此产生了。倘若不是抗战军兴，中华民国的宪法早已经国民大会议决而成立了。今日的宪政运动，发端于去年的秋间。三十二年九月六日蒋主席在国民党十一中全会开幕致词里面曾表示抗战的目标不但在求胜利，并且在胜利之后能够建立一个三民主义的新中国。他说："建国的工作千头万绪，事项很多，但第一要紧的就是要先确立我们的政治建设，而政治建设的基础，就在宪政的实施。"九月八日十一中全会秉承这个意思，作了如下的一个决议："国民政府应于战争结束后一年内召集国民大会，制定宪法而颁布之。"同月二十五日蒋主席在国民参政会表示，希望由参政会设置一个宪政实施筹备之机关。此机关以参政会为主体，凡足以促成宪政之实施者，都是由此会协助政府领导人民负责进行。到了十一月十二日宪政实施协进会在重庆正式成立，于是今日遍及各地的宪政运动也就正式开始了。照这些事实，平心静气看来，我们实在无法可以致疑于政府的诚意。这个根本疑虑消除以后，其余的疑虑，也可以迎刃而解。对于人民是否有实行宪政能力的一个问题，我们的答复是人民宪政的能力，随着实行的经验而增长。孙先生说得好，我们不应当因为一个童子不识字而反对他入学读书；按照同样的逻辑，我们不应当因为人民的能力不够而反对立宪。至于宪政内容的问题，也不难索解，宪政是人民自主的法治。人民诚意地要什么样的宪政，就可以得到什么样的宪政。种瓜得瓜，事在人民自己努力。何况我们宪政的宗旨，早已由建国的三民主义奠定，我们更没有疑虑的必要。

第三，我们要扫除模糊的了解。我们讨论宪政，研究宪草，不要炫新立异，而要实事求是。我们要充分明瞭建国的大义，时代的需要，宪草的条文，现行的法规，然后方去批评得失。荀子有几句话可以作我们今天讨论宪政的箴言。荀子说，"是非疑则处之以远事，验之以近物，参之以平心"。他又说"以仁心说，以学心听，以公心辩"。我们能够以学心听，我们就不会有武断或错误的认识。我们能够以仁心说，以公心辩，我们就不会有偏私邪曲的言论。总而言之，无论我们对于宪草有何批评，我们立论必须以有益于宪政之进行者为限。我们无论持何政见，我们发言必须以有助于宪政之完成为目的。本着这个态度去研究宪草，我们才可以得到正确的结论，才可以对宪政作相当的贡献。

冷淡的情绪，疑虑的态度，模糊的了解——这三种心理障碍扫除净尽以后，我们不啻自己做了一点宪政的心理建设。我们新闻界文化界的同人，虽然不是先知先觉者，但是就我们的地位和责任言，应当以后知后觉自勉。我们应当先去求宪政的知，并且本着能知必能行的信念去协助政府，领导人民，以期我们的宪政能够早日顺利完成。在宪政实施前夕的今天，我们新闻界文化界的责任特别重大。个人不敏，谨以这一点粗浅的愚见提供诸位，敬请诸位不弃愚蒙，赐加教正才好。

——成都广播电台讲（民国三十三年五月十九日）

宪政二疑及其答复
（1944 年）

近来有些青年朋友曾向我提出有关宪政的两个疑问。现在我把答复他们的大意简单提出，以供悬着同样疑问者的参考。

第一问：中国当前有许多严重的政治问题。宪政一旦实行，这些问题便可解决。但是宪政时期，一再延展。中国是否在短期内有实行宪政的可能？当局是否有实行宪政的诚意？

第二问：今日中国一般人民的知识甚为薄弱，他们的政治能力及经验都很缺乏。如果即时实行宪政，我们有何保障，不使将来政权落到黑暗邪恶势力者的手上？

答第一问：中国今日当早行宪政，这是人所共持的主张。然而把宪政看成普治一切疑难政治病症的万应灵丹却未免有点误会。我们务须认清宪政的本质。它是一种政治制度，也是一种政治习惯。前者成于法律的创造，后者成于心理的修养。没有民主的修养，宪政的制度便成为无效的空文。今日中国许多问题，平心而论，大半生于国民缺乏民主的习惯而不是由于政治缺乏立宪的形式（民国初年的"宪政"经验很值得我们回忆和反省）。我们愿意宪政早日成功吗？我们应当努力于民主习惯的培养而不可仅仅注意于宪法的公布。有了民主的习惯，一切政治问题的解决和宪政实行的完成，便可同时实现。我们不必问宪政时期到来的早迟，我们只要问我们人民努力的大小。我们不必当局有无诚意，我们只要问我们自己有无信心。

答第二问：我们一般民众的政治知识，诚然不足。（有许多人根本不会写字，如何有能力去投票选举呢？）但是宪政必须早行却是无可反对的主张。这是孙先生建国的目的，国民党既定的政纲，蒋主席明确的决定，国民多数的愿望，世界潮流的趋势，时代逻辑的结论。我们生在这个伟大时代当中，明知宪政实行不易，也只有竭心尽力，勉为其难。政权恶化，确有可虞。我们虽然不能说有不使恶化的绝对保障，我们却可以有防止恶化的合理方法。第一，一般民众的知识不够，全国知识分子就应该负起宪政先锋的责任来，一面充实自身，促进民治，一面启发民众，倡导宪政。第二，一般民众的知识不够，各党各派的人士，就应该担任准备宪政的工作，不违背国民的立场，不屈辱自己的政见，一面协助政府，一面启迪民众。国民参政会的中心精神就是今日推进宪政的宝贵力量。

英国的宪政由发端到完成，历时数百年之久。美法的宪政，受英国经验之赐，其完成也需时十数年或数十年。其他欧美民主国的宪政也不是一蹴而就。明瞭了这些历史先例以后，我们对于中国宪政的实行既可以不着急，也可以不害怕。这可以作为对上述两疑问的一个共同答复。

——原载成都《星期周报》（民国三十三年十一月十二日）

英美民主政治
（1944 年）

　　讲到近代的民主政治，我们可以毫无疑义地推英美两国为重镇。就时间说，英美民主政治的发端和成立都较其他国家为早。英国的宪法及议会萌芽于十三世纪；英国的民主政治经十七世纪的两度革命早已大体形成。美国的民主政治肇基于十七世纪朝圣始祖（The Pilgrimage Ancestors）的"五月花公约"（The Mayflower Compact）及"康乃提加特约章"（The Connecticut Charter）；"联邦宪法"（The Federal Constitution）成于一七八七年，先于法国革命者且二年。英美两国真可以算做近代民主政治的先进。就成绩说，英美的民主政治也较一般后起之国为优。英国从十七世纪，美国从十八世纪以来，未曾发生流血的革命；而且就现状推测今后也未必会发生革命。两国的政治制度大体已趋稳固，她们人民的程度更逐渐趋于进步。其他欧美各国的民主政治或规模较为狭小，或根基尚未坚定，固不能与之相比；就是民权革命的法国，其政治制度的运用也略有逊色。再就历史的影响来说，英美地位的重要也极明显。在典型的民主政制当中，英国创立了内阁制，美国创立了总统制。这两个制度是近世制宪者的重要参考。至于洛克（John Locke，1632—1704）所倡的自由主义更是影响深远的一个政治民主思想主要潮流。总而言之，从种种方面看来，英美的民主政治是值得我们注意的。

　　英美民主的制度虽然在形式上彼此悬殊，但在精神及运用上却不乏共同之点。本文的目的不在叙述英美互殊的制度，而只在说明这些共同之点。我们相信，英美民主政治的成功并不单靠她们的特殊制度，而同时有赖于她们所具超乎制度以外的几个历史及心理条件。我们古人说"其人存则其政举"。又说"徒法不能以自行"。英美民主政治成功的最大原因是英美的国民是能够运用民主制度，具有民主政治修养的人。

民主政治的成功在乎国民具有民主政治的修养，这并不是什么玄妙新奇的理论，而是无可否认的必然事实。民主是全体大多数人民的政治。人民不但在法理上是国家的主人翁，而且在事实上是组织操纵政府的主权者。政府的官员议员直接地或间接地由人民操进退之权。倘若人民缺乏修养，便不能圆满地执行这个重大的任务。民主国的政治家并不是由于神命，或出于世袭的特殊阶级，而是来自民间的民选人物。因此一国政治家的优劣必然是一般人民程度的反映。倘若人民的程度低劣，政府的水准也难于提高。在专制国里面君主是政治优劣的关键。所以古人说"一正君而国定"。在民主国里面，人民却是政治优劣的关键。所以我们应当说"一新民而政美"。蒲莱士勋爵（Bryce）评论美国的民主政治，曾指出它的一个缺点：全国最优秀的人士往往不愿投身政治而宁可致力于社会事业。这个论断虽然与事实颇相符合，然而似乎尚未十分透辟。照我们来看，美国政治比较成功的根本原因，正在乎这个储有优秀人才的社会基础。

照上述标准来观察英美政治，我们不难发现英美人民的特点。第一，英美一般人民具有自尊自重的心理。这无疑是基督教义及自由主义熏陶的结果。宗教信仰使个人尊重自己的灵魂，政治传统使个人尊重自己的意见。这样自尊自重的个人必然会有享受自由的要求，也当然能有运用自由的资格。不法的侵凌，非理的拘束，都是个人所不能忍受的。人民有了这种最低限度的政治道德，民权、立宪、自治的政治才能够顺利推行，不至于流入形似实非的暴民政治，或以寡操众的盲从政治。个人自治的心理当然不是毫无流弊，它很容易转化为褊狭偏私的个人主义。个人过度的自信也必然会对于政府过度怀疑，因而自陷于赫胥黎（Huxley）所谓"行政虚无主义"。有许多政府当办之事，当立之法，往往因人民的反对而不能办，不能立。这确是一个损失。然而自由的氛围却也养成了人民自己办事的能力，减少了政府侵害人民权益的威胁，防止了革命流血的危机。这是英美人民自由习尚的好处。得失相权，似乎不能算做得不偿失。

英美人民的第二特点是具有政治的兴趣及修养。英美的人民当然不是个个都积极参加政治。但是参加政治的人大概对于政治活动的本身都感觉真实的兴趣，而不把政治活动当作达到另一目的的手段。具体地说，英美的政治家及政客多半不是为了求利，甚至不是为了求名而从政。一个总统或州长或议员候选人，一任政敌冷嘲热讽，施以攻击，决不会以为面子有关，名誉有损而洁身引退。他的目的是取得他所期望的政治地位及活动机会。毁誉不是他所顾虑的。一旦取得了地位，他就用全副精神去运用它，保持它。它既不是古人所谓"为贫而仕"，仅图温饱，也不愿做俗话所谓"升官发财"，意存享受。政治活动的本身就是他的生活兴趣所寄托。英美的从政者颇有耗散金钱精力于政治活动的实例。他的道德未必十分高尚，他不一定是为了康济生民或行道救世而做官，他实在是为了"乐此不疲"而投身政海。他的心理和运动家的打球，艺术家的作画有几分相近。他的心理，严格说来，还是一种自私。但是他深切地知道，除非他能够得着人民的信任，他决不能够达到他的目的；除非他能够在政治上做出一些成绩，他决不能够得着人民的信任；所以他的政治活动虽然出于自私的动机，却也有助于国家的公利。他的道德水准，用冯友兰先生的名词来说，始终只达到"功利境界"。然而他的"乐政"心理在事实上减少了溺职及贪赃的倾向。这对于国家的政治还是有益的。

英美人民的政治修养也值得重视。他们虽然不一定具有充分的知识，但是在某种限度以内他们能够用讨论劝说的方法来解决问题。一个人当然尊重自己的意见，但是他也尊重别人的意见而愿意相互切磋。即使别人的理由不能说服自己，但是在多人作同样主张的时候，一个人也能够服从多数，不因为自己的不同意而破坏团体的行动。英美一般人民能够自尊自重，同时他们也能够克己自制。因此他们不仅是善于享受自由的人民，也是善于合群组织的人民，他们既不是一盘散沙，也不会三个人就组织一个政党。他们证明了一个真理：最能自爱的人就是最能爱国的人。他们的政治知识，的确并不十分渊深丰富；然而他们一般的智慧却不低劣。大概说来，英美人民都注重实际，不大容易为玄虚夸诞的空话所迷惑。英国人的沉着精明，善于打算，是人所共知的。美国人似乎比较上略幼稚一些；但是他们倾诚认真的态度往往令人消。如果我们说英国人是一群熟习世故的功利主义者，我们也可以说美国人是一群天真未丧的实用主义者。他们虽然都不配做理想国的公民，而确有运用他们本国实际政治制度的能力。

英美人民的又一个特点是具有明确的权利观念及守法的习惯。重法的思想发源于古代，而流行于中世。希腊人曾把法律看作正义或理性的表现。亚里斯多德就以守法与否来判别政府的优劣。中世纪的君主在登位时往往要作遵守国法的誓言。英国直承中世遗风，一二一五年的"大宪章"（Magna Charta）首立宪政法治的基础。从此以后权利观念随着宪政的演进而日趋明显。首先大小贵族为了保障权利而反抗英王约翰；后来议会领袖为了保障权利而诛杀查理一世。美洲殖民地也为了保障权利而脱离祖国的统制。十八世纪美国各邦宪法中的"权利宣言"（The Bill of Rights）更表现一个划时代的发展。因为人民重视权利，所以他们不但要政府守法，他们自己也愿意守法。全国上下能够一致守法，宪法所规定的权利才能够得着切实的保障。法律的尊严并不单靠法院的裁判及刑罚的制裁而得维持。在经常情形之下，人民自己守法的习惯就是维持法律的最大力量。这个守法的习惯在英美人民当中已经扩展而成了一种比较普遍的公民或社会道德。只要我们留心，随处都可以发现。古人说"观人心于其微"，试举一件小事来做例子。美国政府的公用信封，普遍在面上印有一行小字，意谓擅作私用者罚锾若干。写信的人如果在信里面讲私事，未必就会被人告发。但是事实上假公济私者绝对少见。我们只要回想一下我国公私机关文具耗费的情形，就可以感觉到此事虽小，也难能可贵。英美人民并不是不会犯法，他们并不会做到中国成康时代囹圄皆空的理想。大城市中的恶棍暴徒作奸犯科，或有甚于我国，然而为有了这种普遍的守法习惯，不但司法的尊严较易维持，就是宪政的本身也得着了一个有力的基础。

如果我们的分析尚不错误，可见英美民主政治的成功是受赐于两个主要条件：一是历史的渊源，二是人民的质地。英美的民主政治历数百年之改进发展，然后具备现代的规模。人民的优良质地也就在这个过程当中培养完成。英美人民的民主习惯不是天生的。十三世纪的英国人民并不了解民主政治。"大宪章"不是民权革命的产物而是贵族对抗英王的约文。十九世纪初叶的英国，民权尚未臻于普遍。不但选举权大有限制，而"囊中选区"或"腐败选区"在一八三二年以前依然存在。英国人民从实践当中养成了民主的习惯。他们的宪政可以说是经过一个长期的"训政"而完成的，虽然他们的"训政"是历史的演进而不是事先的计划。美国人的民主修养最初承袭英人，而随后自力迈进。这两国民治的成绩卓著决不是偶然幸致的。用民主政治的标准来衡量英美人民，他们可算是两个优秀的民族。我们的古人曾说"民为邦本"，这句话正可借来说明人民质地和民主政治的关系。一般人只知道民主政治是人民幸福的安全保证，不知道人民的优良质地更是民主政治的成功保证。因此我们可以放胆预言，英美此后的国家政策或政府机构可以随时代的需要而有所修改，但是她们的民主政治定然不会动摇失败。

我们这样推许英美，并不是不知道她们的缺点，更不是要舍己从人，希望我们去摹仿她们的政治。英美人民不是圣人，当然有不容漠视的短处。本文暂且存而不论。一个民族自有其历史的背景及心理习惯。我们中国人当然不能够，也不应该摹仿英美。我们应该检讨自身，舍短用长，依据孙中山先生所示立国的大道，努力自奋，以建设一个媲美两大盟邦的三民主义政治。在这个认识之下，英美的民主政治是很可以与我们以切磋参考之益的。

（民国三十三年）

中国君主政体的实质
（1945 年）

时贤当中有一些拥护传统文化的人士，认为近代国家中的民权制度，在中国君主专制时代已经局部实行了，所以民主政治不是欧美的新发明而是中国文化中固有的成分。中国的君主政体因此也不是专制政体。例如钱穆先生在《思想与时代》第三期发表的《中国传统政治与儒家思想》文中所持之说大意即是如此。笔者认为这个看法有牵强附会、名实混淆的错误。本文略论中国君主政体的形成与实质以明其误。

一、中国君主专制政体的形成

凡略谙欧洲政治史的人都知道欧洲的政体先后曾经三变。在古希腊有市府（City State），在中世纪有帝国（Feudal Empire），在近代有族国（National State）。市府是小国寡民的民主政体。帝国是建筑在封建制度上，组织松弛，范围广阔的君主政体 。近代国家是建筑在民族基础上，具有高度权力的政体。它的范围大小介乎前二者之间，而它的政府可以是代议的民主，也可以是专制或立宪的君主。因为政体有了变化，所以欧洲思想家所研究的对象也先后不同。他们虽然用相同的名词，他们思想的内容却大相歧异。我们如果不认清这个基本事实，在讨论欧洲古代或中世思想的时候，最易发生误解。且举一两个浅显之例来说，柏拉图最著名的书有"理想国"、"共和国"或"国家论"三个可能的译名。然而仔细考按一下，三者都不很妥当。因为这部书的原名是Politeia。而这个字是从 Polis 变化而来。其意即指希腊的市府政体，柏拉图所提出的主张既非纯出于理想，也不限于共和（他很不满意于雅典的民主政治），更与近代国家的内容显然有异。又中世末期大诗人但丁曾著一书，名为 De Monarchia。我们如径译为"君政论"或"君主政体论"也是不妥当的。因为但丁所谓 Monarchia 是中世纪型的世界帝国，和十六七世纪以后的君主国根本不同品类。这两个粗浅的实例，不只说明译书之难，更可说明稽古之难。所幸欧洲学者在运用名词上比较注意，所以名词混淆（尤其是名同实异的混淆）而引起的误解尚不十分严重罢了。

我们中国二千余年当中的政体也曾有重要的变迁。而且也前后具有三种形式。在秦始皇统一以前，至少从春秋战国时代的情形看来，中国的政体是"封建天下"。这种政体是以列国为单位而以天下为全体。天子虽为"元后"，其实也是群后之一。群后奉他为共主，却未必受他的统治。政治上主要的工作，如安民理财等事都由列国各自办理。天子除了在"王畿"内办理同样的政事以外，并未在"天下"范围内施用治权。所以封建天下的"大一统"徒具形式，未有实质。诚然，在周朝八百年的长时期中，统一的程度先后颇有高低。在西周盛世，天子的实力较强，列国奉命较谨。此后宗周日趋衰微，到了春秋时代已呈尾大不掉的病态，到了战国就完全成为割据局面。然后就政治工作的本身看，政治生活的重心始终寄托在列国之中，而不在元后所临御的"天下"。这是封建天下的第一个特点。

其次，封建君主不能专政，而必须宗法贵族共政。这是宗法社会必有的现象。王国维《殷周制度论》说周人用嫡庶之制，定天子诸侯继位之法，君主具有大宗宗子的身份，所以《诗传》解释"笃公刘篇""君之宗之"一句说"为之君，为之大宗也"。大夫以下，既非君统，嫡庶之制，纯为宗法。政治上的地位不决于嫡子的身份，而决于个人的才智。他这个见解大体上是不错的。然而我们要注意，在宗法社会当中，仕进虽不限于嫡子，而卿大夫比较显要的职位必由同姓或异姓贵族当中选任。此外的人只能充任小吏，不能和"世卿"竞选。赵翼说得好："自古皆封建，诸侯各君其国，卿大夫亦世其官"。俞正燮也说："王族辅王，公族治国，余皆功臣也。分殷民大族以与诸侯。所谓与之为伍长乡吏者于其中兴之，而无美仕大权"。又说："上士中士下士府吏胥徒取诸乡兴贤能。大夫以上皆世族，不在选举"。我们试观史实，就可证明。西周的大臣如周公召公太公芮伯彤伯毕公毛公祭公，东周大臣如周单刘富诸氏，都是天子同姓或异姓的贵戚。春秋各国的大臣如鲁三桓，郑七穆，晋栾韩魏赵范智中行，卫孙宁，齐国高崔庆陈，宋华向，楚斗成等也是诸侯同姓或异姓的世族。封建世卿之制从一方面看来固然是剥夺民权的不平等阶级制度，从另一方面看来也是限制君权的反专制政治制度。世卿所以能够限制君权，理由是很显明的。第一，佐政的大臣既具有世族子弟的资格，其进退任免自然不能够由君主任意决定。第二，大臣在政治上的地位虽低于君主，他们在宗族里面的行辈也许高于君主。《康王之诰》记载康王即位时称群公为"伯父"，可为一例。第三，大臣或年高，或德劭。君主在决定大政之先，势须征询采纳他们的意见。否则一意孤行，必遭阻遏。"洪范"说国有大疑，"谋及卿士"。孟子说"为政不难，不得罪于巨室"。又说贵戚之卿，君有大过则谏，"反覆之而不听则易位"，古史所传伊尹放太甲的事件可为一例。《左传》所记询国危的事实更不只一件。

有分治之国，无一统之政；有共治之臣，无专制之君，这是封建天下的两大特点。到了春秋以后封建政治和宗法社会相连崩坏，于是贵族衰亡，君权渐盛，列国兼并，归于一统。在这个过渡期间，社会的变动虽不只一端，而对于政治影响最大的变动恐怕第一要数因贵族衰亡而促成的"布衣卿相"的风气。封建天下的君主，受世卿辅政的限制，不失为一种上下相维之势。后来贵族没落，子弟鲜能，不足以经世治国。有为之君不得不在微贱人中别简贤士。加以权臣窃柄篡国，既得不着贵族的拥护，且为对抗他们残余的势力起见，于是大用游说之士以为自己的腹心爪牙。春秋时齐用管仲宁戚，秦用由余百里奚，楚用观丁父彭仲爽，是前者的实例。战国时范雎蔡泽苏秦张仪等徒步为国相，孙膑白起乐毅廉颇王翦等白身为将，是后者的实例。这些布衣将相毫无门阀或身份的凭藉，他们所仰仗的只是自己的本领和君主的信任，然而根究起来，将相得位的直接决定因素还在君主的信任。君主不加信任，一个贤士纵有通天的本领或惊人的功绩，不转眼间就可以被投闲置散，或由卿相降为布衣，甚至为阶下囚，做枉死鬼。范雎蔡泽白起乐毅都是榜样。至于怀才不遇的人更是不胜枚举。韩非的"孤愤"、"说难"不过是小鸣失意而已。

"布衣卿相"的政治影响是多方面的，而其最后的结果却很简单。阶级制度破坏而人民在政治上得着出身平等的机会。封建制度破坏而用人略依尚贤的原则，贵族势力消亡而君主得着大权独揽的便利。秦孝公最能认识时代的精神，最能适应潮流的趋向，励精图治，先立下并吞六国的基础。秦始皇承富强之余荫，完成统一之伟业，开辟"专制天下"

之新局。中国的政体于是转换成了第二种的形式。在从秦汉到明清的二千余年当中，除短期间略有波折以外，君主专制的政体日趋发展，弊病逐渐呈露，直到辛亥革命才归于最后倾覆。

二、专制政体的定义

在叙述专制政体内容之先，似乎有解释"专制"一名所含意义之必要。"专制"这个名称，不见于中国的旧书。考其来源，乃由海通以后从西文 Absolute，Autocratic 或 Despotic Government 一名意译而成。且以中国二千年中一贯地采用了君主政体，所以清末政论家所用专制一名，实际上是指君主专制政体（在英文为 Absolute Monarchy 或 Monarchy）。Monarchy 源于希腊文 Monarchia，意指一人专政，Autocracy 源于希腊文 Autos Kratos，意指自己力量。Absolute 源于拉丁文 Absolvere（P. P. absolutus），意指解放，Despotic 源于希腊文 Despotes，意指君长。综括起来，君主专制文字上的意义是：一个执政者完全凭仗自己权势去统治国家，绝对不受外力束缚的政体。然而在实际上专制的意义并不是这样的彻底。欧洲君主政体的发展，以十七十八世纪为顶点。就事实说，欧洲最专制的君主并不是独揽大权，毫无顾忌。他们也必须利用或凭仗臣属来执行他们的意志。他们在登位的仪式中往往要郑重宣誓表示愿意遵守上帝的命令和国法的条文。只要在原则上君主的权力不受明确固定的限制，专制政体的主要条件便可成立。君主专制的实际程度大体上决于君主本人才力的大小。庸碌童昏之主坐视大权旁落，雄伟英明之主自可万机独断。法国路易十三世和路易十四世正好作一个例证。我们不能因为前者在位的时候权相当国，就断定法国到了后者一朝才变成了专制政体。英国有些史实也可供征引。亨利八世的议会对于君主俯首帖耳，惟命是从，几乎成了行使王权的机关。詹姆士一世和查理一世的议会却力抗王权，与专制为劲敌，终久成了建设民主政治的功臣。我们也不能因此就说英国的专制政体到了十七世纪初叶已经消灭。

我们必须避免对"专制"望文生义，以致陷于以辞害意的误解，近代学者所谓"专制"大约包含两层意义。（一）与众制的民治政体相对照，凡大权属于一人者谓之专制。（二）与法治的政府相对照，凡大权不受法律之限制者谓之专制。一个民治而兼法治的政体固然不是专制，一个民治而非法治，或法治而非民治的政体也不是专制。虽然我们也时常听到"多数专制"（Tyranny of the Majority）和"法律专制"（Legal Despotism）等名词，这都另有含义，和"君主专制"不相干涉。

三、中国专制政体的实质

现在我们可以一述中国秦汉以后专制政体的内容了。由秦汉到明清二千年间专制政治虽然在效用上好坏不齐，然而本质上却是始终一贯，并且就大势上看，由浅趋深，逐渐地增加了程度，也逐渐地暴露了弱点。

中国专制政体最大的特点，和欧洲专制政体相像，是君主的独尊。荀子曾说："天子者势位至尊，无敌于天下。（中略）南面而听天下，生民之属莫不振动从服，以化顺之。天下无隐士，无遗善。同焉者是也，异焉者非也"。韩非子说："明主之行制也天，其用人也鬼。天则不非，鬼则不困。势行教严，逆而不违，毁誉一行而不议"。管子说："予之在君，夺之在君。贫之在君，富之在君"。先秦学者的专制理想，到始皇混一以后便成了无可否认的事实。外无诸侯分治，内无贵族分权，封建天下一切有效的束缚都已无形消灭。于是除了君主本身才能及物质条件的限制以外，天子无疑地"独制于天下而无所制"，取得了至尊无敌的势位。

"独制于天下而无所制"，这是李斯写给秦二世"督责书"里面的一句话。话虽简单，却很明白很正确地指出了专制政体的精神。李斯在书中曾对"独制"加以说明。其中有一段是这样的："俭节仁义之人立于朝则荒肆之乐辍矣。谏说论理之臣闻于侧则流漫之志诎矣。烈士死节之行显于世则淫康之虞废矣。故明君能外此三者，而独操主术以制听从之臣，而修其君法，故身尊而势重也。凡贤主者必将能拂世摩俗，而废其所恶，立其所欲。故生则有尊重之势，死则有贤明之谥也。是以明君独断，故权不在臣也。然后能灭仁义之涂，掩驰说之口，困烈士之行。塞聪闭明，内视独听，故外不可倾以仁义烈士之行，而内不可夺以谏说忿争之辩。故能荦然独行恣睢之心而莫之敢逆"。李斯所说纵不能算做专制政体最忠实的描画，至少是专制政体最透辟的理论。我们如果一考始皇二世的行为，便知道李斯所谓独制独断独听独行，确有事实上的根据。例如封建之议，始皇虽令群臣发言，而可否的最后决定仍在始皇本人。这和先秦谋及卿士，问于国人的制度根本意义不同。又如李斯为先朝开国功臣，一旦受谮，腰斩于咸阳市。这虽由二世不知好歹，然而正可从此想见天子的势位是如何尊贵无敌了。

秦代行极端的专制，不久覆亡。汉以后的君臣往往引为前车之鉴，设法对专制政体加以限制或粉饰。始皇以吏为师，任用刑法。汉人便改变作风，用政治的力量来表彰六艺，尊奉孔子。汲黯说汉武帝"内多欲而外施仁义"。真可谓一语中的，揭穿了专制英主的秘密。始皇焚书坑儒，二世肆志广欲，赤裸坦白地去做专制的勾当。比较起来，汉武帝真是聪明多了。他不但为自己发明了妥当安全的伪装，而且替后世君主开一方便的法门。从此以后，一个君主纵是居心如嬴政，行事如胡亥，而在名号上形式上也要德比唐虞，道继周孔。我们试检史籍一看隋炀帝乃至唐懿僖等的事迹，就知道上面所说，并非言过其实。

四、中国限制君权的制度

两汉以后，限制君权的办法不外三种：一是宗教的限制，二是法律的限制，三是制度的限制。第一种限制脱胎于上古的天命学说，以董仲舒的"天人相与"为最重要的代表。董子认定君主"独制于天下而无所制"是极危险的政体，所以提出天的权威来限制君的意志。他对汉武帝说："天之生民，非为王也，而天立王，以为民也，故其德足以安乐民者天予之，其恶足以贼害民者天夺之"。君位的予夺，其权在天，可见人主虽尊，并不是独制而无所制。不但如此，上天除了予夺国祚外还始终不懈地监督人君的行事。董子又对武帝说："臣谨案春秋之中，视前世已行之事，以观天人相与之际，甚可畏也。国家将有失道之败，而天乃先出灾害以谴告之，不知自省，又出怪异以警惧之，尚不知变，而伤败乃至"。天出灾害警告人主，"亦欲其省天谴而畏天威，内动于心志，外见于事情，修身审己，明善心以反道者也。"君主受天的谴告，畏天的威严，又可见人主虽尊，并不是独制而无所制。

第二种限制是国家的成法和祖宗的家法，管子曾说："君臣上下贵贱皆从法，此之谓大治"。又说："不为君欲变其令，令尊于君"。这种重法的理想，虽被商鞅韩非的尊君思想所压倒，然而到了秦汉以后还偶然有人采用实行。例如汉文帝想越法杀人，廷尉张释之对他说："法者天子所与天下公共也，今法如此而更重之，是法不信于民也。"又如汉武帝微行驰马，损伤禾稼，为鄠杜令诃止，示以乘舆物，良久乃得去。

又如洛阳令董宣按治湖阳公主奴杀人罪，光武帝欲杀董宣，藉以安慰公主，董宣说："陛下圣德中兴，而纵奴杀良人，将何以理天下乎？"光武又使董宣向公主谢罪，董宣不肯，帝使人强抑之，终不俯首。公主曰："文叔为白衣时，藏亡匿死，吏不敢至门。今为天子，威不能行一令乎？"帝笑曰："天子不与白衣同。"因敕强项令出。从这几件事看来，可见专制天下的君主也有时能够循规蹈矩，尊重法律，放弃独制而无所制的特殊地位。此外历朝的开国君主，想防患未然，久保国祚，往往提出一些禁令，以资嗣位子孙的遵守。汉代非诸刘不封王，宋代不容内官干政，便是显著的实例。君主受"祖宗家法"的限制，当然也不能独制而毫无所制了。

第三种是制度（也是广义法制）的限制。我们姑且举比较易见的几件来说。汉代丞相和三公的地位权力在一个时期内颇重要。哀帝要加封嬖臣董贤的官爵，丞相王嘉封还诏书，不肯副署施行。桓帝下诏逮捕党人，太尉陈蕃也不肯副署。景帝承窦太后的意思，与丞相议封王信为侯，周亚夫不肯应允，举高祖非刘不王，无功不侯的旧约以相拒，"帝默然而沮"。成帝想用刘向为九卿，因为丞相和大臣反对，始终不能如愿。西汉时代的丞相很可以与人主抗权，不容人主任意独制，这是一个例。汉唐以后朝廷上设有言官，职在纠谏君主的过失。唐太宗纳谏改过的美德尤为史家所艳称，魏徵在贞观年间前后谏二百余事，后魏徵因病告退，太宗说："金必锻炼而成器，朕方自比于金，以卿为良匠，岂可去乎"。此外如薛收谏猎，太宗赐金四十铤以资奖励。孙伏伽谏杀人过律，太宗赐以兰陵公主园。姚思廉谏幸九成宫，赐帛五十疋。张元素谏修洛阳宫，甚至说太宗不如隋炀帝。太宗问他："卿谓我不如炀帝，何如桀纣？"张元素说："若此役卒兴，同归于乱耳"。太宗嘉纳其言，赐帛二十疋，诸如此类，不胜枚举。这又是君主不任意独制的一种例。汉唐以后的君主在用人方面也受着制度上的限制，内外官吏的年资出身从西汉起都有明确的条例或"故事"准则。例如汉代郡县守相之高第者方可升任二千石，二千石有治行者方可升任九卿，九卿称职者方可升任御史大夫，御史大夫称职者方可升任丞相，有市籍者不得为官，入财为官者不得名职。此后曹魏的时候陈群立九品官人之法，唐代用文武三铨之法，宋代行吏部四选之法，明清两代选考之法更趋严密，君主用人之权被吏部所分而受了限制。

五、限制君权制度的实际效力

宗教、法律和制度虽然束缚君主，使他们不能完全任意行为，而就二千年中大势看来，它们的效力事实上并不久远重大，不足以摇动专制政体的根本。先说宗教，董仲舒是阐发天人相与学说最著名的大师，他自己便以言灾异下狱，几乎论死。西汉东汉的盛世，皇帝往往因天变下诏自责，文帝、宣帝、光武帝、明帝、章帝等都曾因日食下诏罪己。然而元帝成帝后，天变的责任逐渐推移到了三公的身上。元帝永光元年，春霜夏寒，日青无光，丞相于定国自劾罢官。永始二年，成帝册免丞相薛宣，册文说："灾异数见，比岁不登，百姓饥馑，盗贼并兴，君为丞相，无以帅示四方，其上丞相印绶罢归"。如淳《汉书注》说："天文大变，天下大祸，则使侍中以上尊养牛赐丞相，策告殃咎。丞相即日自杀"。董仲舒等鼓吹天人相与的学说，其用意本在挟天威以令天子，使专制不趋极端，英明良善的君主固能采用其说，敬畏天威，至少虚与委蛇，免资口实。然而"天道远，人道迩"，援天说人，每难符应，行之既久，不但"拆穿西洋镜"，而且发明了"请君入瓮"、"李代桃僵"的妙法。皇帝本人用不著自责求言，避殿罢乐，他只须把一切责任轻轻地推给三公，自己便可行所无事，"仰不愧于天，俯不怍于人"了。倘若被策免或自劾自杀的三公果然实际上掌握全国行政大权，他们受不了失职处分，可谓咎有应得，然而元成以后，三公权力，已被外戚宠臣所充任的大将军所侵削，和安以后三公的权力又被女后外戚所剥夺。他们在事实上不能尽职，而一遇灾变，还受重责，这真是天大的冤枉！我们当然不想实行雨后送伞的笑谈，替汉朝的三公作义务辩护人，为他们平反旧案，昭雪沉冤。我们只要从他们受屈的事实当中认清一个历史的趋势：君主专制政体到了汉朝已经根深蒂固，不是"天威"的宗教学说所能束缚动摇的了。

法律的效用不见得比宗教更强。史家所记君臣守法的几件事情诚然流为千古的美谈，然而我们要知道，这些美谈所以耸动听闻，值得大书特书，正因为它们是例外而非常态。史家所记君主不守法的事情已是不胜枚举，史家所未记的恐怕是罄竹难书。秦汉以后的君主在立嗣、用人、行政、施刑等事务上，除非遇著有力的阻遏，每倾向于任意而行，不顾成规。杜周说得好："三尺法安出哉，前主所是著为律，后主所是疏为令"。皇帝的意旨就是法律。成规有不便的地方，尽可废止修改或置之不理。秦二世听赵高的话"更为法律"，以便利他自己的放纵的行为。后来的皇帝有时候比二世更加直截了当，不一定拘泥法律的形式。史书所载废长立幼、封赏无功、诛杀过罪、更动官制、横增赋役一类的乱政苛政，哪里有法律上的根据？章太炎说秦始皇死后二千余年中没有一个能够真正守法的君主。他所举的理由容有不尽可信之处，然而这一句话却很可以说明秦汉以后中国专制政体一部分的真相。

政治制度上的限制也同样地有时归于无效。汉代"二府"（即丞相和御史大夫）固然可与"宫中"对抗。然而拒绝副署的方法并不能够抵当皇帝的决心。王嘉反对加封董贤，而哀帝究竟封了董贤为大司马大将军，权位反在三公之上！一直到哀帝驾崩，董贤知难幸免，才自杀了事。此外历朝昏君或英主用人行政不合定制的事例不一而足。否则佞幸、宦者、外戚等何至于弄权乱政，而正直朝臣对之无可如何呢？不但如此，历朝的皇帝对于制度的本身并不十分尊重。他们有时图一时的便利，不恤更动久行的定制。即以丞相官制来说，自秦汉以至明清，废置无常，员额不定，名号屡改，权力数易。就大势论，丞相的重要随着专制政体的进展而逐渐减低。两汉元成以后，相权见夺于大将军。东汉自光武躬亲吏事，国家机务转入尚书之手。和安以后，外戚擅柄，相权更趋微弱。自从哀帝用丞相孔光为"大司徒"，丞相一名除了魏晋时代权臣篡国偶然用来作过渡的阶梯以外，也就若存若亡。隋唐以后的"宰相"名位较卑，职权分散，已失西汉的规模。宋代宰相的职位又卑于唐代。照唐代旧制，宰相拟定大小政事的处置办法，然后请旨核准，皇帝驳斥的时候比较甚少，所以"同平章事"尚有一些实权。宋初范质王溥等因怕太祖英睿，请遇事面取进止，退疏所得"圣旨"，同署施行，以求"尽禀承之方，免差误之失"，于是宰相实际上成了皇帝的秘书，毫无自主的权力。明太祖惩叛臣之祸革丞相官。成祖命解缙等入文渊阁预机务。仁宗复师傅官。杨士奇等以阁臣膺封，才略具宰相的职位。然而成祖任用宦官，首开小人干政的恶例。英宗时皇帝批答，多参以中官，内阁或不与闻。武宗时太监刘瑾揽权，凡有奏章，都带回私第裁决，大学士李东阳无如之何。从此以后司礼监专掌机密，造成了相位相权扫地以尽的局面，更为唐宋之所未有。丞相制度的本身尚且不能自保，充任丞相的个人当然也悉听皇帝的摆布，不但任免无期，而且诛杀随意。从秦汉到明清丞相被杀的数目大体上与时俱增。性命尚且不保，区区的封驳哪里能够压倒君主专制的火焰？

我们再来考察一下谏官制度的效力。汉唐的谏官，其职掌在于纠弹君主的错误。此外朝廷大小臣工，虽非谏职，遇事也可进言规劝。然而进谏者虽可尽忠直言，纳谏与否却完全决于君主一个人的意思。汉唐以后英主听言改过的美德固然可敬，然而进言的人却冒了九死一生的危险。唐太宗对虞世南等说："龙有逆鳞，君主亦然，卿等遂能不避触犯，常如此，朕岂虑危亡哉？"魏徵也说："陛下导之使言，臣所以敢谏。若陛下不受，臣岂敢犯龙鳞？"魏徵又叙述太宗纳谏的情形说："贞观之初，导人以言，三年后见谏者悦而从之，近一二年勉强受而终不平。"以太宗之英明，尚且如此。其余不及他的君主，更是可想而知。我们姑且举几个例来看，汉哀帝欲益封董贤，王嘉上书切谏，帝怒不从，嘉不食死。安帝宠任宦官外戚，又为乳母修第，杨震上书切谏，不听，震饮鸩死。隋炀帝恶谏，他曾说："有谏者，当时不杀终不令生地上。"苏威欲言不敢，因午日献《古文尚书》，炀帝说："讪我也！"即免其官。崔象民谏幸江都，炀帝大怒，令先解其颐，然后斩之。宋明两朝臣下因谏庙礼、立嗣、纳妃、游幸、用人等事得罪者更指不胜屈，而明朝诛杀者尤为惨酷。武宗正德中百官谏南巡，受杖者百余人，有至死者。世宗嘉靖初，廷臣力谏庙礼请称帝本生父为"皇叔父"，激动帝怒，杖死者十八人，贬官谪戍者二百余人。此外名臣因谏得罪者如王守仁杨继盛邹应龙等，或杀或杖，或谪或戍，触犯龙鳞，壮烈可钦！然而专制君主的意志并不因此而有所转移。苏轼说："历观秦汉以及五代，谏争而死，盖数百人。"他所举的数目虽不准确，这一句话却颇能道出宋以前谏官制度不能切实限制君权的事实。

至于用人的制度不能够限制君权，更是史实可征，不烦细辨。秦汉至明清二千余年中外戚佞幸宦官得宠于君主者不一而足。他们打破一切成规，压倒一切大臣。他们所依仗的最后力量只是君主的爱幸。年资条格只能限制比较卑远的小臣，对于他们是不生多少效力的。赵高、董贤、王莽、梁冀、赵忠、田令孜、刘瑾、魏忠贤这一般人都是专制政体本身酝酿出来的蟊贼。专制君主当然也有时能用忠良才智之士。秦始皇任李斯蒙恬，汉武帝任卫青霍去病，唐太宗任魏徵房玄龄，宋神宗任王安石，都是最好的实例。但是我们要注意，贤臣所以能够得任，和奸臣一样，也全靠君主本人的信任。君主能任贤人的事实只证明专制天下可以有英明的君主，并不能证明专制君主的意志受用人制度的限制。

我们更要注意，大臣出身于民间的制度也不影响专制，使之趋于民主。因为第一，卿相虽出于民间，但是并不代表人民。他们勤学求仕的动机正是想脱离民间，厕身于大夫的阶级。他们纵能为人民的福利努力，他们是以皇帝助手的资格，而不是以人民代表的资格去活动。至于存着高车驷马"大丈夫不当如是邪？"的念头而去求官的人更不用提了。其实我们如果再进一步加以探究，更可发现布衣卿相的制度不但不打消君主专制的力量，而且帮助它的发展。周秦间的情形，我们在上文已经约略述及。秦汉以后君主专制的演进深受了贵族阶级消灭之赐。汉初虽短期采行同姓封国的准封建制度，到了景帝的时候也渐归破坏，形成一王独尊的局面。六朝时代门阀大兴，变相的贵族制度又一时出现，然而毕竟敌不过专制的历史潮流，终究步了汉代准封建制度的后尘。赵翼说："晋元帝忌王氏之盛，欲政自己出，用刁协刘隗等为私人，即召王敦之祸。自后非幼君即孱主，悉听命于柄臣，八九十年，已成故事。至宋齐梁陈诸君则无论贤否，皆威福自己，不肯假权于大臣。而其时高门大族，门户已成，令仆三司，可安流平进，不屑竭智尽心，以邀恩宠，且风流相尚，罕以物务关怀，人主遂不能籍以集事，于是大不得已用寒人，人寒则希荣切而宣力动，便于驱策，不觉倚之为心膂。"这正可以证明贵族政治与君主专制两不相容，而布衣卿相可以助长专制的事实。

也许有人要问：秦汉以后二千多年当中，有不少的时候，朝廷的大权不在君主手上，而为权臣所侵夺或分割，如汉孺子婴受制于王莽，献帝受制于董卓曹操，魏废帝受制于司马昭，唐僖宗受制于田令孜，此外历朝的外戚、宦官、女后、权相、方镇更不乏凌君弄柄的例子，我们断定这些时候的君主实行专制，岂非明明与事实不符？

我们的答复很简单。君主大权旁落，其原因在他本身的才短力弱，不能胜专制的重任。这是专制政体衰病的变态，不是专制政体根本变质的证据。专制政体的最大特征是集天下之大权于一点。大权集中，必有所寄。寄于君主，尤其是寄于英主，我们便有汉武帝唐太宗式元气充足的健康君主专制。"乾纲不振"，大权旁落，我们便有汉献帝唐昭宗一流不景气的专制君主。专制健全，天下随之以治。专制衰微，天下随之以乱。君主一身系天下之安危，这是君主专制政体必然的事实，也是中国往古哲人公认的真理。孟子说："一正君而国定矣。"管子说："安国在乎尊君。"董仲舒说："君人者国之本也。"君主既为治乱的关键，所以秦汉以后二千年的政治学说多致意于"君道"之一端。如何格正君心？

如何匡扶主德？如何教诲储贰？这些都是中国政理中的主要问题。我们先哲所述君道的学说，详尽周密，深切精确，恐怕是任何欧洲思想家所不能企及。但话又说回来，专制天下的政理既针对专制天下的政体而提出，在这种政体消灭以后也定然要失去其实际上的应用价值。

我们从上面冗长的讨论，可以得着一个结论：秦汉到明清二千年中的政体，虽因君主有昏明，国家有盛衰，而在效用上小有变动，然而其根本精神和原则却始终一贯。必须等到辛亥革命，然后才随着新建的民主政体而归于消灭。中山先生在民国纪元前十二年曾说："中国数千年来都是君主专制政体。"在《建国方略》中也说："数千年专制之毒深中乎人心。"在"民权主义"中又说："中国君权到了秦始皇的时候可算是发达到了极点，但是后来的君主还要学他。"民国十一年在桂林演讲又说："前此帝制时代以天下奉一人。皇帝之于国家，直视为自己之私产。且谓皇帝为天生者，如天子受命于天，及天睿聪明诸说，皆假此以欺人，以证皇帝之至尊无上。"中山先生确认了秦汉以后二千年的政体是君主专制，更确知道君主专制是中国微弱的一个主要原因，于是领导革命，肇造民国，促成了中国政治演进的最高形式。

（民国三十四年）

地方民意机构的初步检讨
（1946 年）

　　自治是宪政的基础，地方民意机关是自治的命脉。国民政府在对日抗战期间决定筹备宪政，推动自治，先后在各省成立省以下各级民意机关，几年当中已有若干可观的成就。笔者曾得着机会对四川省的市县以下各级民意机构作一些观察，所得的资料虽不丰富，但根据见闻所及来作一个初步的检讨，或许不至于毫无意义。①

　　在讨论之先，我们必须认清目前县以下民意机构的本质，这可以从历史和法律两个观点来看。从历史的观点看，目前地方民意机构的出现，一方面是适应战时的需要，另一方面也是实行宪政的建设。现代战争是全民战争，为了增加推行政令的便利，取得人民的合作起见，政府先后成立了国民参政会、省县市临时参议会、乡镇民代表会等一套"民意机构"。这些机构对于抗战确有相当贡献，只就征兵征粮一端来说，假使没有县以下的民意机构，单靠行政机关办理必然是十分艰难的。抗战证明了民意的重要，但抗战不是促成自治的主要条件。远在抗战之前，孙先生和他缔造领导的国民党已有明白的决定。就最重要的文献说，如民国十三年的《建国大纲》第八至十六条订明县自治为宪政的条件。如十七年的"训政纲领"第三条订明在训政期间政府要训练人民行使四权。又如二十年的"训政时期约法"第二十九、三十一及八十二条分别规定地方自治、训导四权，及筹备自治等事项。到了抗战期间，政府赓续推进这个政策。二十七年四月一日国民党临时全国代表大会议决的"抗战建国纲领"第十三条也有县自治的规定。此后如二十八年九月九日国民参政会定期召开国民大会的决议及三十二年国民党十一中全会

---

　　① 本文所用资料之搜集，多承雷君放、杨履中两君之助，特此致感。

于抗战结束后一年内召开国民大会的决议，都促成了地方民意机关的设立。

就法律的观点看，省县各级临时参议会都是筹备宪政的地方民意机构，而不是正式的地方民意机构。它们最后的法律根据就是《建国大纲》关于训政的规定。"训政纲领"、"训政约法"和"抗建纲领"把上述的规定加以重申修补。二十三年二月十一日中央政治会议议决分地方自治为三期：（一）扶植自治时期，（二）自治开始时期，（三）自治完成时期。在前一期中各县设县参议会，在后二期中各县设县议会。这也是推行宪政的补充办法。二十八年九月的"县各级组织纲要"把以前原则上的规定加以具体的规定，而成为此后筹备地方自治许多法令规章的主要根据。三十年的"县参议会组织暂行条例"，三十一年的"四川省各县临时参议会组织规程"，三十年修正的"市临时参议会组织条例"，三十四年的"市参议会组织条例"，三十年的"乡镇组织暂行条例"，三十一年的"四川省各县乡镇民代表会组织规程"和"各县保民大会组织规程"等等，无论与"县各级组织纲要"是否有直接关系，都是遵照筹备宪政的原则而制定的训政时期规定。法规既具有训政的本质，根据这些法规而成立的民意机构当然也属于训政的范围。这个训政的法律根据可以说明临参会和同时其他各级民意机构的特性。因为是"训政"的，所以它们既不是纯粹的行政辅助机关，也不是独立的代表机关。它们一方面要表现民意，一方面要受政府指导。它们的情形略像才会走路的儿童：自己要走，又要保母牵着走。由牵着走而达到放手走的过程，就是由训政而达到宪政的过程。

假如上文的解释不误，我们可以看出现阶段中地方民意机构的性质是颇为特殊的。它们有辅助政府，推行政令的工作，也有筹备自治宣达民意的职任。它们要受政府的监督，同时在相当范围内也可以监督某一级的政府或执行机关，这是训政观念的必然结果或当然表现。但是若干困难、甚至矛盾，也由过渡期间民意机构的这种两元性而发生。行政的便利或需要不一定会和自治的需要相符。受政府指导的民意机构有时便难于对政府作有效的监督。反过来说，果然有监督政府能力的议会也无须政府指导。这些困难也许不是内在的，也许在适当组织、适当运用条件之下，训政时期的民意机构确能达成推行政令、筹备自治的双重任务。事实上是否如此？这正是关心中国政治建设人士所急欲明了的一个问题。我们不妨就近数年来四川省设立民意机构的情形来试求解答。本文拟分别从民意机构的素质和民意机构的效能两方面来讨论。

一、民意机构的素质

民意机构的素质，取决于组成这些机构之人员的素质。这可以用两个标准来测定：（一）代表民意的程度，（二）本身品质的高下。

地方民意机构的人员能够代表人民到什么程度呢？照通常的经验说，人民自由自动选举的议员比较上能够代表人民。代表性能的大小大体上决于当选者得票数的多少。一个得着人民绝对多数赞成的代表，当然比一个得着少数赞成的代表更能代表人民。但在训政时期中国的民意机构中，这问题却不是如此简单。因为训政的关系，人民不能够完全自由自动地选举各级代表，而要受四种限制。第一，省县市临时参议会的参议员系由县市政府于征询各县市党部及地方团体意见后提出加倍人数，呈送行政院或省政府核定。严格的说，临参会议员的选举，不是民选，而是官选。他们是由于党部及团体提名政府圈选，而不是由于人民的自由直接选举。第二，依照法令规定，省参议员由各县市参议员选举，县参议员由本县各乡镇代表会及职业团体选举（市参议员之选举办法与县略异），乡镇民代表由本乡镇之保民大会选举，而"保民大会由本保每户公民一人组织之。如一户有公民二人以上时，以户长为当然出席人，或由户长指定一人出席"①。此省县系统内民意机构人员之选举关系可于下图（见下页）明之：

观图可见各级民意机构人员的选举多系层累而上的间接选举。愈上级的代表愈和人民的关系疏远。这比较临参会的党团提名，政府圈定更为"民主"，但仍不是通常民主国家自治民选的办法。市参议员的区域选举和县市的职业选举避免了间接的层累制度。但职业选举"以每一职业团体为一单位，各自由职业团体合为一单位"②。第三，"县各级组织纲要"第六条规定"中华民国人民，无论男女，在县区域内居住六个月以上或有住所达一年以上年满二十岁者为县公民，有依法行使选举罢免创制复决之权"③。"四川省各县乡镇民代表选举规则"第三条也规定

---

① 《四川省各县保民大会组织规程》第二条，《乡镇组织暂行条例》第四十一条。

② 《县参议会选举条例》第十条，《市参议员选举条例》第十五条，职业团体除渔会教育会外都采复选制。同上第十三条，第十八条。

③ 《市组织法》第七条，对市公民有近似之规定。

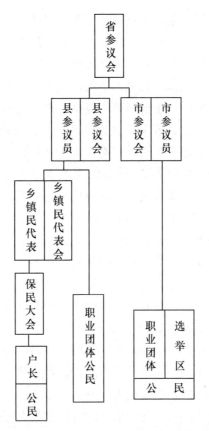

"中华民国人民无论男女居住本保六个月以上或有住所达一年以上年满二十岁者有选举乡镇民代表之权"。公民虽然依法有普遍的选举权，但由若干选举法规的规定而受了限制。最重要而显明的便是基层自治组织有权选举乡镇民代表的保民大会不是由全数公民参加，而是"由本保每户一公民组织之"。这个参加保会的公民是一户的户长或户长所指定的公民。在中国普通的家庭当中仅有一公民的户并不甚多。因此应有选举权而不能参加自治的公民不在少数。更因此现行的选举制度尚未达到全民普选的境地。第四，按照法律的规定，一切省县公职候选人除具备法定其他各项资格外，必须经过考试或检核及格才能候选。[①] 公职候选人是否应该考试检核？这个问题我们不拟在这里讨论。民意机构的选举因有此种规定而受到限制却是明白的事实。检核的结果（现在尚未实行考试）使选举权和被选举权都不能完全自由的行使。

---

① 三十二年五月"省县公职候选人考试"，二十二年十月"省县公职候选人检核办法"。

这四种限制无疑地是根据训政的原则和客观的事实而加上的。训政的原则是逐渐培养人民行使四权的能力。客观的事实是大多数的人民对于四权的运用不发生兴趣，甚至不了解意义。骤然实行无限制的全民普选是有困难的。间接选举，候选人检核，甚至政府圈定，这些办法的用意显然在逐渐养成人民自治的经验，提高民意机关的素质。在这些限制当中，执政党也可以得着若干控制选举的机会，因而保持自身的优势。这些都是训政时期应用的办法，我们无须反对。我们所必须讨论的倒是在实行这些办法的时候得到了预期的效果没有。

先就选举来说。川省各级各地民意机关的选举，一般看来，竞选者的情绪相当热烈，而选举人的兴趣并不浓厚。照法律规定，在举行县市参议员选举以前必须举行选民登记，以凭编制选举人民簿。但事实上人民登记极不踊跃，虽经有关人员登门促劝，至多每户登记一人了事。可能的原因是：（一）在抗战期间恐怕因登记而确定了兵役工役的义务，（二）传统心理的障碍，（三）对选举的淡漠和不解。三十四年十月七日举行的成都市第一届参议员的区域选举可以供给我们一个具体的实例。照市政府的统计，全市二十岁以上的公民数是四二二、四二七人（全市人口数为七二八、四四四），而登记的人民数只有一七五、〇九一人，仅占百分之四十强。届期投票的人民只有一〇八、二四四人，仅占登记人民数的百分之六十强，占公民全数的百分之二十五强。其结果就是百分之七十五的公民放弃了应有的选举权。因此当选参议员的代表程度也就大为减低。再就职业选举来看。五个职业团体（自由职业各工会合为一单位）登记了人民一七、三三三人。届期投票者只有八七二人，仅占人民数百分之五强。换言之，职业团体的人民百分之九十五放弃了选举权。其结果便是八百七十二人选出了七十名代表。把各团体分开来观察，其情形更有奇特者。工会登记的人民数是一〇、〇三八人，投票人数只有一八〇人，仅占前者百分之二弱。农会登记人民六三五人，投票人数只有八人，占前者百分之一强。教育会登记的人民数是四五九人，投票者四一六人，占前数百分之九十强。这是职业选举中最高的纪录。成都市是四川省的文化中心，其选举情形尚且如此，边远的外县想必还有不及成都的。笔者略有闻见，但以缺乏客观的资料，只好存而不论。

次就检核来说。依照省县公职候选人考试法的规定，甲种公职候选人合格者得为省县（市）参议员候选人，乙种合格者得为乡镇或区民代表候选人。考试方法分为试验及检核两种。立法之原意显然在提高人民代表之素质，并便于政府之控制。但又鉴于一般人民对自治之淡漠，于是考试方法暂行专用检核，而检核手续又力求宽大简单。除正式程序之外，更有"补行检核"、"代请检核"的程序。实行的结果，可以说是得失相参。厉行检核制度的目标在排斥不良分子或执政党不欢迎分子渗入民意机关。放宽检核程序的目标在鼓励或延揽良好分子，使能加入筹备宪政的先驱部队。事实上虽有不少端正的人士由自愿检核或代请检核因而成了合法的候选人，同时也有良好分子不曾应检，或不良分子利用检核的方便之门甚至逃避检核而混迹于各级民意机关。例如在离成都市不大远的两县当中。在甲县里面有一位年高望重的"正绅"不愿参加检核，作县参议会候选人。于是由有关人士援据省外公职候选人检核办法第二十七条规定的程序，代请检核。结果这位正绅当选了。在乙县里面有一位雄霸一方的"土豪"，党政方面都不愿意他当选。但是检核的大门拦他不住，凭了他自己的势力终于当选。照"考试法"第七和第八条规定，年满二十五岁的公民，具备某级学校毕业或同等学力，曾任某种自治事务，曾办地方公益事务，或具有其他列举的资格者，都可请求检核。倘使严格执行这两条的规定，各地方人士合格者而愿意来应检核者恐怕不多。倘使从宽执行，"同等学力"、"公益事务"等都是空泛难凭的标准。何况在目前状况下，毕业或服务证书都大有伪造的可能呢？检核的淘汰作用因此为之削弱不少。据若干当选民意机构的代表告笔者，在他们自己参加的组织中，确有以伪造资格检核而当选的例子。

上述的困难，也可以从一些片断的统计数看出，据川省民政厅统计，四川全省公职候选人检核人数，三十二年原定须有五三四、三九五人。其中甲种三一、○七五人，乙种五○三、三二○人。到了三十四年十二月实得的总数为二八二、二九五人，仅达原定额百分之五十三。其中甲种一四、九四五人，占原额百分之四十八。乙种二六七、三五○人，占原额百分之五十三。可见公民应检核的不踊跃。照成都市府统计，在第一届选出的全市区民代表三四八人当中，曾经甲种检核者四人，乙种检核者一二九人，未检核或无证件者竟达二一五人，占全数百分之五十四以上。这可见检核程序难于认真执行。综合地说，因为在抗战期间，推行政令和代表民意的两个观点未能协调，在训政期间政府训导与人民自动的两个办法未能融合，在设立推进民意机构的时候难免发生矛盾的现象。上述选举检核两端不过是其中较显著的部分而已。

我们现在不妨就民意机构的本身来考察素质的问题。先就年龄看。

据川省民政厅统计，全省一四二县市临时参议员二、三一二人。除去年龄未详者一〇五人，其中二十五至二十九岁者十七人（占百分之一弱），三十岁至三十九岁者四八九人（占百分之二十一强），四十岁至四十九岁者七二二人（占百分之三十一强），五十岁至五十九岁者六一五人（占百分之二十六强），六十岁以上者三六四人（占百分之十五强）。全省六十一县市第一届参议员二、七四三人（三十四年底统计），除去年龄未详者三十七人，其中二十五至三十岁者一四五人（占百分之五强），三十一至四十岁者一、〇四三人（占百分之三十八），四十一至五十岁者八五四人（占百分之三十一强），五十一至六十者五一八人（占百分之十九弱），六十一岁以上者一四六人（占百分之五强）。可见县市参议员中，三十以上五十以下之中年人最为多数。又据成都市政府之统计，第一届市议员五十七人中，二十五至三十岁者二人（占百分之三强），三十一至四十者十九人（占百分之三十三强），四十一至五十岁者十四人（占百分之二十四强），五十一至六十者十七人（占百分之三十弱），六十一岁以上者五人（占百分之九弱）。同届候选人四七〇名中二十五至三十岁者二十九人（占百分之六强），三十一至四十岁者一六三人（占百分之三十四强），四十一至五十岁者一三一人（占百分之二十八弱），五十一至六十岁者一〇九人（占百分之二十三强），六十一岁以上者三十八人（占百分之八强）。以当选者与候选者人数比观，可见五十岁以下的候选人比五十一岁以上的候选人较难当选。五十岁以下候选人的百分比是六八·七三，当选人的百分比是六一·三九。五十一岁以上候选人的百分比是三一·二七，当选人的百分比是三八·六一。成都市第四届区民代表（三十四年统计）三四八人，除去年龄未详者二人，二十一至三十岁者十六人（其中二十五岁以下者三人）（占百分之四强），三十一至四十岁者六十二人（占百分之十八弱），四十一至五十岁者一一七人（占百分之三十三强），五十一至六十岁者一〇〇人（占百分之二十九弱），五十一岁以上者五十一人（占百分之十四强）。又据川省民政厅三十三年统计，一一二县市局乡镇民代表四九、八〇三人，除去年龄未详者三二四人，二十五岁以下者六五人，二十五至二十九岁者四、九二一人（依法乡镇民代表须年满二十五岁）（共占百分之十强），三十至三十九岁者一六、一七九人（占百分之三十二强），四十至四十九岁者一六、四五二人（占百分之三十三强），五十至五十九岁者九、二一三人（占百分之十八强），六十岁以上者二、六四九人（占百分之五强）。照上列各统计数字看来，川省县以下各级民意机构代表绝对多数都是四十岁上下的"中年人"。这和四川省第一届省参议员年龄分配的情形大体相似，据三十四年十二月参议员通讯录统计，报到的一三九人中，四十一至五十岁者四十九人，约占全数百分之三十五。三十一至四十岁及五十一至六十岁者各三十六人，占百分之二十六，六十岁以上者仅有七人，三十岁以下者仅有一人，这个现象显而易见的原因是各地的老年人多不屑于参加竞选，三十岁以下的人虽然愿意参加，但一则资望不足，二则财力不丰（竞选需要相当费用的），因此较难当选。古人定四十岁为出仕之年，让中年人来做民意机构的中坚分子不算是坏事。

次看学历。在川省一四二县市临参议员二、三一二人中，除一二八人未详外，大学毕业者五四二人，约占全数百分之二十三；专科学校毕业者六八九人，约占百分之三十；中学毕业者五六七人，约占百分之二十四；小学毕业者二十七人，约占百分之一；军事学校毕业者一七一人，约占百分之七；曾受其他非正式教育者一八八人，约占百分之八。如果把大学与专科合计，县市临时参议员中曾受高等教育者竟达百分之五十三，其水准不可说不高，这和第一届四川省参议员的学历比较，几乎可以相并（省参议员一三九人中大学毕业者六十四人，占百分之四十六；专科者二十四人，占百分之十七，两者共占百分之六十三）。在六十一县市参议员二、七四三人中（三十四年十二月底统计），大学毕业者四五五人，约占百分之十六。专科毕业者三六〇人，约占百分之十三。中学一、〇六二人，约占百分之三十九。职业学校者五十八人，约占百分之二。师范学校二九七人，约占百分之十一。小学三十三人，约占百分之一强。曾受其他特种教育或训练者四六三人，约占百分之十七。如果把中学、职业、师范合计，曾受中等教育的参议员数达百分之五十二，曾受高等教育者只占百分之二十九。照学历看来，民选参议员的水准，较低于政府遴选的临时参议，其原因不只一端，但有一个较重要的是：临时参议员由县府征询党部及团体意见，就具有本县籍贯，曾在本省机关团体服务二年以上之人士中加倍遴选，再由省府圈定。① 因此临时参议员纵然在本县没有厚深的关系，只要有了本县的籍贯，得着党政机关之重视，便可入选。县参议员十分之七是由本县各乡选举，十分之三系由本县各职业团体选举。假使候选人在本县渊源较浅，比较上

---

① 《四川省各县临时参议会组织规程》第二、四条。

难于当选，但事实上川省各县曾受高等教育的人士颇多集中都市而不在本县活动。纵然他们回县竞选往往不能与生长在本县当地熟习者的竞选力量相敌。教育的资历不一定压倒人事的关系。

成都市参议员的学历分配情形略近于省参议员。在当选的五十七人中，曾受高等教育者二十四人，占百分之四十三。中等教育者十二人，占百分之二十一。其他二十一人，占百分之三十六。在这候选的四七〇人中曾受高等教育者二二六人，占百分之四十八。中等教育者九十八人，占百分之二十一。其他一四六人，占百分之三十一。候选人与当选人的学历分配都表示都会的性质。

乡镇和区民代表的学历当然不能与县市并驾。其中也有曾受高等教育的人士，但为数甚微。照川省民厅三十三年的统计，一一三县市局乡镇民代表四九、八〇三人中，除三、九八〇人未详外，曾受高等教育者一、四〇〇人，占全数百分之三。受中等教育者一四、七二五人，占百分之三十一。受正式小学教育者八、六二〇人，占百分之十七。曾入私塾一四、五二七人，占百分之二十九。余为曾受其他教育或训练者。合起来看，曾受中等教育的代表竟多于曾受高等教育者十倍（县参议员中等仅多于高等不及两倍）。成都区代表学历分配又与乡镇不同。在三四八人中，曾受高等教育者四十人，占百分之十一。受中等教育者七十八人，占百分之二十二。曾入私塾者一五五人，占百分之四十四。其他为曾受特种训练或教育者。高等教育的比例大于乡镇者三倍余，但入私塾者反多于乡镇，约成五与三之比。依法曾在国民学校毕业或具有同等学力者可以应乙种公职候选人考试检核。私塾当然可以算国民学校的"同等学力"。但私塾肄业，断难有直接之证明文件。笔者于三十三年春间曾在川西某数县参观乡民代表会开会，并与各代表谈话。各乡主席无疑曾受相当教育，但若干代表则显系缺乏知识的"老百姓"，是否识字恐怕都成问题。因此可以推想民意机构代表所报的学历不一定完全可靠。换句话说，从表格中看出来的学历水准，不一定和事实相符。

民意机构的素质也可以从代表经历看出。从一三九个县市临参会用选样方法，挑出四十四个单位来分析，在七八八名参议员中曾任行政司法等职者二一九人，约占百分之二十八。曾任教育或从事教育文化工作者一九五人，约占百分之二十五。曾任党团工作者九十八人，约占百分之十二。曾任军职者一〇二人，占百分之十三。其余为自由职业农工商等界人士共计不过占百分之二十三（农工商及自由职业者仅占百分之八）。就三十四年十二月底已成立的六十一县市参议会统计，在二、七四三名参议员中，曾任党团工作者二八七人，约占百分之十。行政司法者二八六人，亦占百分之十。自治工作者七九八人，约占百分之二十九。教育者四二一人，占百分之十五。农工商自由职业者五四六人，约占百分之二十。军职者九十三人，占百分之三。余为其他及未详者。和临参会比观，党的成分由百分之十三减到百分之十，政由百分之二十八减到百分之十，军由百分之十二减到百分之三，教育由百分之二十五减到百分之十五，职业人士却从百分之八加到百分之二十，自治人员从百分之十三加到百分之二十九。加减的原因何在呢？依照规定，临时参议员的资格之一是曾在本省机关团体服务二年以上著有信望之人，遴选的步骤是先由县府征询党部及团体意见，后由省府圈定。党政军界人士因此自然较多入选。参议员由人民选举，党政方面比圈定较难控制。县党部虽曾努力，但每以地方势力过强，不能收到预期的结果。自治人员，竞选参议员，好像近水楼台，最易成功。教育工作人员却因财力不足（竞选需要相当的资财）而难以如愿。一般人士认为参议会的素质较临参会反有逊色。这虽不是用客观准确得来的判断，但也不是完全无稽。笔者认为参议员选举的收获不是民意代表素质的提高，而是民权运用的试行。不但如此，选举还有一个收获。党政军和职业人士、自治人员等比较起来，离开老百姓较远。因此党政军经历的参议从百分之五十三减少到二十三，教育职业团体经历者从百分之三十三增加到三十五。可以说是参议会的代表性比临参会有些增加。（但党部有时透过职业团体，发生作用，因此这些数字不可过于拘执。）

乡镇区民代表的经历分布，与镇市参议员颇有不同。照三十三年川省民厅统计，在一一三县市局乡镇民代表四九、八〇三人中，教育及自由农工商等职业出身者，占全数百分之五十四，自治人员占百分之二十四，军警占百分之九，党政占百分之二。照成都市政府的数字看，全市三四八个选民代表中农工商等团体出身占百分之七十四，行政经历者百分之十三，军警经历者百分之十二。职业人士都占绝对多数。在区民代表中，商人占百分之五十七，这是都市应有现象。但在乡镇民代表中农人仅占百分之七，这却有点与乡镇的本质不符。

然而我们不可过于拘泥统计数字。填报记录的事实不一定可靠，事实分类也不一定妥当，因此统计数字不一定完全正确。我们必须于统计数字之外去认识民意机构的真相。这当然是比较困难的工作。大体说来，现阶段民意代表的素质显然呈露"训政"时期的意味，选民和候选人不一定都了解"代议"的意义。候选人中诚然有一些热心自治的人士，但在选举场中活动的人尚有其他的动机。有人参加竞选的人是为了当选之后得一"出身"的机会（当了省参议员较易走上仕途）。有些人希望当选后可以扩张势力，增加体面，保护身家（绅耆哥老往往这样看）。党部工作人员为了保持党的地位而活动（直到最近一次选举为止，"异党"似乎不曾努力参加地方竞选）。甚至于有些县长为了减少府会间的摩擦，或者为了便于舞弊，也间接地帮助候选人活动。这些不同的动机当然影响民意代表的素质。经历表里面出身农工的代表未必代表农工，也未必是由于农人工人所拥护而当选。用普通民主政治的标准来衡量，现有民意代表的"代表"性是不甚高。但就"训政"的眼光来看，这却是自然的现象。

二、民意机构的效能

我们先从民意机构的法定职权来观察它们的效能。照有关的法规看来，省县以下民意机构都不是具有完全职权的议会。按一般民主国家的通例，正式的议会必须具有指定范围内独立的立法权和监督权，尤其是监督财政之权。临参会和参议会都是过渡时期的制度，当然不能与正式议会相比。不过就大体说，参议会的职权较临参会要充实一些。"省临时参议会组织条例"（二十七年十一月施行）第六条规定"在抗战期间各省政府之重要之施政方针于实施前应提交省临时参议会议决"。但在休会期内，省府得于呈准行政院后为紧急处置。第七条规定参议会得向省府提出关于省政兴革的建议案。第八条规定省府得将认为不能执行的临参会议决案提交复议。如复议时经出席参议员三分之二赞同维持原案，省府仍得呈请行政院核准免予执行。此外第九及第十条规定临参会有听取省府施政报告及开会时向省府提出询问之权。照这些条文看来，临参会的职权不但本身大体是咨议性质，而且还受上级政府的确切限制。议决案既不一定必须执行，而省财政预算也不必须经议决才能成立。

"省参议会组织条例"（三十四年七月施行）第三条列举的参议会职权比较上显然充实一些：（一）建议省政兴革事项，（二）议决有关人民权利义务之单行规章事项，（三）审议省经费支出之分配事项，（四）听取省府施政报告及向省府提出询问事项，（五）接受人民请愿事项。第二、三、五项都是临参会所无的职权。但这些有限的职权还是受着上级政府的严厉限制。省参会决议事项与中央法令抵触者无效（第四条）。行政院如认省参会决议案"有违反三民主义或国策情事"，得提经行政院会议通过，呈请国民政府解散参会（第二十一条）。省府的紧急处置权是取消了，但提交复议和呈请上级政府核办的规定依然存在（第二十条）。职权扩充了些，但控制也加紧了些。

县临参会和县参议会的法定职权也受着显明的限制。"四川省各县临时参议会组织规程"（三十一年四月公布）第六条规定县政府的年度施政计划、地方概算、处分公学产，及有关人民负担事项，应交县临参会决议。但在休会期间，县府可以先呈请省府核定。此外第八、九和十条规定临参会有对县府提出建议，听取报告，及提出询问之权。第七条规定县府得将认为不能执行之议案提交临参会复议。复议案经三分之二通过者仍得由县府呈请省府核准免行。第二十一、二十二及二十三条规定县临参会之决议案与中央及省之法令抵触者无效。临参会如违反三民主义及抗战建国纲领，省府得解散之。临时参议员有违法失职情事者，由省府依法惩戒之。这些条文所加的控制可谓十分严厉。但一看临参会法定的目的，我们就可以明瞭真相。规程第一条说："四川省政府在县地方自治尚未完成以前，为集思广益，促进县政兴革起见，特设各县临时参议会。"由此可见临参会是政府设置的咨询辅助机构，而不是代表人民、监督政府的机构，因此它应当受政府的控制，不应当以民意为进退。这样说来，称临参会为"民意机构"是不十分确当的。

县参议会的职权，按照规定，比临参会显有增加。"县参议会组织暂行条例"（三十二年五月施行）明定"县参议会为全县人民代表机关"（第一条）。换言之，它的性质不是政府设立的咨询机关了。因此它便具有一些临参会所未有的立法和监督政府的职权。它可以议决完成地方自治各事项（包括编查户口、规定地价、整理财务、健全机构、开辟交通、办理警卫事项），县预算，县税和公债，县单行规章，以及县政兴革等事项。它可以审核县决算、听取县府施政报告、向县府提出询问、接受人民请愿。县府在参议会休会期间呈请政府核定的办法被取消了。但是上级政府的控制依然存在。县参议会议决事项与中央法令抵触者无效（第三十条）。（与省法令抵触者是否有效，却无明文规定。）参会之议决案如县府延不执行，得报请省政府核办（第二十一条）。县府亦得将提交复议之案呈请省府核办（第二十二条）。省府认县参会决议案有违反三民主义或国策诸事者，得咨由内政部呈行政院核准，解散该会（第二十三条）。控制的手续比较对临参会要慎重些，省府惩戒议员的权力也取消了，但法定的控制仍相当的严厉。这似乎与县参会为全县人民代表机关的规定相背。然而也可以如此解释：县参议会虽然是民选的代表机关，而它仍是宪政前夕的过渡组织。因此它除了受人民的控制外（第七条规定参议员得由原选举之乡镇民代表会或职业团体罢免），还要受上级政府的控制。参会虽然可以监督县府，但在县长未由民选时，府会间的争执只能暂由上级政府解决。

乡镇和保民意机构的职权也受上级政府的控制。"乡镇组织暂行条例"（三十年八月公布）、"四川省各县乡镇民代表会组织规程"（三十一年四月公布）及"四川省各县保民大会组织规程"（三十一年四月公布）各有明白规定。乡镇民代表会在其范围之内各有相当的立法及监督权。① 它们一切议决的事项与现行法令抵触者无效。② 乡镇民代表会议决的概算应经政府核准，审核的决算应经政府复核。③ 乡镇长延不执行议决案时代表会得报请政府核办。④ 乡镇长认为代表会之议决案有违反三民主义或国策时，得呈请省府解散之。⑤ 保长控制保民大会的情形与此略相仿佛。⑥

照法令的规定看，现行民意机构的职权既属有限，政府的控制又颇为严格，它们当然不能发挥一般民意机构的应有效能。但我们未必就可以因此断定它们没有可观的效用。法令的规定多少是针对着实际的情形而来的。中国地方自治的经验尚浅，固然不宜骤然采取高度自治的制度。而在抗战期间，为了军事或经济上的需要不得不利用民意机构以辅助政令之推行。假如政府对它们不加控制，恐怕会发生意外的困难。例如政府需要征兵征粮，而民意机关却议决停战免粮，那又如何办呢？其实，法定的职权虽不大，倘若民意机关能够就此范围充分运用，也可以表现值得注意的效能。那么四川省各级民意机关执行法定职权的情形如何呢？

---

① 条例第八条、四十一条，乡镇规程第三条，保规程第三条。
② 条例第三十三条、四十八条，乡镇规程第二十一条，保规程第十五条。
③ 条例第八条，规程第三条。
④ 条例第二十四、二十五条，规程第二十二、二十三条。
⑤ 条例第二十三条，规程第二十四条。
⑥ 条例第四十九至五十一条，规程第十六至十八条。

　　我们所得的客观具体资料不多，但也可以窥见一鳞半爪。先就议案的数字来说。四川省第一届省参议会第一次大会（三十四年十二月五日至二十九日）通过四百五十六案。据四川省民政厅统计一四二县市局临时参议会第一次会（三十年八月）平均每单位通过三十一案。第二次会（三十二年四月）平均二十六案弱，第三次会（三十二年九月）平均二十案。三次平均，每单位二十六案。四川省三百乡镇民代表会（三十四年度）平均每会通过六案弱。三百保民大会首次会每会平均提出三案弱。从这些简单数字，我们可以得着一个结论：愈近基层的民意机构，议案愈少。这是意想中必然的现象。因为单位愈小，可议之事愈少，代表开会的兴趣也愈微。我们所惊异者不是保民大会的平均案数不到三件，而是居然会有提案。

　　议决由执行而生效，因此民意机构的效能不仅要从通过议案表现，更要从敦促政府施行它们所议决之案而表现。据笔者所知，四川省临时参议会议决案未经政府执行者不在少数。① 县以下机构之议决案执行情形似乎亦未臻圆满。根据三十四年夏二十四县市局临时参会所填之调查表统计②，历次开会决议通过之四〇五三案中，送交县级政府已执行者三一四〇案。换言之，即县级临参会之决议案有百分之七十七强交由政府，径予执行，其余百分之三十三则未径予执行。照组织规程之规定，政府未予执行之案可于下次参会开会时提交复议。照七个临参会所填的表来看（其余各表未填明复议案情形），在决议案六八四件当中有一〇四件，即百分之十五强，提交复议的，一〇四案中有八十四条（决议案中百分之十二）复议时维持原案，交由县级政府执行，或呈请省府核令执行，有二十案被否决（百分之三）。有三件复议时经修改后执行（百分之十五），有三件复议通过，但呈请省府核令免予执行。我们如果把复议执行之案与径予执行之案合计，临参会的决议案有百分之九十得到执行。从议会的立场看来，这似乎是差强人意的数字。但我们还要看一看提案的来源。在二十二个临参会中，历次开会总共提出了三七八四案，其中二一四五案（百分之五十七）是由议员提出，其余是由政府交

　　① 笔者曾根据该会各次开会记录及驻会委员会记录，将议案执行情形作一统计，但所成表格为友人借观遗失。

　　② 宪政实施协进会第一考察区发出，各县市或未填交或填交而不能用，大体可用者有二十六单位。除九、十及十五区外，其余十三区少则一单位，多则五单位，均有资料，勉合"选样"之办法。填表日期均在三十四年六月至七月，所据事实则始于三十一年七月，止于三十三年底。

议。在二一四五件议员提案当中有二〇六一件（百分之九十六）通过了。在一六三九件交议案中有一五九九件（百分之九十三）通过了。以常情推断，政府认为不当而不予执行的案必不是自身交议之案。所以在决议通过的议员提案二〇六一件约有八九百件，即百分之四十以上未予径付施行。在这二十余单位当中有几个例子更属特异。新繁临参会在六次大会中，议员提二十四案，县府交议百十四案，均全数通过。县府径予执行了一三七案。政府提案数几乎超出议员提案的五倍。北川区临参会四次大会中议员提二十五案（通过二十二案），县府交议七十七案（通过六十八件），执行了七十九件。县长提案超出议员提案三倍。如果执行的都是县府交议案，议员提案被执行的只有十一案。懋功县临参会在两次大会中议员提八案，县府交议十六案，超出前者一倍（均全数通过）。径予执行之案十七件，议员案似乎只执行了一件。北碚临参会在六次大会中，议员提出四十六案（通过四十四件），管理局交议五十五件（通过五十二件），执行了七十二件。议员案被执行的大概有二十件。这些当然是极例外的情形，不能代表一般。但临参会本身作用的微弱竟可以到如此地步，恐怕有点出乎意外。

临参会时代"府会"关系不甚良好，是人所共知的事实。上面这些数字可以作我们的旁证。根本的原因是由于府会的两方面的观点不同。照政府看来，临参会的主要任务是在抗战期间辅助政府，推行要政。照临参会看来，它本身的职责是代表人民，监督政府。这两个观点当然不容易协调。在府会争执当中，往往是前者得著事实上的优势。因为有一部分的参议员（尤其是边远各县），对于有关的法令和事实往往不甚明瞭，所提出通过的议案也就有时碍难执行。例如若干临参会通过增教育费以提高教育待遇的议案。但议员诸公却不知道款从何出。这些议案便无法执行。至于府会不同的观点，严格说来，与法定的目的都不十分符合。① 照十三个临参会所填报的数字看（其余各处未填明此项数字），在二〇四一提案中，关于兵役粮政（抗战时期两大要政）者多达百分之二十以上，而关于自治（训政之最大工作）者不及百分之十。这也可以认为临参会的一个弱点。

照不完全的数字看，上级政府对于临参会的控制尚不十分严厉。在填明复议案数字的十八个临参会中复议可决案经省府核令执行者约占百

---

① 《川省各县临参会组织规程》（第一条）。

分之十一，核免执行者约占百分之二。共计不过百分之十三。解散临参
议会和惩戒参议员的事实尚无所闻。但三十三年九月四川省政府训令各
县市政府饬转知各临参会依法无监督审核地方财政收支之权。若干临参
会则认为组织规程第六、第七、第八各条确以此项权力赋予临参会，因
而对省府训令发生疑问，小起波澜。

临参会又一可见的弱点是议员的缺席。在填明出缺席人数的二十五
临参会百十三次大会当中，议员全体出席者仅十八次，换言之，即有缺
席之开会次数达百分之八十四。若拿临参会本身作单位来算，二十五临
参会中没有一个能免缺席的纪录。各会历次开会的缺席议员约占百分之
十四·五，其中，有几个临参会缺席人数竟达百分之三十至四十。例如
资中县临参会有参议员二十名，在第三次会时仅出席十四人。安县有参
议员十四名，第三次会时仅到九人。靖化县有参议员十四名，第一次会
时仅到九人，第二次第三次均只到八人。犍为有参议员二十名，第一次
会到十七人，此后递减，至五次六次会都只到十二人。兴文有参议员十
人，第一次到九人，此后递减，至第五次会只到六人。一般的缺席情形
诚然不如此严重。但参议员的热心不甚充足，已经可以从这些数字
看出①。

乡镇以下机构的工作情形，我们因所知极少，不能作较确切的评
述。乡镇民代表会及保民大会的提案数字已经上文提到。现在姑就民政
厅的统计来观察它们提案的内容。四川省三百乡镇民代表会在三十四年
度中共决议一七八五案，其中属于自治事项者一一二三件，约占百分之
六十三。其他事项之案六六二件，约占百分之三十七。三百保首次保民
大会决议八九一案。其中属自治事项者六六七件，约占百分之七十五，
属于其他事项者二二四件，约占百分之二十五。如果这些数字可靠，基
层民意机构工作却比县以上的机构更合于训政的方向。

照上面所说看来，不但省县临时参议会不是真正民意机关，即省县
参议会也还是宪政期前的过渡组织。我们发现了训政民意机构的若干缺
点。但平心而论，它们的成就终是不容忽视的。抗战期间辅助政令的功
劳固不可没，而宣达民意，鼓励自治的工作也未尝无深远的效果。虽然
各级民意机关有许多受人指摘的地方，它们无形中推进了宪政筹备和民
权学习的教育工作。不满意的筹备总比不筹备好些。我们应当细心观察

---

① 各县参会已于三十四年一月一日起先成立。以缺少具体材料，本文不及述论。

现行制度的得失以为今后立制的参考。即使它们得少失多，我们能够以之借鉴，使将来的自治制度能够比较妥善，它们的贡献也就不小。至于各县市参议会，截止最近，已经成立了一千余处，笔者见闻孤陋，不能述及，这是无可宽恕的阙漏。希望博通之士能够匡所不逮，作一精详完整的检讨，那真受惠不浅了。

——原载《东方杂志》四十二卷十八期

（民国三十五年九月十五日）

低调谈选举
（1946 年）

今年"大选"之期，已经不远了。关于选举的各种离奇传说和严重批评也已经数见不鲜，使关心民主宪政的人士感到若干忧虑。即以笔者现居的四川省来说，在各县的地方选举中发生"利诱威胁"情事的消息不时在报纸上出现。有些地方甚至发生械斗枪杀的惨剧。（例如梓潼县石台乡第六保之六月二十五日的选举，奉节县公坪乡第四保六月二十二日的选举，庆符县复古乡七月十八日的选举，大邑县王泗乡七月下旬的选举。分见七月四日和八日成都《新新新闻》，八月三日重庆《大公报》。）至于变相的行贿竞选更是一言难尽。"某先生竞选国大代表，出钱把县里的参议会改建成富丽堂皇的高楼大厦。参议员们顾而乐之，相率出而代为活动。某先生竞选国大代表，挪移公粮五千石，单是宣传品的印刷费就支出两千万元。某先生竞选立法委员，游行川西十几县，每一县办了十桌海参席，同时还把堆积如山的礼物分批送出去。某先生竞选参议员，卖掉十包绵纱作活动费，价值是一亿六七千万元。某先生竞选参议员，凭门牌论值，每张门牌换取皇后毛巾一张，力士香皂一块。某先生竞选乡长，耗去所存烟土七十余两，吗啡四十余两。……"（成都《新新新闻》"小铁锥"栏。）这些消息或传说虽然难于查有实据，但所说的人物几乎是"呼之欲出"。这里所说虽然限于四川，但别省难免不有类似现象。这样的选举竞争不但有悖道义，有违法律，而且在当前民穷财匮的环境中更有劳民伤财的损失。无怪乎有人要危言深论，预告"选灾"了。

照一般看法，选举的基本目的有二：一是表现民意，二是"选贤与能"。用这个理想的标准来衡量，今年各级选举所产生出来的代表或参议员，究竟有多少真能代表人民，有多少确系才能出众，显然颇成问题。从一部分的"大选"候选人来推测，将来当选的国代立委当中定有不少是达官宿将，显宦富商或其他有力量的人士。他们纵然可以满足"贤能"的条件，却不一定能够代表普通的小百姓。

选举当中已经发生或可能发生的种种弊病是不能讳言的。国人对于选举的忧虑和指摘也是应该而且需要的。然而我们同时也应当承认一个国家的政情是它整个社会背景的反映。选举是政情的一部分，也必然要受客观环境的限制。我们见闻所及的一些选举黑幕都是中国社会舞台上的活剧。在大环境未能改善之先，选举的恶态是难于扫除的。我们试就两点来说：第一，中国到现在还是一个缺乏民主传统和宪政经验的国家。这次大选确是史无前例的创举。许多选民，甚至一部分候选人都有点迷惘，不明瞭究竟是怎么一回事。在我们习于私营舞弊的国度里面，一般人并不觉得利诱威胁是不合乎民主道德的行为。在看惯了舞文弄法甚至"弁髦法令"的人民眼里，刑法当中所有选举舞弊的条文和一切其他禁止选弊的法规并不具有特殊威严，必须悉心遵守。多数人民对于国事仍然不十分关心。他们对于投票选谁这个问题并没有多少主意。选张三或者选李四，尽可听候别人的嘱咐。他们听见了或看见了不合法的行为往往不去过问。参加竞选的人虽然对于选举感到兴趣，然而在得失关头不见得都能够保持公正清纯的态度。纵然发现了他舞弊的事实，或者己身有所顾忌，或者碍于人情势力，也不一定能够举发阻止。在这种情势下，舞弊的人们当然可以放手做去，很少顾虑。其次，在通货膨胀，百物昂贵的经济环境当中，多数人民求衣食之不暇，哪有余赀去参加竞选。上面所说变相行贿的办法固然不是寻常百姓所能采用，就是印发宣传品，递送姓名履历片，或选区游行讲话的费用也有难于担负之实。结果就是：只有赀财充裕的富豪，或实力雄厚的贵显闻人，才能够作竞选获胜的打算。纵有纯然凭仗个人的清望而出马的候选人，断然不是逐鹿场中的多数。

总而言之，在人民缺乏行宪经验，社会缺乏守法风尚，财富集中，民生凋敝的恶劣环境当中，我们难于实现平等、清洁和守法的民主选举。我们不要误会，以为只有中国人才不长进，才会在选举场中巧取豪夺，以博胜利。在欧美先进的宪政国家当中何尝没有类似的现象？在一八三二年改革法案以前，英国的议员选举一部分便为豪门、贵族或大地主所把持。所谓"囊中选区"、"腐朽选区"是人所习知的诟病。在印度发了财的暴发户，为了保持其既得的利益，也曾公然出赀，收买议席。

在一八六八年布乃本区（Blackburn）选举提名的时候便发生过斗殴。美国的情形并不更好。用殴打或绑架的手段去对付政敌有时在各地出现。大都市的地方选举尤富于舞弊的情事。上下其手的选举登记，多寡颠倒的投票计算都是常见的弊病。行贿也是常事。财阀豪门往往用巨款资助政客，以图"狼狈为奸"。例如在一九〇四年的总统选举当中，民主党曾举发共和党接受财团资助的黑幕。在一九二六年本昔凡尼亚州（今作宾夕法尼亚州。——编者注）的初选当中，若干资本家赠送了共和党候选人三百万元以上的大款。法国第三共和政府下的选举号称比较清洁，然而也还不免有违法舞弊例子。有时候地主压迫佃客，雇主压迫佣工，地方官压迫人民，要他们投票选举指定的候选人。有时候在投票的那一天，候选人代付茶资餐账。有时候自忖失败的候选人让他们党羽冲入选场，打破票瓯，抛散已投的选票。上述的这些情事自从十九世纪末叶各国制定选举防弊的法规以后颇有改善，但是舞弊的行为到现在还不曾完全消失。英美诸国的民主传统比我们悠久，社会经济基础比我们健全，尚且如此。中国今日选举场中的变态百出，几乎可以说是意中之事，不足为奇了。

我们不能因为选举难免舞弊就不举行选举，其道理正如不能因噎废食一样。自从有了民主政治，就有选举制度。民主政治不是最好的政体而只是比较安全的政体。选举不一定能够宣达民意，拔举优贤，但至少可以作为多数预政，遏暴防专的一个有用方法。选举纵然有时为灾，总比受害于世袭的君主专制或永久的独裁政治要较可忍受一些。苛政诚然猛于虎，选灾却不一定虐如蝗。两害相权当然取其轻者。"选灾"究竟不能与水旱风虫等灾相提并论。因为水旱风虫是毫无疑问，纯害无益的祸事。假如人力能够办到，当然要极力防止。选举是运用民主政治不可缺少的手段。纵然成灾，也只可认做一个无所逃于天地间的"必须的祸害"。我们的问题不是选举之外是否还有其他运用宪政的方式，而是怎样去减轻选举的弊病或祸害。

上面已经说过了，在一个动荡纷紊的环境当中办选举是难于得到良好结果的。我们没有什么灵丹妙药，足以立治利诱威胁的沉疴。然而"事在人为"，只要各方面的人士致力于防弊杜奸，选举的病害是确然可以减轻的。因此笔者要提出一个呼吁和几项希望：

我们向主办选举事务的人员，参加竞选的政党和个人呼吁，请他们放开襟怀，多为中国宪政的前途着想，少为党派或个人的得失打算，极力避免过于丑恶的作风，尽量取缔违法败德的行为。

我们希望参加竞选的资深望重人士能够以身作则，树立良好的模范，使得国人知道选举是一个"君子之争"，同时对于一切不法的活动，切实检举，使得一般人民知道违法败德是难免谴责的行为。这样"有所不为"和"疾恶如仇"的严正态度也许影响选票，使他们归于落选。然而用促进宪政的眼光来看，他们对于国家的贡献并不多逊于当选以后的作为。

我们希望参加竞选的政党也是能注意到这次选举的教育意义，不斤斤于获得当选人数的多寡。国民党的根基较厚，党员较多，选举获胜的把握较大。它应当充分表现民主政党的恢宏态度。它既站在主要执政党的地位，更应当负起守法示范的重大责任。青年民社两党也可以有卓越的贡献。假如两党人士（无论参加竞选与否）能够在各级选举之中做切实监督的工作，纠弹检举一切非法不当的行为，其效用必能超过任何个人检举之上。因为用有组织的政党来监督选举，最为有力，最能引起朝野的重视。美国一九〇七年以后赓续制定了若干联邦的防止选举舞弊法律就显然是政党检举的一个结果。

据报载的消息，青民两党颇注意于三党候选人名额的分配，这似乎不是一个最理想的做法，民主宪政要以健全的选举为基础，健全的选举要以公开的竞争手段。三党商谈候选人甚至当选人的比例名额，显然有背公开的精神。如果国民党果然有支配各级当选人的实力，青民两党要求和它分配名额便是无形中承认了包办选举。如果国民党没有支配各级当选人的实力，青民两党向它要求名额便是徒劳唇舌，贻人口实。笔者希望两党的人士看轻一时的得失，着眼于宪政的成败。毅然决然，依照宪法第一三一条，"各种选举之候选人一律公开竞选"的规定，各别提名，各自竞选。在竞选的活动当中表现最充分、最真实的民主作风。不但可以一新国人的耳目，并且可以作一切政党的模范。无论竞选的胜败如何，他们对于宪政的贡献必然是值得钦仰赞颂的。青年和民社在目前都是少数党。假如公开竞选，失败的成分可能较多。然而这并不是严重的事情。"大选"每六年或三年要举行一次。两党纵然一次失败，只要党品日高，党誉日隆，党员日众，何尝不可在下一次或两次竞选的时候收到成功？英国工党经二十余年的奋斗终能再度执政，便是一个例子。由公开民选而当政总比由分配名额而共政要更民主、更有力、更成功一些。

　　最后，笔者希望这次大选当选的各党派或无党无派诸公——尤其是立法委员——将来能够多着眼于人民的福利和宪政的根本，努力前进，积极地推动有益的政策，消极地监督政府的设施，使中国的政治早日踏上澄清的正轨，并且随时注意造成一切有利的条件，使下一届的选举更加民主化、清洁化。那么无论他们在竞选的时候曾经引起多少批评，无论他们是否多数人民的真心拥护而得当选，他们必然能够得到人民的最后钦崇和信任。换句话说，他们凭服务的成绩成为了人民的真正代表。

　　清洁的选举不能一蹴而及。"譬如为山，初覆一篑。"能够实行选举就是宪政的具体开端。愿国人重视今年的选举，在不能避免弊病的环境当中努力减少一些弊病。

（民国三十五年）

制宪与行宪
（1946 年）

据中央社南京十二月十二日电，左舜生先生在中央宣传部中外记者招待会上曾表示在国民大会制定中的宪法，虽然有些缺点，他还是愿意接受。因为"欲求宪法每一条每一字均令人满意，实为不可能之事"。这是明情达理，具有政治家风度的一个看法。[①]

追求完美，本是人类的一个优点。道德、社会和物质生活所以能够继长增高，日新月异，多半有赖于这种求满意的上进心思。然而经验却告诉我们，尽善尽美的理想虽是领导行为的有效目标，它不是在任何时间，任何地方所能完成的实际境界。我们可以由努力前进而接近理想，我们不可因理想的境界未能实现，就放弃了前进的努力。

各国政治史的事实最能够证明这个知完而行缺的道理。自有政治思想家以来就有关于政治制度或生活的理想。孔子所谓天下归仁，柏拉图所说的哲君行义，就是最早的著例。然而二千余年当中，无论中西，人类何曾实现过完全满意的政治。十九世纪以前不必说。二十世纪成绩最好的英美政府——前者是内阁制的极诣，后者是总统制的极诣——也不免受学者或政治家的批评。苏维埃联邦的制度诚然为共产党员所赞颂，然而它是不是共产社会理想的完美表现，恐怕还是一个可以讨论的问题。

人类何以有高妙的政治理想，却没有完美的政治生活呢？

第一个可能的解释是"心有余而力不足"，高妙的理想往往出于少数聪明卓越的先知先觉。正因为他们聪明卓越，所以他们能见常人所未

[①] 此文草成后，中央社上海十二月十五日电复载左先生在上海对新闻记者谈话，略谓：国民大会审查委员会几使政协若干基本原则全部推翻。假使在综合审查会及大会中不予改变，则青年党可能被迫采取一个自身不愿推行的步骤。笔者希望事态不致如此恶化。

见，能说常人所未说。所以他们的主张和计划既不易为一般人所了解，也不易为一般人所实行。正因为理想是高妙的，所以它离开低劣的现实有可观的距离。这个距离有时候成为实现理想的障碍。不但如此，人是理性的动物，也是习惯的动物。合若干长期的重复行为而成个人习惯，合若干长期的个人习惯而成民族习惯。长期养成的习惯当然难于短时间中打破。民族习惯的黏韧性似乎有过于个人。良好的习惯确是任何政治社会的有用资产。一个沾恶习的社会也可以说是带了破产性的精神负债。在这样的社会当中，许多改进或建设的力量有时候不足以抵偿恶习的债务而归于虚费。有一个革命家或两个改进家，就有十个守旧者或一百个阻挠者。一个新的生活方式才被提出或试行，无数的旧生活习惯就起而作梗。在重重困难阻遏之下，卓越的先知也不免发生无地用武之感。社会制度不是能够在真空中存在或运用的。它永远要受时间、物质、人事，种种条件的牵制。这些条件诚然会变，但它们只能逐渐地而不会突然地改变。惊天动地的政治革命也不能把它们一扫而空。姑以中国为例。辛亥革命是很大的成就。然而清政府倾覆了，那个时代的官僚遗毒和贪污风气却历久不能尽除。不但旧习未除，而且在民国元年到北伐军兴十几年中又加上了军阀政治的新恶习。在这个期间中国不是没有制宪工作。但制宪者本身既未必健全，社会环境又异常恶劣。在那个环境之下，就是缔造共和的孙先生也只有退处南天，另图革命。孙先生的主义是好的，可惜当时一般人不能奉行，因此延误了中国民主宪政的实现，孙先生心有余而一般人力不足。因此，孙先生才提出"训政"的方法以资补救。清朝末年和民国初年的恶习到了今日诚然改变了好些，但是从北伐以来的十几年当中我们又染了另外一些新的恶习。抗战胜利后发生的许多可耻的错误行为，可以证明我们不是凭空捏造。纵然有了完全满意的宪法，我们现有的力量是否能够把它满意地见之于实行呢？照笔者看来，湔除恶习和提高民德的努力比较寻求美满宪法条文的努力还更迫切需要。

第二，运行有效的政治制度大都是应实际的需要或对事实而妥协的结果。欧美现代民主政治的建立，不外两途：由于长期的演进或成于一时的制作。演进的制度多半为历史上偶然事态所促成，既不曾经过有计划的安排，也不是顺着固定的理想而推进，当然说不上"完全"。例如英国近代的宪政，从十三世纪"大宪章"的签订到现在，无论其包含之各部分系经法律明文规定或基于不成文的宪法习惯，大体上是枝枝节节地饾饤而成的。这个头痛医头，脚痛医脚，应付需要的作风正是英国人政治天才的一种表现。在这样演成的制度当中不免包含一些似不合理的成分。但是这种制度自有一个长处：在运用的时候不会遭逢重大的窒碍。我们虽不主张模仿英国制度，我们却不能不承认它是一个比较成功的制度。一时创立的制度，其例较多。如美国一七八七年的联邦宪法，如法国第三和第四共和的宪法，如德国一九一九年"魏玛宪法"，如苏联一九三六年的宪法，都属此类。其中按照一个确定的理想，未经妥协而径行制定的，恐怕只有苏联宪法之一例。苏联所以能够如此，最大和最显明的原因是一党专政的特殊政治背景。此外各民主国家的宪法，虽然也各有其理想的基础，其最后结果总难免参和一些对人对事的迁就或妥协成分。这种情形，就是由革命而成立的宪法也时常有之。美国宪法的制定就曾经过艰难微妙的妥协过程。法国第三第四共和的宪法也不是纯理想的产品，历史的奇缘有时竟会调弄人类，使比较近完善的制度失败，却使显然欠缺的制度能够运行。法国一七九三年和一七九五年的宪法，至少在形式上较一八七五年的"三法"为更完备。在这三套组织法里面不仅人民的基本权利未曾列举，甚至司法机关的组织也未有规定。然而这套形体不完的宪法却实行六十几年。假使希特拉不掀起第二次大战的奇祸，也许它还至今继续有效。笔者当然不主张故意制订残缺的宪法或轻心地制订草率的宪法。但是如果他被迫在残缺宪法与无效宪法二者当中选择一个，他毫不犹豫，选择前者。

第三，政治理想的本身也有一些问题。古人说，人心之不同如其面。最美妙的理想可以得着许多人的赞同，但不能够得着每一人的赞同。美国联邦论者主张加强统一，建立有能的中央政府。这个主张却被主张保持各州主权者所攻诘。马克思的共产社会理想在共产党员眼中是天经地义。这个理想却被资本主义的政论家认做洪水猛兽。孙中山先生的三民五权的学说、一党训政的计划、国民大会的主张是国民党革命建国的基本信条。但这些信条却被一部分人士看做伪民主的托词或难实行的空论。因此北美合众国政府成立以后，凡拥护州权者都不满意。苏联在革命成功以后，必须大举清除"白色"分子。国民政府召开国民大会，中国共产党员和若干其他人士拒绝出席。各党各派所持的观点不同，所站的立场不同，所信的理想不同。在这个"一人一义"的情形当中要建立一个人人满意的政治制度是超越人力所能的工作——自认完美的理想是否果然完美？那只有让哲学家或未来的历史家去判断。政治家所关心和人民所需要的只是一个足以适应社会环境、树立政治基础的实用制度。

这样的制度势必成于各方面的善意妥协。妥协不一定是坏事。对不同意见的妥协，为了获取有用的结果而妥协，为了避免决裂纷争而妥协——这样的妥协可以说是民主政治的一个运用原则。妥协是让步、是谅解、是宽容、是在尊重自己主张之时也尊重别人的主张。如果毋意毋必毋固毋我是儒家圣人的美德，愿意服从自己所不满意的决议，接受自己所不满意的主张便是民主政治家的雅量。

妥协不一定是卑鄙的行为：要看动机如何。为了自私自利的目的而妥协是卑鄙，为了顾全公益而妥协却是高尚。

妥协不一定是退缩，要看妥协以后的行动如何。藉妥协以求偷安是退缩，藉妥协以取得改善的据点却是聪明的前进。

在笔者写此文的时候，国民大会还未闭幕，制宪详情尚未宣布。依据已知的事实推测，制宪的工作应当有些结果，制订的宪法必然包含若干妥协的成分，全国人士必然各有不满意宪法的地方。笔者认为只要制出了宪法，国民大会就算完成了任务。此后大家的工作不是吹求宪法缺点，不是清算制宪的功过，更不是"保留"个人或党派的反对意见，而是——怎样去实行宪法，把一个不尽满意的制度，运用之，改善之，使之变为一个比较满意的制度。

制宪是国家的百年大计，这是今日颇为流行的一句话。这句话可能包含两个不同的意思。（一）离开了法治不能有真民治，除却宪法的保障不能有真民权，所以宪法是民主政治的永久根基，（二）宪法是一切法制的本源。所以宪法良好，则一切法制才能够良好。前一义指出立宪之必要，后一义说明制宪之须精。平心论之，假如制宪者对于宪法内容的意见完全一致，他们当然应该精益求精（至少可以精益求精）。假如他们的意见不能一致，却互相责难，各求精美，制宪的工作不免因此延误。有精美的宪法当然比有不精美的宪法好一些。有不精美的宪法又比根本没有宪法要好些。因为一个国家没有宪法，她就连民主政治的起码条件都没有了。在没有宪法的时候高谈完善的宪法，其可笑有点像对没饭吃的人说：何不食肉糜？中国是宪政未立的国家。我们的急需是"百年大计"的奠基，不是百年大计的落成。

不满意的宪法不一定就是恶劣的。不精美的宪法不一定就是不能行的。我们不应当忘记了人的条件。拆穿了说，宪法只是民主政治的一个重要的工具。它和别的工具一样，其是否有用的关键在乎运用者的技巧。平常的，甚至于粗劣的纸笔，到了名书画家的手中就有化腐朽为神奇的妙用。只要我们有实行宪政的诚意，以互谅的态度对人，以守法的精神律己，宪法纵不完善，民治必可成功。反过来说，如果多数国人于守法则责难他人，于立论则自尊惟我，不要说制宪难有结果，即使制定了良好的宪法也会成为废纸。在中华民国制宪史里面已经有了好些废纸。我们千万不可再制造废纸了。

今日的宪法纵然不满人意，只要不是废纸，我们便有改进的希望。任何宪法（除了废纸宪法）都是可以修正的。任何政制（除了未行的政制）都是可以改善的。在欧美各国是如此，中国也系如此，我们必须把握住今日的机会，从现行宪法的基点出发，步步前进。一方面奉公益，守法纪，一方面培智能，求进步，只要大家的政治能力和道德进步，只要社会的风俗习尚进步，我们的宪政就可一同进步。纵然在我们这一代人的生命期中不能达到优良的境地，我们总可把进步的基础留给后来的人。他们得着这个宝贵的遗产，定然会感谢我们的。否则有宪而不行，为民而不主，将来的悲哀和罪过真是不可思议，岂但今日一些小小的不满意而已。

正因为宪政是百年大计，所以成功不可一日求，开端不可一日缓，制宪的争执可以放松，行宪努力必须加紧。

（民国三十五年）

论宪草中的国体
（1946 年）

　　时贤讨论宪草颇注意于第一条"中华民国为三民主义共和国"之规定。案立法院宪草宣传委员会之说明，"本条为本草案最重要之规定，所以明革命之渊源，示建国之主义也"。盖"中华民国由于中国国民党之革命所建立，三民主义为中国国民党所信奉之主义"。"中华民国宪法自应为实行革命主义，完成建国使命所必需之宪法。"

　　本条之宗旨如此，就"革命之历史基础"言，可谓厘然有当，无可置疑。但自宪草起草时期以迄于今，国人对此条文仍不乏异议。综括所论，其理由有五。一曰主义有时期性而国体不容变，故不宜冠主义于国体之上。二曰三民主义为一党之主义，不宜强国人以共奉。三曰三民主义解释纷歧，不宜以之限制国体，致将来多生违宪之问题。四曰以主义定国体者仅有苏俄（一九三六）及西班牙（一九三一）等少数国宪，其事与一般民主国之先例不合。五曰宪草条文已将三民主义之精神贯注其间，不必更作国体之明文规定。凡此疑义，解答者不一。立法院长孙哲生先生二十三年所著《中国宪法的几个问题》一文中所言，最足重视。其扼要之语为：（一）"如谓三民主义含有时间性，试问主义改变之后，经革命而缔造之国家是否存在？"（二）"如谓三民主义为国民党一党之物，曾亦思中华民国之由来，实即三民主义之产物乎？"（三）"如谓三民主义解释不一，则总理遗教具在，不难复按。"（四）"如谓三民主义与布尔什维克主义性质不同，是诚有然。惟吾人之以三民主义为国体，亦自有其特殊之主要，非盲目效法他人也。"（五）"如谓宪法全文已涵有三民主义之精神，即不必再将主义规定为国体，则吾人之见解适得其反。盖惟其为三民主义之国家，始需要三民主义的宪法。惟其明法全文涵有三民主义之精神，尤不可不于开宗宪义之首条为明显之表示也。"

孙氏此言，颇为明快。其立论盖大体根据"革命历史基础"，亦不失为一正当之观点。然历史以外固尚有其他可据之观点。吾人请从理论与事实对此问题作一简略浅近之探讨。

"主义可变，国体不变"此殆为反对三民主义国体最动人之一说。然吾人稍加思考即可知其未谛。盖凡由革命而立之宪政，无不缘主义以定国体。如美法，如苏俄，皆可为吾人之著例。美法之民主国体基于自由主义，苏俄之民主国体基于共产主义。其宪法虽未必悉订有以主义明国体之条文，而制宪者绝未尝预期主义之改变。良以预期主义失效，必由信道不笃，人心如此，将无以固国本而垂后世。然则反对以主义明国体者不宜藉词主义之可变，惟当明辨某一主义之不良而别立更良之主义。故问题之症结不在三民主义之是否有变而在三民主义之是否优良。溯自辛亥革命以来，三民主义久已成为国人公认之立国宗旨。平心论之，其含义温厚渊广，不徒可为今日立政之方针，亦可垂为百年经国之标的。所谓"对内实现民族平等，对外促进大同"，所谓"国民有选举罢免官吏之权，有创制复决法律之权"，所谓"平均地权，节制资本"，发展国营事业，充裕国民生计，凡此三大原则，实难有反对之充分理由。吾人努力行之，百年或不能极其效果，而于立宪之始基，遽忧主义之改变，诚未易觇立论之意旨所在矣。

如谓主义之大旨虽可不变，而时势推迁，恐将不复适用，则征之事理，又未必然。试以美宪证之。合众国之宪法成于一七八七年，距今已百五十余年。在此期间美国之政治经济社会文化各方面之情形皆发生深切重要之变化。宪法条文亦屡经修改，宪法习惯亦屡有更易，而其国民对其宪法弁言所举彼邦立宪之宗旨，所谓"树立正义，奠定国内治安，筹设公共国防，增进全民之福利，并谋今后国民永乐自由之幸福"者未尝有失效之主张。良以健全之主义与宪法咸能随时代而生长。今日美国人民心目中与想象中"自由幸福"之内容固与一七八七年时代制宪家所想象者迥然相别。然而"国民永乐自由幸福"之宗旨则屹然存在，初未尝以世殊时异而失效也。

主义变易一说之难通如此。自余诸说，如谓三民主义为一党之主义，如谓三民主义解释纷歧，皆乏充分之论据，可不待辨而自明。即谓以主义定国体不合民主国宪之先例一说亦属似是而非。盖三民五权之政理治法，本与自由主义之民主宪政不同科类。吾人制宪固不宜模仿苏俄，又何尝有趋步英美之必要乎。

虽然，吾人非坚持草案第一条之必须接受也。吾人揆度情势，斟酌众议，认为不妨作修改之考虑。难者谓只须蕴含三民主义于条文之中，不必揭明之于国体之上。答者谓宪法既含有三民主义之精神，必须作开宗明义之表示。吾人折衷二说，以为三民主义共和国之名称不必作条文之规定，而当于弁言中著三民主义为立国制宪之宗旨。易词言之，吾人建议将草案之第一条取消，而于弁言中作如次之揭示："中华民国国民代表大会受全体国民付托，遵照创立中华民国之孙先生所示三民主义之遗教，制兹宪法，颁行全国，永矢咸遵。"上承训政时期约法之成规，略符革命历史基础之大意。所议虽未必果然有当，或可供研讨宪草之参考欤。

（民国三十五年）

宪法与宪草
（1947 年）

中华民国宪法已经于三十五年十二月二十五日在国民大会三读通过，并且于三十六年一月一日由国民政府明令公布，虽然一部分人士对于这个基本大法还抱着冷淡甚至敌视的态度，我们却难于否认它所具有的划时代重要性。

中华民国创立三十五年，到今为止（新宪法要到今年十二月二十五日才施行），我们还不曾有一部正式而有效的宪法。以往的"大法"，从辛亥年十月的"临时政府组织大纲"，到二十年六月的"中华民国训政时期约法"，经过正式制定公布程序的条文未必实际上有效，而实际上有效的条文又未必具备正式宪法的形式。二十五年五月五日国民政府公布的"中华民国宪法草案"虽然经过相当慎重的起草程序，但是因为不合当今的需要，终未能得到正式大法的地位。到了今天，中国才制定了这一部十四章一百七十五条宪法，我们哪有不特别加以重视的道理。

国家有了宪法是一件好事。有了宪法而能够大家奉行是一件更大的好事。有法而不行，岂不是等于无法。但是要实行宪法，我们必须先了解宪法。本文拟就下列几点，略加研讨以为了解宪法之一助：（一）宪法与"五五宪草"的比较。（二）宪法与孙先生学说的异同。（三）宪法与政治协商会议原则的异同。（四）宪法所定制度的测论。（五）施行宪法的准备。兹先就宪法与"五五宪草"作一比较研究。

任何成文宪法必然是折衷妥协的结果。中国新颁布的宪法和"五五宪草"也都不是例外。但因为宪草和宪法制定的时间有先后，环境有变迁，所以妥协的方向和程度颇有差异。虽然两者的弁言中都标明了宪法的宗旨是依照孙中山先生的遗教，但就大体说，宪法所采取国民党以外人士的主张比较宪草所采的要更多一些。例如宪草第一条拟定"中华民国为三民主义共和国"。照国民党看来，这是应有的规定。后来因为党外人士反对径行以三民主义的名称定国体，所以国民大会折衷各方的意见，在宪法第一条中规定"中华民国基于三民主义为民有民治民享之民主共和国"。这个规定在意义上或文字上是否尽善尽美，我们不必在这里讨论。（世界上假使果有完美的人为事物，恐怕难于由妥协的手续创造。）我们应该注意的是这个条文表现了较宪草更大的妥协态度，认识了这个态度以后，我们想要了解全部宪法也就可以不感到重大的困难。

妥协不一定能够产生完美的制度。但正因为妥协本身上容纳几方面的意见，所以它的结果含有民主的作用。宪法的妥协性既较高于宪草，所以在若干条文当中，它的民主性也较高于宪草。这点从人民权利、中央制度和地方制度等规定都可以寻着证明。

就原则上说，宪法和宪草都充分地承认人民的权利。宪法的条文却对这些权利作了更周详的规定，给与明白的保障。例如宪草第八条仅说"中华民国人民在法律上一律平等"。宪法第七条却规定"中华民国人民无分男女、宗教、种族、阶级、党派，在法律上一律平等"。又如宪草第十一至十六条列举居住、迁徙、言论、出版、宗教、结社等自由权利，在各项之下多注明非依法律不得限制。宪法第一至十四条列举同样之自由，但删去依法限制之规定。宪草第二十四条拟定凡人民之"自由及权利不妨害公共利益者均受宪法之保障，非依法律不得限制之"。宪法第二十二条也规定正当的自由权利均受宪法保障，但第二十三条却规定人民一切自由权利，"除为防止妨碍他人自由，避免紧急危难，维持社会秩序，或增进公共利益所必要者外，不得以法律限制之"。这个规定无异对政府限制自由的制定法律权加上了宪法的限制；反过来说，就是对人民的自由及权利多加上了一层宪法的保障。有若干人民权利为宪草所未曾提到的，宪法却有明文规定。第十五、十八、二十一等条所保障的生存、工作、财产、服公职、受国民教育等权都是新增的项目。宪草所列入的人民义务，在宪法的条文中也有增减。第二十条减除了原有的工役义务。第二十一条增列了原无的受国民教育义务。第十八条把原列为服公务的义务改为服公职的权利。综括看来，宪法增加人民的权利，减少了人民的义务。加强了人民自由的保障，限制了政府法律的范围。

宪草和宪法都采用"有形的国民大会"制，以国大为行使"政权"的机构。但选举的方法和职权的内容在两者间略有不同。先说选举。宪草只拟定区域选举，宪法在区域之外更规定了职业团体及妇女团体的选举。宪草拟定年满二十五岁的国民才有被选举代表权，宪法规定年满二十三岁就可候选（第一三〇条）。宪草未曾限制官吏的被选举权。宪法第二十八条规定"现任官吏不得于其任职所在地之选举区当选为国民大会代表"。把这些规定合观，我们可以说宪法倾向于扩大人民的选举权和被选举权，因此也倾向于提高国民大会的代表性。

就职权来说，似乎宪法的规定缩小了国大的效用范围。宪草第三十二条拟定国民大会六项职权。一、选举总统、副总统、立法院正副院长、监察院正副院长，及立法监察委员。二、罢免上列各员及司法考试院正副院长。三、创制法律。四、复决法律。五、修改宪法。六、宪法赋与之其他职权。（例如照第四条之拟定，国大可以决议变更领土案。）宪法第二十七条只规定了四项职权：一、选举总统、副总统。二、罢免上列人员。三、修改宪法。四、复决立法院所提的宪法修正案。不但项目减少了，各项目当中的事务也颇有减少。选举罢免两权只限于对总统副总统应用。创制复决两权暂时也只限于对宪法修正案应用。然而我们不能够因此断定照宪法的规定政权制度的民主性就要减低。反之，它的民主性也许因此增高，我们不要忘了，"中华民国之主权属于国民全体"（宪法第二条），国民大会只能够依宪法的规定"代表全国国民行使政权"（第二十五条）。它不是自身行使政权，也不必行使全体政权，全体人民永远是行使政权的主体。人民必须行使一部分的政权，也可以把自身不便行使的一部分政权委托他们所选举的代表去行使。照宪法的规定来看，人民所有的"四权"，一部分在地方制度当中行使，另一部分在中央制度当中行使。"县国民于县自治事项依法律行使创制复决之权，对于县长及其他县自治人员依法律行使选举罢免之权"（第一二三条）。这可以说是县级四权（或政权）的行使。"省得召集省民代表大会"（第一一二条）。代表当然由省民选举。省议会议员及省长均由省民选举（第一一三条）。"被选举人得由原选举区依法罢免之"（第一三三条）。省制各条当中没有关于创制复决的规定。然而省国民能够行使选举罢免权是毫无疑问的。这可以说是省级政权的行使。它是不完全的政权行使，但我们似乎不能否认它是政权的行使。人民选举罢免国民大会代表，可以说是国级政权的直接行使（假如将来法律规定国大代表由县议会选举，我们便不能说这是政权的直接行使）。国民大会代表人民选举罢免总统副总统，创制复决宪法修正案。这是国级政权的间接行使。此外各省市各职业团体及其他选区人民尚可选举（罢免）立法委员（第六十四及一三三条）。假如省市选举立法委员由省市议会（如监察委员的选举一样）或省民代表大会办理，这也是国级政权一部分的间接行使。无论如何，这样规定似乎比宪草拟定的间接选举（国民代表预选，国民大会选举立法委员）要更加接近民主些。上面的分析如果不误，我们便可以判定：宪法的规定纵然削减了国民大会的职权范围，却并不会削减人民行使政权的范围，其理由请留待下文讨论。

关于元首和五院的规定，宪法与宪草之间也有一些很重要的异点。就大体说，两者所建之制，虽然都基于"五权"的原则，但宪草所立的中央政府接近总统制，而宪法则可以说是总统制与内阁制间的折衷制（中央社二十五日电载王宠惠语）。宪草以较大的职权赋与总统，宪法把这些职权加以削减或限制。例如宪草第五十八及五十九条拟定行政院长及其他重要官吏由总统任免，对总统负责。这是总统制的办法。宪法第五十五及五十七条规定行政院长由总统提名，经立法院同意任命之。行政院在法定范围内"对立法院负责"：第一，行政院有向立法院提施政方针及报告之责，立法院有向行政院各首长质询之权。第二，立法院得决议移请行政院变更其重要政策。行政院经总统之核定，得移请立法院复议。如经出席委员三分之二维持原决议，行政院长应即接受该决议，或辞职。第三，行政院得经总统之核可，移请立法院复议已决议之法律，预算及条约案。如经出席委员三分之二维持原案，行政院长应即接受该案，或辞职。前一项是内阁制的办法。后二项是总统制与内阁制的混合办法。内阁制的参取，自然就减轻了总统的职责。

宪草第四十条及四十四条分别以宣布戒严和紧急命令权赋与总统。宪法第三十九及四十三条保持这两个职权，而加以限制。总统宣布戒严，必须经立法之通过或追认。戒严令宣布后，立法院得移请总统解严。这是一个限制。在立法院休会期间，总统得经行政院会议之决议发布紧急命令。但必须于发布后一个月内提交立法院追认。如立法院不予追认，该令即行失效。这又是一个限制。这些限制也表现了总统制与内阁制的折衷办法。因为是折衷办法，所以中国总统的权力略逊于美国的总统，立法院的权力也较小于英国的议会。

宪法与宪草关于五院制定相异之点，在于各院自身者较少，在于院间关系者较多。最重要的差异，在于行政院与立法院间的关系。就大体说，宪草所采是元首总揽行政，五院分掌治权的制度。所以行政院对总统负责（第五十九条），总统对于国民大会负责（第四十六条）。立法院、监察院、司法院及考试院院长，各对国民大会负责（第六十三、八十七、七十七、八十四条）。立法院与行政院殊少直接的关系。宪法把总统的一部分行政责任移付行政院，而使这两院发生较密切的关系。于是行政院不对总统负责，而对立法院负责。照宪草拟定，监察院掌理弹劾惩戒审计。行使职权时，得质询各院部（第八十七、八十八条）。宪法把监察院的职权扩大了一些，把它和其他四院的关系也加密了一些。它除了弹劾审计外，还行使同意和纠举权。司法院首长、大法官、考试院首长、委员之任命，均须监察院的同意（第七十九、八十四条）。监察院得提出纠正案移交行政院促其改善，并得向行政院调阅所发命令，及一切有关文件（第九十七、九十五条）。综合看来，宪法所定制度的原则，不是五院分权而是以行政院为"治权"的重心，以立法院和监察院限制或监督行政院。司法院和考试院则各因其职掌之性质而比较独立。形式上仍是五权并立，但在精神上，包含着一些典型三权制中的"立法权兼弹劾权"的意味。这显然也是妥协折衷的一个结果。

宪法规定的地方制度，与宪草也有若干重要不同之点。第一令人注意的，就是在宪法中设有划分中央地方政府职权的专章。在四个较长的条文中（第一〇七至一一一条），不仅"均权"的原则有了明晰的表示，而且中央地方的职权事项，也有确定的列举。由中央立法并执行者有外交国防等十三项，由省立法并执行者有省教育卫生等十二项，由县立法并执行者有县教育卫生等十一项，由中央立法并执行或交地方执行者有省县自治通则、行政划区等二十项。这些规定多数是宪草所没有的。不仅省的自治权充实了，县的自治权也得着了保障（宪草第一〇四条说"地方自治事项以法律定之"）。

其次值得注意的，就是省自治地位的确定。宪草第九十八及九十九条拟定"省设省政府，执行中央法令及监督地方自治"。省长由中央政府任免。第一〇〇条说"省设省参议会"，但未将它的职权定明。立法院编的"宪法草案说明书"认"省为中央与县间之联络机关"。"省既为中央行政区域，省长自应由中央任命"。"省既非自治区域，自不得设置立法机关。（中略）省参议会非省之立法机关，乃为辅助省政而设"。照宪法的规定，省的性质与此完全不同。它实质上成了一个自治体。主要的特征是：省得召集省民代表大会，制定省自治法。省设省议会，其议员由省民选举。省设省长，省长由省民选举（第一一二及一一三条）。

全省一致性的事情，由省立法并执行（第一〇九及一一一条）。照这些规定看，省民可以行使"政权"（虽然不甚完全）。省有立法机关，其体制与一般自治单位相仿。宪法在关于省的规定中，表现了更高度的"均权"原则。这也是折衷妥协的一个结果：既不是《建国大纲》的原来制度，也不是一部分时人所主张的高度省自治办法。宪草说："县为地方自治单位"（第一〇三条）。宪法却规定"县实行县自治"（第一二一条）。这不仅是文字上的修改。因为省既取得了自治的性质，县就不能独享自治单位的名称。此外县民大会、县议会、县长等制度的规定，宪法与宪草没有多少差别。

此外宪法与宪草足资比较之点，尚有基本国策与宪法修改两端。这都无须细说，因为两者间没有十分重要的歧异。关于国策，宪法对于宪草比较显著的修改是合并宪草"国民经济"和"教育"两章为"基本国策"一章，而在经济教育之前加上了"国防"政策的一些规定。关于宪法的修改，照宪草之拟定，只有国民大会全体代表四分之一以上提议，四分之三以上出席，及出席代表三分之二以上之决议才能够办理（第一四六条）。宪法把修宪手续改订了。除了国大可以修宪外，立法院也可以提出宪法修正案。换言之，国民大会对于修改宪法行使创制复决之权。因此修宪的程序增加了一种。第一七四条规定宪法"由国民大会代表总额五分之一之提议，三分之二之出席，及出席代表四分之三之决议，得修改之"。提案的人数比例，较宪草减低了。虽然决议的人数比例与宪草相同（代表总额的半数）。但因为出席人数比例减低了，使得因不足法定人数而程序停顿的可能性也减少了。合起来看，宪法所规定的修改程序，略较宪草所拟要容易发动一些。

宪法与政协原则的异同

去年年底国大制定的宪法，照拥护它的人说，"政府向国民大会所提出的宪草，即是依据政协修正原则而改订定的。国民大会虽有增损，而政治协商会议所协议的要点则均列入宪法"（三十五年十二月二十五日中央社引王宠惠语）。照反对它的人说，政府提交国大讨论的宪草"完全是五五宪草的改装，与政协的宪草修改原则相去甚远，甚至背道而驰"（三十五年十二月三十一日重庆《新华日报》专论中语）。根据这个宪草所制的宪法，当然不会与政协修正原则相合。

要判定宪法的内容是否违反政协原则，我们必须先了解政治协商会议所提修改原则的内容。据中央社的报道（三十五年一月三十一日）政协通过的"宪法草案"包含两部分。一是宪草审议委员会的组织，二是宪草修改的原则，后者又包含十二个要点。现在笔者把它们与宪法有关的条文加以比较。

第一，国民大会　　"原则"共举了下列四点。（一）全国选民行使四权。（二）在未实行普选制以前，总统由县级、省级及中央议会合组选举机关选举之。（三）总统之罢免，以选举总统之同样方法行之。（四）创制复决两权之行使，另以法律规定之。这四点，宪法第三章各条的规定，虽有详略之分，但不能说在实质上有重大的歧异。宪法不采用上述第二点的过渡办法，是一个显见的，但不甚紧要的差异。

第二，立法院与行政院（原案列为第二、第六点）　　"原则"的文字是："立法院为国家最高立法机关，由选民直接选举之。其职权相当于各民主国家之议会。""行政院为国家最高行政机关。行政院长由总统提名，经立法院同意任命之。行政院对立法院负责。如立法院对行政院全体不信任时，行政院长或辞职，或提请总统解散立法院。"宪法条文中规定确与"原则"在这些地方有重要的差异："原则"所采是纯粹的内阁制（或议会制），宪法所采的是总统制与内阁制的参合制度。换言之，照宪法的规定，行政院对立法院负有限度的责任（即第五十七条所谓"依左列规定对立法院负责"），而照"原则"的办法，行政院却对立法院负完全的责任。

第三，监察院、司法院、考试院（原案列第三、第四、第五）"监察院为国家最高监察机关，由各省级议会及各民族自治区议会选举之。其职权为行使弹劾及监察权。""司法院即为最高法院，不兼管司法行政，由大法官若干组织之。大法官由总统提名，经监察院同意任命之。各级法官超出于党派之外。""考试院用委员制。其委员由总统提名，经监察院同意任命之。其职权着重于公务人员及专业人员之考试。考试院委员超出于党派之外。"宪法第七、八、九等章的规定，虽详细有加，其精神和上述原则大致是相同的。尤其明显的是第七七、七九、八〇、八六、八八、九一等条的规定。

第四，行政院与总统（原列第六、第七）　　"总统经行政院决议得依法发布紧急命令，但须于一个月以内报告立法院。"宪法第四十三条采用了这个原则，但加上了几个发布紧急命令和条件，并且把撤消紧急命令之权赋予立法院。这个修改可以说比"原则"还更富于内阁制的精神。政协原则又提出"总统召集各院院长会商不必明文规定"的主张。后来在审议宪草时张君劢提出了总统商决院间争执的条文，因此才有宪法第四十四条的规定。这虽与"原则"有异，但它是在根据政协议案所组织的"宪草审议委员会"中所提出的修改。

第五，地方制度（原列第八）　　"原则"说"（一）确定省为地方自治之最高单位。（二）省与中央权限之划分依照均权主义规定。（三）省长民选。（四）省得制定省宪，但不得与国宪抵触"。与这些原则相当的是宪法第一七、一八、一九、一一一、一一二、一一三等条。宪法中虽然不采用"省为地方自治最高单位"的名称，但省的自治地位已经明白确定了。宪法把"省宪"改为"省自治法"。中国既未采用联邦制的国体，这个修改可以认为是逻辑上必要的。在实质上并不会摇动省的自治地位。

第六，人民的权利和义务（原列第九）　　政协原则比较重要之点是：（一）"人民应享之自由及权利均受宪法之保障，不受非法之侵犯。"宪法第八至二十二条的规定便是这个原则的应用结果。（二）"关于人民自由，如用法律规定，须出于保障自由之精神，非以限制自由为目的。"宪法第二十三条的规定大体与这个原则相当。"为防止妨碍他人自由"而限制自由权利的规定，可以认为合乎"出之于保障自由精神"的原则。但其余的规定，范围较广，解释也较难确定。（三）人民工役"不在宪法内规定"。宪法第二十条因此只规定人民依法律有服兵役的义务，而不列入工役。（四）保障少数民族的自治权。宪法第七条规定种族平等，第二六、六四、九一、一一九、一二〇、一三五、一六八、一六九等条直接地或间接地也保障了少数民族的权利。（五）"选举应列专章。被选年龄定为二十三岁。"宪法第十二章表现这个原则的前一部分。第一三条表现这个原则的后一部分。

第七，基本国策（原列第十一）　　"宪草内规定基本国策应包括国防、外交、国民经济、文化教育各项目。""（一）国防之目的在保卫国家安全，维护世界和平。全国海陆空军须忠于国家，爱护人民，超出于个人、地方及党派关系以外。"宪法第一三七至一三九条的规定与这个原则相当。"（二）外交原则本独立自主精神，敦睦邦交，履行条约义务，遵守联合国宪章，促进国际合作，确保世界和平。"宪法第一四一条的规定与此相当。"（三）国民经济应以民生主义为基本原则。国家应保障耕者有其田，劳动者有职业，企业者有发展之机会，以谋国计民生之充足。"宪法第一四二至一五四条的规定是根据这个原则而来的。"（四）文化教育应以发展民族精神，民主精神，与科学智能为基本原则，普及教育提高一般人之文化水准，实行教育机会均等，保障学术自由，致力科学发展。"宪法第一五八至一六七条大体上是这个原则的具体引申。总之，我们把关于国策的宪法条文与政协原则相较，很难发现两者间有重要的歧异。

第八，宪法修改（原列第十二）　　政协原则把修改宪法之权放在"立法监察两院联席会议"和"选举总统之机关"里面。宪法放弃了这个办法而把修宪权赋予立法院及国民大会。这不能算作一个十分重要的修改。

我们不惮烦琐，把宪法条文与政协原则这样逐点比较，目的只在于探寻问题的真相。照上面的分析看，宪法既不曾把政协原则一字不改，全部采用，也不曾与政协原则背道而驰。政协的原则，略经修改后，大体都为宪法所包括。笔者认为在修改的各点中，只有一个是重要的，那就是由原拟的纯粹内阁制改为混合的总统制与内阁制。这个修改可以说是方向的偏差，但不能说是方向的反背。

宪法与政协原则内容上的差异并不甚大，为什么有一些人士说它不合政协原则而拒绝接受呢？这个问题的症结似乎在于制定宪法的程序。按照政协议决的国民大会案，区域及职业代表之外，应增加党派及社会贤达代表七百名。但到了国民大会开会时，中国共产党、民主同盟和民主社会党的一部分，因为种种原因而拒绝提名或出席。结果在应有的二千零五十代表名额当中，仅有一千四百八十五人出席于通过宪法的全体大会。因此有人认为制宪的国大本身已经不合政协的标准。民盟认为去年十一月十五日政府召开国大"就是政府毅然决然彻底撕毁政协决议"（见民盟二中全会政治报告）。中共发言人更把解散国大，废弃宪法作为恢复和平谈判的一个条件（见三十六年一月二十八日重庆《新华日报》载一月二十五日中央宣传部长陆定一在延安发表之声明）。这是反对宪法的一种看法。其次，还有些人士致疑于作宪法蓝本的修正宪草是否合格。"这次国民党当局提出国大讨论所谓中华民国宪法草案修正案，无论在法律上与事实上都不是政协宪草。因为在事实上政治协商会议并没有完成一部政协宪草。政治协商会议关于宪草问题的协议，只有组织审议委员会与宪草修改原则两部分。审议委员会虽开过几次会，但对许多重要的争点并没有获得协议。"因此，所谓中华民国宪法草案修正案，根本就没有经过宪草审议委员会通过及政协一切手续（三十五年十二月三十一日《新华日报》专论）。宪草既不曾取得政协的根据，宪法当然也大成问题了。这是反对宪法的又一种理由。

关于制宪程序争论的是非得失，笔者不打算在这里批评。这是一个具有复杂政治背景的争辩。但是它未必就是无法解决的争辩。民主精神（借用民盟二中全会政治报告里面的定义来说）"第一是容忍，第二是互让，第三是妥协"。一意孤行就不是民主精神。我们应当秉着民主精神来解决宪法问题。无论在条文内容上或制定程序上宪法是否完全合乎自己的意思，为了求得和平，建立宪法，我们应当对别人的主张容忍、互让、妥协。甚至在对方不容忍、不退让、不妥协的时候，我们更加容忍，更加退让，更加妥协。谁能这样，谁就民主。愈民主的人，愈能得到人民的拥护。这是像吃亏而终久受益的办法。仅仅指出对方的不民主，加以斥责，而不自身倡导，是于事无补的。

不合于政协标准的宪法总比根本没有宪法好些。千里之行，始于足下。我们只求先有一部宪法以为宪政的出发点，然后循着正确的方向前进。不断改进的结果，终究会把我们引入比较完善的境地。何况照上面的分析，宪法与政协原则的距离并不甚遥呢？三十六年十二月二十五日为期不远，下届国民大会的开会也为期不远。我们为什么不可以先接受这部宪法以待将来修正呢？

政协原则本系由妥协而得来的。曾经参加政协的诸公何必把这些原则看成天经地义的铁则呢？为什么不可以在妥协之后再行妥协，以为民主作风的最高榜样呢？照我们无党派的小百姓看来，这是没有多少疑难的呀。

宪法与孙先生学说的异同

"五五宪草"虽然大体上依据孙先生的遗教，但也有不尽循率的地方。因此宪法与宪草间的差别不一定就是宪法与孙先生主张间的差别。我们不妨把宪法与孙先生的主张简单的比较一下。

宪法第一条规定"中华民国基于三民主义为民有民治民享之民主共和国"。我们在上文已指出这是妥协的结果。我们一按孙先生的言论，便可以看出这个妥协的结果并不曾远离他的意旨。他说"三民主义（中略）和美国总统林肯所说的 of the people，by the people，for the people 是相通的。兄弟从前把他这个主张译作民有、民治、民享，就是兄弟的民族、民权、民生主义"（《五权宪法》讲词）。换言之，说中华民国是民有民治民享的民主共和国，照孙先生的看法，无异于说中华民国是民族民权民生的民主共和国。

第二条规定"中华民国之主权属于国民全体"。这是任何民主宪法应有的规定，也是孙先生一贯的主张。孙先生在《五权宪法》讲演中曾提到元年三月在南京所订民国约法内中只有"中华民国主权属于国民全体"一条是他所主张。其余都不是他的意思，便可证明这一点。

照这样看来，宪法的基本观点是合于孙先生的主张的，但民权的实际运用有赖于具体制度。宪法所定的制度是否也合于孙先生的主张呢？

先就权能区分的学理来说。宪法规定国民大会代表全国国民行使政权，省民代表大会选举及罢免省长。县国民行使范围的选举、罢免、创制、复决四权。立法院"代表人民行使立法权"。我们在上文已较详细地提过了。孙先生在"革命之方略"中说"一县之自治团体当实行直接民权。人民对本县之政治当有普遍选举之权、创制之权、复决之权、罢免之权。而对于一国政治，除选举权之外，其余之同等权（按似指其余三权对同等级政治之行使）则付托于国民大会之代表以行之"。"国民政府建国大纲"第二十四条说："宪法颁布之后，中央统治权（按即指'政权'）则归于国民大会行使，即国民大会对于中央官员有选举权，有罢免权，对于中央法律有创制权，有复决权。"两者虽小有出入，而大意相同。① 宪法关于政权的规定除了省民代表一点外与此正可符合。

不过尚有一个显见的疑问：孙先生在许多地方申述直接民权的重要，指摘间接民权的缺失。例如在"民权主义"第六讲里面就提到了直接民权与间接民权分别。他认为人民能够实行四权才是"彻底的直接民权"。而"从前没有充分民权的时候，人民选举了官吏议员之后，便不能够再问。这种民权是间接民权"。间接民权"就是代议政体"。宪法中国民大会代表人民行使政权的规定是否违反了直接民权的原理？

照我们看来，国民大会的规定并不妨碍直接民权的存在和行使。在

---

① 王世杰、钱端升：《比较宪法》（下册），177 页，注一，谓："革命之方略"既云"国民大会职权，专司宪法之修改及制裁公仆之失职"，又云："人民对于本县之政治（余文见上引）"。这两点显有出入。按前点系"训政时期"之制，后点"宪政时期"之制。方略原文甚明。

孙先生的言论文字中，直接民权的概念未有十分系统详尽的解释。但综合起来说，他显然认下列三端为其要素：就其性能说，直接民权是人民"管理"政府之权。选举权和罢免权"管理"政府中的治人，创制权和复决权"管理"政府中的治法（见"民权"六讲）。就其行使的空间关系说，直接民权是人民自己行使的四权。在地广民众的中国，人民只能在最小的区域当中行使彻底的直接民权。孙先生虽未曾明白如此主张，但从他以县为自治单位和以县自治为宪政基础的主张中可以推得这个结论。在《五权宪法》中他曾说："除了宪法上规定五权分立之外最重要的就是县自治，行使直接民权。"这句话或者可以作我们的佐证。就其行使的时间说，"要人民真有直接管理政府之权，便要政府的动作随时受人民的指挥"（"民权"六讲）。但"政府"当然包括中央与地方（省县）政府。在一县之中，人民可以对县政行使四权而指挥政府。在全国之中，人民便只有利用代表去指挥政府，方能避免鞭长莫及、一曝十寒的弊病。上述孙先生国民大会代表人民行使"中央统治权"的主张显然是由此而来的。

如果上面的解释不误，我们可以据之以作下列的结论：只要有了县自治，人民就能够行使直接民权，人民在县自治之外，另举代表以行使对省和中央政府的"管理"权，这是于直接民权之外加行间接民权，而不是用间接民权去替代直接民权。换言之，在孙先生的心目中，只要实行县自治，中国的制度便有异于代议政体。在县自治以外举国民代表，在国民大会之中行不完全的四权都是无碍的。因此宪法中"县实行县自治"及国民大会代表国民行使政权的规定与孙先生的主张没有重大出入。至于其他规定，如国大代表于区域选举外兼行职业选举，县自治外兼行省自治等项，虽是显见的，却不是重大的差异。

宪法中关于中央"治权"机关的规定与孙先生五权宪法的理论比较起来却颇有歧点。简括言之，"五五宪草"所立之总统制较近于孙先生的主张。就这一端看宪法与宪草间的距离，可以说大体上等于宪法与孙说间的距离。例如在"革命之方略"中他主张于宪法制定之后，各县人民"选举总统以组织行政院，选举代议士以组织立法院"。其余三院由总统得立法院之同意而委任之，但不对总统而对国民大会负责。在《五权宪法》讲词中他主张"设一执行政务的大总统"以掌行政权。所说虽然极简，但从这句话已经可以看出孙先生颇倾向于元首负行政大责的总统制。然而有一点值得注意：宪法以"同意权"赋予立法院。这却与孙先生所拟委任司法、考试及监察院院长的办法相近。但孙先生不曾主张行政院长的任命要经立法院的同意，也不曾主张监察院行使对司法考试两院的同意权。

我们这里需要讨论一下公务员的考试问题。孙先生甚注重考试权的行使。一则由于他认定政府需有极高的能力才能充分替人民办事。这就是所谓"万能政府"。二则他鉴于中国古昔所行考试方法甚为有益。近代欧美国家也有考试制度。但考试的制度只适用于行政官吏的一部分。"政务官"和代议士都无须经过考试。这种不彻底的考试制度还有缺点：孙先生举了美国车夫当选而博士落选的故事以为例。因此他说："当议员或作官吏底人必定要有才有德，或有什么能干"（《五权宪法》讲词）。因此他在《建国大纲》第十五条更明令"凡候选及任命官员，无论中央与地方，皆须经中央考试铨定资格者乃可"。

宪草依照孙先生的意思，于第八十八条拟定公务人员任用，公职候选人，专门职业及技术人员执业资格都必须经过考试铨定。宪法第八十六条规定（一）公务人员任用资格、（二）专门职业及技术人员执业资格应经考试院考试铨定。其所以取消了宪草中公职候选人一项，是由于在讨论宪法案时颇有反对考试代议士的办法。这又是一折衷的结果，与孙先生的主张有异。但第一三〇条规定中华民国国民"除本宪法及法律另有规定者外，年满二十三岁者有依法被选举之权"。假如将来立法院制定一种法律，规定某类公职候选人必须经过考试，按"律无明文者不禁"的原则说，我们或难于说它违背了宪法。

人民的代表是否应该经过考试确是一个可以讨论的问题。照笔者看，那些公职人员应经考试应当以他们所行使的职权性质为准。如果所行的是"治权"，那就应经考试。如果所行使的（纵然仅是代表人民行使）是"政权"，他们就不是"政府"的人员，也就不应经过考试方能合格。用这个标准来判断，国大代表既"代表全国国民行使政权"，当然不应经过考试。立法委员虽由民选，但所行使的是立法权，是"治权"的一部分，所以应经考试。立法院虽然也行使监督政府之权，但这是治权当中的监督权（与监察院权力的性质相近），而不是人民政权中的管理权。根据同样理由，省民代表和县民代表都不须经过考试，省议员和县议员都应经考试。不过有一点必须注意：按照孙先生的理论，总统虽是"元首"，他究系行使"治权"人员之一，因此理论上也应该经过考试。笔者认为在这里我们无须墨守孙先生的主张。我们似乎可以参取欧美的文官制度，把政府官员分为"政务"与"事务"两大类。前者不必，后者却必须经过考试。

宪法关于地方制度的规定，在原则上援用了孙先生所倡的均权制。但就具体制度来看，却有显见的异点。从我们在上文宪法与宪草的比较当中就可以看出，不必再来赘论。为了读者便利起见，我们不妨把《建国大纲》的三个条文引录于此。第十六条说"凡一省全数之县皆达完全自治者则为宪政开始时期。国民代表会得选举省长为本省自治之监督。至于该省内之国家行政，则省长受中央之指挥"。第十七条说"在此时期，中央与省之权限采均权制度，凡事务有全国一致之性质者划归中央，有因地制宜之性质者划归地方……"。第十八条说"县为自治之单位。省立于中央与县之间，以收联络之效"。从这些条文里我们不难看出宪法与孙先生主张异同的要点。

孙先生肇建民国的功绩是不可泯灭的。他所提出的建国学说也包含着颠扑不破的真理。但是任何明智的人不能够发明宇宙间全部的真理，也不能够预见数十或百年以后的社会需要，更不能够强迫其他的人众完全同意自己的主张。我们报答孙先生最好的办法不是墨守他的成说，而是秉承他建立民国的精神，努力完成他的志愿。只要我们能够实现一个民主法治的中华民国，纵然在制度上修改了孙先生的主张，也是无妨碍的。时贤的议论，有时似乎难免偏激。有些人坚持奉行"遗教"，而另外有些人却正因为某个主张是孙先生所提出的便要加以反对。笔者认为这两种态度对于当前建国的工作都是没有裨益的。

宪法所定制度的测论

在检讨宪法之前，笔者要提出检讨的观点。任何事物总可以从不只一个角度去观察。观察的角度不同，观察者对于事物的认识也就随之而异。读者与笔者尽可从不同的角度去看宪法。笔者不敢承认他自己的观点是唯一的正确的。但他希望读者能够平心静气，暂就笔者的观点来看他对于宪法的认识是否尚合情理。

笔者所取的观点，简言之，是超党派的"客观"观点。所谓客观者，就是依据一般政治学的原理和具体的事实，以推测宪法所规定的制度是否可行，在实行的时候可能发生些什么结果。

从这个观点看，我们要提出关于一般宪法的几个基本认识。第一，就各国先例说，民主宪法多成于妥协。美法诸国的宪法都是这样的。甚至英国的演进宪法也未尝不可说是成于长期的无形妥协。当代号称民主国家的宪法不是成于妥协者，苏联是一个最著的例外。她是一党专政的国家。一九三六年第八次苏维埃非常代表大会通过的宪法，简捷明白地遵照列宁主义规定了苏联的政治制度。因为执政党外并无政党，所以制宪者无须对任何政党或思想妥协。

第二，凡由妥协而成的宪法，可能适用，但不能"完美"。人类美恶是非的评价都是依据某一标准而定的。只有从某一固定标准来说，才能有完美的事物。例如方才所说的苏联宪法，从共产主义的标准来看，是完美的，而从自由主义或资本主义的标准看，就不是完美的了。妥协的宪法既兼采了若干不同的意见，它从任何一方面看起来，至多只能说是"差强人意"，而断难认为尽美尽善。然而它的短处也许是它的长处。妥协的宪法正因为容纳了多方面的意见，也就可能得到较多拥护的人和较大实行的机会。它不是完美的，但不一定是坏的。

第三，各国宪法在初行的时候，难免受一部分人士的反对。这是没有大害的。只要拥护宪法的人士能够努力实行，宪法就可生效，而成为国家百年大计的基础。宪法的成败系于条文是否完美者较少，而系于行宪精神是否忠实者较多。我们可以套一句古语来表明这个意思：制宪不在求精，顾力行何如耳。

现在我们可以提出中国宪法当中几个要点来加以评论了。首先触目的就是第一条的国体规定。这个规定是经过不少争论然后得到的妥协结果。宪法公布以后又引起了不少的批评。笔者以为这条的缺点，倒不是它出于妥协，而是它表示着不够量的妥协。自从孔子揭出正名的主张以后，我们中国总喜欢在名号上用功夫。国民党人士觉得不把三民主义的名号放在宪法条文里面是不甘心的。别党人士又觉得称中华民国为三民主义国家是不甘心的。于是两方面各让点步，在三民主义上面加上"基于"两个字，用民有民治民享替代了民族民权民生。其结果就是第一条文理欠通，噜苏可笑的规定。岂但噜苏，而且矛盾。第一条既对民生主义的名称似乎讳莫如深，为什么第一四二条又把它高高抬出，作为国民经济的"基本原则"呢？其实大家尽可多让一点步，把民族民权民生三个主义放入弁言里面，而第一条简明地规定中国为民主共和国，岂不较为妥当？

其次，人民权利的规定。第二章各条似乎折衷于"宪法保障主义"

与"法律保障主义"之间。第七到二十二条列举人民若干权利,"均受宪法之保障",第二十三条却规定在某些情形之下,政府得用法律限制人民的自由权利,这条的规定引起了不少的指摘。按照中国的实际情形说,因为以往政府侵害人权的习气未除,人民对抗侵害的无力,宪法显然应当加重人权的保障。第二十三条的规定因此颇有腮腮过虑,过于为政府打算之嫌。第二十二条既已规定人民之权利不妨害公共利益者均受宪法之保障(反过来说就是:妨害公共利益者不受保障),第二十三条因此又有画蛇添足之嫌。二十三条中"避免紧急危难"一句话,尤其欠妥。较妥的办法是在二十二条"公共利益"下增"或妨碍他人自由及权利"十个字而删去第二十三条。

除了第二十三条外,笔者相信第二章其他的规定都大致妥当。它们给与人权的保障阵容或稍逊于法兰西第四共和国宪法(一九四六年)的前进程度,但较之苏联宪法似乎有些地方还更加接近民主的平等原则。苏联宪法第二条明文规定"无产阶级专政"为苏联的政治基础。第一四一条更规定选举代表时,共产党及其所领导的各种社会组织有提出候选人之权。这些诚然是一党专政苏维埃制度中应有的规定,但假设中国的宪法规定国民党是国家组织的领导核心,我们党不会群起而攻之?好在事实上并不如此,不但第七条规定了男女、宗教、种族、阶级和党派平等,第一三〇及一三一条还把普遍选举,公开竞选的权利平等地赋予人民。诚然,条文上的平等,不一定就是事实上的平等。那要看社会的情形和宪法实施的效果如何而定。但是我们可以确然断定:宪法规定了的不平等权利,在事实上决不会变为平等。

国民大会的组织与职权,也是制宪时期争议的一个焦点。宪法颁布以后,有些人嫌国大的职权太小。照修正宪草第二十六条的拟定,国大代表一部分应由民选的立法和监察委员兼任。宪法放弃了这个兼任办法,规定全数代表均由区域、职业及妇女团体分别民选。这个修改无疑地减轻了立法监察两院的影响,同时也减少了国大的力量。因为国大在法理上虽说代表人民行使政权,但以开会期遥,代表众多,他们平日不一定熟悉政事和法规,对于政府的监督不一定能够扼要。倘若立法及监察委员参加国大,他们平日接近中枢,洞明底蕴,就可以利用这些长处以充分行使四权。其结果不仅是这些代表成了操纵国大的重心,甚至立法监督两院成了左右政府的力量。最后的结果就是在形势上国民大会行使政权,在事实却是立法监察两院行使。

宪法改变了这个两院偏重的形势。国大控制政府的力量也随之而削弱了。有人认为它的法定职权小到几乎等于一个"单纯之总统副总统选举会,似不能负荷行使政权之使命"(国大皖区代表陈言的话,见《中央周刊》八卷五十一、二合期)。这话不为无见。但就政理和国情看,宪法的规定也未可厚非。理由有三:第一,国大只是代表人民行使对中央政府的政权机关,不是人民直接行使全部政权的机关(说见本文第一及第二节)。宪法规定国大对中央最高官长行使选举罢免权,对中央最高法律行使创制复决权,因此并无大误。第二,照宪法的规定推测,今后国大代表的人数仍在二千以上。开常会的期间是六年一次。纵然可以召集临时集会,但以我国幅员广阔,亦非十分容易之事。在这样一个集会中,问题多了或过于繁复便难于得到详明透彻的讨论。假如有手腕灵活的政客想加操纵,他们或者可以于无形中左右一部分的代表。因此国大讨论的事项宜简不宜繁,宜少不宜多。宪法把荦荦大端的几件事务交给国大,这是颇有见地的。第三,国大倘能充分并妥当地行使宪法赋予的四大职权,它已经足当最高政权机关的地位而无愧了。国家的政事还有比选罢元首,创决宪法更重大吗?何况宪法还留了余地,以为将来国大创决中央法律的张本呢?

关于总统制度最引起争辩的一点是第四十三条的发布紧急命令权。平心而论,这虽是政协原则所承认的,而确是一个略带古罗马狄克推多意味的权力。罗马的狄克推多制度是指定一个人在有定期间行使超越法律范围的权力以应付非常事变。中国和战前德国宪法也允许执政者在指定条件之下行使超越法律范围的权力以应付紧急事变。在原则上这种办法是合乎情理的。但因为德国的经验不良好,这个制度便颇为人所诟病。现代民主国家少有采用它的。美国总统没有这项权力。然而大战期间也未尝因此不能应付事变。中国是否必须采用,似乎是可以研究的一个问题。照宪法规定,总统得于立法院休会期间发布紧急命令。立法院的会期是从二月至五月底,从九月到十二月底。休会期间只有一、六、七、八,四个月,并且只有六至八月是较长的休会期。波及全国的危难不一定在三数月中发生。条文中所举天灾、疠疫或财政经济变故很少是突然发生的。在祸害弥漫全国之前早已有可睹的预兆,或先在较小的区域发生。立法院既可延长会期(第六十八条),又可于总统咨请时开临时会(第六十九条),立法委员为数不过几百人,不像国大召集之艰难,为什么不在变故发生的前夕延长会期或召开临时会以议定应付的方法呢？纵然变故已经发生，召集立法院会议也不一定是不可能的事。第四十三条的规定似乎并无事实上的必要。笔者相信将来贤明的总统不至于轻用此权，而且会在行为上证明这一个条文之不必要。

总统制与内阁制的混合是中国宪法一个新异之点，这是妥协的产物。拥护内阁制的人士认为这不是一个满意的制度。反对宪法的人士更认为这种既非内阁制又非总统制的组织是"不三不四"的制度。其实除了内阁制与总统制之外尽可以有其他的制度。例如瑞士和苏联的制度不属于这两制度的范围。真正问题所在是宪法所规定的混合制度是否果然可行。

内阁制诚然良好。但其运用之成败却"存乎其人"，英国人运用之而成功，法意等国即局部失败了。意大利尤足资为殷鉴。第一次大战后的多权寡能内阁不啻为墨索里尼造成了独裁的机会。可见内阁制的本身并不就是民主政治的保障。反之，美国总统的权力大于立宪国家的君主。在两次世界大战中，美国总统行使过几乎近于独裁的权力。然而美国的民主政治并未因此颠覆，这些政治学上的普通事实是必须注意的。我们不应当无条件地信任内阁制或总统制。

那么混合制是否可行呢？批评者的意见多认为立法院控制行政院的力量不够。第五十七条规定立法院可以移请行政院变更其政策，但行政院得经总统核准后移请立法院复议。如经出席委员三分之二维持原案，行政院长应即接受或辞职。内阁制的政府是几个政党轮流执政的政府。在获得议会多数拥护的期间，执政党负起全国政事的责任。在野党对于执政党的监督妙用，不是随时可以阻挠政策或推翻政府，而是随时监视批评政府，使执政党有所顾忌，不敢放恣，人民的权益因此就得着了一些保障。在野党当然是少数党。但在它取得人民信任而在议会得到多数席位的时候，它就可取代原任的内阁而自身变成执政党。在这样轮流执政的制度当中，国家的政事既不至停顿，政府的专横又可以防止。但内阁与议会之间需要有一个恰到好处的平衡。假如内阁的力量过大，议会就失其监督的效用，假如议会的力量过大，在野党可以随时阻挠政策，颠覆政府，其结果就是"责任内阁"只能对议会负受谴的责任，不能替人民负办事的责任。宪法规定立法院的职权是否过小诚然是可以讨论的一个问题。但上述的批评是不能成立的。

要确定立法院对行政院的监督力量是否过小，我们应当从两方面去观察：（一）行政院是否享有过大的权力，（二）立法院是否享有过小的权力。

行政院的权力，照宪法所定，不是无限制的。除开了立法院以外，行政院还受监察考试两院的限制。前者对行政院行使监察、弹劾和审计权。后者用考铨的制度限制政府的任命权。因此我们不应只拿立法院的权力来衡量行政院受监督的程度，还有一个要点更不容忽视：总统和行政院长都没有解散立法院之权。这可以说是宪法所含总统制成分的一个表现。但推想实际运用的结果，它无形当中对行政权又加上了一层限制。立法院有迫使行政院长辞职的武器（纵然这武器有点笨重不顺手），行政院却没有对抗立法院的任何武器。假如立法院存心不合作，总统和行政院长最大的希望就是在立法委员三年任满改选的时候能够来一些比较同情的新委员。在宪法规定情形之下，行政院的力量比不上内阁制的内阁，总统的力量也不及总统制的总统。

立法院本身的监督权是否太小？这却难于作确定的答复。中国以往过于抬高行政权。我们似乎应当特别提高立法权以资矫正。中国现在又缺少议会政治的经验。似乎过度提高了立法权又怕发生流弊。不过就宪言宪，笔者认为我们可以作两点的修正。第一，宪法规定在立法院用三分之二之多数维持行政院所交复议之原案时，行政院长应即接受或辞职。这个规定似可增改为"行政院长辞职时，有关该案之部会长官应随同辞职。"理由是很明显的。行政院确定的重要政策当然事先由各部会筹划拟具，事后由各部会分别执行。立法院通过的法律、预算、条约等案，事先得由行政经该院会议决定后提出，事后也要交付各部会去分头执行。可见在事实上不但院长应对立法院负责，部长也应负一部分的责任。院长既然辞职，部长不该独留（注意：仅是有关的而不是全数的部会长官辞职）。这个办法一则可以免除部会长官与意见不同的继任院长合作或执行自己不愿执行的政策议案。二则可以略增立法院对行政院的监督力量。三则可使宪法条文的规定更加名实相符。条文规定"行政院"对立法院负责，而照原定办法只是"行政院长"负责。

第二，宪法规定的三分之二的多数似乎略嫌过高。那几乎等于把三分之一的否决权授与了行政院长。如果把这个多数减低为五分之三，或者比原来的办法略为妥当一些。但是请注意：五分之三和三分之二并没有重大的差别。立法院对行政院的实际关系必然是取决于两院中各党派人数的比例。要想行政能办事，总统必须严格奉行第五十五条关于同意的规定。立法院的多数党代表人民，行政院长凭据立法院的多数党而产生。第五十七条第二、三两项应当没有运用之必要。等到立法院运用这两项规定的时候，行政院想必已经失去了立法院的信任。这除非在行政院有十分严重错误措施的情形之下是很难发生的。因为行政院长必是立法院中有力政党所同意的人物。在三年改选之前，立法院中的政党势力分野不应当会有重大的变化。较小的过失不致于酿成院长的下台。但是正因为有五十七条的威胁，行政院应当不至于放手专横。一个不理于人口的行政院长纵然在本届立法院中能把握三分之一强或五分之二强的拥护，他能保证在三年改选之后的立法院中取得信任么？把五十五条的同意权和五十七条的监督权——事前的监督与事后的监督——合并观之，我们不能说立法院的力量太小。

关于地方制度的规定，笔者于此没有什么批评。中国是一个政治学者所谓"单一国"而不是"联治国"。因此省只能有自治法而不能有"省宪"，从这个观点看，"省县自治通则"由中央政府用立法手续制定也未尝不可。不过将来制定通则的时候必须十分尊重均权原则，不要把地方自治的范围过于限制。

行宪的准备

国民大会于通过宪法后，议决了施行宪法的日期（三十六年十二月二十五日）和宪法实施的程序。其要点是：（一）宪法公布后三个月内（即本年三月三十一日以前）制定各项有关选举法规，（二）选举法公布后六个月内（即本年九月三十日以前）选举国大代表、立法委员和监察委员。在这几个月当中，我们应该注意于下列四项的准备工作。

第一，选举法规的制定必须审慎。在以往抗战期中，政府也曾公布并施行若干选举法规。但执行起来有时候会因条文的粗疏含混而感觉到困难。这是一个技术问题。此外更当注意的是制定选举法的现政府官吏多半隶籍于执政党。他们务宜避免偏私，在立法的时候意图为自己的政党讨便利。这样的法律难于取得人民的真心奉行，很容易使宪政受损害。这并不是笔者过虑。记得在抗战期中笔者曾向一位官吏询问民选代表必须经过考试或检核的原因。他很坦白的说，除了可以提高代表的素质以外，还可以藉此运用党的控制。我们不仅需要缜密的选举法，更需要真正民主大公的选举法。（编者按：中国国民党第六届三中全会通过

"宪政实施准备案",国民政府三十六年三月三十一日公布"国民大会组织法"、"国民大会代表选举罢免法"、"总统副总统选举罢免法"、"立法院立法委员选举罢免法"、"监察院监察委员选举罢免法"等几种法规。)

第二,选举的进行必须纯洁。抗战期间的选举,就笔者见闻所及,很有一些不良的作风。变相的贿赂,势力的压迫竟不曾完全避免。有一位回家度岁遄返成都的友人向笔者说,今年真是选举年。县里面打算竞选国大代表的人士在旧历新年已经开始活动,普遍的请客。因此他吃了不少回的"油大"。这种选举运动不是清寒人士所能胜任。虽然宪法规定"公开竞选",结果成为有钱人的法币竞选。从"训政时期"的政府圈定转为宪法前夕的金钱选举,恐怕不能算太大的进步,这种可虑的现象是必须设法纠正的。至于威胁选举的应当切实防止,更不必赘说。

第三,民选立法监察委员的素质必须提高。因此两院委员各地域职业选区的名额不仅应由法律规定,其候选人的资格似乎也应当酌量规定。各党对于一切选举也应当及早筹备计划,如何提名,如何竞选,如何协助候选人。除去选举,没有民主政治。除去了政党有组织的推动,也不能有正常的选举。抗战期间选举之所以出乱子,一部分的原因就在于缺少正常的政党活动。

第四,全国人士应当虚心地和热心地去学习民主宪政的运用。要民主就必须宽容,要宪政就必须守法。以法绳己,以宽待人,这就是民主共和国人民的标准风格。多数人有了这个基本风格,宪法的条文纵然不完美,那是不妨事的。古今没有不修改的宪法,因为没有不变动的社会。一个长进的民族必然能够从实行中求生活的进步。在进步中求法制的改善。多数人有了实行民主宪政的热心,纵然现有的智识经验不足也是不妨事的,古语说,"未有学养子而后嫁者"。我们也不必等到学会了民主而后行宪政。我们所当避免的只是眼高手低和心灰意懒的错误态度。

宪法诚然包含许多缺点。但是如果我们能够在短期中把一百七十五条的规定不折不扣地实行起来,我们中华民国便可以预于世界民主国家之林而毫无愧色。

有人斥宪法为"伪宪"。主要的理由是:它不是依循政协的手续,而是由国民党包办所制定的。照政治学的眼光看,"伪"就是非法或不合法。这部宪法是否"非法"呢?

制定宪法的国民大会,在程序上也许不合乎政协的决议。它所制成的宪法在内容上也许不尽合乎政协的决议。国民党也许背弃了它在政协中提出的诺言。但严格来说，这些都是"政治"乃至道德问题，而不是法律问题。因为政协本身是一个图谋排难解纷的集会。它不是、也不必须依据国家任何法律而成立、而有效。纵然制宪的行为违背了政协的决议，我们至多可以说它是不信、不智或不利的，却不能说它违背了法律而为"非法"的行为。因此宪法是"伪宪"的命题不能成立。

从另一方面说，一切由革命而制定的宪法，严格说来，都没有狭义的法律根据，这道理是极明显的。革命政府本身可以说是一切法律权威的源头，也可以说是推翻合法政府而树立非法政权。关键在乎革命是否能够成功。俗话"成则为王，败则为寇"的看法，变相地早为公法学者所接受，而成为解释政权的一个重要原理。各国的例子很多，无待枚举。认宪法为"伪宪"的人，在逻辑上对推动制宪的政府只能有两个看法，他们可以承认国民党政府是合法政权，也可以否认它是合法政权。如果他们承认它是合法政权，纵然宪法是它所独手制定的，他们至多只能说国民党没有还政于民的充分诚意，却不能说它所制定的宪法是非法的"伪宪"。如果他们否认它是一个合法政权（这只是便于立议的一个假说，事实上它是国内国际一般人所承认的合法政权），那么纵然宪法是它一手制定的，宪法之是否"伪宪"尚不能于此就成定论。因为在否认国民政府合法的情形下，它的地位同于一个新建的革命政府。它所制定宪法的地位也同于一般的革命宪法。宪法之是否成为今后的万法源头，其关键系于多数的中国人是否能实行宪法，而使它发生可观的效果。我们不必在这时候断断于宪法真伪的争辩，我们只有从实行的效果来作最后的判决——能行的就是真宪，无效的就是伪宪。这不是玩弄逻辑的诡辩。这是划分中国民主政治成败的真理。

（民国三十六年）

中华民国宪法述评

——为《中美周报》创刊五周年纪念作

(1947 年)

一、制定之经过与施行之展望

民国肇造，迄今已三十五载，尚未有一正式而有效之宪法。前此近似"大法"之法条，自辛亥十月公布之"临时政府组织大纲"以至民国二十年公布之"训政时期约法"，为数近十。或经公布而未实行，或付实施而未具正式宪法之形式。故三十余年之中，制宪之工作时断时续而立宪政治未底于成。说者谓中华民国有制宪史而无宪法史，诚非厚诬。

去岁国民政府召开国民大会于南京，制定宪法。几经波折，乃得完工。始则以国民党以外之各党派或拒绝提出代表，或迟久磋商始能提出，致大会延期多日，方能着手于草案之讨论，继则以各党派之意见颇有距离而引起激烈冗长之争辩。国民党右倾分子坚持宪法应严守孙先生之遗教，"五五宪草"应为宪法之蓝本。其他党派则表示如不放弃宪草，将不出席国大。政府为使制宪工作顺利进行，乃参据政治协商会议之宪草原则，由立法院制定宪法修正案，于十一月二十八日提出大会。右倾人士乃于各分组审查委员会中设法推翻修正草案，以图恢复"五五宪草"之旧观。青年及民社党之代表除随时发言力争外，并表示将以退出国大为最后之手段。倘非蒋主席一再告诫国民党代表，及中间人士之苦心调处，则全部工作大有停顿失败之可能。经"五五宪草"与政协原则拥护者互相让步之后，"中华民国宪法"乃于十二月二十五日三读通过于国民大会。

宪法虽于本年一月一日明令公布，但按大会之决议，其施行之日期则为本年十二月二十五日（人民之权利义务一章自公布之日起生效）。在施行之前政府应着手于筹备：（一）政府于宪法公布后三个月内制定各种有关选举之法规（即本年三月底以前）。（二）下届之国民代表，立法及监察委员应于选举法规公布后六个月内完成之（即本年九月底前）。（三）制宪之国民大会于闭会之后设置"宪法实施促进委员会"以监督并促成宪法之实施。

宪法制定之经过略如上述。政府于公布宪法时下令全国，普遍庆祝。前此国家制宪工作之艰难，今日人民盼望宪政之殷切，揆情度理，应有举国腾欢之现象。然令下之后一般人民既多漠不关心，部分人士且立论攻诘。未参加国大之共产党及民主同盟党即为其中之著例。中共发言人甚至诋宪法为一党把持之伪宪，以撤销国大为恢复和平谈判之条件。此虽不免出于党见，而平心论之，目前制宪之经过与乎将来行宪之前途实含有显见之缺点与困难。国内重要之党派既未全数参加国大，接受宪法，右倾与左倾人士之意见迄今亦毫无接近之征兆。北方各地，烽火弥漫。澄清之望，一时难期。全国财政金融之状态日趋险恶。通货膨胀，工商凋敝，政府尚无有效之改善办法。凡此种种皆足为宪政实行之重大阻碍。加以一般民众缺乏民主政治之经验与兴趣。在今年短促之数月中欲望人民政治能力之大有进步恐属甚难。宪政前途之艰难，由此可以想见。

虽然，古语谓"事在人为"。西谚亦谓"有志斯有路"。宪政前途艰难，尚非命定之失败。就目前情势论之，努力之方向似以下列三端为较重要：（一）在极度纠纷之环境中，制宪居然有成。此虽仅由于一部分人士之决心，正可见决心之果然有效。本制宪之决心以行宪，定亦可获成功。（二）宪法成于妥协。其内容虽尚包含若干未获妥协之矛盾，然妥协既已开端，未尝不可循此妥协之途前进，以达于较广泛较圆满之妥协。（三）国人对宪法之态度，不外三种。接受者、反对者与不感兴趣者。大致言之，持第一种态度者为国民党、青年党、民社党，及若干无党派之人士。持第二种态度者以共产党及民盟人士为主干。其余一般民众则并无具体之态度。倘第一种态度占优势，则一般民众可成为被动接受宪法之人。倘第二种态度占优势，则一般民众又可成为被动反对宪法之人。孰占优势则取决于宪法之能否实行。征之各国往史，行宪之初，盖无不遭受一部分人之反对或阻挠。美国联邦宪法初定之时即曾受"邦权"派之严重攻击。直至南北"内战"之后，宪法之基础方臻完全稳固。今日接受宪法之人士如能身体力行，逐步前进，始作虽艰，必能博得更多之同道。结束中华民国制宪史，开创中华民国宪法史——空前时机，惟有努力实行，庶能把握勿失耳。

二、国体与人权之规定

宪法公布之后，众议纷纭。或许为富于民主之精神，或斥为独裁政治之伪装。何者为确论，当俟下文判明。惟有一端可以确定无疑者，则此新定之宪法实为一妥协之产品。其内容既不全符于孙先生之学说及国民党之主张，亦不尽合于政协会之原则与各党派之希望。因此任何人不能认为满意之典章，毁之者至讥为非驴非马。实则现代国家之宪法除苏联之成于一党专政者外，盖莫非成于妥协。妥协之宪法，自任何一党一派或个人之特殊观点言之，势必不合理想，不尽完善，甚至不伦不类。然而人心不同，有如其面，民主政治之基本精神即在意见不同之人能互相容让。妥协为理想之牺牲，但亦为民主政治之起点。故吾人批评中国之宪法，不应指摘其不尽美善，而应注意于其所规定之制度是否切实可行，其条文所表现之立法技术是否精审合格。

宪法既成于妥协，是无形之中已略具民主之意味。吾人如欲知其民主精神之是否充分，则当就其内容以考之。为便利起见，请分别从四方面讨论：（一）关于国体与人权之规定。（二）关于中央制度之规定。（三）关于地方制度之规定。（四）关于基本国策之规定。

宪法第一条规定"中华民国基于三民主义，为民有民治民享之民主共和国"。国内论者多抨击此条，谓其字句累赘，文义欠通，足见立法技术之恶劣。是则诚然。惟此技术恶劣之条文，自有其产生之原因。"五五宪草"原定以"中华民国为三民主义共和国"。但因别党人士反对甚力，修正草案乃加改订。宪法第一条直接采用此修正之条文，一字未加更动。就此而言，则此亦为各党妥协之结果，吾人勿庸深责。笔者所引为可惜者，非条文之不词而为妥协程度之不足。孙先生为肇造民国之伟人，三民主义为全国人民所接受之至理（共产党亦曾如此表示）。以孙先生之学说为立国之精神，事诚无可訾议。然三民主义之是否有效，系于政府与人民之是否能力行，而不系于宪法条文中是否明定。弁言中既已陈述立国之主义，条文中如仅定"中华民国为民主共和国"亦未始不可。

宪法关于人民权利之规定大体上亦采自修正宪草而略有补充。纵或不逮政协原则之充分，其充实则确有过于"五五宪草"。兹举数例以明之。宪草第八条仅谓"人民在法律上一律平等"。宪法第七条则揭明"人民不分男女、宗教、种族、阶级、党派，在法律上一律平等"。宪草第十一至二十条列举身体、居住、迁徙、言论、出版、通信、宗教、结社等自由。及财产、请愿、诉讼、选举、罢免、复决、创制、应考诸权利。宪法则于此诸自由权利之外增列讲学自由、生存、工作、服公职、受教育等权利。宪草于列举自由权利诸条均附有"非依法律不得限制"之字句。宪法则悉删去而于二十三条规定一切自由及权利"除为防止妨碍他人自由，避免紧急危难，维持社会秩序或增进公共利益所必要者外，不得以法律限制之"。凡此诸端均足证宪法对于人权之保障较"五五宪草"所拟定者为略充实。

政治协商会议通过之宪草修改原则第九项并未列举人民自由及权利之名目，而仅提出四点："（一）凡人民应享之自由及权利均受宪法之保障，不受非法之侵犯。（二）关于人民自由，如用法律规定，须出之于保障自由之精神，非以限制为目的。（三）工役应规定于自治法内，不在宪法内规定。（四）聚居于一定地方之少数民族，应保障其自治权。"上述之第一及第三两点，宪法于第二章中有明白之规定。第四点可认为已局部包括于第一一九及一二〇两条之内（蒙古各盟旗地方自治制度以法律定之。西藏自治制度应予以保障）。第二点则略有疑问。宪法第二十三条"为防止妨碍他人自由"而限制自由之规定可视为第四点之应用。其余（避免危难、维持秩序、增进公益）规定则谓为"出之于保障自由之精神"固通，谓为"非以限制为目的"亦未始不通。论者如因此而谓宪法于人权规定未完全依照政协原则，吾人固不能谓其无据。

从上述诸点观之，足征宪法关于人权之规定。丰啬介于"五五宪草"与政协原则之间。若持以与近代民主国家之"人权状"（Bill of Rights）相较，并无重大差异。若持以与苏联宪法相较，则中国宪法似更富于平等之精神。盖苏联宪法明定，苏联之政治基础为"无产阶级专政"（第二条），社会及国家组织之领导核心为"苏联共产党"（第一二六条），而各项代表候选人之提名权则属于共产党及其所领导之组织（第一四一条）。中国宪法则明定"中华民国之主权属于国民全体"（第二条），人民不分阶级党派一律平等（第七条），一般合格人民皆有选举及被选举权（第十七、一三〇条）。故就人民权利一端论之，谓中国宪法为伪装之独裁则毫无根据，谓苏联宪法为法定之专政则文有明征也。

三、中央制度之规定

甲、国民大会

在制宪诸问题中，国民大会为引起热烈争辩者之一。大致言之，国民党主张"有形之国民大会"，而他党人士则颇多主张"无形之国民大会"。按以国民大会代表人民行使四权，原系孙先生之主张。孙先生于"革命之方略"中曾谓："一县之自治团体当实行直接民权。人民对于本县之政治当有普遍选举之权、创制之权、复决之权、罢免之权。而对于一国政治，除选举权之外，其余之同等权（笔者按：似指其余三权对同等级政治之行使）则付托于国民大会之代表以行之。"孙先生复于《建国大纲》中将此主张略加变更而谓"宪法颁布之后，中央统治权（按即指管理政治之人民政权）则归于国民大会行使之，即国民大会对于中央官员有选举权、有罢免权，对于中央法律有创制权、有复决权"。孙先生所以如此主张者，盖鉴于欧美民主国家，不能划分"权""能"，而行代议政体，其结果为人民未必有充分之权，政府又以受代表之牵制而寡能。故力倡"划分权能"之说，以"治权"归之政府，而以"政权"操诸人民，政府运用治权以办理众事，人民运用政权以管理政府。国民大会即管理中央政府任人立法之政权机关也。"五五宪草"秉承此意，拟定国民大会行使选举罢免总统，副总统，立法、监察两院院长及委员（对司法院长仅行使罢免权），创制复决法律，及修改宪法诸职权。

别党人士认为权能划分之说颇有窒碍，而议会（或内阁）制之政府始为有效之民主政府。盖中国幅员辽阔，国大代表人数众多。六千人之集会既不能作充分周详之讨论，亦不易为频繁之召集。以如此之机关监督政府，可能之流弊，实不一而足。反不如径仿近代民主国家之议会制度以立法院监督行政院之较切实际。如此则虽无可睹之政权机关，而民权反能多得保障。"无形国大"之说，由兹以起。

各党派人士在政治协商会议中几经争辩，乃于去年一月三十一日第十一次大会中通过"国民大会案"暨"宪法草案"等决议。"国民大会案"凡八项，最重要者为第二项，"第一届国民大会之职权为制定宪法"。"宪法草案"包括"组织审议委员会"暨"宪法修改原则"两节。

后者又包括十二项。第一项即为关于国大之决议。其全文为"（一）全国选民行使四权，名曰国民大会。（二）在未实行总统普选制以前，总统由县级、省级及中央议会，合组选举机关选举之。（三）总统之罢免以选举总统之同样方法行使之。（四）创制复决两权之行使另以法律规定之。附注：第一次国民大会之召集方法由政治协商会议之"。就上述决议观之，足见政协在原则上承认"有形国大"为行使"政权"之机关。政协闭会后，由于其他有关人士之意见纷歧，第一次国民大会不能依照政协之协议而召集。去年十一月二十八日政府提出国大之宪草修正案系由国民、青年、民社党及"社会贤达"各方面人士参取政协原则及"五五宪草"审议修订，交立法院通过而成。修正草案拟定选举及罢免总统副总统，创制及复决宪法修改案为国民大会之职权（创制及复决法律之职权须俟全国半数之县市行使创制复决两权后行使）。国大第二审查委员会（由于国民党代表之提议）将此草案拟定之职权扩大，不仅恢复"五五宪草"之旧观且增加条文，拟定"国民大会为代表国民行使政权之最高机关"。有形国大遂取得明文之根据。然而此审委会之修正，卒受各方面激烈之反对而大体放弃。在最后通过之宪法中国大职权恢复修正草案之旧观（但未采用其部分代表由立法监察委员兼任之办法），而于第二十五条中明定国大"代表全国国民行使政权"。

论者于国大之规定颇多指摘。或谓其违背政协原则。或谓其有形无实，违背中山遗教。据上文之分析，笔者认为谓国民党代表有推翻政协原则之企图，谓政协原则未被全部采用，则均有事实之根据，但谓政协原则全部推翻则实属过甚之词。至于国大职权过小之说，则亦不敢苟同。孙先生权能划分之说虽甚明晰，而于政权机关之组织则未加详述。就其学说全体观之，孙先生之意似为政权属于全国人民，其行使则可分为地方与中央之两级。行于自治单位者为严格之"直接民权"，行于中央政治者则由于地广民众之事实限制而不得不为间接民权。国民大会即此代表人民行使中央政权之机关。抑孙先生对政权之诠解至为确定：即选举罢免创制复决之四种。准此而论则谓宪法规定之国大职权过小，因而违背遗教者亦属过甚。盖宪法之规定与孙先生之具体主张虽有出入（如孙先生主张立法院由国大选举），但显未与其根本学说相冲突。若必欲拘牵文字，则孙先生于"革命之方略"中曾谓"国民大会职权专司宪法之修改，及制裁公仆之失职"，岂非宪法所规定之职权尚嫌过大乎。

乙、总统与五院

王宠惠先生于说明宪法特点时曾谓其所规定之制度为总统制与内阁

制之折衷制。此亦多端妥协之结果。

孙先生所主张者为五权宪法制。"革命之方略"谓于宪法制定之后，各县人民"选举总统以组织行政院，选举代议士以组织立法院"。总统得立法院之同意后委任司法监察考试三院之人员。但此三院不对总统，而与其他两院均对国民大会负责。"五权宪法"中有一"治国机关"图解，于国民大会之下，平列五院，未加说明。讲词中则有"行政设一执行政权底大总统"之语。足见孙先生意想中之政制有躬负行政大责之总统而实异于典型之总统制。

国民党执政以后，依据孙先生遗教以立制度。但先后颇有变故，亦未严守遗教。自十七年十月八日"国民政府组织法"公布以后，中国之政制，事实上已趋近于总统制（王世杰、钱端升《比较宪法》中如此说）。二十六年六月公布之"组织法"则更加强国民政府主席之权力。同年十二月公布之组织法则以党政一部分人士主张削减主席之权力（第十一条规定主席"不负实际政治责任"），而移其大权于行政院。于是中枢制度略有近于内阁制。三十二年九月修正之"组织法"，又恢复主席掌握大权之制度（五院院长实际上等于由主席任免，照法定又对主席负责）。同法第十三条规定"国民政府主席（中略）于宪法实施后依法当选之总统就任时即行解职"。此实不啻无意中认主席之权位与总统相当。"五五宪草"拟定行政院司法院及考试院长由总统任免，向总统负责，但立法院及监察院首长委员均由国民大会选举。立法院并无直接监督行政院之权力。大体言之其结构更接近总统制。

此制大受在野党派之反对。其主要之理由为总统及行政院之权力过于庞大。在野党派多主张根本采用典型之内阁制，以立法院代替议会而使行政院向其负责。政协原则略依此意，乃有如下之决议："立法院为国家最高立法机关，由选民直接选举之，其职权相当于各民主国家之议会"。"行政院为国家最高行政机关。行政院长由总统提名，经立法院同意任命之。行政院对立法院负责"。"如立法院对行政院全体不信任时，行政院长或辞职，或提请总统解散立法院。但同一行政院长不得再提请解散立法院"。

立法院通过之修正草案，乃折衷于"五五宪草"与政协原则之间，而拟定：（一）行政院向立法院负有限度之责任，（二）行政院无解散立法院之权，（三）行政院长之任命须得立法院之同意。国民大会几乎一字未改，照草案之拟定，通过有关上列各点之条文。其中要点如下：

"行政院长由总统提名，经立法院同意任命之"（第五十五条）。

"行政院依下列规定，对立法院负责：（一）行政院有向立法院提出施政方针及施政报告之责。立法委员在开会时有向行政院长及行政院各部会首长质询之权。（二）立法院对于行政院之重要政策不赞同时，得以决议移请行政院变更之。行政院于立法院之决议得经总统之核可移请立法院复议。复议时如经出席立法委员三分之二维持原案时，行政院长应即接受该决议，或辞职。（三）行政院对于立法院决议之法律案，预算案，条约案，如认为该案窒碍难行时，得经总统之核可，于该案送达行政院十日内，移请立法院复议。复议时如经出席立法委员三分之二维持原案，行政院长应即接受该决议或辞职"（第五十七条）。

所谓总统制与内阁制之折衷制度，其大体有如上引条文所规定。在野党派中一部分人士对此极表不满，甚至诋为"不三不四"。平心论之，古今并未有完美无疵之制度。纯粹之总统制与内阁制皆各有其缺点。其运用之成功或失败亦存乎其人。法兰西、意大利与德意志之经验皆不如英国之美满。若就历史之渊源而论，则英国之内阁制曾被认为君民共主之混合政体（Mixed Monarchy），而美国独立时之思想家裴恩（Thomas Paine）斥之为专制与民主之杂拌。"不三不四"之讥评，并不足证明此制之不良。

制度譬如工具。良工得利器而其事益善，拙匠虽操利器而不能收美效。制度运用之成败系于人民政治程度之高低，而亦受社会条件之限制。故欲知纯内阁制是否宜行于中国与乎总统内阁折衷制是否可用，吾人当先一察中国之国情。首先应考虑者厥为中国一般人之政治经验及程度是否能行内阁制而胜任。民国初年议会中之笑柄百出，吾人犹能记忆。今日中国之政治知识诚有进步。但是否已达到充足之程度则难判断。抗战期间召集之国民参政会固有可观之成绩。国民大会之表现亦优于民国初年之议会。但此诸"民意机关"之人选，多出于特殊之选拔方法。若果出于普遍之民选其素质是否能如此优良则殊难测定。据笔者所知，各省于举行地方选举时，选民多不踊跃登记或投票。竞选之省县参议员以金钱运动或势力压迫而当选者颇有其例。吾人固不能遽然由此判定将来立法委员之选举不能避免现睹之弊端，但亦不能保证其必能产生品格优良之立法院。过于信任立法院，实不免冒若干未知因素之危险。迷信内阁制者，当一念"东施效颦"之故事。捧心之态，必须有西子之美以为条件。否则度德量力，我行我素，尚可自保天然之健美也。

中国之政党政治之基础尚未建立。各党党员人数互有多寡之差，但其总数仅占全国人民之少数则可断言。政党政治又为内阁制之基础。故在宪法初行之时间，必遭逢若干之困难。与其赋立法院以过大之权，不如略加限制，较为稳妥。倘施行之后，成绩至佳，则将来于修改宪法时予以扩充，使更近于内阁制中之议会，亦何尝不可。抑又有进者，中国之政党形势，现已略呈多党之倾向。若果成为事实，则纯粹之内阁制恐不免步法兰西第三共和国之后尘而发生行政院不能稳固之缺点。

论者又或谓立法院对行政院之监督权失之过小。其主要之理由为：（一）后者非对前者完全负责而系有限负责，故立法院之权力远不及内阁制下之议会。（二）在规定之负责范围中，立法院难对行政院作有效之控制。盖迫使行政院长接受立法院之决议，或迫使行政院长辞职，立法院须以三分之二之多数为之，此不啻予行政院以三分之一强之否决权也。

立法院之权力是否过小（反之，行政院之权力是否过大）诚为可以研讨之问题。但上述之理由则不能证其确然过小。吾人当知中国宪法虽未墨守孙中山先生之主张，但五院之原则已为其所采用，因此吾人衡量行政院之权力，不能仅就其对立法院之关系，而必须同时注意其对监察及考试两院之关系。监察院对行政院行使监督、弹劾、审计诸权，考试院则行使考铨之权而限制行政院之任命权。故行政院除受立法院之法定限制外，尚受监察考试两院之限制。合三院之监督限制权以观之，始能见行政院权力之真相。此其一。行政院长之任命，事先须取得立法院之同意。倘立法院能慎之于事先，则总统所任之院长不应与立法院在政策上有重大之分歧观点。换言之，行政院在取得立法院多数党或多数党派联合支持之条件上与立法院通力合作以为人民治事。立法委员之任期为三年，则行政院大体上可得推行其政策之三年保证。三年改选之后，倘立法院中之党派势力分野发生变动，则行政院长之人选及政策当亦相应而变动。如此则政府既可于适当范围内为人民办事，又不致流入于专横独制之危险。内阁制之妙用不在议会随时以颠覆政府，阻挠政策，而在随时监视及批评政府，使有顾忌。议会之力量过弱，固难于发生顾忌之作用。若其力过强，则又恐其跋扈掣肘，致政府于无能。宪法规定立法以简单之多数行使同意权，以三分之二多数行使监督权，似尚符合内阁制之原理。此其二。照宪法规定，总统及行政院长均无解散立法院之权。而立法院则有拒绝行政院长人选及迫使行政院长辞职之权。就法言法，吾人不得不承认行政院因此对立法院略处于劣势地位。盖如立法院拒绝合作，则总统及行政院长除疏通、辞职或静候三年之改选外，更无对抗立法院之法定方法也。此为衡量行政院权力时不可不加考虑之又一点。

四、地方制度之规定

参加制宪各方人士对孙先生所持之"均权"原则殊少异议，然对此原则之具体解释则颇有纷歧。执政党注重国家之统一，一部分在野党及边远地方代表则注重地方自治。按《建国大纲》第十七条所定，均权之大旨为："凡事务有全国一致之性质者划归中央，有因地制宜之性质者划归地方。"第十八条又定"县为自治之单位。省立于中央与县之间，以收联络之效"。所谓联络者即"一方面省长受中央之指挥以执行省内之国家分政，一方面省长由人民选举，以监督本省之自治"。"五五宪草"于"地方制度"章中略依《建国大纲》，拟定自治原则及省县制度。但省长不由民选而由中央政府任免，中央与地方之权限亦未作具体之划分。吾人若谓宪草减低《建国大纲》所定之自治成分，殆非错误。政协会之宪草修改原则乃提出四点：（一）确定省为地方自治之最高单位。（二）省与中央权限之划分依照均权主义规定。（三）省长民选。（四）省得制定省宪，但不得与国宪抵触。第二与第三点与《建国大纲》相合。第一与第四点加重《建国大纲》之自治成分。省得制宪之拟定则有打破单一国体而改就联邦国体之倾向。国大所制之宪法折衷于两者之间，而依照均权原则对中央与地方之职权作详细具体之划分。按第十章之规定，由中央立法并执行之事项有外交及国防等十三项，由中央立法并执行，或交由地方执行者有省县自治通则及行政区划等二十项，由省立法并执行者有省教育及卫生第十二项，由县立法并执行者有县教育等十一项。说者或谓地方职权用宪法规定与否乃联邦与单一国之显明区别。盖依法理言，在联邦中，中央与地方政府之职权均出于宪法之赋与，而在单一国中，地方职权则出于中央之委付。今宪法如此明文划分中央与地方之职限，岂不使中国之国体与联邦相混？稽之各国先例，此说不为无据。然宪法所以如此规定者，不仅欲使均权原则之实施多得保障，实亦折衷妥协之一结果。

宪法规定中尚有一引人注意之点：即省自治地位之确立是也。上述政协原则中有确定省为地方自治最高单位，省长民选及省得制定省宪之拟定。宪法复加折衷，放弃省得制宪一点而采纳省自治之原则。其要点为：省得召集省民代表大会，制定省自治法，设民选之省议会及省长（第一一二及一一三条）。

关于县市制度之规定，宪法与宪章（此处疑为"宪草"。——编者注）无多歧异（政协则无关于县市之拟定）。其大要为：县得召集县民代表大会，制定县自治法，县民行使四权，县设民选之县议会及县长。市准用县之规定。

五、基本国策之规定

"五五宪草"列有"国民经济"与"国民教育"两章。政协原则则拟定"基本国策章应包括国防、外交、国民经济、文化教育等项目"。宪法依据此原则而作"基本国策"章各条之规定。其中有针砭时弊之方，亦有树立国本之策。论者虽或嫌其空洞，然欲避免宪法之冗长琐细，此殆为一无可避免之缺点。

"中华民国之国防以保卫国家安全，维护世界和平为目的。""全国海陆空军须超出个人地域及党派以外。""现役军人不得兼任文官。"此为国防政策之要点。

"中华民国之外交应本独立自主之精神，平等互惠之原则，敦睦邦交，尊重条约及联合国宪章，以保护侨民利益，促进国际合作，提倡国际正义，确保世界和平。"此为外交政策之要点。

"国民经济以民生主义为基本原则，实行平均地权，节制资本，以谋国计民生之均足。""公用事业及其他独占性之企业，以公营为原则。""国家对于私人财富及私营事业认为有妨害国计民生之平衡发展者应以法律限制之。"此为国民经济政策要点。

"人民具有工作能力者国家予以适当之工作机会。""国家为改良劳工及农民之生活，增进其生产技能，应制定保护劳工及农民之法律，实施保护劳工及农民之政策。""国家为谋社会福利应实施社会保险制度。"此为社会安全政策之要点。

"教育文化应发展国民之民族精神，自治精神，国民道德，健全体格，科学及生活智能。""六岁至十二岁之学龄儿童一律受基本教育，免纳学费。其贫苦者由政府供给书籍。已逾学龄未受基本教育之国民一律

受补习教育，免纳学费，其书籍亦由政府供给。""教育、科学、文化之
经费，在中央不得少于其总预算额百分之十五，在省不得少于其预算总
额百分之二十五，在县市不得少于其预算总额百分之三十五。"此为教
育政策之要点。

中华民国宪法之内容略如上述。平心论之，在实质上及技术上诚有
可加指摘之瑕疵。然而吾人应知人为之事物断难极尽美善，而人为之制
度，尤难臻于完备。盖政治制度之成立，不外由演进与突创之二途。演
进者（如英国政制）即随时世之变迁而长成于无意之中，其内容自不免
包含偶然与不合理之成分。合于实用则诚然，合于理想则未然也。突创
者（如美法之政制）成于一时之努力。无论一时之人不能洞见百世之
利，即有少数睿智之士，能灼见深知，然而所见不必互同，亦未必能使
多数人赞同而接受其所见。加之党派之纷歧，利益之冲突，成见之锢
闭，纵有较近完善之制度，恐未必果然能受人采用。故革命宪法往往成
于多方之妥协。如美、如法、如德之魏玛宪法，皆其著例。近代国家宪
法之不成于妥协者苏联为其极少例证之一。此乃缘于一党专政之特殊背
景，不可与一般民主国家并论。

抑就民主之观点言之，吾人宁可牺牲完美而欢迎妥协。盖妥协出于
互让，互让基于尊重自己主张，同时尊重他人主张之宽容态度。故妥协
为民主之精神表现，亦为民主政治之工作原则。然则由妥协而包藏瑕
疵，固不足为宪法之诟病。

吾人更当注意：宪法有瑕疵，而其大体则合乎一般民主政治之标
准。吾人持以与去岁通过施行之法兰西第四共和国宪法相较，即可见中
国宪法虽未必为最前进之民主宪法，而已含有充足之民主精神与实质。
吾人果能充分实施，则中国必可预于世界民主国家之林而无逊色。故为
中国之人民计，与其耗唇舌于批评宪法，不如致精力于实行宪法。条文
纵有瑕疵，尽可俟将来之修正也。

——原载《中美周报》第二四四期（民国三十六年）

说民主
（1947 年）

　　什么是民主？在今天这不是一个空洞的学理问题而是一个有关人类利害的实际问题。英国外相贝文曾说："缔造和平之途径异常艰苦。尤其当各国不同之政治观念使其益趋复杂之时，此种困难之解决常因欲采纳特种意识形态之愿望而受阻碍。（中略）不幸我苏俄友人之一切演说及文字中均只有一项理论，即仅有渠等代表工人，仅有渠等系属民主。渠等对若干其他政府之观念为：彼等系属法西斯或类似性质之政府。因此引起一项观念，即苏俄之安全仅当举世每一国家已采纳苏维埃制度时始克保持。是为获致和平最大障碍之一。"（中央社伦敦六月四日路透电）贝文这一段批评苏联的话虽未完全正确，但他指出各国因所持的政治观念不同，所取"民主"的解释不同而发生误会的事实，却充分地说明了民主问题的严重性。人类为了民主与独裁政治观念的冲突发动了一次世界性的大战。不料在民主战胜独裁以后竟为了民主观念的歧异而不能恢复圆满的和谐。

　　细考今日的民主争执的要点，实在乎"政治民主"观念与"经济民主"观念之未能调协。政治民主的观念可以用英美的传统自由来代表。自由主义的基本信条是：人人同样具有生存所必须的若干权利，而个人本身具有实现这些权利的能力。政治社会的目标就在以人民公共的力量保障权利使其不遭侵害。人民固然不许暴君苛政侵害权利。他们也不欢迎仁君仁政"越俎代庖"替他们满足生活的需要或决定生活的方向。因此自由主义者认定全民自治是政治组织的极诣。为了办事的便利起见，人民不必自己操持行政之权，但决定何事须办的权力必须操于人民之手。为了适应近世广土众民的环境起见，人民不必行使古希腊式的直接民权，但人民必须有选举代表和改组政府的权利。自由主义者相信：只要有了政治的自由（政治的民主），人民的一切权利都有了保障。在十八世纪的时候民权思想家因为想对君主专制加上致命的打击，所以往往偏向于放任主义。照他们看来，管事最少的政府就是最好的政府。但是十九世纪以来的政治家和政论家逐渐感觉放任的缺点而加以修正。政府职权范围逐渐扩大。人民生活的许多方面，经济、工作、财产、教育逐渐受政府的干涉。然而拥护民主政治的人士并不承认政府做事增多便是人民权利减少。只要政府多做些事的这个政策是由人民自己或其代表所决定的，而不是别人替他们决定的，它便符合民主的条件。假如人民不满意现在的政策或政府，他们在法律上和事实上都有改定或改选的权利。两党以上的政党制度就由此产生了。我们要注意：自由主义所注重的是政治民主。欧洲中世以来民主政治的发展始于人民选举权的承认，终于人民选举权的普及。换言之，政治民主的中心，就是人民的政治平等。人民的社会及经济平等诚然随着政治平等而有改进，中世纪的阶级界限到了近世已经大体消泯。然而社会经济平等不是自由主义的主要目标。他们只主张个人应当决定他自己生活的方向及形态，正如民族应当决定它自己的制度政策一样。社会不应当划分贵贱贫富的阶级，强迫人民不平等的待遇。但也不应当干涉管制人民，强迫着人人受同样的待遇。政府可用适当的办法，使才智能力优越的人得着帮助，自甘暴弃或智能薄弱者也不致无归，而强梁横暴者不能为害。但不可强不同者使之同，不齐者使之齐。英国有贵爵，美法有富翁。照自由主义者看来，只要富贵得自个人的诚实努力，那是无背于民主精神的个人报酬。

经济民主的观念可以拿社会主义，尤其是共产主义来做代表。社会主义者也有一个基本假定：经济生活是全部社会生活的基础。除非人民在经济上能够平等，他们不能在任何方面得着平等。单靠政治平等是不行的。希腊市府国家当中有奴隶的存在。史家认为假使没有奴隶阶级便不能有雅典的民主，但事实上正因为有了这个阶级便不能有民主的雅典。雅典公民虽然有参政权，但就国家全体说，他们只是一个互相平等而压迫其余人民的统治阶级。这不是完全民主而是片面民主。近代国家如英美等固然没有奴隶，然而资本家与劳工者贫富悬殊，政治的权利与势力实际上随着金钱的势力为转移。无产阶级在本质上无异于上古的奴隶。这不是真民主而是伪民主。要想得着完全的、真正的民主，我们必须实现经济的民主。但这不是经过"自由"的途径可以达到的。资产阶级决不肯轻易放弃既得的权利和势力。因此武力革命是难于避免的手段。即使革命成功了，经济建设也不能由"自由竞争"而推进。[1] 人民虽然受了政府的统制（甚至压迫），但在统制的过程当中他们踏上了经济民主之途，向着真正民主迈进。[2]

简括地说：政治民主注重个人自由，经济民主注重人类平等。后者偏重物质的满足，前者偏重意志的解放。两者之间确有极显著重大的差异。信奉自由主义者与信奉社会主义者互相猜忌攻讦是很自然的一个现象。但是平心静气来看，双方虽时常以"不民主"互骂，而实各有合乎民主原则的成分。

我们难以一个简单的定义来包括民主政治的全部意义。但我们可以承认，林肯所说"民有、民治、民享"的三大点是民主的主要内容。用这个标准来看，自由主义和社会主义都是"民主"。第一，自由主义坚持主权在民。只要是国民，不管他们的性别、宗教信仰、社会地位是什么，都是国家的主人。社会主义者及共产主义者并不否认主权在民（国为民有）的观念。他们所不满的，是自由主义的民有理想与"资本主义国家"的事实不符。在无产阶级被剥削的社会当中高唱全民政治，照他们看来，是一种狂语。真正民有的政治组织只能在"无阶级"的共产社会里出现。[3] 诚实的自由主义者也主张"为政焉用杀"的办法。他们虽缺乏孔子的那样贵族风格，相信统治者可以善化人民，但他们相信让人民自求多福，共作主人，天下事便大有可为。我们可以说他们太乐观，也不能说他们不民主。自由主义者与共产主义都接受民有的观念，两者间的主要区别只在乎对于"民"的看法不同而已。

其次，自由主义者与社会主义者相同的接受民治民享的观念。两者间的差异也在乎"民"的看法。这可由上文所说推想而知，不必于此赘论。但除此以外，双方显然还有一个重要的歧点。自由主义者虽然以民享政治为其出发点（如洛克以保障生命自由财产为政府之鹄的），其立论的重心多偏于民治。他们深信：只有让人民管理自己的事才能保证政治的清明。换言之，民治是民享的必要条件。至于人民如何管理自己的事，那也惟有让人民自己去决定。全体一致既然事实上不可能，人民的决定便只好以多数为准，或以代表多数的政党为准。这一次甲党得着多数赞成，执掌决定大政之权，下一次乙党得着拥护，便代替甲党而执

---

①②③　此处有删节。——编者注

政。放任政策，统治政策，社会政策都可以由这种方式而付诸实施。纵然人民的自由因而受到严重的限制，那个限制也是人民自己加上的。

共产主义者虽然不否认民治的原则，但他们比较上着重民享。①

我们可以承认自由主义和共产主义都是民主，但它们显然是两种不同的民主。我们是否可以把它们折衷调和起来？假使不能调和，我们应当何去何从？

就两者的目标说，调和似有可能。关键在于民治民享两重点的平衡。自由主义过于忽略民享，共产主义过于蔑视民治。调和的途径就在民治与民享的兼顾并重。在现代的政治运动中至少有两派向着这个方向前进。一是英国工党的社会主义，二是我国孙先生的三民主义。工党要用自由平等的政治方法实现社会改造，要在民治民享同途并进的过程中实现均平康乐的理想社会。孙先生要并行民权与民生主义，在全体人民自主自决条件之下实现"天下为公"的理想社会。这都是享治兼顾的民主观念，既与共产主义有别，也与传统的自由主义不同。

然而"人心之不同如其面"。最完善的观念也不一定为一切人接受。以英国为例，工党的社会主义是否完善姑且不论，在事实上英国还有许多自由主义者和共产主义者不能接受工党的主张。美国大哲学家詹姆士曾说人类当中有硬心肠和软心肠的两型。人生观或哲学思想随着心肠的软硬而人人不同。我们可以进一步说，政治思想也不免受个人性格的影响。自古以来任何伟大的教主，孔仲尼（如果孔子是教主）、释迦牟尼、耶稣基督、穆罕默德，总不能把全世界的人都收为自己的信徒。任何有力的政治主张也不能够得着全世界一致的接受。在这个情形之下，只有两条可走之路：一是排除异己，把信奉"邪说"者杀尽灭绝。二是各从其心，各行其是，各逞其说，各求自胜而各不相害。前者是思想上的武力征服，后者是思想上的和平竞争。何去何从？恐怕也要由个人的性格来决定。不过有一点我们可以肯定地说：有动必有反动，是物理学的定律。"以暴易暴"，是社会学的定律。用武力来征服思想，在得着胜利以前必然遭受武力的反动。在得着胜利以后是否能使戾气化为祥和也没能够把握。何况人类一时一地的知识有限，宇宙的真理难穷。现有最完善的真理未必是最后的真理。一人一国所持的真理未必是全部的真理。硬心肠的办法虽然有效，但有断绝人类进步的危险。秦始皇汉武帝相信君

---

① 此处有删节。——编者注

主独尊，英王詹姆士一世和查理一世相信君权神授，希特拉相信阿利安人的优越。这些在当时认为绝对正确的真理，事后都证明是错误。人类为半真理、伪真理而流血已经太多了。文明的一个显征便是减少不需要的流血，加速可能的进步。用文明生活的标准来看，与其心肠过硬，无宁心肠稍软。我们可以接受共产主义的民享理想，但我们也愿意采用自由主义的民治方法：以和平的竞争来发展自信的真理。谁是谁非，谁成谁败？一切都要取决于人民的最后裁判。

这是自由主义的要点，实在也是民主政治的真谛：除了让人民自己作主以外，一切"民主"都有点近乎虚伪的藉口。无论任何主义，任何政策，无论这些政策是好是坏，是"资本主义"的或是"无产阶级"的，只要其采用取决不是出于人民自主而出于他人代主，都是变相的独裁而不是民主。

什么是民主？我们简单的答复是：人民有说话的机会，有听到一切言论和消息的机会，有用和平方式自由选择生活途径的机会，有用和平方式选择政府和政策的机会——而且这些机会，不待将来，此时此地，便可得着，便可利用——这就是脚踏实地的起码民主。假如这种起码的民主尚且办不到，却明唱玄虚的高调，暗用武断的方法，那决不是民主，而是民主的蟊贼。

这个原则也可以应用于国际政治。国内的民主承认个人的自决，人民的自主。国际的民主政治承认民族的自决，国家的自主。一切改变他国政治制度的企图都是变相的"帝国主义"。所以要想维持世界和平，必须实行国际民主。用贝文先生的话说，必须就自己的途径，发展政治机构，使人民绝对自由，应用其理智与判断，并且不企图将一制度强迫加诸其他国家。否则一国要强迫推广它所采的制度，他国必然起来抗拒，有主义的帝国主义，和传统的帝国主义在内容动机上虽大不相同，而其引起战争的危险性是相似的。用不民主的手段来推行民主，其结果终是有害于民主的。各国以民主的态度相待，不但可以维持和平并且有利于民主。在十八世纪的晚年美法两国先后完成了民权革命。当时君主专制的国家环立于世界各地，但美法的民主政府（拿破仑当然除外）并不曾企图推翻他国的政府，鼓动他国人民革命，强迫他国人民仿效民主。然而这种民主的精神终于感召了人类，到了二十世纪，民主高潮弥漫世界。只要让人民能够自由选择，他们必然会选择民主，不会选择专制。我们无须决定哪一种民主是好的：人民自己会聪明而且正确地选择他们所满意的一种。凡自命民主的政治家必须有这一点信心。

但是有人要问：假如人民根本没有选择的能力，那又怎么办？雅典人民往往不愿意出席国民大会。法律上虽有缺席罚金的规定，终究不能提高民主政治的素质。德国人民在一九二三年七月的选举当中，有百分之三十七的选民拥护纳粹党。在一九三二年有百分之三十二，在一九三三年有百分之四十四作同样的选择。德国的国会下院在一九三三年三月间除社会党的议员外一致赞成给与希特拉内阁以独裁的权力。在一九三三年五月更全体一致赞成希特拉内阁的外交政策。德国的独裁政治可以说是人民自己选择的。由此可见人民的自择不一定是民主政治的保障。

这是民主政治一个古老的也是基本的疑难。用另外一个方法来说，这个问题就是：在人民政治程度低落情形之下，如何实现民主政治？

以往的思想家和政治家当中，认为这个问题不能解决者颇有其人。中国的孔子曾说："民可使由之，不可使知之。"韩非子说："民智之不可用，犹婴儿也。"希腊哲人苏格拉底说："一个缺乏军事或医药知识的人，纵然被全世界的人民所选举，也不是一个真正的军官或医生。"柏拉图鉴于雅典平民政治的缺点在于民众的无知，所以他相信，除非治人者都成为哲人，或哲人取得了大权而成为治人者，人类的痛苦是不能解免的。近代赞成独裁、反对民主的人，虽然有种种不同的议论，他们也都怀疑于人民的政治能力。

近代拥护民主的政治人士虽然放弃了十八世纪民权论者的乐观，承认民众知识的缺乏，但他们相信这个缺点是可以用教育方法补救的。约翰·穆勒"普及教育必须先于普及选权"一句话正可代表这个看法。然而提高民智的途径，因各国历史环境不同而有异。近代民主政治的形成，从一方面看，可以说有演进与突变的两式。英国的民主政治发源于十三世纪初年诸侯抗拒王权。经十七世纪两度革命以后二百余年中继续演进，达到今日的地步。这是前一式的典型代表。在演进情形之下，人民的政治经验逐渐形成，人民的政治权利逐渐扩张，所以因民智低下而引起的困难比较不会严重。只要普通的教育能够普及，人民便可做国家的主人翁而胜任愉快。中国的民主政治创于辛亥革命，可以说是突变的一个好例。革命以前的中国人民不但丝毫不曾得着民主政治的经验，甚至普通教育所给与的知识也只少数人能够得着。民智的问题因此比较严重。德国在第一次世界战后建立的民主政治也是由突变而成的。德国的普通教育虽较中国普及，但德人习惯于普鲁士的君主统治、封建阶级和军国主义，对于魏玛宪法所赋与的民权大多数并不衷心接受。德国的统治阶级、军人、地主，更不训练平民使他们果然能够运用政权。希特拉的成功足以证明民智的问题在德国的历史环境下，也有特殊的严重性。由此我们可以知道，在缺少民主政治传统的国家里面，培养人民民主习惯的教育工作是十分需要的。

孙中山先生的"训政"办法，便是针对这种需要而设计的。民国二十六年六月一日，国民政府公布施行"中华民国训政时期约法"便是这个办法的实施。但从二十年以来，内战外忧，连绵不断。在这十余年中，国民党虽然照约法行使中央统治权，而"领导国民行使政权"，但训练国民、筹备自治的工作，未能照指定的步骤前进。在抗日期间，加紧了推动自治及立宪的工作。但照实际的成绩看来，人民政治程度的问题，还不曾充分解决。①

用训政方法来提高民智，在训政时间，必然是自上而下的民治。这是不得已的办法。凡不得已的办法定然有无可免的困难。民治是人民自治。领导人民去自治，似乎有点近乎矛盾。反对训政办法的人，自然而然地会把它看成独裁的变相。但平心静气看来，训政不一定是独裁，尽可以做民主的先驱。关键在乎主持者是否出之以诚，行之得当。具体地说，训政是否民主，要看推行的用意是否在培养人民自动的能力。培养自动能力就是让人民取得主人翁的资格。这样的训政就是民主的准备。假如训政的作用在灌输某一种主义，消除异己的思想，纵然所灌输的是好主义，消除的是坏思想，总不能由此养成人民的自动能力。这只是纳民于政的企图，不是还政于民的准备。人民很难从这样的训政取得主人翁的资格。拿几个例来说，孙先生的训政主张意在还政于民。苏联无产阶级独裁的训政似乎偏向于纳民于政。人民久惯受某一种排他主义熏陶之后便难于自主。德国人民所以入了纳粹的圈套，正是因为他们受了普鲁士主义过深的训练。只有民主的训政才能促进民主，这像似可笑的同语反覆（tautology）而实在是浅显的真理。

国民党推行训政十几年，不曾收到应得的结果，原因固多，而培养自动的努力不及灌输主义的努力，恐怕是重要原因之一。这多少有点不合于孙先生的原意。近来政府准备在本年实行宪政，这是一个划时代的决定。虽然人民的程度不够，他们可以在宪政的新空气中自行训政：从

---

① 此处有删节。——编者注

自己想、自己说、自己行的实践生活中养成自主的资格。在互相容忍，互相尊重，互相商讨的政治关系中踏上民主的正轨。政治民主和经济民主——民权民生的理想——也可以循着这个正轨而实现。

我们不能再延误了。只要我们要民主，选定了这种生活方式，踏实做去，我们便会有民主。民主的内容好坏，民主的性质如何，不是空谈主义、高呼口号所能决定，而是要由多数人民的风格、言论、行为来决定。与其谴责他人，不如健全自己。与其攻击不民主的十个人，不如自己做一件合乎民主的事。

真民主的人不需要骂，真不民主的人却不怕挨骂。我们何必说许多动肝火、乏理性、无效用的废话呢？读者也许要问：假民主的人（这与真不民主的人有别）应当怎样对付呢？笔者个人的建议是：用真民主的言行去使得他弄假成真。能投票，就投票；能主张，就主张。凡宪法所赋与的权利都认真合法运用而不轻于放弃。假装民主者的罪恶毕竟比阻挠民主者要小一些。因为假装民主者还给人民以弄假成真的机会。阻挠民主者甚至把这个机会都要加以剥夺，这才是民主最大的敌人。

（民国三十六年）

中国政党的过去与将来
（1947 年）

中国公开合法的政党，产生于民国元年，远比欧美民主国家为晚。但在这三十几年当中也有显明的变化。我们不妨回顾以往，推论来今，以为行宪准备的一种参考。国民党的成立虽然略后于民初各党，但几十年中的政党活动，事实上以它为中心。我们察看它的历史可以窥见全局的推演。

在民国初建的几年当中，国民党在孙先生领导之下，大体上以普通欧美式的政党自居。在这个期间孙先生曾表示他对于政党的看法。例如在民国二年一月他曾对国民党员作如下的讲话：

> 今后之兴衰强弱，其枢纽全在代表国民之政党。各政党集一般优秀人物组织而成，各持一定之政见，活动于国内。其影响及于国家政治至远且大。惟是政党欲保持其尊严之地位，达利国福民之目的。则所持之党纲当应时势之需要，以合乎世界之公理。而政党自身之道德尤当首先注重，以坚社会之信心。……吾国民党现在国内能占优胜固有恃乎群策群力。但政党之发展不在势力强弱以为进退，全视乎党人智能道德之高下以定结果之胜负。……至于对于他党，除商榷政见而外，一切意气之争，匪特非所必要，且足以损政党之荣誉。

孙先生对于政党与政府的关系也有说明。例如在同年另一讲演当中他说：

> 一国之政治必赖有党争始有进步。……本党将来担任政治事业，实行本党之党纲。其他之在野党则处于监督地位。假使本党实施之党纲不为人民所信任，则地位必至更迭。而本党在野亦当尽监

督责任，此政党之用意也。互相更迭，互相监督，而后政治始有进步。（民国二年一月十九日在国民党茶会讲词）

因为孙先生坚信政党更迭监督的作用是修明政治的主要保障，所以他不但想避免一党专政的嫌疑，且欢迎他党的出现。他说：

> 民国之所以发生者，第一欲使国人有民权思想。如当南京政府时自己已持政权，倘又立刻组织同盟会，岂不是全国俱系同盟会，而又复似专制？国人因有民权思想然后发生政党。政党系与政府对立。故共和党当时之发生，兄弟甚为喜欢。（二年二月日本横滨华侨欢迎会讲词）

孙先生这些话对于政党的功用都很乐观。但他并不曾忽视当前的困难。他在元年四月间，对自由党员曾发表一次讲演。讲词大意说：

> 数月来各处政党民党（按孙先生所谓政党指政府党，民党指在野党），发生甚多。然皆未能十分组织完备。当此共和时代无论政党民党，有互相监督，互相扶持之责。政府善则扶持之，不善则推翻之。然现在我民党之势力尚甚薄弱，恐未能达此目的。惟既具此心，不可不互相勉励，各谋进行。

根据这个认识，孙先生曾领导国民党一度赞助可能为善的袁世凯政府。元年十月五日他在上海国民党欢迎会上说：

> 大丈夫做事，能相信即从之而行。……国务员现已加入本党，是今日内阁已为国民党内阁。……嗣后国民党同志当以全力赞助政府及袁总统。袁总统既赞成吾党党纲及主义，则吾党当出全力赞助之也。

有一点值得我们特殊注意。孙先生在当时极端注意政党的道德力量，而不甚重视组织、宣传、竞选等扩充势力的活动。上面已经引过他所说政党发展"全视乎党人智能道德之高下以定结果之胜负"的道理。在另一讲词当中他有更具体的表示：

> 此次国会议员之选举本党竟占有过半数，……足见国民尚有辨别之能力，亦可见公道自在人心。本党未尝以财力为选举之运动，而其结果犹能如此占胜利。足见本党党纲能合国民心理。

从以上所举各点来看，可见孙先生在肇造民国的时候，主张实现英法美等典型民主国家的政党政治，以为运用民权的方法。假如其他政党能够接受他的主张，武人政客不从中阻挠破坏，中国的宪政应当早有成果。可惜他们不能如此。用孙先生的话来说：

> 十年来名虽民国，实为官僚国。革命主义未行，革命目的未达，仅有民国之名而无民国之实，率至酿成袁世凯帝制自为，宣统复辟，武人专政种种恶现象。（十年十一月梧州对国民党员讲词）

在这个恶劣痛苦艰难的环境当中，孙先生修改了他对于政党的主张。第一，党人的道德力量不足以达到政党的预期目的，所以必须加强组织和宣传的工作。第二，和平的党争尚不足以监督或推翻政府，所以必须树起党的武力。第三，党政的条件尚未充足，所以必须绕一个弯子，经过军政和训政的时期而后还政于民。因此从民国十年前后到抗日战争开始，国民党从英美式民主政党变成了苏俄式的革命政党。

对于这个变迁，孙先生曾有直率的说明。他说：

> 同是革命，何以俄国能成功，而中国不能成功？盖俄国之能成功全由于党员之奋斗。一方面党员奋斗，一方面又有兵力帮助，故能成功。故吾等欲革命成功，要学俄国的方法、组织及训练。（十二年十二月一日国民党改组讲词）

然而我们应注意：孙先生虽然修改了党的策略，却并不会放弃他的根本主张。在上面所引同一讲词中他说：

> 此次吾党改组惟一之目的在乎不单独靠兵力，要靠吾党本身力量。所谓吾党本身力量者即人民之心力也。

在另一讲词中他又说：

> 能有诚心便容易感人。能感化人才可以把我们的主义宣传到民众，令民众心悦诚服。民众受了我们的感化，才能够同我们合作。到了民众同我们合作，革命自然可以成功。（十三年七月国民党宣传讲习所开学讲词）

孙先生逝世以后国民党循着军政训政次第前进，达到了军事统一及一党训政的阶段。然而事实证明，十几年的努力，仍未达到孙先生所期望以人民之心力为力量的境界。反之，国内若干人士对于执政的国民党表示不满或反对。"异党"在不受执政党欢迎之下陆续地秘密组织起来了。共产党（民国十年）、青年党（十二年）、"第三党"（十九年）、国家社会党（二十三年）先后成立。政府虽然曾经加以压迫，它们依然继续活动。共产党甚至深入民间，抢做基层工作，组织武力，企图夺取政权，以苏俄的政党方式和国民党斗争。不但如此，孙先生希望国民党员"团结起来，为党为国。同一目标，同一步骤"。然而若干年来党内派系的暗中竞争却时有所闻。"党外无党"和"党内无派"的两个口号都不曾实现。孙先生所指出"党内的人格太不齐"的缺点也不曾消除或改善。

到了对日抗战开始，中国政党适应着国内的新形势而发生了再度的转变。二十七年国民党临全大会通过"抗战建国纲领"，决定组织国民参政机关，完成地方自治，准备实行宪政，正式表示了这个转变。此后国参会的组织，地方民意机构的成立，定期行宪的决议，各党合法地位的承认，以至最近青年民社两党的参加政府，这一串事实更表明了国民党愿意放弃北伐前后一党专政和以党治国苏俄式的政党方式。

综括上面所说，可见民元以来，中国的政党凡经三变。在第一期里面，各政党同时公开并存，国民党大体上在野活动。第二期里面，国民党执掌政权，各党派秘密活动。在第三期里面，各党派公开活动，与国民党合作或斗争，国民党开放政权，但仍为执政的主体。

在三期的变动当中包藏了若干政治的不安以及政党的失败。然而纵观全局，孙先生的基本政党主张是不曾错误的。他主张民主政治必须靠合格的政党来运用，政治的进步必须赖政党的互相监督而保持，政治的竞争必须以和平的政党竞争为手段。这些都是民主宪政的天经地义。他后来虽然为了应付环境的需要而提出了仿效苏俄的主张，但他的目标还是在实现民主的政党政治。专政与训政不过是过渡的办法。还政于民与各党问政才是最终的鹄的。现在第三期各党并立的局势约略恢复了民国初年第一期的局势。然而这不是退步，而是经过绕弯之后回到了宪政的正途。这不是失败而是孙先生基本主张的终究实行。

但是今日的局势究竟有异于民国初年。在袁政府之下，国民党是一个比较有力的在野党。它可以赞助政府，但不能把握政权。它的地位略像今日的青年党或民社党。今日的国民党是执政的主要政党，有左右政局的实力。因此今日国民党的处境较优于民初。民权民生的政策在当时只能企求政府采行（孙先生曾因为袁世凯口头采纳国民党党纲及主义而愿意赞助其政府），而今日却能够自行主持，用法令的力量而径付实施。

正因为如此，今日国民党的责任也重于民初。在那个时候，国民党处于在野的地位，可以监视政府，讥评得失。袁氏乱政之后，孙先生暂时放弃了和平方法而兴师问罪。今日国民党既处于主要执政党的地位，对于政事的得失要负较大的责任，人民的毁誉也要以它为主要的对象。

在"联合政府"原则之下，青年党和民社党加入了政府。它们诚然可以替国民党分担一些责任。然而仅仅分责是不够的。为了获取正常的监督起见，一个民主国家必须要有健全的，经常存在的反对党。孙先生在民国二年表示他欢迎共和党的成立就是这个理由。今日纵然三党政府必须维持若干时日，纵然国民党的领导权不会短期放弃，换言之，纵然孙先生所主张朝党野党（他所谓政党民党）更迭的作用不会短期发生，反对党的存在总可以作执政党的诤友，帮助政府寡过立功。这样才能作将来运用宪政的有效准备。

怎样去树立反对党？谁配做反对党？笔者认为凡是拥护民主宪政而愿意用和平手段竞争的政党都有资格做忠实的反对党。执政党对于这样的党，虽然忠言逆耳，也要雅量优容。优容的表示不是请反对者做官而是让他们说话。不是分让政权而是采纳忠告。孙先生有一段话可以作我们的南针：

> 各政党之中若逢政策与自己党见不合之事，可以质问，可以发挥意见。逐日改革则无积滞，无积滞则无变乱之祸患。变乱云者有大小。大则流血革命，小则妨碍治安。是故立宪之国时有党争。……前在清政府之下，所有革命党，保皇党，是时不能谓之党争。因我国民党要推倒满清，恢复汉人国家，（与保皇党之间）为生死之争，为两国之争，为异族之争。今各党之争，皆维持民国，以民国为前提，以国民为基础，故曰党争。（二年三月对日本神户国民党员讲词）①

然而戡兵乱不是息党争。我们不可忘了孙先生的主张。"立宪之国，时有党争。""一国之政治必赖有党争始有进步。"若无党争，势力积成祸乱。只有从树立民主党争的风气和制度，才能够得到根本铲除兵乱的效果。一句话总括言之，必须发挥在野党监督功用，方能达到真正宪政的目的。

选举是民主党争的一个正常方法。今日行宪在即，国内正筹备或推行各种的选举。笔者请再引孙先生几句话以作今日参加选举和今后推进

---

① 此处有删节。——编者注

党务者的参考。他说：

> 今日本党既能自由行动，又占优胜地位，……愿人人鼓勇前进，不可放弃责任。若有不正当之党争，与党员不正当之行为，贻误国事，即为放弃责任。……颇闻他党有以金钱运动选举等事。本党党员万不可学。……本党始终以光明正大之手段出之。则他党此后亦不敢再用卑劣手段矣。（二年一月在国民党茶会讲词）

本年九月十三日国民党六届四中全会发表了一篇"宣言"和一套"当前组织纲领"，对于党风的整理、党务的改进都有具体的表示。"宣言"强调民权与民生主义的加速推进，并揭明一个重要的原则："拿事实来答复期望，拿行动来证明决心。""纲领"提出了若干政策，其中尤以第三点所说"今后各级党部当以服务民众，切实为民众生活之改善，痛苦之解除，及智识水准之提高而努力"为切合当前的需要。此外关于整饬党纪各点，如能切实办到，也足以恢复不小的信誉。总之这两个文件所表示的各点，是国民党今后盛衰之所系，也是中国宪政成败之所关。然而以往国民党的宣言纲领发表过不只一次，每次所言无不堂皇切要，而事后回观，几乎尽成口惠。这一次的重大表示又有令人有西人所谓"过于好了，难于置信"之感。笔者希望国民党这一回的表示确然为"力行"之先声。笔者更祷祝国民党最后的成功，做到以人民之心力为力量，以人民之心理定胜负的最高境地。

从前孙先生曾提出"以党治国"的原理。他的意思不错，可惜施行不善，误用误解，造成了不小的纠纷祸害。笔者不揣，愿引申孙先生的主义，向国民党和其他政党提出一个简单的请求——以党事国，以民实党。一个能够这样行动的政党，必然能够得到绝对多数人民的拥护并且长久保持其执政的光荣地位。

（民国三十六年）

论选举
（1947 年）

今年是选举年。这是近来时常听到的一句话，原来去年十二月二十五日国民大会通过了"中华民国宪法"以后，跟着又议决了宪法实施的准备程序。后者的要点是：（一）国民政府于宪法公布后三个月内制定各种有关选举的法规。（二）依照宪法成立的国民大会代表立法委员和监察委员于上述选举法规公布后六个月内选举完毕。国民政府果然如期于三月三十一日公布了准备行宪的十种法规（包括国民大会代表选举罢免法、总统选举罢免法、立法委员选举罢免法、监察委员选举罢免法等）。这些选举罢免的施行条例也在赓续公布中。

不但选举法规的制定已经大体完工，各地准备参加候选的人也开始计划竞选的活动，照这些事实看来，今年确然可以称为选举之年。

依照制宪国大的议决而推动行宪的选举，在法理上是无可訾议的。然而选举法规的内容是否尽善，实行选举的时候是否有可能的困难？这些却是可以讨论的问题。

有关选举的法规现在还不曾完全公布。就已经公布者看，似乎遗缺之处未能全免。姑举一显然易见之例。选举舞弊为法所明禁。但舞弊事项的列举却不周密。国大代表选举法第三十八条说："选举人或候选人确认办理选举人员或选举人候选人有威胁利诱或其他舞弊情事时，得自选举日期起，十日内提起诉讼。"利诱威胁由此而确定为选举舞弊的两桩情事。同法第三十六条第四款说："携带凶器入场者不得投票"。这算是明举的一种情形。但何以关于利诱没有明文呢？据笔者所知，前此地方选举利诱之弊不一而足。最骇人听闻的恐怕要算某市举行参议员选举时，候选人于投票场附近以法币买选票的办法。至于事先以巨赀运动选举者更大有人在。欧美民主国家往往对竞选费用有法律的限制。为什么我们的选举法规条例不作一些类似的限制呢？中央社载"五月十五日立法院会议通过了一个为防止选举舞弊取缔威胁利诱，拟请订定单行法规案。"也许这些缺漏可以在这些单行法规中得到补充。

放下法规内容的问题不谈，笔者对于举行选举的事实障碍是相当抱杞忧的。因为一般选民的认识和经验不足，在以往曾发生不少选举的弊端或缺点。民选的参议员有时竟会比政府圈定者的水准为低（参阅《东方杂志》四十二卷十八期笔者《地方民意机构的初步检讨》一文）。纵然选民的程度可能长进，但断不会在一两年当中达到积弊荡然的境地。假如多数选民依旧对选举不感兴趣，依旧人云亦云，或受金钱与势力的支配，恐怕将来选出来的代表不免号称民选而不能代表人民。

我们当然不等待人民的程度充分长进以后才办选举、行宪政。民主政治只有从实地练习的过程中建立起来。但我们不能对显而易见的困难视若无睹。要想今年的选举能够发生奠定宪政基础的作用而不变为"挂羊头，卖狗肉"，徒具形式的选举，我们必须设法消灭弊障，使选民能够执行其应尽的职务。在目前情势之下，有两个方法似乎可以采取。一是尽量使合法政党在选举当中发生作用，二是尽量给知识分子以参加选举（不是候选）的便利。

政党是选举的动力。没有政党的组织就不能有民主的选举。因为个人单独竞选，人力财力都会感到不够。纵然当选，又因为个人的力量有限，他在议会当中也难于发生重大的作用。多数选民对于许多竞选的候选人更不容易取舍。有了政党的组织以后，这些困难都可以减轻。各党斟酌形势，各自提出可能当选的候选人，各自替他们宣传，担负竞选的费用。各党希望得着胜利，在提名的时候自然会注意到声望才能。候选人的素质虽然不一定合乎理想的标准，却也不至于过分低劣。政党的分野也可以帮助选民，使我们投票时比较容易抉择。政党诚然有操纵选举的种种缺点。但得失相衡，以党操选的办法究竟比让一盘散沙的人民，去漫无边际地投票更要可靠一些。有了选举，必然就有人操纵，与其让不负责无组织的野心家去暗中操纵，不如让合法的政党去公开操纵。立法院新近制定的国大选举法第十二条及立委选举法第十二条都有候选人得由政党提名的规定，可见制定法规的人士已经承认政党在选举中的作用及地位。然而仅仅作法律的承认是不够的，我们必须立即作政党竞争选举的筹备工作。凡接受宪法的政党应当正式成立各地的党部及竞选机构。它们应当商定各种候选的人选，计划竞选的步骤。如果政党能够在选举中发生合法的作用，就是推行宪政的一个初步成绩。以政党作竞选的主力虽然不是"全民"的竞选（假如事实上有这种竞选），但总比官僚包办、豪绅把持或恶霸强取要更加接近民主政治一些。如果在选举当中政党能够在当地发挥效力，今后行政院便可按照立法院中政党所占席数的多寡而分配其人选。无论一党执政或数党共政，政府既然是按照民选立法院的党派形势而组织的，它的民主性便会比任何"协商"的联合政府要更充足。

除了以政党主持竞选以外，我们还可以鼓励"知识分子"参加选举（不是候选），以资倡导。"职业团体"，尤其是教育会，当中诚然包含了不少的知识分子。然而这些团体的会员多半是中年以上服务于社会的人士。在它们以外还有不少的青年和中年以上具有选民资格的知识分子，最值得重视的是各级学校的教职员及成年的学生。从事于教育文化的人往往不愿预闻政治。但就大体说，他们对于政治的了解不会弱于"渔会"、"农会"、"工会"、"商会"的一般会员。除了一部分具有区域或职业选举权以外，他们因为居所转移，无权投票。我们应当设法鼓励他们去执行公民的选举责任。至于在校的学生诚然不应该有被选举权。但满了二十岁的学生便依照宪法有选举之权。我们应当从早给青年人以学习运用民主政治的机会。如果说成年学生的认识不足，我们就要反问，难道一般"小百姓"（尤其是农人工人）的认识会比高中以上的学生更加充足？一部分的学生加入政党已经成了人所共喻的事实。学生能够入党，为什么不能够投票？有人也许顾虑学生投票可能引起纠纷。照笔者看来，学生不是洪水猛兽。他们在投票柜的面前不会比别种人更加强暴愚顽，污浊腐败。青年人关心政治也是一桩人所共喻的事实。与其让他们在暗中争斗，对政府感觉烦闷，不如给他们一个合法的、公开的机会去表示他们的意向。即使学生投票会引起若干麻烦，为了训练他们的民主能力和习惯也应当大胆地尝试一下。政府决定了学生军训的政策，这是要青年人受军事训练以为将来执行公民卫国的责任的准备。政府不怕学生受了军事训练而"造反"，难道会怕他们受了政治训练而捣乱吗？选举是行使民权的初步基本工作。最有效的"训政"方法恐怕无过于让青年学习投票的了。

因此笔者认为政府应当制定法规，给未具有区域或职业选举权的知识分子以投票的便利。例如：各地的选举机关派员到各学校去登记选民（或者可以把学校选举人归入"特别户"内，作为区域选举人之一种），并指定其投票的处所（或在学校专设投票柜，或指定学校选举人赴就近的区域投票）。这种选举人的数目不多，不至于影响选举的全局。然而这个办法的教育影响是不容轻视的。

目前国内局势不安。在如此不安的局势当中办理全国性的选举，不免会遭逢困难。货币膨胀，物价高腾，工商尪羸，人民困苦，这是经济的不安。华北关外，烽火未熄，交通梗阻，人民涂炭，这是政治的不安。在经济崩溃，战祸牵缠的阴影上办选举，真是困难重重。伤时的人也许无此"雅兴"。有心的人士未必有此财力。至于身在战区的人民难免救死不暇之苦，选举更是无从说起。在这个局势之下举行选举，断难收到全国一致的成绩。

从现在到九月卅日左右的时间。在这个时间政府果能做到安定经济，结束战争的两件大事吗？各个政党能完成竞选的准备吗？万一不能，我们是否应当照原定的计划举行选举呢？

如能实行宪法是多数国民党的愿望，因为局势困难而停办选举是不应当的。然而我们何妨变通办法，暂缓举行全国性的选举而先期举行地方性的选举呢？各省的地方"民意机构"本年多已届任满之期。我们似乎可以届期改选（或提早改选），以为行宪的下层基础。国大代表、立法委员、监察委员的选举可以延缓到全国大局安定的时候方始举行。中央政府在这些选举举行之前暂时维持目前的组织。换言之，如果到了今年十二月二十五日局势未能好转，我们可以实施宪法当中适宜的部分（第一、二、七、八、十、十二、十三、十四等章）而暂缓实施其中目前较有困难的部分（第三、四、五、六、九、十一等章）。但第十一章可视各省情形，分别施行或缓行。这个办法虽然改变了国民大会的决议案，但一方面既适合现状的需要，他方面也符合孙先生宪政建设自下而上的原理。与其举行一次残缺匆促的全国性选举，不如实事求是，举行一次比较踏实的地方性选举。前者不免为宪政之累，后者可以作宪政之基。政府固然不能变更国大的议案。"制宪国大"固然也不能再度召集。如果国大代表诸公愿意，他们中的一部分似可以书面提议，用通信的方式征求其余代表的意见。假使多数赞同，政府就可以延缓依照宪法的全国性选举，而提前举行地方性选举了。

（民国三十六年）

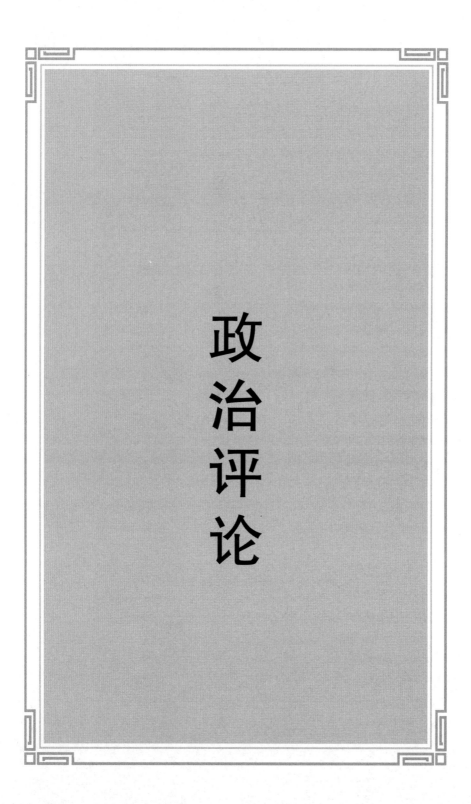

政治评论

政治领袖的私心
（1933 年）

在外侮内乱交攻的时候，一般人对于中国的政治，大致是偏于悲观。他们对于宪法、主义、党治等等似乎都不很热心；对于政府和政府中的人物，时常加以言论的攻击。回想辛亥时代民众对于革命和革命领袖的希望、信仰，或崇敬是如何的热烈而真挚；再一想现在我们对于中国政治前途的希望是如何的冷淡；两两相较，真不免令人有今昔之感！

近年来"舆论"攻击政府的焦点往往集中于政治首领的自私——争权利，夺地盘，为一人一系或一党谋利益而置国家公众的利益于度外。因为有私心，所以无公德。有人曾说笑话：古时理想的政治领袖是"穷则独善其身，达则兼善天下"，现在实际的政治领袖是"达则独善其身，穷则兼善天下"。这般政治家在野的时候无不激扬奋发，以澄清天下为己任；对于补救时艰，改善政治，说来头头是道。在旁人看起来真不免有"此公不出，如苍生何"的感想。这就是所谓"穷则兼善天下"。一旦时机来到，活动成功；大权在握，居然换了个面目。他们的政治地位，成为营私利己的便利；地位愈高，营私愈甚，因为国法（甚至军法）对于他们是不生效力的。万一政局转变，被迫下野，他们在外国银行里有存款，在租界里（或者在外国）有邸宅，尽可悠哉游哉，安享清闲之福。纵使人民恨之刺骨，对他们亦无可奈何。这就是所谓"达则独善其身"。如此讥笑政治领袖虽不免谑而近虐，然而究竟言中有物，不是完全凭空捏造。

好为"诛心"之论，本是中国士人的习气。但是我们要注意：能使被批评者心服而发生效果的批评，必须对症发药，恰中其病；必须近情近理，不强人以不能。我们如果指摘政治领袖不能福国利民，政治没有成绩；如果事实上确是如此，他们受了指摘，是咎有应得，无辞以解。

倘若我们不从具体的治绩着眼而以有私心、无公德去责难他们，恐怕是近乎隔靴搔痒，似是而非，不容易使被指摘者心服。

我以为中国政治无显著的进步，与其说是由于领袖之有私心，无宁说是由于他们才能和器度之不足。而器度褊狭，更是普遍的一个缺点。许多执掌大权的，往往能精细而不能宽大。不能放心用人，放胆做事。不能像汉高祖的豁达大度，而颇近乎唐德宗的猜忌褊狭。陆贽曾把猜忌的行为在他的《上封事》里面绘影绘声地描写出来。他说德宗：

> 独断宸虑，专任睿明。降附者意其窥觊；输诚者谓其游说；论官军挠败者猜其挟奸毁沮；陈凶党强狡者疑其为贼张皇；献计者防其漏言；进谏者惮其宣谤；——凡此种种，悉贻圣忧。咸使拘留，谓之"安置"。

在此种情形之下，有能的人，很难为用。甘心为用的人大半是庸劣之流，仰人鼻息，毫无建树的"走狗"。他们既无力量去替他们的首领谋久安，自然也无力量去为人民致福利。结果冰山易倒，政治难安，演成了走马灯式的局面。所以就用人方面说，我们不必希望执政者的无私心，而必须责难他们的不善于营私；不必指摘他们引用私人，而应该批评他们不能有宽大的态度，远大的见识，放眼看人，放心用人，使有用的人为他们所用。

不能放胆做事也是近年来政治领袖缺乏器度的一种病征。在一个号称民治或党治的国家里面做事，当然不能像专制君主的顺手。在地大物博、情形复杂的中国办事，事实上也许不能够痛快、彻底。然而勇于揽权而怯于负责，宁可误国而不肯挨骂的心理，照我看来却是我们政治领袖的一个慢性的流行病。他们办事不彻底的恶习，随处都表现出来；他们只图眼前的"下得去"，不顾将来的无办法；事例甚多，无庸枚举。假如现在有人，握住了政治的机枢，大刀阔斧，努力建设；步步脚踏实地（不事宣传，不贴标语），由近及远，由小至大；按照精密的计划，十年或五年，继续不断地前进；不怕反对，不畏艰难；能实际襄助推行计划的人，推诚任用；阻挠、捣乱的人严厉处置；骂他为独裁，就算是独裁；骂他为反动，即算是反动；完全以实际的效果，做他行动的辩护，而不为恶名虚声所挫慑。——假如有如此大胆强项的执政者，一扫从来退缩畏葸的态度，和我做事人负责、我掌权人挨骂的取巧心理，我想中国的政治或可大放光明。中国是一个博大的国家，只有量大、胆大、才大的人方可以解决她的问题。我以为"坏人"可以在政治生活中做好事，只要他是个才识兼长的大坏人。中国现在似乎有许多"窃钩者诛"一流的小贼、笨贼，和少数"窃国者侯"的准大贼；至于具有席卷天下野心天字第一号的大贼，虽亦有之，然而器度魄力似乎都不够程度，所以往往不能实现他们的野心，而终于"败则为寇"。总之，政治领袖不妨有私心，不可无大度。放心用人，放胆做事（做事，脚踏实地的建设，利国安民的工作）是虽有贼心而不负贼名的惟一途径。

我们不妨更进一步说，中国政治家的失败不是由于营私，而是由于不善营私。本来执政者的地位与国家的安危治乱有密切的关系。除了实际的、具体的政治成绩以外，没有任何物事可以维持一个政治家的政治生命。有功而失败的政治家固然也有，无成效的政治家而久居其位的可以说是绝无。中国的政治家（或者我们应该说政客）当中似乎很少人能够参透这个道理。他们做政治的工作，而不能（或不愿）按照政治工作成功的必需条件去工作。他们虽有"领袖欲"，而不能把政治工作认为他们的事业。他们对于政治，更没有一种职业的荣誉心。他们想做领袖，做主席，做部长……不过是借此以达到另外的欲望，例如虚荣、财富、享乐；他们对于政治的本身何尝有真实的兴趣？严格地说，他们并没有领袖欲，也不是"政治的动物"。

达官贵人们的非政治心理和行动，我们可以不谈；近几年来监察院所提出的几件惊人的弹劾案或者可以给我们以相当的暗示。我姑且举我所直接知道的一件小事，作一个具体的例子。三年前我有一个不很亲近的亲戚，依赖某处的"奥援"，弄到了山东某县烟酒税局的事情。他做了不过半年下了台，居然手上有了大洋三万元左右。这位先生，原来是"纨袴子"，志气、知识、才能、经验件件都缺。解职回家之后，因为宦囊充裕，便狂嫖滥赌；又因为身体不健，斫丧太甚，竟于今年春间疾终外寝。像这样的人如何谈得上有政治欲？这不过仅仅是一个例子，与他心迹略同的大小官吏，当然不乏其人，所以我以为中国政治的不良并不是由于政客有私心，而是因为他们的私心不是政治的。

总结起来，我的意见是：

（一）我们对于政治家不必责其为好人，而必须责其为能人。换句话说，我们不问他们的心术，只看他们的成绩。同时自命为政治领袖的人也应当觉悟，只有实际的政治成绩，可以维持他们的政治生命。

（二）在中国现在非常的时势中，器度宏大的政治领袖较心思精密的人更为需要，更为难得。能够放心用人，放胆做事的人，纵然天下为私也可以治国安民，得到成功。猜忌褊狭，退缩畏葸的人，虽能取巧一时，势必终归失败。政治家的成败不在乎有无私心，而在乎是否有才能气魄。

（三）自命为政治领袖的人应当以忠实的态度发挥他们的政治欲，而不把政治事业作为满足他们非政治欲望的工具。我们不怕政治家有私心，只怕他们的私心是非政治的。

——原载《独立评论》第六十一号（民国二十二年七月三十日）

中央外交方针如何转变
（1933 年）

　　本月十九日天津《大公报》载南京专电说据外交界讯"中央外交方针有转变之酝酿"。又据晚报消息，"华北时局已由军事问题而入于政治外交。此次蒋、汪、黄对华北全局布置已归一致。惟须俟宋回国，依循国际趋势"，经"重大会议之后，方可确定"。我们看了这条关系重要的新闻以后，不禁要问，政府外交方针是向哪方面转换呢？

　　回想九一八事变发生之后，政府的对日外交已经几次转换方针。在最初的时候，政府顺着舆论高唱宁为玉碎的不交涉主义。此后榆关失陷，政府又宣布一面抵抗一面交涉的主张。及至长城血战，平津告危，黄郛氏膺命北来，与日方交涉以求华北之保全。政府屡向民众声明，对日只作军事协定，不作政治交涉。在已往二年间政府既经从绝对不交涉的方针转变到军事妥协的方针，现在倘若更进一步，转变到政治交涉的方针，似乎是可能的事。我们试看素持强硬态度的外交部长罗文干氏已由政府准其卸职，视察新疆；日方宣传将回国任职的张学良氏已由当局电令暂留国外；日方认为"对于树立中日正常关系将有甚大贡献"之前驻俄大使广田将来华与蒋介石以次之要人自由恳谈；——这些消息虽然不足证明政府将要从以前矫饰的摇头外交转变到诚意的点头外交，但报纸所传外交方针转变的方向似乎已有蛛丝马迹的可寻。

　　假如政府果然有意开辟对日的外交途径，我们还要问：政府的政策是（一）放弃国联国际而对日妥协呢？或是（二）仍旧继续请求国联援助的方针而同时求日方之谅解呢？"信赖国联"是九一八以来政府一贯的态度；实际上的效果虽尚无着落，而道德上的援助不能说是不大。在道德方面中国似乎已有不可背弃国联的责任。就近来的事实看，中国与国联技术合作的成立，五千万美金借款的成立等等足以证明政府的外交眼光仍旧是向西方注视。再者在目前中国军事失败，日本占据东北的时候，对日妥协或不免同于对日屈服。以东北数省之地拱手让人，不但政府无此胆量，恐怕有关系的列强也不能默许。所以纯然东向的外交是不可能的。我们希望政府中人不至于冒昧地作这样危险的转变方针。

但是求援助于国联，求谅解于日本，又何尝是容易的事？国联技术合作已引起东京的大声"警告"；美棉借款也使日本加以注目；宋子文氏在欧美的行动意义和结果如何尚不可知，却早已使东京方面得着不快的感觉。总之，照日本看来，中国应当信服"亚洲的门罗主义"；向欧美求援即是与日本绝缘。自从日本退出国联以后，中国求助于国联也被认为决心反抗日本的证据。不但如此，榆关事变之后日美关系亦渐见紧张。美国海军之长期屯驻于太平洋岸，海军预算之增加，墨西哥马格达列那湾海军根据地之设置等等都被东京认为对日备战的事实。中国求援于欧美，更是故意与"帝国"作对。

在此种遍地荆棘的外交途径中觅取一条两全的出路，当然是一件困难的事。但是我们却不可知难而退。现在我们急待解决的外交问题正是在欧美和日本不合作的情态之下，中国如何自处？在一般人看来也许以为日本与欧美强国冲突，谁胜谁败，可以预测。现在两方面既已发生了裂痕，我们正好采用从前"以夷制夷"的外交手腕，勇往直前地联欧美以抗日本；这样一来，或可促成太平洋上的大冲突，中国借此出一口怨气。这样看法，虽然痛快，却不免有似是而非的弊病。第一，我们要知道现在中国国力如此之弱，国际地位如此之低，并不足以左右世界的政治。日美间是否果然发生冲突，非中国外交手腕所可防止，也非中国外交手腕所可促成。我们外交上的问题不是：要日美冲突或不要日美冲突？我们所应当考虑的是在国际风云紧急的时候中国应如何自处。日本倘然果与列强冲突，中国是否可以受着实惠，不在乎日本是否失败，而在乎战时和战后中国本身的能力如何。假使彼时中国的情形仍与现在一样——也许较现在更坏——恐怕我们要遇着许多更为困难的问题。假如中国有选择国际局势的权利（这当然是不可能的），我们似乎应该希望国际间的冲突不要爆发太速，让中国有相当的机会去作准备。第二，列强的冲突不过是将来一件可能的事。在冲突未来之前，我们不可"望梅止渴"，而必须图谋眼前现实局面的应付。现在切身的问题是如何使中国具有立国最低限度必须的条件而足以自存——如何整顿政治，充实军备，丰裕民生。我们建国的事业更切于复仇的事业。从一方面说，我们可以暂时忘了失陷的东北，绝不可片刻停止建设和充实国力的工作。东北问题必须有公正的解决，但是现在中国还没有解决此问题的能力和资格。现在只有对内力事有益的建设，对外力避无益的损失；要做到这两方面的事，必须善于运用国际的形势，避免冲突，觅取援助。

假如我们上面所说的话不是完全错误，我们可以断定中国目前外交的方针应当是：不可放弃国联和国际，亦不必与日本冲突或决裂；前者求其援助，后者求其谅解。俗语说"两姑之间难为妇"，现在的中国正不得不勉为其难，以求一条自救自全的出路。我们必须表明与国联技术合作只是求解决中国自身的建国问题而不是直接地反抗日本。东京人士尽可不必惊惶愤怒，我们也不必因东京的警告而退缩。我们不但要使东京了解求助欧美并非抗日，更要说明与能够自主自强的中国解决问题，比较在中国紊乱情形之下与列强解决更为合理、稳妥、有益。假使日本不可以理喻，始终崇奉武力万能的信条，太平洋上的国际正面冲突或者终不能免。这种不幸局势造成的能力和责任，操诸日本而不在中国。在这幕悲剧未揭开以前我们也只有走这一条比较有益的外交途径——向国联和国际求可能的援助，对日本求必要的谅解。

所谓政府外交方针的转变，是否向着我们所指出的途径，须待此后事实的佐证，方可判明。至于如此外交方针的转变是否有实行的可能？实行后是否有益于东亚的局面，只有看我们的政府能否利用一纵即逝的时机努力于中国自身的建设、和日本方面是否能临崖勒马，放弃极端黩武的政策。纽约本月十九日和二十日哈瓦斯社电载荒木贞夫的谈话，一方面希望恢复日本"原有陆军界之传统"，一方面又大唱日美谅解之说。（分见二十日天津《大公报》及二十一日北平《晨报》。）日本真正外交方针如何，尚是一谜。我们希望中央好自为之，不要鲁莽轻脱才好。八，二一。

——原载《独立评论》第六十六号（民国二十二年九月三日）

当前的三个问题
（1935 年）

自从六中全会定期开会的消息公布后，留心国事的人士已开始注意于六中全会如何改革政制的问题。第一六二号《独立评论》所载钱端升与陈之迈两先生的论文，对于此重大问题曾提出几点具体的建议。我对于两先生的意见大体上极表同意，不过觉得其中尚有可以补充之处。现在简单地把个人所见写出，请钱陈两先生及读者指教。

当前的政治问题虽然甚多，然有三个问题似乎是其中的荦荦大者。第一，党禁开放与否问题。第二，党政间关系问题。第三，领袖问题。自严重的国难屡次袭击中国以来，国内一部分人士（似系极小部分）感觉以党治国的成绩不佳，颇主张开放党禁以冀打开一集合全国力量的新局面。党禁之不宜在目前情形之下开放，陈之迈先生已明白指出。我以为三民主义所揭橥的政治目的无人加以否认。现在国人所考虑的不是政治之目的，而是政绩之优劣和政策之利害。开放党禁不特无需，亦且有害。但是党禁虽不必开，言禁却不可不开。"防民之口"的危险及不当，已经为人所公认，不必在此赘述。何况封锁言论的政策执行如不得当，徒自增加沉闷的空气，减少爱护政府的同情，丝毫无补于实际。近年来各报纸所受不合理检察手续的苦痛，局中人类能道之。言论统制虽为党治中应有之义，然与其施禁止发表的钳口政策，不如与国人以发表意见、刊载消息的充分机会而使发言人担负其言论之责任。一切言论凡不反对三民主义，一切新闻凡无关国防秘密者皆不加以干涉。以上所述，本系"老生常谈"，然一读最近完成的出版法条文，便感觉此常谈之仍有意义。

关于党政的关系一问题，我以为二者之间应当划清界限，方能改善目前许多的缺点。钱端升先生指出中政会不健全的四大原因，而建议一个改善的方案。他以为中政会应当减少人数并且会中委员绝对不兼任何官职。钱先生的意见无疑地是十分正确。我以为不妨更进一步就原则上划分党政的范围。孙中山先生区分政权与治权，前者属于人民，后者掌诸政府。照理论上说，在训政的时期，属于人民的政权系由国民党行使。中政会既为党的直接机关，不应参预治权的行使。虽中政会议条例中有"不直接发布命令及处理政务"的规定，但同时又规定中政会之决议交由国民政府执行。在形式上中政会固近乎太上政府，在事实上因组织之不善而成为行政上之一种障碍。补救之道不妨取消此机关，或者改组为中执会之一特殊委员会，与国民政府不发生直接隶属的关系。在代表大会开会期间，政权由中执会直接行使，治权由国民政府全权运用。如此则党政之间界限清楚。政府根据三民主义的精神，斟酌事实上的需要以划定政策，执行政务。中执会于固定期间听取政府之报告，判断其功过而决定政府之继任或改组。如此办法不但与孙先生区分政权治权的原则相合，而且可以免去许多行政上的纠纷及障碍。（历来国民党员都集中注意于中央或地方政治。政治虽极重要，其实此外尚有许多重要的工作可做。例如连年水灾，国人苦于缺乏有组织之救济工作。各级党部不妨利用其全国一致之组织以为救济的基本力量。听说德国国社党人颇努力于失业工人之救济，不但效力于国家，亦可博得民众之同情，以巩固党的力量。）至于政府组织之本身，似乎没有改变的必要。政府人选的决定，则有一个尚待考虑的问题。在党治继续存在的期间，政府人员自然应有党籍。不过在党的内部不统一之情形下，人选问题颇不易决。以往党内重要分子因未得满意的地位而消极或不合作者，固已有人。同时当局因想调和党内感情，迁就事实，以有可为的位置，给与不必有为的人员，亦时有其例。结果感情未必融洽，政府却受人才不齐一的影响。此种局面似应设法补救。

　　钱先生主张以一个领袖为中心而团结，陈先生主张"党内的民主政治"，二者都可以认为是解决上述问题的方法。前者的主张近乎党外无党、党内无派的原则。后者的主张虽依旧坚持党外无党，却容许党内有派。我以为党内有派的主张，似有从长考虑之必要。我们如要知道党内是否可以有派，先要确认派的根据是什么。现在党内之"派"并非根据不同的政见，而系根据情感与人事，因此让各派"提出具体的应付内政外交的策略出来，大家公开的在中执全会面前去竞争"的办法或者不能解决目前的困难。竞争胜利者未必能执行所提出的策略，失败者势必照旧捣乱，精诚团结的梦想仍难实现。我以为党的病源不在缺乏民治而在缺乏纪律。只需略一参考英美议会制中或意俄独裁制度中政党的经验，便可了然此语不是毫无理由。整顿党务的途径，似应于逐渐实现严密的纪律，培养中枢之威信二事上求之。党员中如有言行错误或不从命令者应严格惩戒，不可如已往之多所宽假。党内的民主政治大体上可于推举代表、选任委员时表现。同时凡服从中央，拥护既定政策的党员，无论已往的言行如何，都应当给予合作的机会。但合作的根据是政策而不是人情。牺牲党的纪律和政治的效率以博得形式上的团结是极不合算的办法。党内有了纪律，产生政府自然不至于如目前之艰难。不死不活局面的养成，一半由于党内各派的不易应付。陈先生的主张确已认清病源，但恐未必药到病除。党内有派的结果，也许在三民主义范围以内重演民初的怪剧。

领袖的问题，系由钱先生提出。在党治的大前提下，最高领袖（实际上能领袖群伦的人物，形式上是否最高无关重要）的需要诚然无可否认，意德俄三国的情形可以证明此点。在议会国家中有组织的政党亦莫不各有一有力的党魁。不过领袖如何产生，却是问题。钱先生的意见偏重于党员及民众的拥护。其实一个必须待人拥护才成领袖的人，已经不够十足领袖的资格。一位真正的领袖只需以人格、以魄力、以才智、以功绩等实际的力量去领导人，久而久之，人众自然诚服。换句话说，领袖产生的方式是领袖在先，拥护在后。蒋介石先生这几年来的成绩，除别有用心的少数人以外，没有不承认的。蒋先生是否成为最高领袖，我以为是事实问题，无待讨论。

总括起来，我的意见如下：

（一）不必开党禁，必须开言禁。

（二）党政之间应划清界限，中政会可以取消或改变地位。

（三）领导全国的领袖确为当今的需要。领袖的人选只能决于事实的演进，无贵乎形式上的推戴。

——原载《独立评论》第一六四号（民国二十四年八月十八日）

"以中国攻中国"？
（1936 年）

粤桂军入湘的消息，这几天中外报纸已经纷纷刊载。据香港九日路透电，广西入湘军队已达七师，"如中央军阻止前进，则夏威所统之第十五师将首与接战"。截至十日止，因桂军所到处驻军已先退出，故无冲突，中央已决定召集二中全会，共商大计。蒋院长亦电陈氏，请勿破坏统一。所以目前形势虽已十分紧急，在内战未起之前，和平尚余一线之希望。凡是真正爱国的人士，无不愿此希望不至终归消灭。全国舆论已开始动员，最显明者在北方有北平教育界之通电呼吁息争，在南方有上海五团体之电请团结，一致御侮。又广州十日路透电说广州当局曾劝前十九路军长蔡廷锴加入合作，但蔡氏因认"此次军事非真正对外，实为内战"，所以拒绝参预。可见反对内战，除少数人外，已成为举国一致的舆论。粤桂当局如不从早觉悟，引起军事行动，必为国人之所共弃。

西南出兵，以敦促中央抗日为理由，但就事实来看，破坏统一和抵抗外侮是两件不可并行的事，因为西南出兵的理由费解，所以颇有人怀疑粤桂当局"抗日"的诚意。例如伦敦《晨邮报》说，广州政客的举动，其"动因不外乎泄忿"。又说"广州之倔强，将恢复日本军阀之信任，而使日军阀得坚主在华实行迅速之行动"。《晨邮报》的论断容许不尽正确（至少我们希望它是不正确），但粤桂近来聘用日本顾问，购买日本军火，及派遣潘宜之赴日等事，均见诸报载，倘若这些消息不是由凭空捏造而来，一般人对于西南抗日的诚意当然不免要致疑了。

我们姑且相信粤桂当局是"君子"，我们并且不以"小人之腹度君子之心"，认为他们出兵口头的理由与实际上的动机完全相符。即使如此看法，他们的"实际行动"也是错误的。中央政府以往及现在对内对外的措置固亦不免有错误的地方。但是用分崩离析的手段来矫正中央的错误，不只是将错就错，必至于一误再误，不到亡国不止。有心降敌，是卖国的行为。同室操戈，授人以隙，是误国的行为，粤桂当局想决不至于卖国，但同时也要不误国才好。日本人每讥笑中国是一无组织的国家。倘若地方的军队可以不奉中央的命令而自由调动，地方的当局可以不奉中央的命令而另自对外宣战或媾和，无组织的恶名是难于否认的。南宋抗御外侮最有成绩，最富忠忱的民族英雄无过于岳飞。岳飞对于朝廷和议的愤慨至少不亚于今日粤桂的当局。但是岳飞一生的战绩和进退都奉朝廷之命而行。例如建炎元年岳飞属于宗泽部下的时候曾上疏请北伐，朝廷因他越职发言，免了他的官职。此后"岳家军"的平湖寇、抗金人，都奉旨而行。绍兴十年朱仙镇大捷之后，秦桧主和，一日之间发十二金字牌令岳飞班师。岳飞虽然痛哭流涕说："十年之功，废于一旦。"但是人民遮马哭留的时候却说："吾不得擅留。"岳飞的冤死，读史者至今为之叹息愤慨。倘若当年岳飞揭出爱国抗金的口号，自由行动；倘若他因为朝廷不听他的话而用武力"敦促"政府，或使出倒秦抗金的手段，因而引起内争；结果当然是抗金的实力大为减小，岳飞得了"叛逆"的罪名，他的行动的影响同他所痛恨的"汉奸"刘豫实际上是差不多的。刘豫因政府与他的意见不合，忿而通金，兀术封他为皇帝，国号大齐，起兵宋宋。岳飞说他是被金人所利用，做了他们"以中国攻中国"的工具。刘豫降金，是卖国式的以中国攻中国。假使岳飞因抗金而内战，也不免是误国式的以中国攻中国。粤桂当局是不会学刘豫的。但我们希望他们能学历史上的岳飞，立刻罢兵待命，对热心抗日的部下说："吾不得擅动。"

现在中国真到了危急存亡最后的关头了。内战万一发生，全国立受影响，而若存若亡的华北尤其感受直接的危难。内战不起，保全华北尚有希望。所以停止内战成了救亡的先决条件，全国人众应当急速用有效的方法制止内战。我们不反对抗日，我们反对借口抗日而毁灭国家元气的越轨行动。

——原载《独立评论》第二〇六号（民国二十五年六月十一日）

救国的前线与后方
(1936 年)

在现代战争的时候，一国的胜败全靠前线与后方的实力充足，组织严密。前线的退缩固然要使后方摇动，但后方的紊乱也足以自减实力，酿成崩溃的败局。

全部的救国工作虽不尽属于军事，但亦不妨与战争相比，分为"前线"与"后方"两方面的工作。如果我们把政府与军队的工作算为前线（因为他们"首当其冲"），全国农工商学各界的工作便属于后方。如果我们把终止求学，服务社会的成年人算为前线现役的常备军，全国方在求学未成年的青年便好像是尚待训练的预备队，后备军。这个比譬虽然粗浅，却包含一点简单的真理。自从国难严重以来，一般谈救国的人似乎有时犯着两种错误：一种是不明白"前线"与"后方"工作应有分别的错误；一种是"前线"与"后方"的人员互相责难，却同时未必能各尽其责任的错误。就一二年来的事实看来似乎青年人犯这个错误的尤占多数。我们应该从速反省，自加矫正，以免我们对于救国工作的热心和努力，不致于因为错走途径，弄到"非徒无益，而又害之"的矛盾结果。

我们应该分清前线与后方工作的界限和它们的关系。国家应付外侮最紧急的工作莫过于国防与外交，军队与政府是直接担任这些工作的人员。他们如果不能忠勇贤明，"前线"的工作必难有胜利的效果。然而"巧妇难为无米之炊"，倘若全国的人心不固，民力不充，在"国力"微弱状况之下，虽有雄兵，难于持久（或者根本上就不能有雄兵），虽有干练的政府也要为难。"后方"的不济，危险也是同样重大的。所以在救国的工作里面，政府，军队，人民，各有他们应尽的职务，不容放弃，也不可紊乱。能做到这一步，国家才够有组织的资格。有组织是救国最低限度的一个条件。

　　政府在以往几年中，的确不免有放弃"前线"责任或措置后方的嫌疑。东北的弃地，外交的失策，尤为不可否认的事实。就站在"后方"国民的立场看，我们当然要责备政府，并且要监督政府，此后不再蹈覆辙。但是仅仅责难监督他们是不够的。我们应当反省，自从九一八以来，我们尽了后方的责任吗？全国士农工商各界替国家做了多少培养国力、坚固人心的工作？我们的工作成绩如何？一部分的青年或者要说："我们青年决没有放弃我们救国的责任，我们本着满腔热忱曾经屡次作爱国的运动——游行，示威，请愿，宣传——不惜牺牲学业，罢课罢考，不怕与军警冲突，受逮捕的处分。青年不但尽自己的责任，并且成为了救国的前线人员。"这种看法诚然有不可抹煞的意义，却未必同时是完全正确。第一，我们应当承认爱国与救国是有分别的。要救国者必须能爱国，然而能爱国者未必即能救国。爱国是主观的情感，救国是实际的工作。近年来青年对于激发爱国情绪的工作，收效甚大，这是值得全国上下的人欣喜赞扬的。但是请愿示威这些事情，究竟对于充实国力的工作，贡献殊少。我们可以想像全国的人，抱着爱国的热心，一致进行抵抗侵略，收复失地。然而事实上国家的军备财政，一切现代战争所必需的物质条件都太缺乏。战争的结果，很难有乐观的把握。所以在雪耻以前，必须有一番脚踏实地的工作。还有一层：假若敌我开战，就双方的情势观察，我们决不希望能于短期之中，用决胜战的方式解决全局。我们的希望在能长期鏖战，久久相持，以待敌人的变化。在相持战的过程当中，物质和心理的实力是最关紧要的。这种实力也必须实际工作才能培养，不是简单的爱国情绪所能供给的。第二，我们要承认青年人在全国的地位，是"后方"的后备军，他们主要的责任是作加入"前线"的预备和接受参加实际工作的训练。在某种环境之下及某限度以内他们固然也可以做旁的事，但不可因此放弃了主要的职务。在所谓非常时期中，求学致用是每个青年不容推卸的责任，放弃这个责任便间接减少国家的实利。所以我们可以说：青年有救国的义务，没有荒废学业的权利。他们不应当借口政府放弃"前线"而自己扰乱"后方"。

　　根据上述的见解，我们全国人士和青年至少应该注意三点：

　　（一）认清我们后方的责任及职务，成年人各尽其才能精力，青年人各努力于求知致用，充实增加物资力量，以为国家外交军事实力的后盾。空言爱国或抗日是无用的。

（二）假使我们不能对国力有积极的贡献，最低限度也要消极地尊重"后方"的秩序，不妨碍他人的工作。

（三）万一我们感觉"后方"工作，似乎沉闷，不能充分满足爱国情绪的要求，我们可以正式的加入"前线"。例如青年不愿求学，尽可"投笔从戎"，比较在"后方"挣扎，劳而无功，甚至有害，要好得多了。

我们全国的成年及青年人要勉力做国家一个有力量，有组织的"后方"！

——原载《独立评论》第二一六号（民国二十五年八月三十日）

建设有兵的文化
（1936 年）

近来有一位史学家探求中国二千年来盛衰强弱的原因，以为兵制问题是很重要的关键。他说：

> 秦以上为自主自动的历史，人民能当兵，肯当兵，对国家负责任。秦以下人民不能当兵，不肯当兵，对国家不负责任，因而一切都不能自主，完全受自然环境（如气候，饥荒等等）与人事环境（如人口多少，人才有无，外族强弱等等）的支配。这样一个完全消极的文化，主要的特征就是没有真正的兵，也就是说没有国民，也就是说没有政治生活，为简单起见，我们可以称它为"无兵的文化"。①

他又说：

> 二千年来中国总是一部或全部受外族统治，或苟且自主而须忍受深厚的外侮；完全自主又能抵抗外族，甚至能克服外族，乃是极少见的例外。这种长期积弱局面的原因或是很是复杂，但最少由外表看来，东汉以下永未解决的兵的问题是主要的原因。②

这里所说秦前秦后的区别，可以说是征兵制与募兵制的区别。"无兵的文化"是募兵制当然的结果，而有兵的文化当然要靠征兵制来维持了。我不是史学家，虽不敢断定雷先生的分析和结论是否完全正确，但大体表示同意。因此我对于九月八日国民政府重申推行兵役法的命令感觉欣慰与兴奋。这是中国建设（或者也可说恢复）有兵文化的起点。

---

① 雷海宗教授，《无兵的文化》，《社会科学》第一卷第四期，页一〇五至六。
② 同上，第一卷第一期，页四六至四七。

征兵制应当从早施行，在原则上是毫无疑义的。抛开中国历史上的因果不谈，近代东西国家的先例已经尽够促成我们的认识及决心。不过在二千年积弱的形势、环境、习惯之下，推行举国皆兵的制度，不是短期中所能成功，而必定要遭遇一些困难的。第一，中国人重文轻武的习惯已深，贱视募兵的态度已固，"好铁不打钉，好人不当兵"的谚语充分地表现了这种态度。第二，中国人多半误解了"明哲保身"一句话的意思，所以在社会中地位较高，曾受教育的人，往往缺乏冒险牺牲的精神，甚至于养成一种贪生怕死的心理。要想他们参加"兵凶战危"的工作恐怕是不容易的事。第三，现在"自治"并未着手，户口亦没有可靠精确的调查。听说某处壮丁训练，因为壮丁调查不易，间或有规避顶替的事实。兵役法推行起来的时候，或者也会有相似的困难。第四，征兵制推行的时候，人民虽然是分批训练，但每期受训的人数一定可观。政府对经费上及军器上供给的筹备也要感觉一些困难。如何解决上列种种的困难？因为牵涉甚广，并且或涉及军事专门的问题，本文作者没有贡献具体意见的能力。但我愿意对当局提出一个原则上的建议：在推行兵役法的时候，步步要顾及人民的情感，宜注重鼓励而少用操切的手段，不要贪图短期中形式上的成绩而牺牲了人民自强精神的基础。征兵的工作，根本是一种教育工作。应征入伍的民众，不但须受军事技术知识的训练，同时更要受"军国民"精神的训练。这是征兵与募兵根本不同的地方。所以征兵与征工的手段不能一样，因为兵役与工役的性质不是一样。政府可以强迫不愿工作的人民去修路、造桥，得着很好的成绩。但是一群满心不愿当兵的人民，就是勉强入伍，终是不堪应战的。我的意思不是说兵役法不可以强制施行的（因为除了如此，无法施行），我只是说在强制推行的时候处处要尽力体恤，开导鼓励，以求得着人民的精神合作。

我尤其希望人民方面能了解政府谋国的深意，革除旧习，踊跃入伍。征兵虽有许多困难，但是最大的困难还是人民的狃于旧习。只要人民合作，其他一切总有办法。我们要明了两点：（一）在现代的公民道德中，忠勇卫国是一桩光荣的事业。好人不当兵的看法是根本不适用了。当然，在募兵制度之下，当兵的确不乏"亡命之徒"，缺乏知识与人格的"老粗"。在雷先生所说"无兵的文化"当中，恐怕只能够有无文化的兵。然而征兵制度下的兵，与此不同。征兵制度成功以后，我们的收获不但是有兵的文化，并且是有文化的兵。兵役不仅是人民的义务，亦且是人民的权利。到了那个时候，我们要说"坏人不当兵"了。
（二）在现代的国际战争当中，虽有前线与后方的分别，但实际上没有任何人能避免战事的影响，享受隔岸观火式的安全。因为现代科学、战术、组织，种种的进步，国际战争已成为全民族间的战争。交战国最后的胜负要取决于全国人民直接或间接参加战事的努力和决心。欧战时自由主义的英美两大国也采行了征兵制，正足见全国皆兵的办法是如何的需要。还有一层，现代战争的胜负，不仅系于前线上是否能歼灭敌人的军队，破坏敌人的工事等等，而同时也系于敌我间全部作战能力——人力、财力、器械力——的强弱。所以减少敌人的战斗力也是重要的工作。因此在现代战争的里面，破坏的工作——封锁、轰炸、"化学战"——也会施于不直接参加战争的"非战斗员"。不当兵未必是"苟全性命于乱世"的方法。反之，倘若全国的人民都有"执干戈卫社稷"的决心，国家的制胜因此较有把握，而国家的胜利才是个人的安全。

从前商鞅曾说，在一个自强有为的国里，人民"壮者务于战，老弱者务于守。死者不悔，生者务劝"。在战事将来的时候，"民闻战而相贺也。起居饮食所歌谣者战也"。到了应敌出征的时候，"父遗其子，兄遗其弟，夫遗其妻，皆曰'不得无返'"。这真是有兵文化有声有色的描写。现在全国知识阶级和青年正秉着爱国的热忱，作救亡的运动。我们很可以趁政府给与我们的这个机会，做全国人民的先驱，努力恢复前人有兵文化的精神，建设现代有兵文化的实体。

——原载《独立评论》第二二〇号（民国二十五年九月二十七日）

中华民族与和平
（1936 年）

世界休战十八周年纪念已经过去了。前两天各地英美法诸国的驻军及侨民都举行庆祝的仪式。在短短的十八年当中，世界的各国固然已经有了不少的变迁，或者不少的进步。大战所遗留的疮痍逐渐的痊愈了，所损伤的元气也逐渐的恢复了。但是参加纪念的中年和老年欧美人士，当中有不少曾经身受或目睹当年大战苦痛情形的。休战纪念，在他们看起来，尤其是意义深长。回想从一九一四年七月下旬奥塞宣战到一九一八年十一月十一日休战协定成立，战争的期间，超过五十一月。据事后的估计，双方交战国的伤亡超过六百八十余万人。这个估计当中并没有包括塞尔维亚及罗马尼亚的伤亡和各国失踪的士卒。倘若把这些加入估计，伤亡的人数至少要增加百万。

此外受战事间接影响的生命和人力的损失，例如一九一八下半年在印度发生流行性感冒病因而死亡的人，那更无法估计了。各国财富的损失，也同样的可惊。据美国政府的估计，各国战费的总数，截至一九一八年五月三十一日止，约达三五、〇〇〇、〇〇〇、〇〇〇金镑。单就这两点看，"兵凶战危"的古训，真是至理。休战纪念的意义，就是我们不曾亲身阅历的中国人士也能彻底了解的。

我们对于休战的意义虽能了解，然而对于和平的展望却不敢乐观。一九三六年的世界大势，不幸得很，不但竟有几分像一九一四年以先的大战前夕，而且"变本加厉"。德俄的对立，依然存在，并且在利害的冲突上面还加上了主义的冲突。德法的仇恨，尚未解除，虽然"复仇"的责任已经换了方向。各国间纵横捭阖的局面一如往日，而帝国主义者的侵略行为，比较从前更为横暴，施用的范围也更为扩大。种种维持国际和平的组织及条约，已经被破坏到所余无几的地步。一切可以引起大战的危机已经数见不鲜——日本的侵略中国，日俄的边境纠纷，意大利的征服亚比西尼亚，西班牙内战的国际干涉——凡此种种，其危险性远过于刺杀斐迪南之一弹。大战所以不致立刻爆发，实由于时机尚未成熟，想打破现状的国家尚不敢启衅罢了。总之，今日的世界，正是在和平尚未绝望，战机确已潜伏的关头。各国近几年来的军备竞争，可以作为佐证。我们并且要注意，国际战争的残酷性，与文明进步成为正比例。科学愈发达，杀人的利器愈猛烈。上次大战的毁坏能力，远非拿破仑战争所能比拟，万一此后发生二次世界战争，当然又会比上次残酷。

在上次大战的时候，中国因为相距较远。竟能参而不战，置身事外。在此后可能的世界大战中，我们是否还能如此，却是一个疑问。我们虽自知能力薄弱，不敢作挽回世界劫运的梦想，我们至少应该在劫运未临之先作一个自处的打算。

中华民族，号称爱好和平。异族拿这一类话来称许我们，我们也以此自许。爱好和平，本来不是一桩坏事。但中华民族是否从来就爱好和平，却不易断定。我们自命为炎黄后裔，而照历史的传说，我们的始祖便是一位征服者。战国时期的兵连祸结，汉武帝的开边拓土，显然都不是爱好和平的行为。并且在思想的"黄金时代"产生了一派"民闻战而相贺"的政治哲学。所以我觉得中华民族爱好和平的说法，多少包含一些误解。因有此误解，于是以讹传讹，忘了本来面目，久而久之，竟会把不争气误认为爱和平，把不抵抗误认为爱和平，把甘心受异族的侮辱统治压迫误认为爱和平。我们要矫正这种错误，根本的办法就是放弃爱好和平的误解，恢复先民的铁血精神，我们要立定志愿，在世界没有和平的时候，中华民族不做爱好和平的民族。

"和平"这个名辞如果真能代表万邦和协的境界，我们当然应该要"爱好和平"。然而事实上的和平，不免应了"和平是休战期间"一句话。在这种局面之下，谁真能爱好和平，谁便有做牺牲者的机会。所以真实的爱好和平成了一桩坏事。（读者如果怀疑我的话，应当考虑一下中国和亚比西尼亚是否侵略国。）但是和平二字却并不因此消灭。大概有两种人士，依旧要用它们，理想主义者爱讲和平。人类的一个美德，一个高尚的理想，因此得以不致完全遗亡。虽然是近乎画饼充饿，总比连饼都不会画要好一点。写实的政治家也常讲和平。各国的元首、总理、外交部长，甚至于海陆军部长都讲和平。他们的和平，是外交的辞令。中国人现在所应该讲的和平，是第二种而不是第一种。在这种意义之下，我们不妨说"中华民族，爱好和平"，然而为维持东亚和平起见，中国要充实国防，扩充军备。

有人也许要质问：本文的前段对于战祸的悲惨深表痛惜，对于目前的战机深致危惧，到了后段却主张中国加入备战的漩涡里面去，岂不是自相矛盾么？我上面的议论是否矛盾，姑且不谈。我只愿指出一点历史的逻辑：从古以来，世界上的国家穷兵黩武的固然终久失败，缺少战争力量的也要为他人所吞灭。强权固然不是公理，但是没有强权，公理也会失去保障而消沉。在"人性"没有重大改变之先（如果是可能的话），我们虽明知战争的痛苦，也不能不作战争的准备。这是一个极浅显的道理。

这几天我国西北的边境上汉奸叛逆和敌人正在进行大规模的侵略。有守土责任的长官固然准备死力抵抗，各地的民众也发起了慰劳前线士兵的运动。二十九军的大演习也引起了青年人的兴趣，听说各校学生由军事教练官率领前往参观的颇不乏人。我相信这些事实都可以证明中华民族不是"爱好和平"的民族。在目前世界风云紧张的时候，我们惟一的出路是从速筹备自卫的方法，充实自卫的力量。也许我们的武装努力，反可以维持亚洲的和平。也许我们的武装努力，终久〔究〕引起国际的战争。但是我们可以相信：万一发生战争，我们至少不会让敌人得着"不战而胜"的利益。我们或者可以在战事结束之后，留下一个光荣的休战纪念。

——原载《独立评论》第二二八号（民国二十五年十一月二十二日）

从川灾谈到中国的统一
（1937年）

　　在近来内政外交略呈平静状态的时候，最引人注意，也最值得关心的大事，无过于四川空前的灾荒。灾情惨重的情形，各处报纸已经有了很详细的报告。如像灾民煮食死尸，路毙设炉火化一类的新闻，使得读者感觉"天府之国"已成了人间地狱。在陕甘灾情尚然严重的时候，川黔又继续发生灾荒，真是川黔陕甘人民与全国的大不幸。我国历来救济的办法，总是偏重于治标的放赈。这次应付川灾也是如此。中央和地方政府筹措赈款，进行已有相当眉目。我们也希望受灾以外各省市的人民，援往年的先例，本"己饥己溺"的同情心，自动捐款助赈，以为政府的援助。（五月二日报载，绥远民众已发起救灾运动。）然而"急赈"或者"工赈"都是救急的办法，不是根本的办法。我国历史上的和近年较大规模的灾荒，并不全由于"天时"，而至少有一半"人事"的成分。古人说"强本而节用则天不能贫，养备而动时则天不能病，修道而不贰则天不能祸。故水旱不能使之饥渴，寒暑不能使之疾，妖怪不能使之凶。"这几句话真是至理名言，我国不能实行而西洋先进国家比较能够体会的道理。我国以往的政府对于民生有益和切要的建设，从来不曾措意，只要消极地能够不祸国殃民便算是明君良臣。北伐成功以后的政府虽然以努力建设自任，但是因为"国难"期中内忧外患和人力财力的限度，对于深入民间，直接扶助民众生计的建设尚少成绩。这种根本问题不解决——如何开发农田水利，安定乡村生活，增加农民收入等的问题——一遇天时不利的时候，严重的灾荒是永远难避免的。

　　民生建设是人所共认关系全国命脉的一个大问题，不是本文所能讨论的。本文所要讨论的只是目前灾荒区域一部分的川灾。我特别注意川灾的原因，固然是因为我在幼年及少年时代曾久居川省，西蜀差不多成了我的"第二故乡",但同时也因为从川灾中可以认识当今政治机构上的一个重要问题,所以"不揣简陋",也来谈一谈川灾。四川在从前一向是号称天府之国,物产的丰富在全国各省的当中,可居前几名的地位。因为天气和地势的关系,可耕地的面积,居各省的首位,每农户平均耕地面积亦超过江浙等省。(按民国二十四年《中华民国统计提要》,江苏耕地总面积五六三、二一四、〇〇〇公亩,每户耕地,一一一公亩。浙江,二五三、一八八、〇〇〇公亩,每户耕地,八〇公亩。四川,五九一、四九五、〇〇〇公亩,每户耕地,一一九公亩。)更不是陕西甘肃省所能比较。(陕西虽有总积二〇五、七九九、〇〇〇,户积一四九之数目,然以旱田占其中之绝大多数,且以自然界之种种原因,实远不如川省。)加以农民勤奋而聪敏,利用地力之方法,也每为中外游历该省人士所称道,在清朝末年的时候,各地均有备荒谷仓之设(普遍之程度如何,无统计数字可据,这是得之传说),所以就是遇着艰难的年岁,农民也不至于毫无办法。我在川省寓居约十四年(光绪壬寅到民国四年),从未听见有很大范围的饥荒,达到今年所遇着的程度。天府之国的佳名,并非"溢美"。但是自从民国改元,袁氏帝制失败以后,因为全国失去了统一与政治的重心,川省军阀割据一隅的局面,直到北伐成功,还未曾打破。"群魔"互相杀伐吞噬,川民除不时受内争祸害之外,还要长期负横征暴敛的重担。黑暗的情形,久成国人共喻的事实,不待赘述。"天府之国"经过如此破坏已成了空虚的准饿鬼地狱。谷仓固然早已荡然无存,农民交纳预征数十年赋税之后,更是朝不保夕。天灾一来,无怪要死亡枕藉了。

从上面的事实看来,我们应有的结论是:川灾的严重,由于政治的破坏,由于国家的不统一和地方的割据,所以要希望民生建设的进行,必须先求统一,铲除割据。当然,在欧美政治已上轨道的国家,地方政府往往在建设事业上表现绝大的成绩,不必待中央政府的主持。然而在中国近年的环境当中,这种情形尚难有望。因为(一)地方政府的人力财力有限;(二)地方当局间或不免有私心自利或眼光短小的事实。我们如果拿国军入川以至最近川军与国军发生"误会"的一些事实来看,就可了然于在统一中求建设的必要。大凡知道四川情形的都知道国军入川后川省政治、军事、金融、社会各方面均呈一种较兴奋较有秩序的现象。后来国军多数外调,旧日的不良姿态又逐渐的恢复了。(例如前此烟苗已拔,今又再种。)听说地方当局对于中央筹划的建设事业,竟设计阻挠，尤其是交通命脉的铁路建设。用心如此，真可慨叹。但是经过国军入川后的一番整顿，在甚短期间，农民的自生力已然可以看见。（例如川友某君近由川北来，曾说在情形较好的地方，田价已然涨起，从前贱价难售的田地，近来高价且易出售。）只可惜不能照前继续猛进罢了。

近几年来中国政治情形好转，不但国人为之乐观、兴奋，就是国外人士，无论友敌，也都交口称许或承认我国统一的完成。然而一经仔细分析之后，就知道现在已经完成的统一，大体上还是消极的统一，不是积极的统一，仅是不内战、不分割的统一，不是上下一心、中央地方完全同力合作的统一。我希望川省当局能够明了割据梦想之有损于国，有害于民，而终久无利于己，翻然改图，从此与中央诚心合作，在政府指导之下，努力建设，以定救灾治本之大计。我也希望中央政府当局能够知道对于割据恶势力的妥协让步就是延长人民的痛苦，迟缓建国的工作，从此加紧统一的努力，以谋各地方的复兴和发展。从前有句老生常谈说："天下未乱蜀先乱，天下已治蜀未治。"清末革命的爆发，差不多为"天下未乱蜀先乱"作了一个事实的证明。民国二十多年以来的经验，似乎又要为"天下已治蜀未治"作证明了。然而我们也不必因此气馁。也许这回天灾祸川的结果是中央与地方合力建设，更可欣喜的因祸得福。我不禁要为川民"馨香祷祝"了。

——原载《独立评论》第二三三号（民国二十六年五月九日）

政治上的最后胜利
（1938 年）

    抗战的艰苦工作，今天已恰满二年。在这个短短的期间。我们在军事上和政治上都有可观的收获。我们的失地虽然还未收复，伪组织虽然苟延残喘，依旧存在，然而敌人经长期消耗后，已是外强中干，崩溃不远。何况他们的野心和暴行已为世界上爱好和平的国家所深恶痛绝。失道寡助，这更是敌人覆亡的预征。反观我们自己，自抗战以来确已表现愈战愈强的能力，而全国人民对抗战有信心，对政治能团结，友邦人士更能与以同情的援助。我们所预期的最后胜利不久必可到来。所以"七七"这一天真是值得全国人民奋发鼓舞的纪念。但是我们也不要忘了抗战与建国是两件不可分离的工作，也可以说是一件工作的两方面。抗战是消极的求自存，建国是积极的求自强。不抗战我们不能取得建国的机会，不建国我们就失去了抗战的目的。在抗战二年之后我们的建国工作究竟有多少成绩呢？

    我们检讨建国的成绩应当先认明建国的目标。我们建国的目标，简单的说，是现代国家的完成。何以我们要把我们的国家现代化呢？历史的事实昭示我们，人类的政治生活当中确有一种优劣的定律，而所谓优劣却不一定要拿道德的标准来判断。优劣的区分只在乎一个民族是不是能够适应当前的环境和应付实际的需要。古代希腊的城邦不能适应马其顿帝国兴起以后的环境，所以具有璀璨文明的雅典也不能维持其独立。满清帝政的中国不能适应海通以后的环境，所以具有数千年文明的礼义之邦不得不屈服于"外夷"势力之下。这个铁一般的历史教训是古今中外第一流政治家所深切认识的。彼得大帝要西化帝俄，毕士马克、加富尔统一德意，日本有明治的维新，土耳其有革新的运动，这都是现代化的实例。其中成败虽不一致，而其建国的方向是相同的。中国自鸦片战争以后，眼光比较大的政治家也发出了一种现代化的呼声。其结果一方面是努力现代物质上的建设，如开工厂、建海军、修铁路一类的事业。

另一方面是现代教育的开端，如同治六年设同文馆，光绪三年派遣学生留学英法。到了光绪末叶，居然还发生了现代政治的初步运动，如戊戌变法，如己巳遣五大臣出国考察宪政，如丙午下诏预备立宪，如戊申发布国会开设的期限，都是一种趋向现代化的表示。然而同光维新毕竟归于全盘失败，其原因是当局的缺乏诚意，真才实学的难于登庸，以及当时朝野人士不能真切了解现代化的意义。方才所举的第三个原因，在今日事后观察起来，似乎是一切困难的根本。当时一般的人士不明白现代与非现代的区分，一个中西华夷的界限横梗在他们的胸中。根本的见解既然错误，一切的建设当然就不得要领，归于失败。

我们经过这回抗战的艰苦工作，对于建国的意义当然有了深切正确的认识。然而仔细考察一下，似乎还有两种错误的见解流行于一部分人的心里。第一种错误是相信中国旧日的道德原则和政治方法可以应付当前建国的需要。这种见解根本忽略了政治和社会生活的时间性。古今异宜的道理应该是人所共喻的。然而汉唐以来偏有一些顽固的人相信修齐治平一类的空洞原理可以解决一切实际的政治问题。在以往闭关自守的时代，"五帝三王之道"尚不能治理国家。到了海通以后，竞存争进的潮流震荡国际的时候，这些本来未经见效的古方当然更无济于事。在这个环境之下，只有学"即以其人之道，还治其人之身"的办法去与列强角逐，用现代的政治组织去对抗现代的政治组织。然而有些人竟不能够认清这个极浅显的道理，大约有两个原故：（一）沿袭前人内夏外夷的成见，以为我们的物质文明虽然落后精神文明却为世界之冠，西洋现代国家的文物制度远不如我国古昔圣贤所说者高尚优美。我们要破除这个谬见。中西文明，孰高孰低，我们不必在这里加以追究。我们只要认清楚一点：即使西洋文明真较我为劣，然而不学他们，我们就要失败、屈服，乃至于危亡。（二）抱定本位文化的信仰，以为一个民族无论如何不应该放弃自己特殊的文化。这个见解也有商榷的余地。照我们看来民族文化虽应该保存，然而实际上是否能够保存，第一要以民族自身的存在为条件，第二要以文化自身的发展为条件，决不是搬弄几点旧古董，背诵几句旧经典就可以办到的。这一种错误，仔细推究一下，还是清末顽固症的旧病复发。孙中山先生在少年时代曾经累次向各方面指明改革的必要，曾经上书李鸿章提出现代化的具体方案，然而不肯"变于夷"的人们拒绝接受他的正论，于是他更决心于革命的事业。我们必须在这方面努力，才算能够善体孙先生建国的宏愿。

第二种错误的见解是只知道注重物质上的现代化而忽略社会和政治本身的现代化。这又是清季中体西用谬见的死灰复燃。同光间的维新人物多半只知道船坚炮利的可贵，于是努力去设船厂兴工业。只知道应用科学的重要，于是致力于译西籍，遣学生。他们却不知道体用根本不可分开，我们必须有现代的社会政治然后才能有现代的工业军备。否则无源之水，其流不远。没有现代社会的背景，物质建设决难收效，同光维新的失败，这是一个重要的客观原因。亡清的覆辙，不可再蹈。我们今日建国的工作应当注意整个中国的现代化，中国的彻底现代化，而不是半新半旧、不中不西、枝枝节节的改头换面。

现代化工作的枢纽是政治的现代化。现代政治的内容如何呢？根据世界人类政治进步的大势来看，现代政治至少包含两个要点：一是民主化，二是制度化。这两点其实是一种政治的两方面：凡是真正民主化的政治必是制度化的政治。民治与法治是相依为用的。孙中山先生在距今十六年以前就明白的指出这个现代政治的途径。他在自传里说，我们中国往昔只有民权思想而无其制度，所以民主的制度必须取资欧美，他又说："中国历史上之革命其混乱时间所以延长者，皆由人各欲帝制自为。遂相争夺而不已。"所以他的"民权主义乃第一决定为民主而第二之决定则以民主专制必不可行，必立宪而后可以图治。"孙先生的教训可谓至明至确，而欧美民主国家富强的先例也足以供我们的借鉴。我们循此民治法治的途径，努力前进，必能达到现代政治的领域。

有了现代的政治，就有了建国工作的动力。于是现代的教育社会，工业军备都可以逐一完成。所以"军事第一"是抗战必须有的信念，而"七分政治"又是建国不可少的认识。

我们抗战期中已经得到了的建国成绩如何呢？我们虽不能用数字来表现两年以来的收获，然而就大体说，我们的进步是很显著的。在政府领导之下不但朝野人士奋发有为，而国民参政会和各省的省参议会更足为民主政治实际上的象征。我们抗战必胜、建国必成的信念因此愈加坚定。我们虽偶有错误的见解，我们必能加以矫正，不蹈清季民初的覆辙。在不远的将来我们必能驱逐倭寇，还我河山。这是我们军事上的最后胜利。在不远的将来我们也必能完成现代的政治，实现三民主义的共和国。这是我们政治上的最后胜利。我们热望着两个胜利的到来！

（民国二十七年）

战后世界和平之基础
（1942 年）

自日本进攻南洋，美国奋起应战以来，战祸蔓延愈臻广闻，几已波及地球之全面。然而轴心必无胜理，同盟实力渐强。斗争愈烈，结束不远。一线和平之曙光，将于阵云黑暗之中透射以出。和平非难致，所难者如何巩固及维持此未来之世界和平，使不为昙花一现，旋归萎灭，如上次欧战之后，不及二十五年而已为战神所摧残耳。

时贤对重建和平之原则与途径已多有指陈。去年八月十四日罗斯福邱吉尔之联合宣言，既为两大民主国当政者所提出，复经二十六同盟国所赞同，其将成为战后和平之重要基础，殆无疑问。本文依据宣言之精神，补充其发挥之所未尽，参酌历史之经验，照顾当前之事实，略陈管见三端，以求邦人之教正。

一曰和约当本"言归于好"之调协精神，避免报复或处罚主义之条文。今日战祸之引起，由于轴心国家之侵略，责任分明，事实具在，殆已决无怀疑之余地。民主国家于战胜之后，若以惩罚或报复之手段加之，不仅合于公道，兼亦大快人心。然而世界永久之和平必不因此而得以建立。吾人试一察凡尔赛和约之失败，即可知此语之非诬。一九一八年停战协定既已签字，战败国静候战胜国提出和议条款，以俟双方磋商取决。英法意诸国之政府与人民或痛定思痛，或意在分赃。感情冲动之下，遂不能为合理之权衡。于是英人有"使德偿付"（Make Germany Pay）之口号，法人欲致德国于崩溃，意人怀领土之大欲。和会之中，威尔逊"十四点"之精神遂无由表现。今日事过境迁，平心论之，凡尔赛和约之内容，与其谓为"和约"，无宁谓为德国之罪刑判决书。观德外相朗朝伯爵"德国放弃生存"（L'Allemagne renonce à son existence）一言，即可知德人当时沉痛之心理。此后魏玛宪法下之日耳曼共和国深受和约之束缚，忍辱负重，备遭压迫。希特勒所以能一时崛起者，战后德国政治及经济之困难处境实有以助之，而此困难之处境又部分由凡尔赛促使惩罚手段所造成者也。克里芒梭诸君之意本在剪爪除牙，致德国于不能为害之境地，而不知二十年后冤冤相报之因缘即已深种于此政策之中。罗邱宣言第四点谓英美"两国在适当尊重各国现行义务之中，将使世界各国，不论大小胜败，对于贸易及原料之取得享受平等待遇"。第六点谓"俟纳粹暴政终究毁灭以后，希望重建和平，给予一切民族能各在其疆域内安居乐业之机会，并保证一切地域之一切人们均得生活裕如，不虞匮乏"。其着眼之点虽偏重经济，而其所含之精神，实与凡尔赛完全不同。此诚国际政治之新纪元，足资吾人之钦佩与拥护。本此精神以缔结将来之和约，则传统习见之割地、赔款、驻军诸条款将不应仍占篇幅。侵略国家所应担负之责任，仅为归还一切武力强占之土地资源，与乎解放一切武力征服之政府民族而已。此外战后各国政治经济之清算，虽千头万绪，事实上不免遭遇若干困难，各国如能一本调协之精神以赴之，则大体上必可得合理之解决，可断言也。

二曰建设民主精神之国际组织。今日世界战祸之起，由于凡尔赛和约之不平，亦由于国际联盟之失败。盟约既为和约之一部分，其应同负连带之责任，事甚显然。推原国联之成立，本为世界民主精神之表征。威尔逊为求其实现，至于迁就克里芒梭诸人，对报复主义让步，真可谓不惜重大之代价。二十年中国联对于世界和平虽亦有所贡献，不容抹杀。而就其大体言之，则实际上之威望未尊，道德上之力量寡效。为时愈久，作用愈微。告朔饩羊，渐同虚设。观其处理东北事变之无能，最足为此言之明证。时至今日，已近于无形之解体。将来是否仍与恢复，或别树机关，兹事体大，非本文所能僭论。然而今后之世界必须有一国际组织以为各国政治上、经济上、文化上协商合作之机构，则殆可丝毫无疑。此组织之内容必须避免前此国联之缺点，殆亦为必然之结论。说者每认经济制裁之不能施行，为国联失败之重要原因。吾人以为会员国形式上及事实上之不平等，似尤为其致命之缺点。同为国也，而有战胜战败，列强弱小，优秀落伍诸区别。同为会员也，有五大强之永久议席，有委任统治之特殊地位。此种种不平等之精神与事实一日存在，则国联制裁横暴之力量一日不能表现。盖在国际上敢逞横暴行为之国家，必为实力充足之列强，而亦即国联不能或不愿制裁之会员也。

吾人所见如尚不误，则战后之国际组织必以民主之平等精神为第一义。各国之大小强弱不同，吾人固不能抹杀当前不平等之事实，以迁就空洞之平等理想。吾人所希望者，乃就不平等事实之基础上，树立国际之民主政治。其关键在利用联治分权之原理，以取得国际之合作，保障各国之利益。前此国联组织上之一错误，在采取单一集权之制度。两半球数十国之重要问题皆取决于日内瓦之会议。五强之操纵可以左右议程，一票之反对可以阻挠议案。不平与无效之两大困难，宜乎无可避免。今后之国际组织似宜反此故辙，以分区合作、分权合议为原则。颜露尔主张于"欧洲大宪章"之外拟订"太平洋大宪章"以为东西半球和平之基础。吾人似可推而广之，俾世界各国，就地域、种族、文化、政治、经济等关系，树立区域之国际组织，以为有关各国间合作及息争之机构。区域组织之上，别设全世界之国际组织，以为全体合作及息争之机构。大约言之，亚、美、欧三洲可各为一区域，各立一组织。非洲或可暂附于欧洲区。其隶属有疑问之地方，如印度、澳洲等处，可用自决之方式，择定其所参加之组织。一国之疆域兼跨两区者亦可同时参加两个组织。世界组织之代表或由区域组织推举，或由各国直接选派。国际事务有关一区者由区组织中大多数之会员国议决之，有关全体者由世界组织中大多数之会员国议决之。若议案与某一国或某一区之利害有特殊关系，则此一国或此区中之会员应有特殊发言与议决之权利。例如此一国或一区之会员在一定条件之下，可提出未能通过之议案，重加讨论，或要求将已经通过之议案，重加考虑。在新国际组织之中，一切大小强弱优秀低劣之区分概予扫除。弱小或后进民族需要扶助者，区域组织当负直接辅导之责任，而由世界组织间接赞翼之。以往委任统治之制度，不应再行采用。

此种民主分权之国际组织，固与理想中之制度距离甚远。然就今日之环境观之，不合作则和平难保，不自决则合作难成。吾人希望建立一实用有效之国际和平机构，惟有折衷于合作自决二大原则之间，庶免削足适履之消。至于国际公法，条约及议案之尊严，仍可假经济制裁之力量以维持之。制裁之力量，应隐寓于平日经济合作之中，无待于临时之创造培养。罗邱宣言第四、五、七诸点，直接或间接均与经济合作有关。欲使"世界各国不论大小胜败，对于贸易及原料之取得俱享受平等待遇"，则世界资源之分配，为今后国际经济合作之一重大关键。然而所谓平等待遇也者，断非不问各国疆域之大小、人口之多少、天产之情形而勒为划一之规定。合理公平之分配，似宜按各国和平生活及最低限度军备之需要，而为比例之供给。果能办理得当，不仅"可给予一切民族能各在其疆域内安居乐业之机会"，亦可达到限制军备之目的。盖各国所得之资源既有定额，黩武者虽欲违背公约，阴扩武备，而苦于原料之有限。不宁惟是，资源之分配既定，此后如有违反国际公法条约或威胁国际和平之国家，其所应得之资源即可经国际组织之公决而遭受减少，甚至全部停给之处分。必俟此犯罪之国，悔过自新，然后恢复其待遇。

三曰培养及巩固各国之民主政治。世界和平之破坏，由于少数国家"继续使用陆海空军军备，在边境以外威胁侵略"爱好和平之民族。此乃尽人皆知之事实，殊无俟吾人之申论。远则威尔逊缩减军备之主张，国联盟约裁军之条文，近则罗邱宣言放弃武力使用之声明，悉系针对事实而发。故国际上之寇盗不除则国际间之安定难保，亦为不容否认之结论。然而吾人应注意，两次世界大战之祸首皆为专制独裁之强国。威廉二世及希特勒之德意志，墨索里尼之意大利，军阀之日本，其立国精神及政治制度悉与民主背道而驰。故独裁政治与国际侵略显有直接之因果关系。独裁政治之威胁不除，今后虽有国际组织，虽能缩减军备，亦不过暂时之苟安。二三十年之后，羽翼又成，流毒渐广，恐不免复有战争之魔王出世，煽起弥天之侵略烽火。国际公法及民族自决之大义固不容许干涉他国之内政，罗邱宣言第三点所谓"尊重各民族自由决定其所赖以生存之政体之权利"，允为颠扑不破之原理。然而大战之后，希特勒、墨索里尼及日本军阀之政权，势必终归崩灭。与独裁相反之民主政府，代之以起，实大有可能。同盟诸国，为自身及德日等之利益计，宜以善意之同情，扶助其民主政府之成立发展，使能于极端困难局势之下，执行其复兴国运，安抚人民之重大职务。民主政治之根柢日固，则独裁政府势难产生。世界上独裁绝迹，则侵略之威胁大减。加以经济平等，交通自由，既无匮乏之民族，更鲜侵略之需要。此诚长久和平之根本，亦为国际合作之条件。读者倘疑此言过实，则请一按上次战后德国之政情。犹忆在休战前两星期中，德国革命开始发动，威廉逊位，帝政颠覆。几经波折，世界上最民主之魏玛宪法卒于一九一九年八月正式颁布。迄至一九二九年之经济萧条以前，兴登堡总统下之德意志共和政体颇有日趋巩固之势。向使战胜国不加以过度之压迫，使得凭自力以更生，则希特勒未必能于一九三三年利用人民悲观愤激之情绪以获取政权。魏玛宪法之民主政治一日存在，则德意志亦未必于一九三九年遽成世界侵略之主力。此中因果,凡讨论纳粹主义来源者,多能言之,固非吾之杜撰也。

吾人不仅应培养轴心国战后新建之民主政治,尤须巩固刷新同盟国原有之民主政治。今日和平之原因,直接在乎纳粹主义者之侵略,间接在乎民主国自身之未臻健全。举其大者,如苟安精神之蔓延,政治机构之松懈,政党力量之滥用,经济制度之侵略,凡此种种缺点,皆足以削弱民主国家抵抗侵略之实力。加之英法诸国平日未能完全根据平等之调协精神以对待弱小及邻邦,故一旦事变猝发,每觉难于应付。初则委曲求全而不能全,既则狂澜泛滥而不易止。论者比较民主及独裁国家短期中力量之大小,或不免对民主政治发生疑问。彼不知有力之独裁乃和平永久之威胁,而民主国家之暂时削弱正坐其民主精神之未能充实。为今之计,断宜急起直追,先扑灭纳粹主义者所引起之毒焰,然后于战争结束之日,改进各国之民主政治。轴心国家以武力斗争为工具,吾人则培养和平合作之观念。极权国家认个人为毫无价值,吾人则力行民权主义,培养自治自尊之人格。独裁者以一人之私意垄断全国,吾人则本宪法之精神,培养法治之习惯。大端既立,其他制度上之节目皆可逐步求其改善。世界各国之民主政治均趋稳固,和平之最后基础于焉树立。昔威尔逊解释美国参加欧战之目的,谓欲使民主政治在世界上得安全。今日同盟国作战之目的根本与此相同。吾人如以威尔逊之名言,为之加一转语,谓同盟国之目的在以民主政治保障世界之安全,似尚不至于大误。中、美、英、苏四国为今日抵抗侵略战争之主力,亦即民主国家之重镇,树风立范,其责任尤在其他之上矣。

三十一年五月二日　成都

——原载《世界政治》第七卷第六期(民国三十一年五月十九日)

中国对战后世界之贡献
（1942 年）

英美政府于我国庆纪念日宣言表示：愿即与我作废除不平等条约之谈判，国人闻讯腾欢，转相告语，奋兴鼓舞，情见乎词。盖以百年大辱，一朝涤荡，跻国家于平等，开外交之新页。胜利在望之前夕，得此非常之佳音，此实我五年抗战忠勇精神与卓异勋劳交换得来之礼物，盟友之善意可感，吾国之成绩亦足自慰也。虽然，吾人应注意：民主抗战胜利以后之世界，在精神上及组织上必有重要之变迁。中国解除不平等条约之束缚，不过此重要改革之肇端而已。语曰：投我以桃，报之以李。又曰：欲问收获，先事耕耘。国家亦如个人，地位非可幸致。今日吾国以对抗战有优越之贡献而致平等大国之光荣。在战后之新世界中，吾人当更有如何之贡献以勿虚此平等之地位乎？不揣简陋，谨陈三义，以供邦人之探讨教正。

一曰以公平之精神贡献于和会。同盟作战之目的，"廿六国宣言"中已举其大纲。此为将来和会之领导原则，诚属无可致疑。然就一般国际交涉之经验言，求原则上之同意较易，而求具体之同意则每戛乎其难。盖战后国际间之实际问题，头绪纷繁，其中必须作精密微妙之考虑者殆不止一事。不特民主与轴心国间之关系，亟待重新调整，即同盟国之间亦必有诸待商谈之事项。民主国间纵不至有利益自私之争执，或不免生观点互殊之见解。"世界大宪章"之圆满应用，端赖全体同盟国之诚心努力。吾国以民主四大战友之身份，在此玉帛冠裳和会之中，正宜发大汉之天声，为公平之主力，一本作战之初衷，贯彻宣言之宗旨，务期和会一时之决议，成为和平长久之基础。回忆上次世界大战进行之时，同盟诸国何尝不有鲜明正大之主张？然而和会一开，纷争顿起，威尔逊氏持民主公平之理想以与国际偏私仇恨搏斗，卒以孤掌难鸣，抱负未遂，数年喋血换来之和平亦终无以长保。彼时吾国未著战功，仅参末议。本身几不免为俎肉，其不克作有效之呼声，实势所必至。今则局势迥殊，发言动听。前车有鉴，吾道不孤。扬公平之炬火，启和平之曙光，此吾国对战后世界可能之一贡献，亦即吾人对国民及人类之一责任也。

二曰以"王道"政治贡献于和平。吾国固有之政治原理，以儒家之"王道"为中心。欧洲之帝国主义及独裁政治则吾人民所鄙视"霸政"之变相也。《书》曰："民为邦本"。又曰："罔咈百姓以从己之欲"。又曰："百姓昭明，协和万邦"。孔子曰："仁者爱人"。又曰："道之以政，齐之以刑，民免而无耻；道之以德，齐之以礼，有耻且格"。又曰："善人为邦百年，亦可以胜残去杀矣"。孟子曰："仁者无敌"，"以德服人"。又曰："五霸者三王之罪人也"。又曰："争地以战，杀人盈野。争城以战，杀人盈城。此所谓率土地而食人肉，罪不容于死"。盖我先民所发明之政理，以仁爱为宗旨，以宽厚为方法，以和平为条件，以大同为归宿。施于国内则民安，放之天下则世平。虽未尝具民权之形式，而有契乎民主之精神。中华民族能于数千年中长保和平美德，实有大赖于此。持吾国之政理以较马克维里（Machiavelli）屈莱池克（Treitschke）辈之鼓吹权谋，歌颂战争者，几如南北极之相远。欧洲政治虽未必悉守二家师法，而自古希腊以来，吾先民所谓"霸政"之空气实弥漫于此旧大陆之西疆。推演至于十六七世纪，且有益趋浓厚之势。虽有哲士，立为平等自由之理想，民主共和之制度，公法和平之学说，卒未能消解霸政深远之流毒，每当民主失败之时，即致国际攻伐之祸。今日轴心之侵略，究其根由，实霸政精神为之厉阶。孔子曰："足食足兵"。爱好和平之国家固不可不随时代之进步，以自进于富强，然而吾人如舍己从人，尽弃"王道"精神，以步武西陆之霸政，则大为不可。吾人不特不可舍弃固有之王道，且当日新又新，发扬光大，化高超之理想，为实践之政风，于民主政治中自树一帜，内以担建国之重任，外以供各友国之观摹。考吾国政理见称欧洲，前此已有二度，一在十八世纪启蒙运动之时，一在一九一八欧战告终之后。当启蒙时期，欧人不满于其专制政治，乃向往中国，私淑其政教。清圣祖被视为哲君之典型，大哲学家莱白里慈（Leibniz）认儒学为欧洲之导师。其他各国朝野人士赞颂东方文化者不一而足。及第一次世界大战结束，欧人痛定思痛，推究战祸由来，每归咎于西洋文化。于是一部分人士复歌颂中国之政治道德，以为可以救功利富强之流弊。中国学术之研究，一时颇为风行。所可惜者，此两次"中化"运动均如一现昙花，不能持久。岂西人画虎不成、刻鹄类鹜，殆亦由国人有违自强不息之古训，坐失光被四表之良机。康熙以后墨守成规而不知维新，己未以后同室操戈而不能自固。彼强我弱，事实昭然。弃彼眼前煊赫之霸图，以徇我远效将来之王道，殆非人情之常也。今当烽火弥天之际，欧美朝野于我立国精神又不乏致美之言。逆料战事结束之后，中国之政教学术殆又将三度引起西人之重视。吾人断宜在此期中完成建国之艰巨工作，发扬先民政理，适应现代需求，立宽厚和平之楷范，绝霸政独裁之根株，开风建制，蔚为太平洋民主大国之重镇。扶持发育未充之弱小，亲善和平同道之友邦。"王道"见诸实行，国风自然远播。抑吾人当注意：所谓发扬先民政理者，乃依据其精神而改进之，实践之，以合于二十世纪之环境。若守株坐井，尊己卑人，美言不信，口惠无实，"王道"之真谛先亡，时代之潮流可畏。回瞻覆辙，怵目惊心。自固恐将不遑，亦终无以自拔于霸政攻伐之漩涡矣。

三曰以仁智双修之学风贡献于文化。中国注重道德，西人长于科学，此乃一般公认中西文化不同之一要点。吾人进考其详，则重科学者求真，重道德者求善。求真者尚智，求善者主仁。仁智异修，故中西文化分途发展，几成相背相反之趋势。然而综中西历史经验观之，仁智以相辅相成，始能发挥福国利人之作用。清末旧党斥西学为中土之异端，新党认西技为西学之全体。一则故步自封，一则舍本逐末，吾国建国工作为之稽延者逾五六十年。彼辈不知立国遍用仁智，则各有所失而不能各尽其用。仁而不智，则国家易陷衰微蒙懦之苦境。不为宋襄公之贻笑，终不免"东亚病夫"之招侮。病夫虽有至仁之道德，而无如此虎狼环伺之世界何。智而不仁，则科学发明徒供独裁政治杀人之利器。智能戡天格物而后能自保其生。然则欲免二者之弊而兼其利，惟有仁智双修，中西一贯，合科学于道德，以道德化科学，庶几人类之文化进步能与世界和平相持而长，两无妨碍。夫仁智兼全，于个人固甚艰难，于国家则非属空想。亿兆国人，各就其天赋之所近，各发其心得之所专。治科学者贡其结果，立道德者示之目的，仁智双修之文化即蕴育于通功易事之中。此岂徒中国学术之光辉，抑亦人类幸福之基础也。虽然，合科学于道德者，非谓掠船坚炮利之皮毛，更非谓役致知为致用之奴仆。无求真之科学以为之本源凭借，则制器流为落后之摹仿，而致用归于徒善之玄虚。吾人嗤彼之薄德，彼将侮我之无能矣。去年香港大学工程教授司密斯（C. A. M. Smith）著论曰："言念将来，中国人爱好和平与崇尚学术之风气不致改变，则在中国科学与工程之发达不特能惠及一国，亦且有造于世界。"友邦学者之期望于我者不薄，吾人讵可放弃责任，不力起直追，以赴此建国惠人千载未有之时会乎？

——原载成都《中央日报》（民国三十一年十月二十日）

中英友谊之基础
（1942 年）

　　中英友谊，素极敦睦。近复承英国议会访问团诸君不辞艰辛，飞越万里，惠临我战时之行都。酬酢则宾主欢洽，言谈则坦白亲诚，了解予以增加，邦交更趋殷密。不徒议会代表访问外邦为空前未有之盛典，而此欧亚两大民主国之友谊亦得一光明璀璨之象征。今者团员诸君于行都小住之后，已莅临吾国西部文化中心之成都，市民欣幸，不言可知。谨就私衷所感，小贡数言，借以表示欢迎之忱意。

　　窃惟国际交谊，有似私人，必须志同道合，然后其交能固。中英两国交谊所以久而弥笃，当此轴心肆虐之时而能愈趋坚定深挚者，实缘彼此之间有相同之道义以为其基础，非如萍水相逢，出于偶然之会合也。

　　中英友谊重要基础之一为两国政治理想之根本契合。英国为民主政治之先进，诸君所代表之议会更为议会制度之始祖。英国虽然近代史中当居世界政治主动之地位，而考其所运用之政策与其所表现之精神实不离乎和平与道义之两大端，其所以成为国际和平重镇者在此，其所以成为纳粹仇恨之标的者亦在于此。中国经历二千年之帝政然后改建民国，以视英伦，实乃民主之后进。然而中国在建立民主政体之先固已有契合民主精神之理想。征之古籍，不一而足。如《尚书》所谓"天视自我民视，天听自我民听"者，直不啻 Vox populi vox Dei 之译文，其余如"民为邦本"，"谋及庶人"等说，其意义均与此一贯。至于和平与道义之原则亦早为我先民所服膺，管仲所谓"怀远以德"，孔子所谓"民无信不立"，孟子所谓"以德服人"，墨子所谓非攻兼爱，虽或语焉未详，而究其旨归所极，固与洛克（John Locke）以来英国哲人学者政治家所抱负者同其方向。孙中山先生之三民主义引伸开发先民之学说，参以近代之新义，而民主、道义、和平之三大精神益以明显完备。中国所以成为日本侵略之目标者在此，其所以能为英国忠实诚恳之友人者亦在于此。中英两国以同道之友，为患难之交，此诚国际之佳话，亦吾人所引为莫大之荣幸者也。

中英交谊之第二基础在其工作之目的相同。自轴心寇盗发动侵略以来，中英两国先后加入保卫民主文明之抗战。此东西两大国，不分畛域，并肩杀敌，共襄历史上光辉无比之义举。纳粹主义者所煽动之种族邪说，至此一洗而清，无复分毫之余滓。抑又有进者，今日既已同负击败轴心暴力之责任，将来更须同负建设永久和平之工作。今日之责任固极艰难，未来之工作更为重大。以志同道合患难之交，共预安定世界之使命，必能一德一心，精诚以赴，两国友谊之昌大，和平幸福之来临，吾人可先期为之预祝矣。

今日中国全民政治之制度虽尚未臻于成熟，然而全国人士爱好和平，信仰道义与夫拥护民主之心理，初无二致。吾人愿以友邦国民之资格，谨举三事以贡献于其所敬爱之嘉宾。（一）中国人民绝对拥护"大西洋宪章"之原则，并认定稳固之和平必须以平等、公正、调协、友好之精神为根据。盖以不平则鸣，自然之理；仇恨所积，侵害以生。凡尔赛和约之经验，国际联盟之失败，前车覆辙，触目惊心。将来同盟得胜，暴徒澌灭，盟邦相与固应持完全公诚之态度。即战胜国对于战败国虽不必"以德报怨"，至少亦应有"以直报怨"之雅量。如此则戾气庶几可消，和平因以得久。中国身受帝国主义侵略之痛苦，服膺"己所不欲，勿施于人"之古训，绝不愿于今后之世界中，凭借战胜余勇以覆蹈帝国主义之罪恶。此国人所能自信无疑，而敢以昭告我友邦同志，愿与共勉者也。（二）中国人民认定和平之维持有赖于强健之国际组织，而国际组织必须兼具道德与政治之实力然后可以臻于强健。愚见所及，要点有六：一曰国际组织包括世界全数之国家。不得拒绝参加，不得请求退出。二曰国家不分大小强弱，在国际组织中一律享受道德上及法律上之平等待遇。为便利国际合作及解决国际问题起见，全世界国际组织之下可设分区之国际组织。三曰国际组织中之决议机关应具有一定限度之立法权。四曰国际组织中应有一执行机关以监督及施行国际法案，其权力不必求广泛而必须有强力为后盾。五曰应有一国际司法机关以裁判国际之争执。六曰绝对禁止使用武力为解决争执或取得利益之手段，即自卫战争亦应请由国际组织核准辅助。上列诸点虽未尽合于大同之最高理想，而斟酌时势或不失为近乎实用之制度也。（三）中国人士愿本固有之精神，适现代之趋势，按三民五权之原则以发展国内之民主政治。吾人深信民主政治所表现之形式及其所采取之制度虽以各国历史背景不同而互相悬殊，其为国际和平最后最妥之保证则遍世界而根本无异。反之，独裁政治既为野心家之利器，无论其形式或为法西斯或为纳粹，均一致为国际和平严重之威胁。本此见解，吾人愿为继续不断之努力，完成民主政治之建设，以无忝我西方民主先进之友邦。

艾尔文爵士于前月二十四日招待重庆中外记者席上自谓三十年前曾至华小住。今昔相比，已有天渊之别。此实为友邦人士对我最可感幸之称许。抑吾人倘推而上之，以百六十年前马戛尔尼勋爵东来时之中国与今相比，则其变迁之大，当有更足惊人者。盖自十八世纪以来，吾人初则故步自封而背弃国际之义务，继则仓皇失态而堕落国家之权利。载胥及溺，几难自拔。直至今日乃能联合盟友，共尽捍卫文明之责任。回思返顾，不免自惭，而亦稍可引以自慰。日本近百年间之变化亦极重要。明治维新，一蹴而就。世界震惊，清廷失色，然而彼所袭者普鲁士之黩武主义，法西斯之侵略野心。于西方民主和平之真精神丝毫未能领会。故虽貌似现代国家，而实阴含帝国遗毒。语曰："君子可欺以其方"。英国亦尝暂时受其蒙蔽，欲倚之保障东亚之和平。然而作恶自诛，无道早已。先为与国所唾弃，继遭正义之制裁。中国进步虽缓，赖有和平、道义、民主三大精神以为之纲维，故卒能终始如一，永为英国之挚友。持此以与日本相较，似亦不妨引以自豪矣。

访问团诸君于中国之文化与政治本具真知灼见，洞明本末。今复远道惠临，实地观察。行都战时生活及工作之各方面均承不吝奖借，同声共气之情，溢于言谈之表。足征吾人两国交谊，具有深厚基础之说非属无稽之谰言。吾人希望诸君在成都观察之所得，与在行都者互相印合，使诸君爱护此东方友国之心情因之益以浓厚。吾人更希望诸君于观察之余，正言忠告，不吝惠施，以远道之嘉宾，为切磋之益友。诸君代表人类政治史上享有无比光荣纪录之英国议会，亦即代表富有政治天才与民主传统之英国人民。诸君之智慧学识经验皆夙为国人所钦佩，如承卓见启发，其有裨于中国今后之建设必非浅显也。

——原载成都《中央日报》（民国三十一年十二月二日）

和平奠基之年
（1943 年）

　　自去岁秋冬同盟军在地中海太平洋发动有效之攻势，民主国最后胜利之来临，已如左券可操，毫无疑问。吾人经五年血战之余，睹兹佳兆，不禁为之奋然欢喜。虽然，吾人作战之直接目的固在取得胜利而其最后之目的实在乎建立永久之和平。盖以兵凶战危人所共晓，"人类不消灭战争，战争将消灭人类"。倘吾人于击败敌人以后不能永弭兵祸，不仅无以慰前线浴血将士之英灵，亦将无以保世界之文化，对后继之国民。夫和平建设，事大功宏，固非轻易可举，诸有待于人群之努力。不揣鄙陋，谨陈愚见三端，以附时贤之末议。

　　国际和平建设之首要条件为和平之心理建设。易辞言之，欲求永久和平之实现，必先养成和平必要与和平可能之真诚信仰。尝考人类不信和平之心理，不外穷兵黩武与以暴易暴之两型。前者鄙和平为不必要，后者认和平为不可能。韩非子谓民闻战而相贺，黑格尔谓战争乃伦理之必然，此前者之著例也。墨子以守备御攻伐，西人倡武装之和平，此后者之著例也。

　　此两种心理弥漫潜伏于人类思想之中，于是和平视为幻想，休战即以备战。诚实信仰和平之人士每遭讪笑，拟于画饼捉月之大愚，加以猜忌贪婪仇恨之心理激荡煽炽于其间，则和平不能久维，洵为势所必然。故吾人欲建设国际之和平，首须破除战争之迷信。开宗立义，当以和平理想为教育及宣传之要点，政府著之政策，友邦相互共勉。举凡学校讲论，报章述评，个人文字有关国际政治者均以培养和平信仰为宗旨，即军事学校之教育，亦应注重自卫之精神，阐发大同之理想。举凡轴心国所以欺骗麻醉其民众之侵略思想，皆加以彻底之驳正。持之既久，拥护和平之有力舆论庶几可以普遍养成。吾人固不能保证人类一有和平，即无争杀之行为，信仰者无形之道德力量也，或不足以钳制暴徒之身手，然而吾人敢断言，和平之心理倘能建立，则纵有暴徒，助者盖寡，减少战争之可能，亦即增固和平之基础。

与心理建设并重者为和平之政治建设，此则不属于道德或思想之范围而属国际与国内之制度问题。国际制度之建设，中外议论甚多，或主张大同合国，或主张联邦分治，或主张国际联合。就今日之时势与以往之经验言，大同联邦虽近理想而皆难行，国际联合已经尝试而深感不足。然则战后之国际组织，殆宜视原有之国联加强，而以稍近联邦制度为原则。具体言之，国际组织似应包含下列之要点：

（一）世界文明国应全体参加，不能例外。（二）参加之国应视为永久份子，不能有退出之权利。不遵公约强行退出之国应视作法律所不保护，随时加以严惩。（三）国际组织中之决议机关应具有一定限度内真性之立法权，一切议案应以多数表决为原则，不必求全球之一致。（四）国际组织中应有一执行机关以监督及执行一切国际法案。其权限不必严定而必须强健有力，执行机关指挥之下应设一国际宪章之组织以为执行之监督及惩戒之责。（五）原有之国际法庭应增强力量以为国际之司法机关。（六）国际组织中平等之原则应始终维持。为调剂地理及事实上之差异起见，全世界组织之下应设分区之组织。全球可酌分为三区。一曰亚洲区，在东经六十度至百六十度间之国属之。二曰欧洲区，在西经二十度至东经六十度间之国属之。三曰非洲区，在西经廿度至百六十度间之国属之。在此诸区之内如有国家或地方以重大之政治、经济或文化原因不能划入者，可用自决方式选择其参加之组织。一国疆域兼在两洲者，或自择一区或兼参两区。直接有关一区之事项可俟取得世界组织之认可后，分由各区解决。（七）各国不得在国际组织外别设有违合作精神或有伤国际利益之任何联盟任何条约，一切条约必须经国际组织之认可或备案方为合法有效。（八）国际公法或公约中应明文禁止使用武力为解决争执或取得利益之手段。自卫之军事行动应请由国际组织加以核准予以援助。（九）弱小后进民族需要扶助者，分区组织中之行政机关应负直接辅导之责任。以往一国单独管辖之委任统治制度应予废除。

上列九点，虽似老生常谈，而以传统之学理衡之，实不啻一非常异议可怪之论。今后之国际组织果能如此加强，则事实上将成为一有限权力之国际政府，而参加之各国，事实上将丧失其对外主权之一部分。盖以国际合作既由偶然而入于经常，由任意而改为强制，则国家之自由与独立自不免遭受相当之减削。夫自由独立之所以可贵者，非在自由独立之本身而在国民之安康利乐。国家主权对外无限制之表现既为破坏和平，引起争斗之一诱因，则为人类幸福起见，自不妨加以适可之限制。国家之尊严与立国之目的，固未尝因此而有所损失。

国际制度虽立，倘国内政治制度之精神与世界和平不相调融，则国际制度亦难收其应有之效果。国内制度应如何而后可以保障和平乎。一言以蔽之曰，具有民主精神之制度而已。国际联盟之失败，说者或认美国不能参加为一原因，此固吾人所能同意。然吾人以为美国不能参加之损失，不仅在乎国际之实力与威信减低，而尤在乎和平组织之中不能包罗此爱好和平之民主大国。最不幸者，国联重要会员国中德意与日皆先后转入于法西斯或纳粹主义之独裁政治。于是国联威信无以维持，世界和平亦遭破坏。考独裁国家所以易为战争祸首者，实有其必要之原因。盖惜命怀安，本属天性。人类之文化愈进则憨不畏死之初民心理亦随以减退，任何国家最大多数之民众，在普通情形之下，均无侵略战争之嗜好。然在法西斯纳粹式独裁政府之下，则一夫恣意，民智闭塞，野心家之煽惑蒙蔽，势压威胁，可使此多数之民众战性复发，杀人自毙或竟至死而不悟。若在民主政体之下，则人民可以表示意志，舆论可以影响国策。野心家之蒙蔽威胁，技无所施，其敢以侵略战争号召者必难得民众之拥护矣。

吾人既知独裁倾向于侵略，民主倾向于和平，则当努力建设国内之民主政治。英美为民主先进国，固不例外，吾国依三民五权之遗教以推行全民参政之制度，并将为世界民主重镇之一，而潮流所趋，其余战胜战败诸国殆必将再建或新创民主之政治。吾国当与英美诸先进国共辅后起之民主政府，使得巩固长存，以为国际合作之良友。譬之建筑房舍，国际组织如堂构，国家单位如砖石。砖石备尽粲美，则堂构一新，永无倾圮之虞矣。

和平之第三条件为经济建设。世界各国以经济生活不平而起纠纷，乃为无可否认之事实。"大西洋宪章"第四、六诸点关于世界经济之平等普利原则，允为政治家之卓见。语云：为政不在多言，顾力行何如耳。今后同盟国家应努力探求其实践之途径。举凡资本资源及市场等事均应按各国之需要，为公道之分配，各国人口亦应按其疆域面积与经济状况而为大约之限制，以免野心家以人口过剩为侵略之借口。抑又有进者，国际组织倘能统制世界经济之分配，则其资源分配一端已足为有效之保证。盖各国所得之资源应有一定之数量，其军备自不能为无限之扩充。纵有阳奉阴违，舍奶油制大炮者，则可剥夺其经济权利，以为制裁。如此则其奶油将不可得，遑论大炮？论者幸勿疑经济分配，头绪纷繁，事不易行。大战之后，德意日均为战败国，法荷等国普得解放。领导世界者为中美英苏之四大民主国。世界资源贸易泰半属此四大之手。只须此四大国本调协之精神，立无私之美德，以为倡率，则此困难问题之解决，思过半矣。

一元复始，万象维新。一九四三年亦即同盟最后胜利之年——已于今日来临。吾人预祝胜利之余，愿与邦人建立一"新年决心"之信条，曰"自今日始，当就我能力所及，为和平而服务，使一九四三民主胜利之年成为永久和平奠基之年"。邦人君子或不以为大愚而首肯之乎。

——原载成都《中央日报》（民国三十二年一月一日）

马歇尔的谴责
（1947 年）

　　一月七日美国国务院发表了马歇尔特使回国后对中国局势的声明。马歇尔表明他所以要公开坦白申述的目的，在于使美国人民能够了解中国的复杂问题。换言之，这篇声明不是为中国人民发的。然而我们中国人民却不能不注意这个十分重要的文件。第一，因为声明的内容关于中国。第二，因为它必然会在美国发生重大影响。加以马歇尔将军新膺国务卿的任命，他个人对中国的观察很可能影响美国今后对华政策的运用。

　　这篇长数千言的声明可以说是一篇对中国主要政党的严词谴责。照通常国际习惯说，外交使节向驻在国的政府和人民作这种毫不客气的批评是一种外交上的不礼貌，这种行为也许会引起受指摘国政府的抗议。然而我们认为从人民的立场看来，我们最好在细心读了声明之后，作一番虚心的自我检讨。

　　声明中所谴责的要点，归纳起来，不外三项：一是双方互相猜忌，二是大家肆意宣传，三是彼此存心破坏。

　　"和平之最大障碍乃中国共产党及国民党彼此所怀之完全而几乎具有压倒力量之怀疑心理。"这种心理的来源，照马歇尔看来，是两党根本不同的政治主张。一方面共产党坦白表示他们是马克斯主义者。他们有意在中国建立一个共产形式的政府，不过暂以英美式的民主政府做过渡阶段。另一方面国民党却极力反对共产形式的政治制度。因此彼此之间虽口说协商而心存疑忌。彼此互以无诚意相责而自己未必真有妥协的诚意。马歇尔显然不信全数国民党或全数共产党员都负障碍和平的同等责任。他认为在国民党中有一个"有力量的反动派"，在共产党中有一些"过激分子"。两个极端各走极端，政府中及各党派中的"自由分子"

不能发生作用，一年多的调人工作由此终成泡影。①

宣传之不足，双方又各致力于破坏。国民党中的反动派反对任何组织"真正联合政府"的努力，坚持用武力解决问题的主张。共产党的固执分子则绝不犹疑使用激烈之手段以求达到目的。②

谴责的要点略如上述。我们不必较量国共两方所遭受的谁轻谁重。都是中国人，都是中国的政党，任何一方面受了别国人的指摘就是中国人的羞耻，我们应当惭愧自己太不长进。中国经过了八年的对日抗战，忝列四强之一，忝预战胜国之林，日本投降了一年多，国内还是乱糟糟的，还要劳友邦政府越俎代庖，帮助我们"促进和平"，"建立民主"。帮忙的客人忙碌一年多，回家之后把他所见闻的乌烟瘴气公之于他的国人。……我们全国人都出了丑。还能够较量谁出得更多吗？

我们也不必计较马歇尔所谴责的是否全合事实。俗语说，"旁观者清"。他说的可能颇有事实的根据。古语又说，"有则改之，无则加勉。"洗刷这个谴责最有效的方法就是从今以后用具体的行为表现有诚意，说真话，和不破坏的明白事实。

我们相信：人民是公道的。凡造福于民的政治家和政党必然会得到人民的拥护。祸国殃民者必然会受人民的谴责。纵然他们不顾人民的谴责，倒行逆施，宁可牺牲国家，与民偕亡，不愿放下屠刀，痛改恶行，历史的谴责是断难逃避的。

我们一般人民应当立刻奋起，赞助一切民主的建国工作，反对一切分裂的破坏企图。我们不是想取悦于马歇尔，希望他在谴责之后来一个"孺子可教"的夸奖。照我们看来，这是中国全体人民自救自重的惟一方法。

——原载南京《世纪评论》第四期（民国三十六年一月）

---

① ②　此处有删节。——编者注

四年演变，两个阵营，一条出路
（1947 年）

　　四年以前（一九四三年十二月一日），罗斯福、史达林和邱吉尔在德黑兰共同发表三国宣言。其中有关战后和平的一段话，表示他们愿共同努力，与全世界各民族，在今后许多世代中排除战争的灾难和恐怖。他们希望并相信有那么一天，"全世界所有各国人民都可以过自由的生活，不受暴政的摧残，而凭他们多种多样的愿望和他们自己的意志去生活"。将近三年以前（一九四五年二月十一日）罗邱史三位在雅尔达发表克里米亚联合声明。在结尾一段中他们又有这样的表示："唯有我们三国之间以及一切爱好自由的各国之间继续增进的合作与了解，才能够实现人类最高的志愿———一种安全而且持久的和平。用大西洋宪章的话来说，就是'确保在所有一切土地上的所有一切人都可以在不受恐惧，不虞缺乏的自由当中度过一生。'"

　　两个历史文件上签名的墨汁干了不久，三国的合作逐渐演变，竟成了今日双方的对峙。整个世界几乎到处暴露着纠纷或隐伏着困难。欧亚若干国家的人民不是遭受着战争的迫害或恐惧，就是陷入了饥寒贫乏的威胁。罗邱史三位当时所提出安全、丰裕、自由的生活理想，在今日看来，简直是一个无情的讽刺。美苏两国的人民和政府更时时用锋锐的言辞互相攻讦。剑拔弩张的态度，使得许多人担心第三次世界大战的爆发。例如本年九月下旬苏联外次维辛斯基在联合国大会公开指斥美国，说它煽动战争，准备侵略，并列举美国若干要人为"战争贩子"，请求惩处。莫斯科的《文学报》甚至把杜鲁门比做希特拉，说"杰克逊（Jackson）的服饰商人，正企求着慕尼黑伍长的桂冠。"美国方面虽然似未公开指斥苏联的元首，但带着火药味的言论也数见不鲜。前任国务卿贝尔纳斯，在所著《实话》（中文译本改名《美苏外交秘录》）一书中建议以"更好更多的原子弹"为对付苏联的上策。曾在苏联居住十四年的费希尔（Fischer）在所著《甘地和史达林》一书中有这样的话："迁就俄国这句话是容易说的。但我们迁就了俄国百分之九十，俄国却不曾迁就我们百分之十。……美苏关系，或民主与独裁关系的整个问题，已经演变到了超出外交范围的地步。……这就是政治斗争，在俄国或民主战胜以前是不会终止的。"

在双方对骂的后面还有相应的实际行动。苏联集团和美国集团在联合国里面互相争斗，它们在欧亚若干国家里面也露骨地作争取政治地盘的打算。美国援欧援华的计划或主张，多少带着一些反共的意义。杜鲁门主义和马歇尔计划可以说是为民主抢救欧洲，也可以说是与苏联抢夺欧洲。援华的意义，从一部分主张者的言论看，也显然是针对苏联。例如众院武装部队委员会最近曾要求总统立即援华，并作这样的说明："若中国政府为共军所屈服，则美国在远东阻止共产主义及寻求秩序与安全之一切努力均将徒劳无功。美国在努力阻止全球共产主义之扩展中仅以其计划集中于欧洲，诚为一悲剧之错误。"苏联显然也不甘退让。大战结束以来，东欧各国（包括波、保、捷、罗、南等）多成立了亲苏的政权，在外交政策上与苏联相呼应。此外在若干欧亚国家当中（包括中、法、意、希等）共产党颇致力于充实力量，打破现局，小则鼓动罢工，大则从事叛乱。纵然苏联不承认这些活动是由苏联所策动或主持，但照美国看来却像是"世界革命"的发动。不但如此，针对着美国的援欧计划，九国共产党代表在华沙开了一个会议，发表一篇指摘英美的宣言，并决定在南国京城设立一个"国际情报局"。其中有苏联的共产党参加，消息也首先由《真理报》发表。宣言的论调和七月间《消息报》的一段话也若合符节。

在言论和事实上美苏对立都表面化了。关心世界前途的人士不免忧虑着第三次大战的来临，因而责备美苏，以为遗忘了三四年前的共同诺言，违背了罗斯福的和平理想。其实国际间的重大冲突必有深远的原因，不是由于利害相反便是由于观点相异。美苏间的对立虽然最近才尖锐化，而其种因却在于资本主义与共产主义人生观之先天矛盾。其他一切矛盾都从此蜕变而出。共产主义的扩充是资本主义的威胁，资本主义的稳固也就是共产主义的障碍。苏联想开展它的安全圈以打破资本主义国家的"包围"，美国也想缩小苏联的势力圈以阻止共产主义的传播。于是双方各自打起"民主"的旗帜，而骂对方为独裁，为法西斯，为战争贩，为帝国主义者。在苏联受德国攻击的时候要求援于英美，不得不暂时与资本主义妥协。在英美苦战德日的时候，要想苏联多多出力，不得不暂时与共产主义携手。本来就有点同床异梦，事过境迁，无怪乎就会割席阋墙了。十月十日《真理报》社论说："目前世界两大阵营，其一受美国之控制，另一则由苏联领导。此两大阵营实难于和解。"这话确然包含着真理。我们只须补充一句话：两大阵营的形成虽是目前的事实，但其根源则远存于美苏两国的立国精神当中。

有一些人士认为假使罗斯福不中道崩殂，世界的局势不会恶化到今日的境地。罗斯福诚然是一位富于理想的政治家。倘若依然生存，他定然对于世界和平要努力有所贡献，不使"四大自由"成为空谈。但他是否能够放弃美国的政治传统以迁就苏联，或领导美国的人民去迁就，却是一个难于置答的疑问。在大战期中为了求得胜利，他可以在欧亚各国问题上对苏联作重要的让步。但在苏联扩展"安全范围"以至控制东欧的时候他是否能够继续让步，也是一个难于置答的疑问。

两个阵营间无可和解的对立是否会酿成第三次世界大战呢？照整个的形势看，国际战争似乎一时还不至于爆发。纵然美国一部分人主张强硬对苏，主张重振军备，似乎他们注重在防卫共产主义的侵略，不在对它直接进攻。而且因为民主国家的人民心理和政治制度都不容许政府任意兴戎，所以美国向苏联作先发制人的进攻也不容易实现。苏联方面好像也还没有开衅的打算。一则大战之余，疮痍未复，不堪再战。二则军备和工业基础都逊于对方，难有胜算。三则共产主义者另有一种不战而胜的打算。共产主义者向来努力于强调阶级斗争，削减国家意识。如果给予相当的时间与机会，共产主义者可能在一切非共产主义国家当中分头并进，完成"世界革命"的工作。这样一来在个别国家当中有阶级斗争，在整个世界上却不一定有国际战争。这样的政治斗争，就苏联的立场看，远较普通的军事战争为安全而有效。它可以使优越的工业基础、现代化的科学、猛烈的原子弹丧失其原有的力量。欧洲九国共产党代表（苏、波、南、保、罗、捷、匈、法、意）会议宣言说："全世界各民族都不需要战争。拥护和平的势力是这样强大，如果这些势力坚定而勇敢地来保卫和平，侵略者的计划就要失败。"这不是寻常的"外交辞令"。在"保卫和平"的红帜的下面隐藏着共产主义者今后向外进展的新策略。马克思所说从帝国主义者混战当中完成世界革命的策略，已经是不合时宜而无形中被放弃了。

美国阵营对付共产主义新策略的方法可能有二：一是早日作军事进攻，以国际战争替代阶级斗争；二是巩固非共产主义各国的内部，使渗透分化的策略不能运用。第一个方法在事实上不易采用，上文已经述及。纵然能够采用，也不一定是最好的途径。在国际战争（尤其是短期中发动的战争）当中，美国获得军事胜利的可能性较苏联为大。但军事胜利，不一定就是政治胜利。用战争来解决重大问题，已经不止一次了，然而平心而论，没有一次战争能够真正解决任何根本问题。第二种方法采用的可能性较大。美国朝野人士计划援欧、呼吁援华的行动似乎表示这个方法已经被采用了。它虽然比第一个方法较为稳妥，但也不是最有效的途径。共产主义是资本社会病态的产品，要想抵制共产主义的蔓延，必须从肃清病源下手，否则不揣本而齐末，依然不能扑灭阶级斗争的火焰。

自从十八世纪以来，欧美先进国家在政治自由的环境之下收获了民主宪政和资本经济的两大果实。然而贫富不均的分配制度，减少了民主政治所给予人民的幸福。孙中山先生有见于此，才提出了民生主义，与民权主义同时并行，使中国不致蹈欧美资本社会的故辙。可惜多数的民主国家不能认清孙先生所看出的这一个历史潮流——政治自由与经济平等合轨的潮流——顾此失彼，甚至矫枉过正或故步自封，以致酿成资本主义与共产主义对立的阵营，使战后的人民不能早日得到和平，反而受尽了恐惧、灾害和痛苦。最可惜的是，反对共产主义的若干人士往往在行为上替它制造发展的客观机会。①

美国的科学程度、工业基础都优于苏联。它的自由传统养成了人民较高的政治能力和知识水准，这也是它优于苏联之处。假如美国人士能够在经济上多多努力，他们定然可以使世界上第一个富强的国家成为和平康乐世界的领导者。② 否则仅仅在军事上或外交上去解决国际的矛盾是没有多大效果的。③

德黑兰会议开幕四周年纪念日写
——原载《独立时论》（民国三十六年二月二十八日）

---

① ② ③ 此处有删节。——编者注

和平丰裕的途径
（1947 年）

　　全国人民在八年抗战饱尝困苦危难贫乏生活之后，切盼从胜利当中得到和平丰裕的幸福。不意日本投降，时逾两载，人民不但得不着和平丰裕，反而受着战争贫困的威胁。不安定的现象、不满意的心理，弥漫于全国，而北方各省更直接遭受着炮火的摧残。在这个局势当中，凡有爱国情绪的人，必然会感觉苦闷、焦虑或愤怒。

　　近来起伏于各地的学潮，虽然口号动机不一，然而促成的主要条件无疑是多数青年人不满现状，忧虑前途的心境。这种关心国事，关心教育，甚至关心国人利益的表现，平心静气来说，是值得同情，无可非议的。和平安定的合理生活不仅青年人愿其早日实现，老年人中年人也何尝不愿其实现。岂但衷心愿其实现，有时候也发为言论，作深切的呼吁建议。不过四十岁以上的人比较地能够抑制情感，而青年人情感奔放，所以表示意愿的方式也就不尽相同。感情充沛是青年人的好处。然而无限制的感情用事有时候会使得一个人言行超出合理范围，在不知不觉中引起不良的影响，因此学潮的动机虽然不坏，而其所采的方式却不能令人完全赞成。罢课、互殴、捣毁、"吃光"等的行动不仅荒废学业，影响秩序，实在有损智识青年的风度。用这种方式来求和平丰裕，是难于收效的。既失去多数人的同情，又对已经不安定的社会加上刺激。这对于我们所期望的目的，可以说是"非徒无益而又害之"。

　　笔者忝为教育界的一分子。虽不敢自谓"老马识途"，愿意把个人所见达到和平丰裕的路径简单地写出来供爱国青年的参考。笔者的意见可以用两句话表示：以和平的精神求和平，以建设的能力致丰裕。

　　一切的战争都生于互相仇恨及信任暴力。相仇用暴就是战争的精神。我们中国当前的内战未尝不是由于国共双方的战争精神的作怪。它是内战的基因，也是内战的主犯。要消灭内战就要消灭战争的精神。要消灭战争精神断然不能够用仇恨或暴力做工具，以仇恨对仇恨，以暴力对暴力是火上加油的危险办法。反之，用祥和对仇恨、理智对暴力才是釜底抽薪的有效办法。青年学生不是武装的分子，他们当然不能使用大规模的直接暴力。然而以往他们在学潮中的一部分言论行为不免暗含仇恨和接近暴力的意味。虽然他们的动机是纯正的，但用这样的方法去求出和平无异于以暴易暴，定难有效。我们都反对用武力解决问题，因为武力不能解决任何问题。我们不怀疑于和平精神的力量，因为以理相喻，以情相感的方法收效迟缓而确实可靠。假定支持内战者都缺乏和平的精神，我们爱好和平，反对内战的人就应当扩充我们的和平精神以为国共双方反战主和分子的后盾（因为事实上双方都只有一部分人主战）。假如我们用威胁、违法、破坏秩序的手段去争取和平，其结果却是予主战分子以口实。他们也许会说："你们要我们妥协，要我们合作，对方却暗中指使煽动人民与我们为难，想促成我们的崩溃，想致我们的死命。我们只有拼了。"在这种情形之下，主和人士也会感觉到难于置辩了。

知识青年的武力是等于零的。用群众行动向主战分子施压力是没有真正可靠的效果的。退一步说，纵然压力有效，也不应当施之于作战的一方面。作战在事实要有两方面的作战意志和作战设备才能构成，这和"孤掌难鸣"的道理是一样的。内战的责任必须由两方分别担负，纵然两方的责任可能有轻重之差。假如我们用压力去促成一方面的失败，这不是真正的反内战，而是暗中帮助或间接帮助内战当事人的一方面以打倒另一方面。用道义的眼光说，这不啻是无意之中参加了内战。

知识青年的身份是崇高的，他们的能力是比较优秀的。他们最大的长处就是能运用经过训练的理智，以辨明事态的真相和抉择行动的正轨。他们不满意于政治的腐败，社会的污浊，生活的贫困，他们也不满意于许多官吏的庸劣贪污。惟其如此，他们更应当检点自己的行为以作改进的倡导。现在担负领导政治社会工作的人多半是四五十岁以上的人，无论他们愿意与否，在十年二十年之后必然要把整个国家的重担交给现在的青年。换句话说，最近将来的国家是属于青年人的，青年人纵然痛恨污浊的官府，污浊的社会，他们却不能不爱护国家。一切过于激烈的行动，不免终久损害国家。用清醒的理智来考虑，是得不偿失的。

因此笔者认为反对内战的正常途径是以和平的精神去消灭仇恨暴力

的不祥之气。

青年人除了和平精神的贡献外，还要有一个重大的贡献：以建设的能力致国家于富厚康乐之境。富厚康乐的境地，只能从建设中得到，不能从破坏中得到。中国经过八年的抗战，全国本来脆弱的农工商业受了严重的破坏，这是贫乏饥饿的基本原因。敌降以后本来应该立刻从事于经济建设，然而不幸因为政策的失当，官吏的贪庸，资本家的短见自私，内战的长期拖延，竟使已经枯竭的富源更加枯竭。政府当然应负较大的责任。①

要从事建设，我们必须首先停止破坏。我们必须从早停止内战。我们要不断地呼吁，要不断地批评错误的措施，提出正当的办法。然而青年们还有一个更基本、更重大的工作：准备去做将来建设工作的主持人。

现代国家的建设需要现代的知识，需要具有这样知识的人才。但凭理想与热忱是不济事的。中国的建设人才直到现在还是十分缺乏的，这是国家贫困的一个严重原因。即以自然科学而论，欧美各国的科学家从继续不断的研究试验工作中发明了长寿的药物，回生的医术，远航的飞机，许多利用厚生的械术。我们连追踪前进尚没有做到，遑论迎头赶上。欧美的科学家不是从天降下，而是从好学求知中培养出来的。我们以往教育的失败不在没有养成青年的爱国心，而在没有尽量养成青年的建设能力和建设志趣。这是以往的错误，许多中年人是这个错误的牺牲者，甚至也是这个错误的负责人。今日我们必须矫正错误，向着培养建设人才的教育前进，青年人报效国家的最大功绩便是充实自身的学识与能力和品德。今日求学的青年是将来执掌国事的人。今日作建设的准备，将来才能收建设之宏功。正因为青年人看不起今日许多执掌国事的人，他们更应该力争上流，以求超过前辈。如果不在这上面努力，纵然热血沸腾，学潮遍地，国家的建设还是难于推动，贫困的生活还是无法改善。

也许青年们要问："国事糟到这个地步，如果埋头读书，恐怕学业未成，国已先亡了。"笔者的答复是：除非有强国侵略，或第三次世界大战爆发，中国是不会亡的，至少在若干年内不会灭亡。不用说苏联不会武力侵略中国，就是美国英国也不会如此。不用说苏联不会做战争的

---

① 此处有删节。——编者注

祸首，英美的绝对多数人民也是不愿意打仗的。中国灭亡的最大可能是慢性的自亡，不是急性的他亡。内乱的破坏行动是我们最大的威胁。全国多一些守护秩序的人，就减少一分自己的危险。多一些努力建设的人，就增加一分自存的生机。只有聪明正直、智能双修的青年才能够挽回国运。

青年们，望你们鼓勇前进，作和平精神的模范，建设工作的先锋。我们中年以上的，愿意跟着你们走这一条光明的大路。

——原载成都《新新新闻》（民国三十六年六月一日）

中国的政治病
（1947 年）

中国正害着严重复杂的政治病。一切社会的不安，人民的苦痛，都是这个病的征候和结果。最触目易见的一个病态是贫富甘苦的极度不均。富者不只是"田连阡陌"，甚至存款充于外国。贫者不只是"地无立锥"，甚至一日三餐难有把握。然而这不是一个单纯的经济失调症，而是一个复杂的政治腐化症。贫富不均本是私产制度下一个难于避免的自然现象。假如政治比较清明，没有特殊的势力垄断社会富源，赀财还大体上是勤劳的报酬，"公道"还可以补偿不平等的缺陷。虽然够不上家给人足的理想，在这样一个社会里面人民还可以各凭才智，自求多福。社会不但可以安定，也可以由个人竞争中得到进步。这是"资本主义"社会的正常健康状态。在这种状态中才能够有人权、民主、宪政、法治。现在的中国保持着私产制度，却不能保持资本社会的健康状态。特殊利益侵入了政治，特殊势力利用为众人办事的政治机构直接或间接地去为私家谋利益，自由竞争和公平竞争（Fair Play）的精神几乎丝毫没有。巧取豪夺者往往得到最高的享受，安分勤力者往往受到意外的剥削。不但是一般的农民和公教人员勤劳清苦，就是许多守法循正的工商界人士也在"官僚资本""豪门资本"威胁之下而有难于生存之感。反之，与权势通声气者却能分沾余润。社会当中产生了一个有质无形的特殊权势集团。在这个集团以外的人只有三条路可走：一是钻营入伙，相助为暴。二是俯首服从，静待危亡。三是大声疾呼，要求改革。走第三条路的人中不免包括一些急进分子。对于现状的愤怒，使得他们言行激烈，甚至"铤而走险"，想用暴力去打破现状。这就是一般人所谓"左倾"。[①]

---

① 此处有删节。——编者注

我们不要误会，以为左倾都是盲从或冥想的结果，有时候它是出于个人切身的体验。笔者曾与一个左倾青年谈话，发现了他所以左倾的下意识根由。在叙述身世之中，他说出了他家道陵夷的经过，在抗战期中他父亲由数十年努力经营而成就的实业被豪门侵夺去了，于是老年人气得一病几死，他的家境便由中富而入于小贫。①

特权集团独占性的富裕破坏了社会公道，增加了平民的贫困，引起了秩序的不安。他们短期内受到利益，恐怕终久难免受到社会崩溃的祸害。这个情形有点像由于饮食过度而引起的胃扩大病，由胃病而引起的全身营养不良病，由自身中毒而引起的疮疥病。这也像由局部细胞组织反常发展而引起的恶性癌病。

还有一个不容忽视的严重病态。照历来的表示说，政府不是没有求治的抱负。十多年来政府不乏有关抗战建国行宪裕民的决策和方案。然而按其实际，决策方案尽管是堂皇美丽，而一出高级政府的大门便辗转折扣，几乎成为废纸，甚至其中有一部分变为贪官污吏舞弊营私的新法门，抗战期间的经济管制以及复员期间的接收工作便是明显的实例。政府的用意和法令的内容并不一定是坏的，但是推行政令的条件不够，就会使美意良法变质而成为苛政稗法。要想推行建设计划，必须有健全的行政机构和公忠的大小官吏，要想有奉公守法的官吏，必须有严明平正的赏罚，这是为政的起码条件。起码的条件不去满足，却高谈建设，高唱法治，不啻是欺人自欺。——试问若干年来，惩办了几个贪官？几个蠹吏？几个奸商？纵然有之，难免多属"窃钩者诛"之类。

政府的用意是否完全良好，也有疑问。政府虽然不会有意去定祸国殃民的决策，然而默察近年的若干措施，似乎很有一些偏重于利国（为政府打算）而不注重利民（为小百姓打算）。若干财政的措施尤其有这样的嫌疑。"国家至上"的口号适用于抗战期间，复员以后便应当有一"人民第一"的新认识。重国轻民的最大流弊是养成官吏漠视民间疾苦的心理，促成政府啬下丰上的政策。

政令不能下达，好比是瘫痪病。漠视民生，好比是麻木病。口讲民生主义，而在治事临民的时候，把"民享"的真谛抛在脑后，这好比神经衰弱的健忘病。中国政治体的百病丛生不自今日始。在清末君主专制腐败至极的时候，中国曾得着"东亚病夫"的恶名。幸而在病势垂危之

———————————

① 此处有删节。——编者注

际，出了一位卓绝的医学博士孙中山先生，对症下药，加以救治。他用革命的外科手术割除了专制的污毒，用建国的三民主义去培养国家的元气。这一套内外兼疗、本末并治的医道是很高明的。不幸孙先生的外科手术收了效果，而内科疗养却没有发生显著的作用。在民国十四年孙先生去世的时候，军阀势力阻挠了民权民生主义的实行。十五年的北伐可以说是割除军阀污毒的外科手术。不料在内忧外患交迫之下，不仅内科疗养未能迈进，反而发生了特权集团的新污毒。这显然又需要外科手术。①

中国的病症，到了今天，已经接近膏肓了，然而总算没有达到不可救药的绝境。现在是治疗的最后机会了。首先要用迅速的断然的外科手术，把盘据在政府中、社会中的毒癌滥疮一齐割去。即使亲如管蔡，也要学周公的大义灭亲。即使贵如嗣君，也要学商子的刑无等级。枪毙一个抢米的乱民，就要法办几个囤米的奸商。逮捕十个扰乱治安的暴徒，就要惩治百个贪赃枉法的恶吏。厉民之官，偾军之将，激成民变金潮的负责人都要受到国法的公正制裁。笔者相信，早晨动了这个去腐的手术，下午就可以收到回生的功效。中国的社会由此开始恢复公道，全国的人心可以立刻振起，政府的威信可以马上树立。这比任何宣言文告、会议商谈的功效可以高出百倍。其次，要辅之以内科的疗养，要诚心地、踏实地推行民生主义。即使打了折扣实行也会生效的。惟有诚心接受"民为邦本"的古训，踏实施行"政以为民"的新猷，才能争取民众。用"民生至上"去替代"国家至上"，作为施政的最高原则，才符合孙先生建国主义的真精神。内科的效用虽然比较迟缓，三五年中也必有可观的成绩。②

一般人也焦虑着当前的财政经济问题。这个问题也不是最后症结。经济虽是政治的基础，政治却是经济的关键。污浊混乱的政治状态不先改革，任何经济改革或建设不是利归私门便是扰及大众。即使收效于一时，也难维功于长久。我们要医治中国的经济病，必须先医治中国的政治病。③

——原载汉口《华中日报》同时刊载于长沙《国民日报》
及济南《山东新报》"星期论文"（民国三十六年七月十三日）

---

① ② ③　此处有删节。——编者注

别良莠、明赏罚、立法纪
（1947年）

  笔者在六月下旬写了一篇文字，略析中国的政治病，并提出治疗的原则。在七月上旬政府下了"剿匪总动员令"，申明"戡乱"的决心。年来非战非和的局面到此正式结束。这是政府的一个重大表示。然而中国政治改革的需要并不因此减轻。笔者愿就所见，并引申前文的大意，提出刷新政治的一个最切要办法，以就正于国人。蒋主席在七月六日解释动员意义的广播词中曾说："我们同胞对于政治经济的缺点和民生痛苦的所在，凡有意见的贡献，政府无不竭诚采纳，努力改正。"笔者本文所陈虽不必有当，但总可算做个人对于动员工作的一点细微贡献。

  古今各国没有全体皆善之民。甚至在儒家理想的古代社会当中也不免有共工、欢兜、三苗、有扈等不良分子。现代中国所习见的贪污邪恶行为，在号称民主先进国家里面也未尝没有。例如今年年初开会的美国参议院当中就有一个受人指摘，认为有舞弊纳贿嫌疑的密西西必州参议员毕尔波。政治所以有清明污浊的分别，社会所以有安定混乱的差异，不是由于人性有所不同，而是由于制度和风气的不同。担负领导责任的人能否扶助善良，遏抑奸邪，使前者增多而后者敛迹，确是治乱的重大关键。"虞书"记载帝舜的治绩，在"百揆时叙"之外就说"流共工于幽州，放欢兜于崇山，窜三苗于三危，殛鲧于羽山。四罪而天下咸服。"这是帝舜遏抑奸邪的办法。毕尔波虽然尚未受法律的制裁，然而因为一部分参议员羞与为伍，他终究被摒于参院之外，含愧出都而去。这也未尝不是一种遏抑奸邪的表示。

  人类善恶良莠之分，在道德哲学里面是一个复杂的问题。从社会的眼光看，却也简单易解。为我或利己的心理是人类所同具的，有生之属无不企求维持自己的生存，利己之心就是求生企求的直接或间接表现。

理智和经验教训人类，使他们知道只有在合群生活当中方能达到求生的目的。认识而且体行这个真理的人，就能在求自利的时候不妨碍他人之求利（或者更进一步帮助他人之求利）。这是社会当中的善良分子。反之，亏人利己者根本破坏生活的社会条件。这就是奸恶分子。照这个看法来说，道德家所谓"忠恕之道"，宗教家所谓"黄金律"，政治家所讲的"权利义务"，并不是什么玄虚深奥的哲理，而是社会生活的必需条件。在一个人群里面，多数人能够利己而不损人，才能维持这个群体的存在，使个人在群体中谋求幸福。

要想保证多数人能够不损害人，能够善良，群体就要鼓励善良，抑制邪恶。除暴安良就是一般人所谓公道，用条文把除暴安良的办法明定出来就是法律的基本作用，用公认的权力去执行法律就是政府的原始责任。政府能够树立"法纪"，那就是说，制定平情合理的法律条文，按照法律的规定去惩治邪恶，保障善良，它才能使社会安定。在社会安定的条件之下，它才能够进一步去讲政治和经济建设。

政府不是绝对不会错误的。孟德斯鸠说，"长久的经验告诉我们，无论何人掌握大权，都会滥用职权"，虽然不是凡执政者都是如此，这个滥权的危险确是不容否认的。法律和政治的原始作用本在防止个人的损人利己行为，但因为执掌权利者也是人，也难免有利己的心思，他们所处的特殊地位很容易诱惑他们去利用权位以损民利己。[1] 为了防止政府官吏损民自利，人类才发明了民权宪政两大制度。有了宪政，人民就可以依据宪法的条文判决政府行为之得失；有了民权，人民就可以依据合法的程序去制裁官吏行为之过失。民权宪政的基本作用，和政府法律一样，不外乎"别良莠、明赏罚、立法纪"。两者之间可能有不同之点，在君主政权之下，政府对人民执行法纪，人民却不能够反过去对政府执行法纪。在民主政体之下，人民与政府交互相对执行法纪。君主民主的政体都赖法纪以为治。民主政体所以比较妥善，在于它用民权宪政的制度为法纪的执行加上两种保障。

法纪是政治的基本，这是人所共喻的"老生常谈"，然而在今日的中国，这常谈似乎有被遗忘或蔑视的倾向。全国到处可以看见违法、偾事、殃民、误国的行为，然而受到正当制裁的官民似乎只是其中的一小部分。安分守法的官吏人民，不但不一定得到应得的鼓励，有时候反而

---

[1] 此处有删节。——编者注

成为奸猾者的笑柄，甚至为豪强者所侵压。政府立一法，行一令，便会有人假借法令去营私利己。近年来政府推行的粮食、兵役、建设、金融等政事给予了莠官莠民不少活动的机会，当局虽有望治之心和求治之言，总难于抵挡许多人"弁髦法纪"的积习。

这种习气不是一朝一夕所养成，也不是官吏或人民任何一方所单独造成，其渊源是复杂而深远的。不过，官吏既负有立法行法的职责，他们的责任比一般人民要大一些。简单言之，促成官吏坏法的最后原因是为我之心超过了适当的限度。势、利、情三个邪魔，乘虚而入帮助了它的生长。家人、亲友、同僚、旧部等"有关系的人"纵然违法损人，掌权者往往有意无意间会同情相护，替他们开脱，把他们解免。这是情魔坏法。金条巨款，巧妙赠送，于是"大事化小，小事化无"。这是利魔坏法。犯法者势大（所谓"牵涉甚广"的案件都有势力的背景），执法者不是有投鼠忌器之苦，便有螳臂挡车之叹，于是只好束手不办。这是势魔坏法。在三魔坏法情形之下，一般小百姓不知道受了多少委曲或损害。我们中国不是没有高远的政治理想、宏大的建设计划、详细的法令规章，可惜所见有余而所行不足。连执行法纪这一个立国的起码条件都不充足，难怪举国上下高呼建国而难于看到确实的效果。

要打破坏法的恶习，其事似难而实易。最后的关键在人民的觉悟，眼前的关键在当局的决心。只要当局能够以行为表示树立法纪的决心——有过必罚，毫无姑息，有功必赏，毫无冒滥，同时让各级政府的官吏能够各就其职权范围行使法定的职务，而不容其越权失职——必定能在短期内发生显著的功效。《史记》载有商鞅治秦一件故事："太子犯法。卫鞅曰，法之不行，自上犯之。将刑太子。太子，嗣君也，不可施刑。刑其傅公子虔，黥其师公孙贾。明日，秦人皆趋令。"商鞅这个办法虽然不合于近代法治的严格标准，但其精神可以给我们一个重要的启示。政府如果能够依法惩处几个违法失职的大员显宦，不但小奸胆寒，小犯绝迹，下级政府的官吏也会望风承意，改变作风。（请注意：笔者说"依法"惩处，既不可网开四面，也不必乱用重典。）蠹民的特权分子在法纪严明之下也难于施其技〔伎〕俩。树立法纪和建立民主的方向不同。后者应当自下达上，前者应当自上达下。上级政府要首先别良莠、明赏罚，下级政府才能够依次奉行。法纪树立了，政治的积弊才能逐渐洗清，经济和政治的建设才能逐渐推进。政府以法绳下，人民以法绳上——民主宪政的制度才能发生正确的作用。笔者深信，树立法纪是实施"动员勘乱令"的第一步工作。否则法纪不张，百弊交集。推进剿匪，军事的成绩会被政治的失败所抵消。推进民主，选举的结果会替豪吏劣绅造机会。推进生产，资财的收获会被权门奸商所侵蚀。在污泥淖上求建设是无法稳固的。

近来友邦人士对于我们的政治颇多指摘，有一位曾经来华的大学教授，竟说中国政治集贪污低能抢劫之大成。近百年来中，最坏的政府也不及今日中国政府之坏（见本年五月四日纽约《时报周刊》）。这话诚然有点过甚，却不是完全无稽，笔者愿国人努力奋发，促请政府用贤明英断的行动去转移风气。只有一个法纪严明的中国才可以洗刷外来的谤词，培植内政的根本。

——北平《独立时论》社发交各报于民国三十六年八月十日刊载

政治改革的动力
（1948 年）

近来国内外人士要求中国政治改革的呼声甚为普遍。自从胜利还都以来，中国的政治不但没有顺着人民望治的心理而趋于清明，反在军事和经济困难的局势当中，继续着低能腐败的积习。甚至在实行宪政以来，中国的政府不但没有满足多数人民"用新人，行新政"的希望，反而因循敷衍，在用人和办事的两方面表现着"换汤不换药"的作风。因此有一部分望治的人感觉到十分失望，而开始怀疑政治改革的可能性。中国的政治是否有改革的可能呢？

任何改革都有其对象。古旧的风俗制度或人物阶级，正因为是古旧，所以不合时宜，成了社会腐化的中心和社会进步的障碍。这些制度人物便也成了改革的对象。但古旧的风俗制度，深入人心。想加改革，总有"结习难移"之苦。古旧的人物阶级，在社会当中取有既得的利益，占有特殊的势位。想加改革，也有"与虎谋皮"之难。而且要求改革的人，既然处于特权阶级之外，虽有比较开明的主张，却缺少充实的力量。传说孔子仕鲁，想改革三桓的权臣政治，终以心余力绌，无法成功，因此作了一篇"龟山操"以自述其内心的苦闷。其中最后的两句是"手无斧柯，奈龟山何！"这两句歌词真说尽了古今改革家的心事。

改革对象的顽固势力往往大过于改革主体的力量，所以古今的改革运动也往往失败较易而成功较难。反过来说，要使一个改革运动达成任务，推动者必须要有充沛的改革原动力，足以克服顽固势力的阻挠，而使之逐渐消灭或屈服。从人类的历史经验看，改革动力的培养似乎比革命动力的培养还更困难一些。革命运动的兴起，大致是由于革命家认定现状已经坏到无可挽救的地步，必须彻底推翻，另行觅取出路。革命的旗帜因此比较鲜明，易于动听。革命家除了和平的宣传以外，可以使用武力以达到他们的目的。革命的手段因此比较痛快，易于见功。如果旧秩序确已到了恶贯满盈的境地，革命的破坏真可以像摧枯拉朽一样的顺利。改革运动的兴起是由于改革者不满意现状，但相信旧秩序还不曾坏到一个绝望的地步。改革者对于旧秩序既存有爱护拯救的意思，他们的主张自然不会激烈，手段必然不会毒辣。他们只有用温和的劝说鼓吹去达到目的。因此他们的主张在腐化分子眼中是过于危险，在不满意现状者的眼中又嫌过于保守。在这个左右为难的境遇当中，改革者便会感受到徬徨困恼，力与愿违。革命和改革的难易不同，所以往往少数人的决心可以在较短期间完成革命，而只有多数人的力量在较长的期间才可以完成改革。庶民百姓可以执行革命的大业，但只有掌握社会中心力量或占据社会战略地位的阶级才能够担负改革的重任。换句话说，改革的原动力只有两个基础：已经具有社会势力和地位的阶级自身觉悟而成为改革的主体，或多数深谋远见的人发生影响或取得势力而成为改革的主体。

我们可以从历史当中得到例证。先就中国看。中国每一朝代的建立，可以说是一个革命的成功。新朝虽不免有因袭前代的地方，但对于前代的主要弊政总要加以改变。最著名的例便是汉高祖除秦苛法，宋太祖抑武重文，明太祖严惩贪墨。这些新政的效果虽然未必能够长久维持，但凭了君主个人的决心却也建立了一代的政治规模。至于在政权不变的条件下而推行政革，在中国历史里面几乎找不出一个完全成功的实例。康有为想倚仗清德宗的决心达成变法维新的主张。但少数人的决心敌不过多数统治阶级的顽固守旧，和一般民众的泄沓无知。他所领导的改革运动因此完全失败。王安石倚仗宋神宗的决心以实行变法。但当时的士大夫群起反对，随处阻挠。所行的新法虽然不是完全失败，但神宗死后便烟消雾灭，为统治阶级的反动势力所清算了。商鞅相秦孝公变法修刑，奠定后来始皇统一的基础。他是中国历史上最成功的一个改革家。但孝公一死，他便为反动的统治阶级所陷害。要不是当时七雄争胜的局势不容许惠文君开倒车，商鞅所立的法度是否能够维持恐怕是大有疑问的。

欧洲各国的历史也显示着相似的教训。俄国彼得大帝的改革，远不如列宁革命的成功。法国杜戈（Turgot）的改革计划不能收推陈出新的妙用，但唐顿（Danton）辈的革命手段确能廓清旧政的余毒。彼得和杜戈的改革都缺乏深广的动力，所以难于收效。英国的清教革命固然有相当可观的成就。但英国的几次改革运动，因为有阶级或多数人的原动力，也产生了不容轻视的结果。例如十三世纪的《大宪章》以诸侯为原动力，十九世纪几次的改革法案以功利主义者所领导的工商阶级为原动力，最近工党政府的改革以费边社所领导的劳工阶级为原动力。功利主义者和费边社的人士都曾经用数十年的长期宣传奋斗工夫，然后才收到一些改革的效果。

如果我们上面所讲的事实不误，那么中国今日能否满足政治改革的要求，要看我们是否能有充分的改革原动力，那就是说，要看主张改革的人是否能够取得道德和政治的力量而成为改革的主体，或具有政治力量的人自身觉悟，从改革对象的地位而转变成为改革的主体。

主张改革的人几乎全数是"知识分子"。在今日中国的社会环境当中，他们不容易发生重大的影响。第一，因为他们多半都是手无寸铁和手无斧柯的人，虽有开明的主张，但无力贯彻实行。第二，他们多半不在政府当中，所提出来的主张正因为带有远见的改革性，所以在当局看来都是不切实际的"书生之见"，碍难接受。少数从政的人虽有改革的意见，但以格于地位，不便公然发言。第三，知识分子多半各有主张，虽然共认有改革的必要，但对于如何去改革这一问题不一定有同样的答案。因此他们难有组织，也就难有力量。第四，主张改革的人不免对政府和执政有些不客气的批评，因此不为政府所喜，他们不主张推翻现政权，因此又不为反政府的过激分子所容。他们处于政府和反政府两者之间，受着双重的责难，真有左右为难之苦。

主张改革的人想要达到目的，最有效的途径是从团结中发生力量。他们必须认清国家当前最重大和最迫切的需要，集中力量，促其满足。他们必须放弃枝节上的意见纷歧，以求根本上的行动一致。初步目的达成以后，再图进一步细节上的研讨和策进。从前有一句俗话说"秀才造反，三年不成"。秀才们正因为知书识字，所以不免咬文嚼字，议论虽然高明，行动却极散漫。改革虽不是造反，但用秀才的作风来推动必然也会三年无成的。

改革者的第二条出路是凭借现行宪法和法律以推进改革的工作。宪法给人民以选举权和被选举权，法律保障合法范围以内的政治活动和言论自由。关心国事的人就应当个别地或集体地去利用这些权利自由以取得影响政治的机会。主张改革的人能够多投票、多竞选、多发言，用新人行新政的原则便可逐渐实现。目前的现状诚然污浊，但污浊的环境只有多数干净人去参加奋斗才有肃清之望。奋斗的效果诚然迟缓，但改革的工作是必然迟缓的。没有如来佛"我不入地狱，谁入地狱"的决心和愚公移山的忍耐心，任何人都不配谈政治改革。

改革者的第三条出路是身体力行，自己就自己的岗位倡导善良的风气。责难今日中国政府的人多半注重"无能"、"贪污"的两大缺点。改革者既以此责难政府，他们自己不但应当立定意志，在万一将来执掌权位的时候要十足表现清廉能干的作风，并且应当随时随地，就当前的工作上表现清能的作风。我们要承认，一个国家政府的贪污无能，政府本身固应负大部的责任，但整个的社会也难尽免其责。因为只有无能贪污的社会才会产生这样的政府，并且让它继续存在。政治黑暗的责任固然应该由高级官吏负担其大部，然而中下级官吏的办事因循，人民的麻木含默，知识分子的工作松懈，岂不助成或增加政治的黑暗？反过来说，如果社会当中多数的人有清慎勤廉的作风，昏庸腐朽的人纵然徼幸得位，也难久安于位。古人说，"见不贤而内自讼"。讲改革的人最好首先检讨自己，把自己作为改革的对象，然后才配作改革的主体。

如果多数主张改革的人能够团结同道，实践工作，以身倡导，他们必然可以发生影响，成为有效的改革动力，完成和平的兴邦工作。

至于"统治阶级"的本身也应当及早回头，以免归于毁灭，成为国家的罪人。笔者相信，被认为改革对象的人，不一定个个都有意为恶。有的是昧于利害，有的是束于环境，以至见善而不能为，入恶而不知去。为他们打算，似乎有两条可走之路。第一条比较便捷易行之路，是急流勇退，明哲保身，让自命有能力操守的人来接替艰巨的工作。第二条比较积极悠长之路是力争上游，知过必改，用手握的大权来建立新的政治风气。我们并不奢望达官贵人们果然有"天下为公"的雅度。我们能够容忍，也能够原谅他们专为自己身家的打算。但我们希望他们打算得聪明一点，希望他们明白"皮之不存，毛将安附"的至理，知道在国政衰危之中他们的身家绝无最后的安全保障，因此翻然改图，从改革政治的工作当中求得私门利益的满足。我们也可以容忍豪门资本，我们可以不"清算"豪门资本。但我们希望豪门能够了解"杀鸡求卵"的愚妄，知道在民穷财匮之余任何资本都不免消亡，因而停止一切破坏国脉的行为，纵不毁家纾难，也应当把一切游资和存放外国的资金改作有利民生的生产资本。如果达官豪门能够觉悟，他们也可以成为改革的动力，而且这个从政府里面和从政治上面所发出来的动力比较从民间所发出的会有更迅速更重大的效用。

时乎时乎不再来。中国今日局势危急，不容再事泄沓。如果我们不能立事改革，时机一失，革命，流血，恐惧，不免要迫人而来，那真是噬脐无及，后悔难追了。

——原载南京《中国论坛》一卷三期（民国三十七年七月一日）

自由与自由社会主义

二十世纪的历史任务
（1947 年）

二十世纪到今年几乎过了一半。在以往四十几年当中，人类造作了不小的罪孽，遭受了不少的祸殃。两次世界大战所毁坏的城市，所屠杀的生命，可以使历史上纪录的任何战祸相形失色。在第二次世界大战结束以后，欧亚两洲有若干地方还过着饥饿、骚乱、痛苦、恐惧的生活。不仅和平与繁荣未能如望恢复，甚至在战创未平之际，第三次世界大战的疑云又开始威胁人类的心理。二十世纪的历史果然会成为一部"相斫之书"吗？冲突矛盾难道就是二十世纪的最后定局吗？

就社会及政治的演变看，人类在过去的几百年中曾有重大的成就。十七世纪成就了英国两度的革命。十八世纪成就了美法两国的革命。这两个世纪奠定了近代民主政治的基础，发展了立宪政体的主型。专制政治和封建势力虽然死力挣扎，到底还是被民主潮流所淘汰了。十九世纪又推广了民主的潮流，增加了民主国家的数目。中国虽然在二十世纪初年才推翻了异族专制，辛亥革命未尝不是这个潮流的一个较晚而较大的结果。

十九世纪推广了民主政治，但是政治自由与经济自由在实行的体验之下呈现了一个缺点。政治自由保证了人民的法律平等，经济自由却破坏了人民的经济平等。社会主义便针对着资本主义的病态而勃兴。历史的逻辑迫使社会主义者，尤其是马克斯主义者，提出放弃政治和经济自由以争取经济平等的主张。为实现一个资本公有、生产公营、分配公决的平等社会，马克斯的信徒相信，人类必须放弃一切自由，革除一切资产阶级的心理和道德。自由主义者尊重个人、重视权利的人生观当然也在扫除之列。从十九世纪下半期起，社会主义的运动随着社会主义的思想在世界各地逐渐滋长。苏联虽然在中国革命数年之后才推翻了沙皇，布尔塞维克革命未尝不是十九世纪社会运动的一个后果。

假如我们认民主政治为十八世纪的特殊贡献，认社会主义为十九世纪的特殊贡献，我们可以说它们"各有千秋"，但也各有欠缺。前者企求个人身心的解放而忽略了大众肚腹的饥饿，后者企求大众肚腹的饫饱而忽略了个人身心的束缚，于是十八世纪的自由主义和十九世纪的社会主义成了对立于现代的两大思潮，把人类分为两大壁垒。我们虽然不能说二十世纪中的许多冲突都是这个对立的直接结果，然而我们不得不承认第二次世界战争以后的若干矛盾和它有深切的关系。

因此笔者揣想，二十世纪的可能贡献不是创造一个崭新的主义或政治运动，而是调和十八、九世纪的特殊贡献，使之成为一个集成合美，为人类造福的生活体系。因为这个体系要兼采自由主义和社会主义之长，我们似乎可以称它做"自由社会主义。"

自由社会主义与其他社会主义之间，在方法上和目的上都有差异。具体点说，自由社会主义与渐进的社会主义在方法上略同而在目的上有异，与共产主义在方法上和目的上都不相同。

照普通的说法，共产主义与非共产主义的社会主义间主要的差别不在它们的最后理想而在实现理想的方法，例如英国拉斯基教授在所著《共产主义》一书中曾说，批评共产主义最好的方法是用事实证明人类可以循由共产主义者所指示以外的其他途径而达到同样的理想。孙中山先生在"民生主义"讲演当中，也注重方法上的歧异而承认理想上的相同。他说："共产是民生主义的理想，民生是共产主义的实行，所以两种主义没有甚么分别。要分别的还是在方法。"

共产主义的方法与一般社会主义的方法最显著不同之点是：前者主张暴力革命，后者主张和平改造。共产主义者相信"无产阶级"与"资产阶级"自来常在斗争之中，要完成社会革命就必须贯彻阶级斗争。为了取得胜利，无产阶级可以不择任何手段以消灭敌人。[①] 一般社会主义者主张用和平的方法去改造。自由社会主义同情于这个主张，认为合理公平的经济生产分配制度，只能由和平公正的途径达成。凡人都有人性，也都有缺点，资产阶级中的人与无产阶级中的人不是两种先天禀赋迥异的动物。不良的制度与恶劣的传统使前者有机夺人，后者无力自卫。破除这个制度传统就可以改善人类交互的关系。仇恨残杀的方法是

---

① 此处有删节。——编者注

过于浪费而不必要的。

自由社会主义在方法上与一般社会主义相近，但在目的上却大有分别。传统的自由主义托根于欧洲宗教改革以后，重视个人道德价值的思想。只要是一个人，就可以超越上帝，就具有理性的自由。财富是发展人格的一个条件，只要个人得着了精神上的自由平等，纵然人与人间贫富不尽均平也无大碍。社会生活最高的目的不是人人温饱而是人人能发展其最优之品性。正统的社会主义以近代的唯物论为其哲学根据，因此马克斯主义在逻辑上必须否认意志的自由和个人的价值。诚然，马克斯的信徒有时也用"自由"这个名词，例如恩格尔在《反杜林》一书中说，社会攫取了生产工具之后，个人竞争的生存阶段从此就告结束，人类变成了他们自己的社会组织的主人之后，他们才开始变成了自然界的真正意识的人。"这就是说，人类从必然的领域跃入自由的领域了"。恩格尔这里所谓"自由"大体上指人类克服自然以后的自主境界，其意义与个人间相对的意志自由有别。民主的社会主义者虽然不明白否认个人自由，然而不偏重个人自由。社会改造的目的是全体人类的生活均足，不是个人的身心解放。这和自由主义的理想也显然有别。简单地比较言之，社会主义不愿意有人挨饿，自由主义者不愿意有人受拘。这不是方法上的差异而是目的上的差异。自由社会主义者既不愿意有人挨饿，也不愿意有人受拘。坐在精神牢狱里面得到身体的温饱，不是一个美满的生活。

在一个经济不平等的社会当中，部分没有饭吃救死不暇的人纵然有法律所赋予的一切自由，也无法享用。这是社会主义者对于自由主义一个有力而确实的批评。可惜他们顾此失彼，过于注重人类的物质生存，不免就轻视了精神生活。"死"诚然必须要救，而且必须尽先去救。但为了救死，竟把人性中的超逸优美成分都窒塞汩没，使得人类虽生，近于禽兽，也不是一个妥善的办法。假如在物质生活中"各尽所能，各取所需"就是有生之属的最高理想，那马蜂窝蚁穴就是人类进化的最后归宿。《管子》说："仓廪实，知礼节。衣食足，知荣辱。"仓廪未实，衣食未足之时诚然不能空谈礼节荣辱。但是到了实足之后，把道德抛弃一旁，却是一个重大的错误。

无论是上帝所赐或天演所成，人类具有禽兽所缺的思考的能力和是非的感觉。这些品性只能在自由条件之下发生作用，限制拘束一个人的言行，最后的结果就是消灭他的智慧及道德能力。我们知道贫乏饥寒有害于道德及智慧的发育，因此我们要努力消除贫乏。然而这不是社会生活的终极目标。只求满足人民的物质需要而牺牲其精神自由不啻侮辱了人类，而"豕交兽畜"之。反之，我们要承认，物质需要的平均满足只是人生的起码条件，精神赋性的无碍发展才是人生的高尚目的。

根据这个认识，我们应当努力尽量用共有、共营、共享的制度去满足社会生存的物质条件，而用自主、自动、自择、自进的方法去达成个人生活的精神目的。"大家有饭吃"和"各人选路走"并行而不悖。一切经济生产分配的工作都依照社会的计划而进行，一切信仰思想言论的活动都依据个人的自决而表现。在物质生活情形大体相同之下，个人间的信仰和思想也许不会十分互异。无论它们是同是异，社会总保障个人选择和发表之自由而不横加干涉。物质生活务求其同，精神生活不妨其异。管制物质，解放精神。大众同遂其生，个人各缮其性。这是自由社会主义的基本原则。

传统的自由主义偏于放任，过分信赖个人的流弊，演进成了弱肉强食的竞争经济。传统的社会主义偏于统制。这不免矫枉过正，过分信赖集体，其流弊也不容忽视。人类除了求生欲之外还有求权欲。前者是普遍同具的，后者是部分人所具的。任何社会或团体中的领袖人都具较强的求权欲。（马克斯主义的一个漏洞就是忽略了人类的求权欲。）求生欲的变态发展成为贪得无厌的经济活动，这是资本社会病态的心理来源。求权欲的变态发展为强人就己，甚至督责专横的政治活动，这是独裁政治病态的心理来源。这样的人凭借着集体的权威可以为祸于大众。有时候病态的求生欲和病态的求权欲联结起来，利用政治上的特权以攫取并把持经济上的特权，这就是所谓"官僚资本"的来源。由此可见过分信赖集体也是危险的。我们必须承认：任何社会或团体的行动必然取决于全体的一部分（所谓"多数"）。任何公众的事务，必然要由指定的少数人去办理执行。虽然这些人都是优秀贤能聪明正直的，我们也不能保证他们毫无错误或过失。何况事实上取得执行权的人有时候并不优贤聪正。因此为了改正执行人物或既定政策的可能错误，任何健康的社会必须要让人民有发言的充分机会。为了防止求权欲的横流害众，我们更需要有力量的人民言论或行动。"政治自由"（包括言论、出版、结社、选举、罢免等权）不是资本社会富裕阶级的奢侈装饰品，而是一切社会组织的安全关键。要想解除竞争经济的危险，我们要建立社会经济的管制。要想防止独裁政治的危险，我们要保持人民的政治自由。经济管制、政治自由——这是一辆车子的两轮，缺了一个就不能行驶。

综合十八世纪与十九世纪的特殊贡献而建立一个自由社会主义的世界，这就是二十世纪的历史任务。我们在目前虽然被黑暗所笼罩，只要我们能够认清楚正确的方向而迈步前进，总会看见光明。英国在工党执政之下，正努力循着共产革命以外的一个途径去改造社会。中国孙先生要把民权与民生主义联合实行，也是具有历史意义的主张。只要中国人能够努力于此，只要世界各国的社会主义者于努力使大家能够果腹的时候，同时让大家能够用心、能够开口，这个历史的任务可能在剩下的五十几年当中达到可观的成功阶段。

十八世纪的政治特权阶级无法遏止平民共政的时代潮流。他们遏止的企图使人类多流了不必流的热血。假使他们聪明一些，及时作必要的让步，他们除了放弃特权之外不会丧失其他的利益。二十世纪的经济特权阶级也难于遏止全民共生的时代潮流。他们也只有两条可走之路：及时让步或执迷不悟，放弃特权或丧失人权。愚昧的特权者可以做殃害同类的罪魁，聪明的特权者可以做历史进步的功首。我们馨香祷祝，愿一切特权者能够英断敏行。我们也愿贤明的政治家能够大胆地领导人民，向着光明前进。我们更愿不甘受祸的人民用爱类的仁心替代阶级的仇恨，用断臂的勇气祛除贪私的恶习，为下一世纪的人奠定一个群己兼善、自由宽裕的生活基础。

七月一日

——原载《世纪评论》（民国三十六年八月二日）

自由的理论与实际
（1948 年）

第一讲　自由的历史基础

德国哲学家黑格尔曾说人类的历史是一部自由发展史。我们虽然不一定同意他对于自由和历史的看法，但就西洋史的范围看，人类确然从有信史以来以至近代对于自由感到显著的兴趣。按照修昔底地斯①的记录，雅典大政治家伯里克列士（Pericles）在葬埋阵亡将士的讲词当中曾说："雅典的公民不因为他要料理家事而怠忽国事，就是经营商业的人也相当的了解政治。只有我们才把一个不关心公众事务的人不认做一个无害的人物而把他认做一个无用的人物。……在我们的政治生活当中，我们不排斥他独占。在我们的私人关系上，我们不互相疑忌。如果我们的邻人自行其是，我们也不对他恼怒。……照我们看，对于行动的重大障碍不是议论商讨，而是缺乏从准备行动的讨论当中所得来的知识。……"人民了解政治，参加政治，便是近代人所谓"政治自由"。私人关系当中不互相猜忌干涉便近乎所谓"社会自由"。大家承认讨论的重要，便无形中承认了言论自由的重要。伯里克列士虽然夸张了雅典人的政治能力，但他并不曾无中生有，捏造他们的自由生活。雅典一般的人民不一定都具有充分的政治的智慧，但他们却显然爱好自由——不但爱好，实在过度的爱好以至陷入于放纵的境地。柏拉图在《国家论》②里面对民主政治的指摘多少是针对着当时雅典的实况而发的。

---

① Thucydides, Jowett's Translation 2d ed., Bk. II, 35-46.
② *The Republic*, 557-558.

伯里克列士死后约一百年，希腊的政治独立归于消歇。然而欧洲人的自由生活并不曾随之结束。从那个时候起，便有好几种的影响由不同的方向促进自由。罗马人的法治制度和道德思想以及犹太人的宗教信仰，首先地并赓续地奠立了自由思想与生活的重要基础。例如罗马思想家申乃加（Seneca）在他所著论《道德书》[①] 中提出一个黄金时代的理想。在那个远古的时代，人类不识不知，自然地度着和平的康乐的生活。既不受政府的管辖，也不需要法律的约束。后来人类发明了私产制度，贫富悬殊的社会消灭了原始的平等幸福。暴政苛法也应运而产生。申乃加之后约千八百年卢梭在他一篇探讨人类不平等由来的论文[②]里提出类似的理论，许多人惊为创见。殊不知实际上是罗马人的陈说。

罗马共和时代（元前五〇九—二七）的民权法治观念对于自由的影响比较道德思想还要大些。共和时代的法学家认定法律（lex）是人民所共立的规条，其他一切的法令都要以人民所立之法为依据。因此在理论上人民是一切法律的惟一源头。帝政时代的法学家也还承认皇帝的命令所以有法律的效力，是因为他从人民手上经过法律的程序而取得命令之权（Imperium）。[③] 这种观念虽然后来为君主专制的理论所替代，但罗马法的影响在欧洲各国历久不衰，近代民权思想（也就是政治自由的观念）多少直接地或间接地受过罗马民权观念的影响。

基督教徒的信仰也帮助了自由思想的发展。耶稣本人反抗旧犹太教的形式主义，便带着一点解放的意味。他和他的门徒因为要加重灵魂的解放，有时候竟直接的发出轻视政权的言论。例如（《新约·马可福音》十章四二—四四节）耶稣对他的门徒说："我们知道，外邦人有尊为君主的治理他们，有大臣操权管束他们。只是在你们中间不是这样。谁愿为大就必作你们的用人，在你们中间谁愿为首就必作众人的仆人。"又如保罗曾说："基督释放了我们，叫我们得以自由。所以要站立得住，不要再被奴仆的轭挟制"。（《新约·加拉太书》五章一节）又如大祭司问彼得等已经明令禁止，何以依然传教。彼得和众使徒回答说："顺从上帝，不顺从人，是应当的"。（《使徒行传》五章二十八节）这些说法，不但成为十六世纪宗教改革的基本观念，也就是西洋人士信仰自由的最初源头。我们中国人多数似乎不甚了解或体验信仰自由的真义。在欧洲

---

① *Epistolae moralis*，XiV，2.

② *Discours sur l'origine et les fondements de l'inégalité Parmi los hommes*.

③ 请阅 McIlwain：*Constitutionalism，Ancient and Modern*，pp. 45-48（Ithaca，1940）

各国至晚从基督教成立以来，政治自由与社会自由的进展得力于信仰自由的地方十分重大。因为宗教家重视灵魂的得救，自然轻视尘世上的一切权势。拥护教会的人士，想伸张教权，自然尽量缩减君主的威福。（虽然反对教会的人有时也主张限权）。新教或旧教信徒受到政府压制摧残的时候，对于政府的权威自然采取轻蔑敌视的态度，希望加以裁抑限制。这种轻君抑政的思想有意无意中为自由张目。中世纪教权与政权之争产生了沙里白利约翰（John of Salisbury）暴君可诛和劳登巴赫·满里戈德（Manegold of Lautenbach）主张人民可叛的主张。近世初期新旧教之争更产生了 Vindiciae Contra Tyrannos[①] 民权契约的学说。

宗教对于自由还有一个不容忽略的重要影响。近代自由主义的基本假定是个人具有尊严的人格与理智的能力。康德说，每一个人都是自身的目的，而不是达到任何身外目的工具。这个说法充分地表示了个人人格尊严的假定。米尔顿说，个人生而自由，因为他有上帝所赐与的选择能力。这个说法也充分地表示了个人理智能力的假定。但探本穷源，这些说法都脱胎于基督教的教义。耶稣和门徒劝人相信上帝，因为凡是相信上帝的人都可以得救。在这里便包含了灵魂自主的意义。中世纪的罗马教皇要替天行道，把解救灵魂的大权想一手把持。马丁路德大声疾呼，要人自求多福，自己作主，不要听从他人的拘束。他说："信仰是每一个人自己向自己负责的事情。因为别人不能替我信仰，或不信仰，正如他不能替我升天堂或入地狱一样。别人不能驱迫我信仰或不信仰，正如他不能替我启闭天堂或地狱之门一样。……古谚说得好：一切的思想是不受稽征的。"[②] 把这种个人自主的宗教观念应用到政治上，一转手间便成了洛克、卢梭一派的天赋人权学说——个人生而自由，除了自己的同意以外不应受他人的约束。在西洋各国里面至少有两个重要的革命直接或间接受赐于宗教。英国十七世纪的清教革命由于独立教徒反抗国教的压迫。信仰自由之争与人权保障之争合流，便能够波澜壮阔，不可抵当。美洲殖民地的创始也是由于一部分清教徒不愿受迫，远航海外，以求得到信仰自由。后来十三殖民地的独立虽出于人权之争，但若没有清教徒的殖民，根本就不会有后来的北美合众国。

---

① 此书有英文译本：H. J. Laski, *A Defense of Liberty against Tyrants.*

② "Von welt Licher Oberkeit wie Weit man ihr Gehorsam schuldigsei," (*Worke*, vol. XI).

宗教信仰当然不是惟一的影响。欧洲人的人生观对于自由的发展也不无关系。从古希腊以来，欧洲人比较地崇尚科学，崇尚智识。尚智的结果使得人类相信宇宙间无不可求解之事，人类的自信心自然地增加了个人的自重心。宗教家虽承认灵魂的尊严，但因为要指正人类的错误，他们同时也坚持"原始罪恶"的学说，要个人去虚心自忏。因此卑谦（humility），便与贫穷（poverty）、慈善（charity）等同为基督教信徒的美德。卑谦之至往往濒于自抑自损，甚至自弃。文艺复兴才把希腊的人文主义恢复起来。启蒙运动更加强了尚智的人生观。十七八世纪的政治思想家才会昂头天外，提出了在自然态之中个人无所拘束，自决其行动，自主其身家的大胆主张。[1]

除了法律、宗教、学术等因素之外，还有经济的助成影响。近代学者多数认定自由民主的政体下面需要相当的经济基础。在古代的国家里面，民主政治多出现于经济繁荣中心的城市。罗马共和初期的人民固然不算富裕，但他们彼此间的资产比较均平，大家的生活也比较安定。在近代的国家里面首先发动工业革命，换言之，首先得到经济繁荣的国家，尤其是荷兰与英国，也首先发展了自由的政治。而且在法、比、德、意诸国当中，民主的政体大致随着工业革命的波及而出现。在若干新兴的国家里面，如美、加、澳等人民比较容易谋生，政治自由也得着比较成功的实现。[2] 反过来讲，过分贫苦的人民很少发动革命，要求自由。在中外的历史上，诚然有若干饥民变乱的记载。但由饥民获乱而建立自由政体的实例，都十分稀少。这些事实的原因是不难探索的。中国有句古话（大概是孟子所说）"此惟救死而恐不赡，奚暇治礼义哉。"人类在饥寒交迫的时候，不大会想到自由权利，纵然用远大的眼光看自由是富裕生活的一个可能途径或保障。国家在民穷财匮的时候，危机四伏，困难丛生。纵然采取了自由的政体，也没有力量或余暇去运用它。社会主义者，往往说近代民主政治是资本主义者或小资产阶级的把戏。这个说法未尝没有一些真理。撇开财阀操纵政治一点，暂时不说，我们至少可以承认，假如在近代欧美国家里而没有近代工商业所赐与的普遍繁荣与乎多数中产阶级的人民投票、选举，和议会等一类的制度（纵然是假民主），也不易运用到现有的成功限度。

---

[1] Locke, *Second Treatise on Civil Covernment*, ch. 2.

[2] Carl L. Becker, *Modern Democracy* (New Haven, 1941), pp. 12–14.

和经济条件有密切关连的还有一个社会的条件。欧洲近代初期的君主专制政治本系从中世纪封建制度蜕转而成的。大君的威势扩充，群后的力量消灭。分割的局面结束，国家归于一统。在大君一统政治完成以前，君主与贵族曾经过长期的搏斗。在君王与教皇争执的时候，贵族诚然大致拥护君王。但在政治问题范围以内，二者却互相争长。自由思想和民主政治骨干的工商阶级往往助君主而反贵族。大势所趋，贵族也不能不随着教会而向君权俯首。贵族是一统君权的障碍。但他们失去了以往政治独立的地位，却取得了特权阶级的地位。工商阶级是君主专制的功臣，但他们培植了社会的实力，而不曾得着政治的自由。从此之后，他们便于有意无意之间成为专制君主与特权贵族的劲敌。经过十七世纪与十九世纪之间的政治改革与革命，他们终于得到政治上的自由权利。

十二世纪以后，欧洲各国的大势如此。但贵族与君王关系的详情却不尽相同。英国就是一个重要的例外。英国的贵族对于限制君权，保障人权的工作曾有直接的贡献。近代人公认为英国宪政起点的《大宪章》便是贵族为了抵抗约翰王苛捐严刑而产生的贵族的权利观念，经过一些无意中的修正，变成了后来民主的权利观念。总之，就欧洲各国的情形说，自由的发展偶然间得门阀贵族反抗君权的暗中帮助，大体上却原于工商阶级对君主专制与贵族特权的争斗。平民（尤其是贫民）对于自由的贡献，在过去历史上是很少的。

从上面粗率简单的叙述看，可见自由（也就是民主）的思想和生活在欧美各国具有相当深厚的历史基础。宗教、哲学、法律、经济、社会各方面的影响都对它有程度不同的帮助。从纪元前的雅典罗马到近世的英法等国二千余年当中，虽有起伏盛衰，而自由的观念不曾完全断绝。这可以说是源远流长，土厚根深了。

欧美如此，中国怎样呢？

"日出而作，日入而息。凿井而饮，耕田而食。帝力何有于我哉？"据传说这是帝尧时候老人所唱的"击壤歌"。这首歌词表现了农人的生活自由，如果是尧时所作，我们中国的老百姓在四千多年前就体会了自由的意味。然而就有信史以来的情形说，自由在中国的发展好像远不如西洋之迅速。先秦诸子当中老庄讲无为、自适、逍遥、在宥，足与西洋的自由思想遥相呼应，争胜媲美。但大体说来，秦汉以后，我们中国人对于自由思想和制度的贡献，显然远逊于欧美。君主政治支配了二千多年的中国历史。在辛亥以前，我们不曾有"大宪章"，清教革命，美法革命一类的政治运动；没有米尔顿、洛克、卢梭、培恩一类的政治思想家。王守仁、李贽等提倡学术自由，个人自主，被多数的学者指为异端，斥为禅狂。黄宗羲的《明夷待访录》在清末以前不曾发生重大的实际影响。甚至"亚圣"孟子因为讲"民为贵"，略近民权自由的思想，几乎失去了从祀"孔庙"地位。中国人不是没有自由的观念，也不是根本不爱自由（这点待下文解释）。但较之西洋，我们确瞠乎其后。如果黑格尔是中国人，而根据中国去建立他的历史哲学，他一定不会说一部人类的历史是自由发展的历史。

为什么自由在中国比较不发达呢？可能的解释是：促成西洋自由发展的若干历史条件在中国不是比较不充分，便是大致不存在。照上文的分析，欧洲自由发展，受助于宗教信仰，法治观念，科学精神，经济和社会制度等有利的影响。我们且把这些条件逐一加以检讨。

先看宗教的条件。中国人在上古的时候，和任何民族一样，也有"神道设教"的风气。殷墟卜辞便是最好的证据。从《春秋》《左传》所记载许多鬼神妖异的事看，可见到孔墨的时代此风依然未歇。但从《左传》和其他的文献看，周朝人已经改变了殷商人"尊神先鬼"的宗教习尚而采取了"敬鬼神而远之"的态度。春秋战国时候一部分士大夫甚至提出非宗教的怀疑议论。郑子产所谓"天道远，人道迩……焉知天道。"孔子所说"未能事人，焉能事鬼"，荀子所谓"惟圣人为不求知天"，都表示这个倾向。儒家诚然提创祭祖先，敬天地。但《论语》八佾说："祭如在。祭神如神在"。荀子《礼论》说："祭者，志意思慕之情也。……其在君子，以为人道也。其在百姓，以为鬼事也"。《礼记·祭统》说："祭所以追养继教也"。《郊特牲》说："万物本乎天，人本乎祖。……郊之祭也，所以报本反始也"。从这些文字看，可见儒家敬天祭祖的制度主要的意义是求人类的感情满足。这是广义的道德行为而不是严格的宗教信仰。《墨子》尊天明鬼的主张好像比儒家更富于宗教意味。但墨子所以明鬼，主义在是以鬼神为祸福之说，恐惧众人，使其实行兼爱。这还是一种道德的功利主义，与佛教或耶教的纯粹宗教信仰相较，仍有可观的距离。至于近代人所习见民间"求神拜佛""烧香许愿"的习俗，不过表现民众粗浅自私的功利主义。道德意义都说不上，其中更难看出宗教的意义。

中国人的宗教情绪比较淡薄，因此宗教组织也比较松懈。欧洲中世纪产生的教会组织是中国所未有的。佛教传入以后，我们才有一种类似教会的宗教组织。佛教与道教也偶然引起了一些政治问题，"六朝"与初唐的沙门致敬君亲与否之争执便是最重要的例子。但二千余年之中我们不曾有过欧洲政教之争的事实。不但如此，中国人的宗教情绪淡薄，所以对于神祇的崇拜极不认真。尊天祭祖的儒者可以同时尊奉太上老君和释迦牟尼，丝毫不觉得矛盾。这样三教同流的作风，不但使得一切神灵皆大欢喜，有饭大家吃，同时也避免了宗教信徒间的斗争排挤。欧洲罗马教会的残杀邪说者以及新旧教徒为卫道辟邪而杀人流血的斗争，在中国是不易发生的。

用政治、社会或科学的眼光看，中国人非宗教的文化确有许多好处。但是这种文化虽然避免了因拘执信仰而发生的许多祸害，同时也丧失了从虔诚信仰而得到的一些利益。一般的中国人只为现世生活打算，不为灵魂生活着想，因此道德上的人格尊严，缺乏宗教信仰的扶助，而容易归于沦丧。中国人不为信仰而争斗，不为卫道而流血。在三教汇合的马马虎虎局面之下得到了宗教的妥协。但是争取信仰自由而获得的信仰自由，以及从争取信仰自由而获得的一切自由也就难于实现。

佛教道教纵然是宗教，但它们对于自由的贡献并不大。道教的目的是长生久视，白日飞升。炼形烧药的勾当不会与自由发生关系。佛家的目的是超四大，断九根，认定"一切有为法，如梦幻泡影"。个人的思想，言论，生命，皆在否定之列，哪里还需要什么政治自由，社会自由？

中国不但缺少宗教信仰，我们的传统学术思想也比较不及西洋的科学思想那样直接有助于自由。如果我们拿儒家思想来代表中国学术，至少作为中国学术的主流，我们可以说中国的学术精神倾向于崇仁，正如西洋学术倾向于尚智。中国人注重求善，正如西洋人注重求真。就是在讲道德之时，西洋人也往往不十分措意于仁爱。在希腊人的四个主要道德（four cardinal virtues）之中，只有智勇节义，而没有中国所乐道的"仁"。柏拉图把义看成诸德之总汇，如儒家把"仁"当作五德之首称。基督教提出了博爱的教义以后，西洋人才注意类似中国仁德的观念。惟其尚智，所以西洋人比较容易得到个人自主自进的结论。惟其明义，所以西洋人比较容易实现交互尊重的法治制度。因为尚智与明义，西洋的道德和政治思想倾向于把生活的责任放在每一个人的肩上。每一个人都有聪明才智，每一个人都有凭仗自己才智去生活的权利，每一个人都有承认其他个人同样权利的义务。这是自由民主政治的最后理论基础。反过来讲，正因为我们中国的圣贤主张崇仁泛爱，所以他们不注重每一个人的自决，而注重圣贤的济众。孔子一再地说明人类才性不齐的现象。孟子虽然道性善，也主张"劳心者治人，劳力者治于人"。荀子主性恶，更认定"化性起伪"的一切道德政治都是圣王的创造。儒家仁道的基本看法是：让能力超越的人为能力低下的人谋福利。孟子所说"禹思天下有溺者犹己溺之也。稷思天下有饥者犹己饥之也"。就是这个理想的具体说明。王阳明更说得好："夫圣人之心，以天地万物为一体，其视天下一人，无内外远近。凡有血气皆其昆弟赤子之亲，莫不欲安全而教养之，以遂其万物一体之念"。从物质生活看，个人身受国恩，丰衣足食，固然很为幸福。但从道德生活看，个人几乎成了圣贤的豢养品，纵然不是豕交兽畜，至少也如王阳明所说成为了圣贤的婴儿赤子，不复需要运用自身的能力。圣人视天下之人为昆弟赤子，正是西洋人所谓"爸爸政府（paternal government）"的原则。儒家热情充沛的仁道思想包含着与自由思想相反背的内在因素。无怪乎自来专制独裁的政府，无不假口于人民无知，为民谋利的爸爸原则。无怪乎中国从汉武帝以来的君主多半要用儒术来粉饰他们的专制政治。

墨家主张兼爱尚同，与儒家言仁，在政治影响上大体相似，可以不论。法家赤裸裸地提倡专制，更可以不论。道家与佛教的影响如何？却需要作一个简单的解释。道家主张政府无为，个人自适。庄子说："彼民有常性，织而衣，耕而食。是谓同德。一而不党，命曰天放"。这种不干涉主义，旨意颇接近无政府，与儒家修齐治平的学说，简直是背道而驰。但老庄的哲学思想在中国虽有深远的影响，而对于实际政治的影响却远逊于儒家。二千年的专制政治就是"在宥"理想不曾实行的有力证据。至于佛教思想，注重个人的超度，更说不到政治上的直接影响。

中国二千余年中的政治和社会背景对于自由的发展较少帮助。尽管战国时人夸临淄的富庶，汉朝时人讲关中的富庶，尽管郑弦高犒师却敌，汉卜式献财裕国，中国的工商业远不及欧洲中世"自由市"或近代工业国的发达。金钱的势力尚不足以影响政治到一个程度以致改变政体——像欧洲资产阶级的完成自由民主革命一样。大致说来，商业与工业的发达，互相关连。而两者又多少以交通便利为条件。中国一直到现在还是一个所谓农村经济和手工业的国家。大陆的环境天然不利于大规模的商业交通。科学的落后更限制了大规模工业的生产。因此贫富阶级的主要原因是土地兼并而不是商业资本。构成西洋自由民主政治的物质和社会基础在中国几乎是毫不存在。不但如此，中国古代虽然也有一些巨商大贾，但其地位和势力都远逊于西洋的同类。中国古代的帝王颇有注意裁抑商人者。西汉就是最好的例。商人照例居于四民之末，虽有"素封"的安享，但在一般人的眼光当中，他们是不足预于士大夫之林的。汉朝裁抑商人的用意也许是受了儒家"崇本抑末"主张的影响。但同时也许是由于聪明的帝王看出经济势力的可怕而预先防止！无论如何，中国古代的财产阶级比较地缺乏政治上的力量。他们不能够对抗君权，要求自由。

中国大君一统的政治制度，显然也不利于自由。欧洲近代自由民主政治，在君主专制初成，门阀贵族将消，资产阶级方起的过渡期中迅速萌长。贵族与资产阶级颇有抗衡君权的力量。贵族的势力虽然逐渐削弱，而他们的特权观念却历久尚在。工商阶级代贵族而兴起，转手间，贵族的特权观念就变为平民的权利观念。照中世纪的习惯，君主往往由于贵族之推戴而得位。在九世纪的时候，日耳曼诸国虽采取世袭君主制度，但新君之立非经过贵族的承认是无效的。例如八〇六年查理大帝划分领土于其嗣子的时候，便经过这样的手续。同时，帝王在即位之前，往往要接受贵族与宗教首领所提的条件。八七六年意大利王国的新君秃头查理便向贵族作守法爱民的誓言以换取他们服从和赞助的诺言。这些贵族共政限君的古制虽然趋于消失，但一直到近代初期贵族始终保持着若干政治上的势力。民约，民权的革命思想，多少是从这些贵族的特权辗转蜕变而成的。欧洲近代专制政体的建立比较迟晚，而存在也比较短促。德意等国不必说，就是英国法国的君主专制也不算很早很长。英国的君王专制政治照亚丹氏①说，托始于十一世纪中叶的诺耳曼征服。但一百五十年之后，威廉一世所建立的这个专制政体便因"大宪章"之签订而正式受到贵族的限制。都铎王朝虽然在议会势力发展之下从十五世纪末叶起重建了君主专制，但约百五十年后，因为清教革命而终被议会所克服。法国在十六世纪的时候君权还受到封建贵族割据的威胁。布丹的主权论不是君主专制事实的阐述，而是君主专制的理论主张。此后法国的君权才臻于巩固，到了布丹的《国家论》②写成后不及百年，路易十四就可以说"朕即国家"。但这位大君（le Grand Monarch）死后不

---

① G. B. Adams, *Constitutional History of England*, Ch. 2.

② Bodin, *Six livres de la Repubic*, 1576.

到八十年，他的王朝便被流血的革命所推翻。英法两国专制王权的建立和存在，最早不到千年，最长不过几百年。根基比较浅薄，因而较易动摇。在宗教，贵族，富商等势力交攻之下，不是连根颠覆，便是改头换面归于宪政。

中国君主专制的建立和存在，其时间之早与年代之长，远非西洋任何国家之比。从秦始皇统一起到清朝覆亡止，君主专制政体继续不断地几乎维持了二千二百年。在威廉征服英国的时候，中国正当宋英宗治平三年，君主专制已经存在了几乎一千三百年。在查理大帝分国传子的时候，中国正当唐宪宗元和元年，君王专制也已经有了超过千年的历史。在二千余年之中，君权虽有式微之时，虽然昏庸的君主让大权旁落于权臣，外戚或阉宦，从秦汉到明清，专制政治却几乎不断地向前发展，日趋成熟。没有独立的教会或教皇与君主争长。没有坚强的贵族或财阀与君王分权。一切政治上的势力或权利都出于君王的恩赐。皇帝赏几千缗铜钱塞破屋子，便呼"天恩浩荡"，没齿不忘。士大夫彼此之间争宠之不暇，揽权之不暇，互相倾轧之不暇，那里有抗君的余力。权臣固然不把昏君放在眼里，但他们能够为了博取私人的权势而欺君，却不能为了阶级的权利而抗君。中国历史上尽有赵高，王莽，董卓，曹操，司马昭一类的奸臣但绝不会有强迫约翰王签署《大宪章》的诸侯或拒抗詹姆一世和诛戮查理一世的议员。

中国君主专制之所以演成，一部分是由于贵族的早期消亡，在春秋时代，贵族已经在各国迅速崩溃。《左传》昭公三年（纪元前五三九）叔向说："晋之公族尽矣。"虽未必遍指各国，但足见当时的趋势。此后各国的贵族，纵有残存，到了汉朝初期确已烟消雾散。中国古代纵有贵族共政的制度，到了贵族消亡以后，也就无法实行。《尚书·洪范》谋及卿士，庶人，卜筮以定从违的制度，秦汉以后归于废弃。君主在法律上，理论上，有时候也在事实上大权独揽，制人而无所制。假如没有西洋民权思想的输入以及辛亥革命的崛起，根深蒂固的中国君主专制制度是难于动摇的。

孙中山先生在《民权主义》二讲里曾指出在君政时代中国的人民也享受到若干自由。皇帝除了对造反的行动用严刑诛杀以外，对于人民的一切行动是放任的。人民对于政府除了纳粮以外也不发生关系。"政府只要人民纳粮便不去理会他们别的事。其余都是听人民自生自灭。由此可见中国人民直接并没有受过很大的专制痛苦，只有受间接的痛苦。"

欧洲人民所受的专制痛苦远酷于中国。所以中国人不理会自由，而西洋
会为了争自由而流血。孙先生的话确值得注意。但我们也应当承认：正
因为以往中国享受着这种不劳而获的消极，不自觉的自由，所以在我们
中国，自由的发展毕竟比欧洲落了后。这当然不是说我们中国人特别不
长进，不配享受积极的自觉的自由。这只是说在中国大一统的帝国当
中，疆域辽阔，管制懈弛，专制帝王的苛政比较不容易直接达到平民。
不像欧洲各国疆域较小，管制较严，使得小百姓额外感觉到苛政的窒息
压迫，因此被激而自求多福，争取自由。

　　最后在探索中国自由落后原因的时候，我们也不可忘了欧洲法治思
想和传统的影响。一般人讲到自由，往往误会自由与法律是两件互相排
斥的东西。其实自由与法律不但不相排斥，还有互相辅行的作用。这一
点我们留待以后详细讨论。现在我们只需提出在历史上法治思想帮助自
由发展的一件事实。英国是近代自由民主政治的发祥地。麦克伊尔文教
授（Charles Howard McIlwain）在他所著《古今宪政》①一书中指出近
代宪政的发展以法权（jurisdictio）与治权（gubernaculum）为一重要
之关键。从 Bracton 的著作和其他史籍当中可以看出英国人在中世纪的
时候接受了罗马法当中君权民授的观念。英国习惯法更加强了人民权利
的思想。君王的治权虽然不断地侵犯法权，而几经波折，终于为后者所
抵抗而不能作无限制的膨胀。从十三世纪的《大宪章》起，到十七世纪
的《权利请愿书》（Petition of Right）（1628）和《权利法案》（Bill of
Rights）（1689），英国人的自由和权利逐步得到明白的确实的法律保
障。《权利请愿书》请求君王此后除经议会表示之共同认可，不得强迫
人民献捐纳税，不得因人民拒绝非法征课而困扰之，非经适当之合法程
序不得拘禁人民，不得继续依军法惩罚人民等事。一六二八年六月二
日，查理一世答覆下院，接受他们请求，大意说，君王今后遵守国家的
法律和习惯，不使他的臣民受到"违反他们正当权和自由"的伤害或压
迫。《权利法案》列举詹姆二世的专制武断的行为，认为"绝对地直接
地违反了一切现行的法律法规和自由"。从此之后，人民的自由因得着
了法律的保障，然后免于政府专断意志的侵蚀。

　　欧洲，尤其是英国，这样的法权观念，在中国是不存在的。中国在
战国时代诚然有法家思想，主张以法治国。但商鞅韩非一般人所讲的法

---

　　① McIlwain：*Constitutionalism*，*Ancient and Modern*.

治与欧洲人所讲的法治有重要的区别。欧洲人，认定保障个人的权利和自由是法律的一个基本功用。因此要用法律或宪法划定政府的职权范围，不使逾越。这样一来，政府只是执行法律的公仆，应当受法律的约束。反之，政府或君王不受法律的约束，而任意行为，就是专制或暴政。这里法治是依法为治（"reign or rule of law"）。管商申韩所讲的法治，其目的不在保障人权而在巩固或扩张君权。韩非说："人主之大物，非法即术。""法者宪令著于官府，刑罚必于民心。"这明明白白地说法是人主的"大物"——管治人民的重要工具。汉朝的法家后学杜周说："三尺法案哉。前主以是著为律，后主以是疏为令。"简直与罗马帝政时代的说法竟不谋而合。（Quod principi placuit, legis habet vigorem. Princips legibus Solutus est）和 Richard Hooker 所说 "Rex nihil potest nisi quod jure potest"，正如南北极之相反。自由在我们中国因此缺少法治的帮助，不如在欧洲之能迅速发展。

从上文的分析，我们可以得着一个结论：欧洲近代的自由有深厚的历史基础，远非中国所能比拟。欧洲的自由虽然不一定根深蒂固，牢不可拔（因为从第一次大战以至现在自由正遭受着严重的威胁），但它确然是源远流长，不是一个突生暴长的现象。我们纵然不能说它可比八千岁为春秋的大椿，至少它已经证明自己不是弹指一现的昙花了。

这个结论，假如不误，我们就会发生两个疑问。第一，中国的自由发展落后，是否因为中国人根本没有自由的资格，或中国人不需要自由？第二，西洋的自由发展迅速，何以现在会受到严重的威胁？这个威胁是否会把自由之花摧残致死？要解答这些疑问，我们不可不把自由的本身加以一番彻底的检讨。

第二讲　自由的误解与真解

"自由"在欧洲是一个古老的观念，在中国是一个流行的名词，然而"自由"的真正意义为何却几乎"见仁见智"，人各不同。孟德斯鸠在他的名著《法意》① 一书中曾指出他所知道的自由歧义。他说，有些人认为倾覆专制就是自由，有些人认为享有选举权就是自由，有些人认为能够随意使用暴力就是自由，又有些人认为本国人不受异国人统治就

---

①　Montesquieu, *Spirit of the Laws*, Bk. XI, § 3.

是自由。至于在彼得大帝时代的俄罗斯人却认为能够留着腮下生长的长胡子才是自由。（假如孟德斯鸠生在今日，他也许会修改他对于俄罗斯人的观察，而说他们认为能够留下自己生产的物品就是自由）。

自由的歧义虽多，然而最流行于欧洲的似乎只有一种。这就是自由看成个人不受他人或外力拘束的状况。英国学者霍布浩士①曾说，自由虽然不仅是无拘束，但它至少是无拘束（absence of restraint）。照这个说法，无拘束是自由生活的基本要素。无论我们是否满意这个说法，我们却不能不承认它支配了西洋人的自由思想至少达数百年之久。一切革命或改革的运动都以解放宗教的，政治的，或社会的拘束为主要目的。近代的自由民主政治可以说是平民打破专制政治和特权阶级无理拘束的结果。

这个无拘束的自由观诚然功不可没。然而在理论上和事实上，它引了若干不易解决的矛盾。我们且举几个重要的矛盾来看：

第一，个人自由与环境限定的矛盾。自由主义者无不主张个人有身体、财产、思想、信仰等基本的自由。个人所以享有这些自由，因为人是上帝所造，为万物之灵，具有自动抉择的能力和自主的意志。因此除非个人本心自愿接受合理的拘束，他人、社会或国家不应当拘束个人。这套理论，确可言之成理。但是仔细探索一下，我们便可以发现一个困难：个人本身并不是如此说之自由。先就身体说。生死是人类两件大事。但任何人都绝对没有选择出生时间和地点的自由，更没有选择出生与否的自由。至于死，个人除了略有选择自杀的自由之外，也只有听从阎罗王的支配，不能说是有自由。个人身体的生死可以说是完全受环境的限定。介乎生死之间的个人生命和生活，也在许多方面要受环境的支配。个人所生的家庭大体决定他终身活动的方向。就是一个不满家庭环境而出走而"革命"的人，他的出走行为也未尝不受着他所不满意的环境影响。环境中的其他因素，如学校、朋友、阶级等的限制力也不容轻视。一个正在忙碌或急愿休息的人，偏遇着了不知趣的不速之客来纠缠不清。一个身体欠佳，胃口不良的人偏得到了友人的诚意邀宴，吃菜喝酒少了会被主人认为"见外"。一个不好应酬，拙于言词的人偏会被迫参加社交或作讲演，如果拒绝，就可能会被人认为架子大。——这些善意的行为对于个人的身体自由未尝不是事实上的限制，而且受这样限制

---

① L. T. Hobhouse, *The Metaphysical Theory of the State*, Lecture II.

的人得不到法律的保护。不但如此。个人自身的物质状况也可以限制他的自由。一个病人不能做健康时候的事。一个老年人不能够做少年人的事。所以中国唐代诗人杜甫曾叹息地说："今我不乐思岳阳，身欲奋飞病在床"。英国近代诗人哈迪也说：

But Time，to make me grieve，

Part steals，lets part abide；

And shakes this fragils frame at eve

With throbbings of noontide. ①

这样说来，我们虽然可以主张，个人的身体不应当在天然环境拘束之外再加上人为的拘束，我们却不能够承认个人的身体是自由的。

个人自由在思想与信仰的范围里面也包含着矛盾。我们都主张个人要有思想和信仰的自由。但个人思想和信仰的本身是否自由，换言之，个人是否能够完全自主地选择思想和信仰却是一个疑问。个人思想信仰之为社会产品，正如个人身体为社会产品一样。一个人所以有某一种思想，探本穷源，是由于他曾经受了家庭、学校、社会、和历史环境的薰陶。我们虽不必如马克斯主义者之偏激，认为一切思想都是经济生活的反映，但我们不能否认整个的社会生活足以影响，甚至限定个人的思想。墨子说："染于苍则苍，染于黄则黄。……非独染丝然也，国亦有染。"我们可以加上一句"人亦有染"。在社会的大染缸里面盛着五光十色的染料。个人由于自身天资的高下，性格的刚柔，家庭学校的特殊背景，生活中的偶然因缘，以及所处的特殊境地，便会在这染缸中染成特殊的颜色。平庸的人，颜色也比较平庸。奇特的人，颜色也比较奇特。个人的色彩虽有平庸与奇特之分，但都免不了受社会的渲染。圣如孔子，其思想不能脱离晚周社会的影响。哲如柏拉图，其思想也显示着希腊晚世的历史背景。培根要思想家打破由人性、个性、言诠、师法所生之偏见（idoles of the tribe，cave，forum and theater）。这当然是值得注意的劝告。但这个劝告之所以有意义正足以证明一般所谓个人的思想，不一定就是个人自动选择的主张或见解。我们晚间所做的梦有时空虚变幻，光怪陆离，似乎可以逃出社会环境的支配。但"槐安国"里当驸马都尉的梦还是帝王时代社会生活的反映。民国以来的人谁做这样的梦？就是疯人脑子里的幻想也不是完全自由的。

① Thomas Hardy，*Collected Poems*，P. 72，"I Look into My Glass."

宗教的信仰也不能脱离环境的羁绊。世界上主要宗教之兴起都与教主的历史和地理环境有一些关系。后来信徒的接受或拒绝某一信仰也往往受社会的影响。这种情形在一个某一宗教独尊的社会里面最为清楚。例如在一个基督教国家里面，法律上诚然规定了信仰自由的条文，但个人在婴孩时代便受了洗礼，自少至长听讲教义，到了成年举行"坚信礼"的时候，他已经潜移默化，耳濡目染，身不由己地成了基督教的信徒。他的信仰当然不是被迫而接受的，但说它经过自动选择而接受的却是一个疑问。

中外的思想家曾有意或无意中企图解决个人自由与环境限定的矛盾。他们大致上提醒个人，叫他重视自己的"良心"，重视自己的"心得"，重视自己的"个性"或"创造力"，不要俯首帖耳，受环境的拘束。思想界的前锋或宗教的"叛徒"，不仅在西洋各国时时出现，就是在以保守著名的中国也偶尔有之。孟子说："待文王而兴者，凡民也。若夫豪杰之士，虽无文王犹兴。"王守仁说："事贵自得于心。求其于心而非也，虽其言之出于孔子，不敢以为是也"。孟子养"浩然之气"与王氏"致良知"的主张都足以鼓励个人，振聋发聩。其立说的精神可以说是与马丁路德以良心为信仰的根基或洛克等以同意为服从的标准互相呼应。然而他们和类似的思想家尽管提倡自由，鼓励个人去打破环境的束缚，他们却不能够否认环境对于个人有助成，模范，甚至限定的影响。

正因为社会陶成个人限定个人的事实十分明显，所以有一些反对自由的思想家依据这一件事实略加引申推演，便比较容易地建立了种种不同的团体主义或干涉主义。照他们看，在任何一个社会当中，"先知先觉"，"卓绝不群"的个人比较少有。绝对多数的人因为受了习俗传统的陶融，自然也必然在习俗传统当中不识不知地生活。瑞士实行直接民权的结果，证明了大多数的人民是倾向于保守的。任何时代，任何国家的发明家，改革家，创造者，在提出新见解最初的时候，总会遭逢大家的怀疑，嗤笑，或者反对。孔子说："民可使由之，不可使知之。"韩非子更说得明白："昔禹决江浚河而民聚瓦石。子产开亩树桑郑人谤訾。禹利天下，子产存郑，皆以受谤。夫民智之不足用亦明矣。"君主专制或领袖独裁的政治理论可以极容易的建立于这个"民智不可用"的认识上面。因为一般人民没有充分自由的能力，所以便要请出圣君哲君来治理他们。这个推论在逻辑上是没有困难的。不但如此。假如我们承认个人的生命思想都是社会的产物，受社会的陶冶，那么让社会去支配管制个人的生活在道德上也是讲得过去的。在这种理论之前，"无拘束"的自由观便不会有很多的抵抗力量。

法西斯纳粹主义对于自由主义的威胁也就建筑在"民智不可用"的基础上面。希特勒曾说："我们果然相信人类的进步是来自多数人的共同理解而不是来自一个人的脑筋吗？……议会多数同意的原理否认领袖的权威而以某一指定时间当中的群众权威替代它，于是乎便违反了自然界中基本的贵族原理。……正如一百个愚人不能合成一个哲人，一百个怯懦的人不会有一个勇敢的决计"。墨索里尼也说："法西斯主义根本反对多数人，只因为他们是多数，就可以统治人类的社会。它反对用按期选举的方法得到的一个数目就可以成为政府。它坚决地主张人类那种永久不变的不平等"。这个反个人主义的原则，加上了"永久罗马"（Eternal Rome）或"第三莱希"（The Third Reich）的神秘观念，便很顺利地把独裁者引上了极权国家（Totalitarian State）的危险道路。"一切在国家里，一切为着国家，不容任何东西反对国家。"个人受赐于国家（广义说来，哪一个人不曾身受国恩？）是不容抹杀的事实。极权主义者极度夸张国家的重要性，与"无拘束"的自由观恰好成为对立的学说，表明了个人自由与环境限定的尖锐矛盾。

把自由认做无拘束还有一个更严重的矛盾。卢梭在《民约论》里说："人类是生而自由的，但他处处在受着束缚。人类自命为万物的主宰，其实他比什么都更是奴隶。"这两句话把个人自由与社会权威间的矛盾作了一个有声有色的说明。人是否生而自由，我们且不管他。如果我们认为不受任何拘束才是自由，生存在任何社会当中的个人确然没有自由，比较任何野兽飞禽都更加不自由。晚明思想家李贽有一段话最足以表明个人不自由的情况。他说："我生平不爱属人管。夫人生出世，此身便属人管了。幼时不必言，从训蒙师时又不必言。既长而入学，即属师父与提学宗师管矣。入官即为官管矣。弃官回家，即属本府本县父公祖父母管矣。……其为管束至入木下土未已也。……我是以宁漂流海外不归家也。"[①]

西洋一部分的思想家想设法解除这个矛盾。他们相信人类既然都是上帝所创造，同样为亚当之子孙，严格说来，彼此之间互相平等，谁都

---

① 《李氏焚书》，《豫约·感慨平生》。

没有权利去管束他的同类。一切合法的权威都建立在受治者自身同意的基础上面。这样建立的权威虽然加个人以拘束，但因为拘束是经个人自己同意所加的，所以他当然甘愿授受。用卢梭的话来说："每一个人……服从自己的意志，和从前（未加入国家）一样地自由"。（"……each……renders obedience to his own will，and remains as free as he was before."）①

这就是近代民主政治的基本原理。因为人民"自治"，所以他们自由。把"无拘束"（non-restraint or absense of restraint）修正而为"自拘束"（self-restraint or self-imposed restraint）确是理论上的一个进步。然而"自治"的理想仍有极显明而难于解决的困难。如果自由的真谛是个人自己服从自己的意志，如果国家权威的合法根据是个人自愿或同意，那么在理论上我们很难解释何以少数人有服从多数人的道德义务。欧洲的思想家曾绞尽脑汁，找寻一个可通的解释。卢梭的"公意"（general will）的学说，就是其中最著名的一个。他认为公意是以公善（general good）为目的的意志。实现公善是每一个参加政治组织的真正动机。因此服从公意也就是服从个人的真意。因此国家可以根据公意而拘束个人，强迫个人而使之自由。（"Whoever shall refuse to obey the general will must be constrained by the whole body of his fellow citizens to do so：which is no more than to say that it may be necessary to compel a man to be free."）②

聪明的卢梭忘记了他自己所承认的事实：个人虽然永远愿意得到善，但有时不知道什么是善。③ 根据这个事实，我们不能保证任何个人的意志与公意相符而"自由"。根据同一事实，我们也不能保证多数人的意志就是公意，更不能保证政府的意志就是公意。服从国家或服从多数，个人可能"被强迫而得到自由"，但也可能被强迫而沦为奴隶。法西斯，纳粹，甚至苏联的人民，究竟是得到了自由或沦为奴隶，是一个可以辩争的疑问。

"自动拘束"的自由理论，从个人的立场看，还有事实上的困难。一个人决定本身的行动，可以说是自由。然而这种自由也不是毫无外力拘束的。例如，一个只有一件蓝色和一件灰色衣服的人可以自由地决定

---

① *Social Contract*，Bk. I. Ch. 6.
② 前书 Bk. I，Ch. 7。
③ 前书 Bk. II，Ch. 3。

今天穿蓝色的或灰色的一件。他没有自由去决定穿一件绿色的，纵然他有添制或添买一件的钱，在事实上却不一定能够马上办到。一个有志气的青年可以自由地决定去从事政治或从事教育以达到服务的目标，但他不一定就可以得到文官的委任状或教职员的聘书。我们姑且把这些"意外的"拘束放开一边，姑且承认个人可以自由地决定自己的行动。但我们是否可以说个人也能够自由地决定社会生活当中大众的共同行动却是疑问。再用一个浅近的比譬。几个或几十个同学组织一个暑假旅行团。在出发之先，当然要商定旅行的目的地。甲愿意去杭州。乙愿意去南京。丙愿意去无锡。其余都赞成去苏州。甲乙丙三个人除了做破坏团体的行为退出以外，只好"牺牲成见"，随着大家去欣赏虎丘天平等处的风景。"牺牲成见"便是放弃自己主张的客气名词。同样地，亿万的人民组织了国家。一个人的意志在全数人的意志当中真如沧海一粟。说一句话，不见得就能够左右舆论。投一张票，不见得就能够决定选举。偶然间舆论的内容或选举的结果与个人的主张相合固然可以沾沾自喜，以国家的主人翁自居。但个人意志与"公意"相左的时候便也只有牺牲成见，或阿Q似的以"被强迫而自由"来解嘲。个人在庞大的国家里面，其意志对于政事的决定作用恐怕还比不上一架机器当中的一个小齿轮（a cog in a machine）。齿轮虽小，很可以影响机器的转运。在茫茫人海之中，一个人的意志真不过像一个波，甚至一滴水，本身助成了洪流的动荡，但没有力量保持本身的自由动向。

这是假定个人有"自治"的意愿。但事实上任何国家的多数人民都不见得有这种意愿。拉斯基教授说得好："假定一般人类积极地和继续地是政治的动物是一个严重的错误。……他们由于惰性而服从政府的命令。……社会生活的特点是多数人对于少数人意志作不加思索的服从。"① 雅典的政府制定法律规定出席国民大会者有赏，缺席者有罚，但仍旧不能使得全体人民出席。近代国家的人民虽然多数能够投票，但真正关心国事的人还是少数。"自治"的理论虽然不能说是完全子虚，但事实上要打一个相当大的折扣。民主政治对于个人的自由加上了限制。尽管在理论上个人可以自治，一切限制都是自己加上的。但在事实上个人不能够，甚至不愿意去运用自决的权威。结果国家所加于个人的拘束大体上还是他动的而不是自动的拘束。人类是否生而自由固然大成

---

① H. J. Laski，*The Grammar of Politics*，P. 19.

疑问，他们在社会中受拘束却是无可否认的事实。

认自由为无拘束，已经引起上面所说两层重要的矛盾。但这种误解还引起了第三层，也许是最严重的矛盾。法国革命以自由，平等，博爱为口号。自由与平等几乎成为民主社会当中不可分离的两个理想。近代的民主宪法往往在保障人权的条文当中作自由平等的规定。从一方面看来，自由不能在人民不平等的状况之下存在。近代民权革命争取政治自由，其实是争取政治平等。宪法规定全国人民不分门第、身份、信仰，同样有选举权和被选权，同样受法律的保护，同样享公民的权利，尽公民的义务，这是政治平等的法律保证。然事实告知我们仅仅法律的保证是不够的。个人在法律上和其他一切人民平等。但假使他在社会地位，经济能力，个人才智上与他们有高下大小的差异，他的政治平等以及政治自由就会受到影响。

法律说：人民有言论，讲学，著作，及出版的自由。一个目不识丁，不曾受到最低教育，或生而痴呆的人，在事实上无法与一个留洋回国的学士享受同等的言论出版自由。法律说：人民有居住、迁徙、集会、结社的自由，生存、工作、选举、应考，和服公职的权利。但一个贫无立锥的人便不能与一个生计小康或家资富有的人同等享受这些自由权利。

有人认为法律的平等虽然不能保证个人的事实平等，但可以给他们以机会的平等。这个解释也未必完全满意。古语说："为高必因丘陵，为下必因川泽"。纵然没有阶级的限隔，在事实不平等状况之下，机会是难于平等的。尽管说"白屋出公卿"，成败在自己，生在一个富裕家庭的子弟，求学、交友、就业的机会，都比较生在贫家里才力相等的子弟为优越。就以目前中国学生出洋求学为例：豪门巨室的少爷小姐们可以自由游学于欧美各国，不受金钱和法令的拘束。平民的子弟，虽然天资与学力都十分优长，却每每望洋兴叹。结果少爷小姐们处境本已优越，再加上镀金的资格，在社会上去活动，当然有百尺竿头更进一步之妙。用长期的眼光看，诚然"纨袴子"容易堕落。养尊处优久了容易变为游手好闲。富贵家庭的子弟纵然天资聪颖，因此往往不能成器。这样才给贫家子弟以一些抬头的机会。但这只能说是占有优势者自暴自弃，让居劣势者乘虚而入，不能说是真正的机会平等，因为假使前者不放弃他们的机会，与后者同样努力进取，后者必然难于得到同等的成功。

从经济生活来讨论，这个问题更为严重。传统自由主义者相信，只要让个人有绝对的工作与贸易自由，只要法律保障个人以同等企业竞争的机会，不但人权得以保障，经济也可以由此趋于繁荣。政治的自由保障经济的自由。政治经济的双重自由便可以保障个人的生活幸福。反之，在个人活动遭受不必要的干涉之时，自由与繁荣也就会遭受阻碍。这就是不干涉主义（doctrine of laissez faire）的基本理论。这个理论局部被采用于近代西洋国家里，促成了产业革命以后的经济发展和工商资本阶级的抬头。这个阶级与地土贵族抗衡，取得了自身的权利和自由，因而助成了近代民主政治的生长。

然而自由经济与自由政治逐渐显示出它们的困难。政治自由让个人作大体上无拘束的经济活动。经济自由让才能、努力、机遇不同的个人，在大体上无拘束的竞争当中得到不平等的享受。财富分配不平均的现象逐渐出现。十九世纪以来各国虽然想用"社会立法"的方法来改善，也不能收重大的效果。在自由平等的国家当中有不少的人在自由地遭受饥寒。在法治的国家当中有一些人用合法的方式剥夺另一些人的生活机会。

最可怕的是经济势力往往操纵政治势力，以垄断社会中的一切。在一个民主国家当中，运用政治的最大关键是选举，影响政治的最大工具是宣传。一个人如果没有经济的力量，或得到经济力量的支持，是无法参加竞选，和推动宣传的。言论诚然是自由的，但一般小百姓的言论不见得能够得到充分发表和流传的机会。选举诚然是公开的，但没有充分资财余暇的公民，除了可投票之外，不一定有力量去参加竞选。政党和报纸往往操纵于资本家之手。个人纵有才智，假如不与他们联结，很难得到上进的机会。

总之，政治和经济的无拘束引起了或加强了政治和经济的不平等。在不平等的状况中，个人号称自由，但事实上是假自由，甚至不自由。

社会主义者于是针对着这个矛盾病态而攻击资本社会。他们的理论，人所共喻，不必在此赘述。简单地说，社会主义显然是传统自由主义的反动，原来由无拘束产生不平等，由不平等产生了不自由。现在改革之道只在以有拘束来消除不平等，而在真平等的生活当中，个人是否自由，是否不受政府的拘束，便成为一个无关紧要的问题。共产主义和国家社会主义的独裁政治都反对传统的自由政治。共产主义者虽然也讲讲自由，不像纳粹或法西斯党人公开唾弃自由，但无论从理论或实际看，自由这个概念在共产主义当中是没有地位的。按照辩证唯物史观说，人类的生活遵照着一定的规律演进。自由主义者所讲上帝以自由选择能力的一类假定不能存在。在阶级斗争和无产阶级独裁阶级之中，个人在实际上也不能享受自由——那就是说，不受拘束。在未来共产社会的理想当中，全部生活既在公众计划之下进行，不会有阶级斗争，也不能有个人自由。我们如果说共产主义倾向于以平等替代自由，作为社会的理想，或者不至大错。只有"民主社会主义"各派才企图同时保持自由与平等。

我们当前的问题是：自由是否值得保持？从我们今天的讨论看，自由遭逢了三重严重实际的困难或理论的矛盾。第一，个人自由的观念与个人受环境限制的事实不相符合。第二，个人自由在事实上和理论上都难与国家的权威相调协。第三，个人自由在理论上与全体平等相贯通，但在事实上相矛盾。在重重困难之下，自由的观念是否能够保持于不坠呢？

假如我们不修正我们对于自由的诠解，恐怕自由的观念很难保持。传统的思想把自由看做不受拘束。就历史说，这有其必要的原因，同时也发生了相当的功效。在君主专制政治之下，人民的身体和财产甚至思想信仰有时候遭受无理的压迫。革命家大倡自由的学说，要大家相信人类生而自由，相信政治拘束是自由的障碍，相信打破拘束，减少拘束，才可以维持个人的自由，因为要使得大多数的人能够了解接受，提倡自由的人不得不把它说得简单偏激一些。君主专制果然在自由思想大行之后趋于没落。但这个简单的说法却不免发生理论上和实际上的困难。我们要想保持自由，势必纠正我们的解释，不能够简单地把自由认作个人不受拘束。我们必需提出一个比较更为妥当的解释。现在让我们来作一个这样的尝试。

宇宙中一切有生之物，没有不表现求生存的活动。例如一般的植物都有发芽生根出枝长叶开花结实的过程。绿叶的树木，需要阳光的帮助来制造荣养，于是自然地把枝叶尽量张开，使其在其指定的环境之下取得最大量的阳光。如果有不利于生长的障碍物阻挠求生的活动，有些植物会排除它，或避免它，否则被阻挠的植物便终久归于死亡。（竹笋能穿墙壁而生长，在阴地的芭蕉干格外高些，便是显而易见的例子。）动物的求生活动更明显易见，无需细说。我们所要注意的是：每一种生物必有合乎本身特性的求生活动方式。落叶树与常绿树不同，草本植物与木本植物不同，水栖动物与陆栖动物不同，食肉兽与食草兽类不同，人类与鸟兽不同。一个生物按照自身所适宜的方式，作求生的活动而达成其目的，便得到了物质生活的满足。求生活动的圆满达成可以叫做"遂生"。如果我们要用"自由"这个名词，我们也可以把这种求生活动的圆满达成称为"自由"。拂逆求生活动，使其不能达成，便是"不自由"。这种针对物质生存的自由观念是适用于一切有生之属的。有人说，"不自由，毋宁死。"如果自由的意义是遂生，是生存的满足，那么我们应当说"不自由，就是死，"而不能说"毋宁死了"。

人类号称万物之灵。因为除了要求生存之外，人类还要求精神的满足。人类有思想，语言，想像，情感等能力。除了经济活动之外，人类还有宗教，学术，文艺等一切超物质的活动。精神生活的满足可以叫做"达意"。达意也可以说是"自由"。达意活动遭受障碍就是"不自由"。人类精神不自由的痛苦有时候超过物质的不自由。为了满足精神的要求，人类有时候竟会牺牲生命。宗教家，思想家的殉道，便是最好的例子。在这个意义之下，我们便可以说，"不自由，毋宁死。"

如果自由是人类物质生活与精神生活的满足，换言之，自由是遂生和达意的总称，那么自由实在是人类天性发展的自然结果。中庸说："天命之谓性，率性之谓道"。所谓率性就是自由。用俗话来说：一个人按照他自己本性的要求而活动就是自由。这是自由的基本意义。自由当然包含不受外力障碍的意义。但不受阻挠仅仅是自由的消极条件。本性自身的发展才是自由的积极内容。

这样根据人性来解释自由，约略有点像庄子，但有重大的区别。庄子对于万物适性就是自由的道理讲得最为超妙。《南华经》三十三篇当中许多寓言庄语，发明此义，几乎是美不胜收。例如《马蹄篇》以马为喻说："马蹄可以践霜雪，毛可以御风寒，龁草饮水，翘足而陆。此马之真性也。"马有真性，人也有真性。庄子说："彼民有常性。织而衣，耕而食，是谓同德。一而不党，命曰天放。"既然万物各有真性，任何人都不应当去扫逆阻挠他们。因此最好的最合理的生活方法便是"任其性命之情。"最正确的治国方法便是"在宥"。反过来说，一切违反自然，束缚天性的办法都是错误。《骈拇篇》说："待钩绳规矩而正者是削其性也。待绳约胶漆而固者是侵其德也。屈折礼乐，呴喻仁义以慰天下之心者，此失其常然也。天下有常然。常然者，曲者不以钩，直者不以绳，圆者不以规，方者不以矩，附离不以胶漆，约束不以纆索。故天下诱然皆生而不知其所以生，同焉皆得而不知其所以得。"

庄子注重人性的自然表现，极力反对外力的干涉，因此他的自由理论便又与"无拘"说十分接近。他不但反对苛政暴政，甚至仁义的政治也反对。因为假定仁义的政治要用礼乐教化去矫揉天性，纵然存心甚好，不免刻削自然。何如让万物各行其是，各遂其生呢？《天道篇》有一段设为老聃驳斥孔丘的话，最为明白，"夫子若欲使天下无失其牧乎。则天地固有常矣，日月固有明矣，星辰固有列矣，禽兽固有群矣，树木固有立矣。夫子亦放德而行，循道而趋，已至矣，又何偈偈仁义若击鼓而求亡子焉。意夫子乱人之性也"。

根据这个认识，庄子主张废弃一切人为的制度，甚至消除一切人为的文化。《胠箧篇》所谓"绝圣弃智，大盗乃止。摘玉毁珠，小盗不起。焚符破玺，而民朴鄙。掊斗折衡，而民不争。殚残天下之圣法，而民始可以论议。"《马蹄篇》所谓"至德之世，其行填填，其视颠颠。当是时也，山无蹊隧，泽无舟梁。万物群生，连属其乡"。都表现庄子思想当中反社会，反文化的消极倾向。这种偏激的自由观，虽然陈义甚为高超，但至少包含两大缺点，难于见诸实行。第一，人生不能无群。群体的生活，非有群生的纪律不能维持。反对法令滋彰则可，反对一切的"圣法"则不可。第二，在宥的本旨，在乎使人人能满足其天然的德性。但庄子把人类的德性看得过于狭窄。老子认定人生最大的烦恼在于知识太多，欲望太大，所以主张去智寡欲，"使民无知欲"。他只要人民得到生存最低限度的满足便够了，绝对不许再求进一步的满足。我们上面所讲"达意"的活动皆为老子所不许。所以《道德经》说："圣人之治虚其心，实其腹。"又说"圣人为腹不为目"。庄子接受这个主张，因此他也承认人类只应当满足遂生的要求而不可再有"达意"的要求。思想学术文化一切超物质的生活都不在"民有常性"范围之内。因此在庄子理想社会当中"民如野鹿"，"同与禽兽居，族与万物并"。这样的生活，这样的自由，有点像古人所谓"豕交兽畜"，把人性的内容看得过于低下简单了。

庄子的自由观虽然也以人性为出发点，但既有这样重大的缺点，我们便难于接受。我们要避免庄子的缺点，我们要充分认识人性当中丰富的蕴藏，要充分承认自由生活的积极意义。这样才能消除传统自由思想的重重矛盾。

如果我们采用方才提出来的自由理论，把自由解作人性的表现和发展，那么我们在第一讲末尾所提出的第一个疑问就可以得到答案了。问题是：中国的自由制度落后，是否因为中国人没有享受自由的资格，或中国人根本不需要自由？答案是：自由既然是人性的表现，中国人当然需要自由，而且有资格享受自由。中国以往自由制度所以比较西方落后，最大的原因是在不同的历史环境当中，中国人采取了特殊的遂生达意方式。在封建政治和君主专制之下，中国人民的自由（遂生达意活动）虽不曾得着固定确实的保障，但在理论上和事实上确是存在的。"民为邦本"早就成了中国政府的基本政治原则。孟子所说"养生送死无憾"，"乐岁终身饱，凶年免于死亡"，便是民本政治原则的注脚。历代的君臣（尤其是每一朝代初期的君臣）偶然间也确能奉行这个原则，《汉书·食货志》所说，从开国到武帝初年的情形便是一例："七十年间，国家无事。非遇水旱则民人给家足。……众庶街巷有马，仟佰之间成群。……守闾阎者食粱肉，为吏者长子孙。……人人自爱而重犯法，先行谊而黜愧辱焉"。人民生在这个时代之中，遂生的要求，总可以大体满足了。这种"成康"，"文景"，或"贞观"的盛世诚然不能持久。到了每一朝代的晚期，昏君乱政，人祸天灾相迫而来。人民饥寒死亡，流离颠沛，遂生自由，大受阻害，然而在民不聊生的绝境之下，一个新的朝代乘时崛起。人民在开国政治之下又可以得到一个短期的休养生息，又可以展开遂生的活动。

中国从前没有保障思想言论自由的政策或法律，但人民在理论上和事实上也有作达意活动的余地。《诗·大雅·生民》说："先民有言，询于刍荛。""纳谏"的作风，有一些开明的君主是能够维持的。小百姓对于政治纵然不一定敢板起面孔，著论评骘，但在春秋时代各国的人民还偶然用歌谣的方式以议论执政或讥笑官长。例如周桓王九年，宋国大夫华元领兵对郑国作战，大败逃归。筑城墙的人民看见华元来巡视工作，便唱道："睅其目，皤其腹，弃甲而复。于思于思，弃甲复来。"华元派他的随从对民众说："牛则有皮，犀兕尚多，弃甲则那"。役人再唱道："纵其有皮，丹漆若何？"华元没有办法，只好说："去了，夫其口众我寡。"①又如景王二年，郑子产当国，推行新政。民众作歌骂他说："取我衣冠而褚之，取我田畴而伍之。孰杀子产，吾其与之。"过了三年，民众又用歌来表示赞成说："我有子弟，子产诲之。我有田畴，子产殖

————————

① 《左传》宣公二年。

之。子产而死，谁其嗣之?"① 秦汉以后的人纵然不能像这样直率地讽刺或议论政事官吏，但至少可以在诗词当中，以"美人香草"来"寄托"他们的感想，企图收到"言之者无罪，闻之者足戒"的妙用。此外智识阶级的达意活动至少还可以向着两方面发展：（一）私家著述。如果书中内容，有触忌讳，当时不能公诸同好，作者尽可"藏之名山"，以俟来者。（二）"吟风弄月"，陶情适性，根本不谈君国大事。二千多年当中许多学术和文学的著作，便是先民达意活动在这两方面所贡献的结果。偶然的摧残，纵然十分酷烈，如像秦始皇焚书，明初和清初的文字狱，并不曾使多数知识分子的达意活动归于长久停顿。

因此就大体说，以前的中国人既有相当的遂生达意活动，他们事实上就有自由。不过在贵族或君主政治里面这些活动没有可靠的保障。人民有时候可以安居乐业，言志抒怀，有时候却饥不得食，劳不得息，或"外结舌而内结肠，先籍心而后籍口"②。不像欧美国家的人民从十八世纪以来，在民主和宪政双重制度之下得比较确实的遂生达意保障。

第一个疑问这样解答了。第二个疑问是否也可以解答呢？换句话说，在西洋社会当中误解自由所引起的三层矛盾能否设法消除呢？

我们记得，自由的三层矛盾是：（一）个人自由和环境限定的矛盾，（二）个人自由和社会权威的矛盾，（三）个人自由和社会平等的矛盾。如果我们放弃传统的自由观，把自由解为遂生达意的总体，而不是单纯的不受拘束，这三层矛盾都可以自然消除。

第一把自由解释为遂生达意的总体，可以避免个人自由与环境限制的矛盾。这一点似乎无须详细的说明。既然自由是根据人性的活动而人性受环境的影响，那么适合影响人性的环境而生活便是自由。人生在陆上，鱼生在水中，在水与陆的环境之中鱼和人可以各自实现其自由。人类既不会把陆环境的限制认做不自由，鱼也不会把水环境的限制认做不自由。反过来说，如果人类鱼类想打破环境的拘束易地而处，纵然不会马上死亡，也定然难于持久。庄子《齐物论》："民湿寝则腰疾偏死，鳅然乎哉"。这个事实正可证明我们的看法。

人性的自由观何以也可以解除自由与权威的矛盾，以及自由与平等的冲突呢？这个问题需要作一番较长的研讨，只好留待下一讲来向各位

---

① 《左传》襄公三十年。参阅襄公三十一年《传》载"郑人游于乡校以议执政"事。
② 唐朝人所作"息夫人不言赋"中语。这里断章取义借用。

请教了。

第三讲　自由秩序与道德

我们在前一讲里面提出了一个自由的解释。大意是"遂生""达意"就是自由。这个解释是否能够成立，要看它是否能够解除自由与权威间以及自由与平等间的两重矛盾。我们请先讨论权威的问题。

有生之属，无不企求遂生。但人类的智慧高于一切的禽兽，因此人类遂生的活动比较禽兽更为复杂。禽兽凭仗着天赋的本能去遂生。饥则觅食，饱则休息。无所谓计划，也无所谓节制。少数的禽兽知道储藏饮食，以备未来之需。不像一般生物的"任性"。但这究竟是少数的例外。多数的禽兽总是有欲则求其满足，欲望满足就暂时停止活动。人类在孩提的时代，受本能的支配，与禽兽大致相像。饿了就啼哭，饱了就睡眠。看见心里喜欢的物件伸手就拿。如果别人不给，不是哭闹，就是争夺。这种一意孤行，不识不知的遂生活动有时候比禽兽还要直率简单。但是后来年岁逐渐长大，知识逐渐增加，人类便慢慢知道约束自己的欲望。客人给他糖果，虽然心里愿意接受，却会口头谢绝，偷眼望着妈妈，除非妈妈点头示意，或明白指示，终于不肯接受。至于成年的大人，克服欲望的能力更有大于儿童。一个乞丐，肚里很饿，但"嗟来之食"，竟会拒绝。自尊的心理，竟会压倒饥火中烧时候的食欲。宗教家的素食或绝食，更足以表示出人类抑制欲望的能力是如何伟大。

个人依据某一项理想或目的而自己限制其物质欲望的满足，换言之，为了满足达意的要求而自己限制遂生的要求，便是道德的修养。孟子说："生亦我所欲也，义亦我所欲也。二者不可得兼，舍生而取义者也。……是故所欲有甚于生者，所恶有甚于死者。……一箪食，一豆羹，得之则生，弗得则死。呼尔而与之，行道之人弗受。蹴尔而与之，乞人不屑也"。后来宋明的理学家推演这一番道理，提出了"饿死事小，失节事大"的人生哲学。我们虽然不必赞成这种"礼教吃人"的极端主张，但我们可以承认人类的道德生活必须要以"克己"，以自限，以自动收束遂生的物质要求为条件。否则一个人完全顺着本能的冲动而活动，与禽兽浑浑噩噩地逐食交配，生驰死仆，还有什么区别呢？

不但如此，人类有时候为了达到遂生目的的本身也不能不暂时收束遂生的活动。小孩子可以任性，可以作主观上无限制的遂生要求，因为父母本着慈爱之心，愿意尽量地满足小儿女的要求，但较大的儿童和成年人不能享受同样的看待。从经验，有时候从痛苦的经验，个人慢慢地了解在生活当中有时候要有与才能有取，要能退才能进。《史记·滑稽列传》载着淳于髡一段故事，可以引来作我们的注脚。"威王八年楚大发兵加齐。齐王使淳于髡之赵请救兵，赍金百斤，车马十驷。淳于髡仰天大笑，冠缨索绝。王曰，先生少之乎？髡曰，何敢。王曰，笑岂有说乎？髡曰，今者臣从东方来，见道旁有穰田者，操一豚蹄，酒一盂而祝曰，瓯窭满篝，汙邪满车，五谷蕃熟，穰穰满家。臣见其所持者狭，而所欲者奢，故笑之。于是齐威王乃益赍黄金千镒，白璧十双，车马百辆。髡辞而行。至赵，赵王与之精兵十万，华车千乘。楚闻之，夜引兵而去。"淳于髡深通世故，齐威王听了他的话，得免战祸，但黄金白璧的礼物未尝不是自己物质享受的牺牲。在从前专制和军阀时代，一个人想谋求差使，得一个官职，最有效的办法是向有势力的人物馈送贵重的礼物。这种礼物也许是减衣缩食，借债典当，筹款措办而来的。虽然将来或者可能得到更多的满足，但当前的物质生活因此不得不大加收束。这是一个不足为训的极端例子。其实在平常人的日常生活当中，也不能够取而不与。俗语所谓"与人方便，自己方便。"就表示这个道理。一个过于"精明"，不肯与人方便的人，心里惟恐吃亏，却往往弄到众叛亲离，吃了大亏。

遂生的活动，就其本身的满足说，也需要个人自动地加以限制。例如饮食是维持生命的必要活动。但一个人要保持康健，必须选择饮食。含营养不丰，对消化不宜，与体质不合的饮食，纵然可口，却不应吃。营养而可口的饮食，也不应过量多吃。小孩子不懂得调节饮食的道理，所以往往吃坏了，闹肚子疼。懂得摄生道理的人便会约束食欲，适可而止，饮食需要节制，人生其他的活动也何尝可以任情放纵呢？

综括方才所说，可见个人的遂生活动，无论从道德方面或功利方面来看，都须要合理的限制。一个人能够遵守道德的规律，生活的规律，和卫生的规律，他的生活才能够有秩序而不凌乱，他才能够满足遂生的目的。否则纵非百病丛生，夭折以死，也会遭人唾弃，不齿于人，虽然活着，也很少生人之趣。如果遂生的目的须要由限制遂生的活动才能够圆满完成，换句话说，如果遂生的活动须要受理性的拘束才能够顺利进行，那末在个人生活当中自由与权威是相辅而不相冲突的。

从社会生活的观点来看，个人自由不能没有限制或拘束的道理更为明显。在社会生活当中，众人并生的事实必然地也自然地限制个人遂生的活动。个体的生活必须要适应于群体的生活。这不是神秘高深的学理。这是生物界的浅近事实。例如生长在森林中同类的树木，其枝干的形态不能和一株单独生长的树木相像。独树的树干可以尽量地向四面伸张，以便得到最大限度的阳光。但林树的枝干必须适应丛生的环境，不能尽量旁伸，而只好尽量上长。这样一来，每一株树限制它自己的遂生要求让同林其他的树木也可以各自得到一些阳光，也可以各自满足最低限度的遂生要求。树犹如此，人何不然。在社会中的个人，要满足自己的生活要求便不能不同时顾虑到别人的生活要求。能够利己而不亏人的个人就是一般所谓安分的良民。完全自私而不顾虑他人的利益，或损人以利己的个人就是社会当中的不良分子。在普通情形之下，一个社会的份子当中良民多而恶人少，所以全体能够大致相安，秩序能够大致维持。

何以在社会当中经常是良民多而恶人少呢？分析起来，原因不只一端。第一，人是社会的动物，天然禀赋了爱同类的本能。孟子说："恻隐之心，人皆有之。"这话确然包含真理。虽然因为后天的习染不同，个人爱类的心理有浓淡广狭的差异，但完全缺乏仁心的个人，假如有之，也确然少见。一般的人至少怜爱自己的家属，或者进一步对于朋友表示同情，给与扶助。父母儿女间解衣推食，兄弟朋友间患难相济。为了满足亲亲爱类的心理需要，个人有时候可以牺牲自己的享受，甚至牺牲自己的生命。至于侠客义士，爱类的范围更广，就是为了素不相识的路人，也可以缩减自己的遂生满足，加以恩施。儒家根据人类爱群的事实提出博爱大同的理想。孔子说："己所不欲，勿施于人"。又说："己欲立而立人，己欲达而达人。"孟子说："亲亲而仁民，仁民而爱物。"《礼运》说："天下为公。""货恶其弃于地也，不必藏于己，力恶其不出于身也，不必为己。"儒家的高超理想虽然不易完全实践，但它所依据的爱类原则却是社会生活不可缺少的心理条件。唯物史家认定经济生活决定人类一切的活动。人类为了达到遂生的目的，必然演成不可调解的阶级斗争。照他们的看法，阶级斗争的原则，可以说是："己所不欲，必施于人"，"己欲活而灭人，己欲得而夺人"。这个夸大人类仇恨心理的看法虽然可以耸人听闻，但未免过分抹煞了人性天然爱类的事实。

第二，人类不但禀赋先天的爱类心理，并且感受后天的社会熏陶，更使得个人能够自己限制遂生的活动，关顾别人的遂生要求。老庄与十八世纪一部分的自由主义者的错误就在只承认了个人的意志而忽略了合群的事实。个人从初生到老死，一直在社会环境当中生活。一切心理的反射几乎全受社会条件的决定。诗人李白在独自一人对月饮酒的时候也会作宾主相陪的假想。所以他说："花间一壶酒，独酌无相亲。举杯邀明月，对影成三人"。至于一般人在日常生活当中更不容易摆脱社会的影响或忘记他人的存在。个人在和别人竞争的时候固然可以有亏人益己的行动，但在其他的时候便要与别人合作互助，至少互相承认各人的利益而不相侵害。就一般的经验说，个人在社会当中竞争行动的范围总是较小于合作行动的范围，损害他人利益的行动总是少于顾全他人利益的行动。这样行动的个人大体上会得着同类的谅解或爱护。反之，如果一个人横冲直撞，自顾而不顾人，自益而损人，虽然在短期内可以占上风，久后便会遭受他人的歧视或敌视。墨子说："爱人者必见爱也，而恶人者必见恶也。"《左传》说："多行不义必自毙。"老子说："强梁者不得其死。"杀人不眨眼的人，往往最后会被别人杀掉。佛家讲因果报应，认为一个人行为的善恶决定他来世生活的苦乐祸福。其实在人类社会生活当中就有因果报应的关系，不必等到宗教家所说的阴曹地府里面而或转世投胎以后。一个人无意之间施恩于人或结怨于人，后来竟会收到报恩或报怨的结果。大多数人施恩或结怨更可以决定社会的治乱。治乱就是多数人恩怨行为的果报。社会的因果报应虽然不像宗教家所说那样如影随形，毫厘不爽，但大体上是祸福自召，恩怨分明的。个人从教训或经验当中体会到果报的关键在自己的行为，因此检点行为，不敢放肆。纵然为善不足，也不致为恶有余。多数人的遂生活动也因此略有轨范，不至于泛滥无归。

第三，国家的法律大体上也倾向于制裁个人，使其不至过度扩充一己的遂生活动而妨害他人。从这个眼光看，法律家所谓"犯罪"就是妨害他人遂生的行为。处罚犯罪行为就是保障多数人遂生的权利。汉高祖约法三章，"杀人者死，伤人及盗抵罪"。话虽简单，却能够说明法律制裁的最基本意义。社会当中多数人虽然像森林中的树木一样，能够留一部分的阳光，让同类去满足遂生的需要，但少数的人不能够安本分，有时候要侵夺别人的生活权利。虽然强梁者不得其死，但社会当中自然的因果报应不见得十分准确。法律可以加强果报的制裁，使其更加准确可靠。"刑期于无刑"的理想纵然难于达到（在法治最严明的国家里而还是不免有犯罪的行为），然而在法律和刑罚监督之下，犯罪的行为总可以减少一些。因此我们可以说法律关顾全体人的利益，限制个人的活动，以建立社会当中的遂生秩序。法律限制遂生活动的不规则表现，似乎阻碍了个人的自由。但除非多数人能够限制他们的遂生活动，除非承认别人的遂生权利，任何人的遂生自由都失去了保障，而随时可以遭受侵害阻挠。孟德斯鸠说得好："自由就是有权利做法律所允许的事。假如一个公民有权利做法律所禁止的事，那么他就没有自由了。因为其他一切的公民都有那同样的权利。"① 后来卢梭略承此意发出"公意"的学说，认为强迫人民服从公意，就是强迫人民得到自由。有些近代学者不明此旨，认卢梭故为奇论（paradox）冒充真理。如果我们坚守自由是无拘束的旧说，卢梭的话诚然是矛盾的胡说。但如果我用遂生来注释自由，那么，限制个人的遂生活动以维持全体的遂生活动，因而使个人的遂生活动也得到保障，而得以顺利推进，岂不是强迫个人而使之得到自由吗？

从上面粗浅的讨论，我们可以得着几个相连的结论：个人的遂生要求不能够离开社会而得到满足，在社会当中生活的个人不能够不关顾他人的生活权利。因此要满足个人的遂生要求，必需限制个人的遂生活动。遂生是自由，限制遂生的力量就是权威。这种权威的限制，有时候由个人自动地加上，有时候由社会他动地加上。个人自动对本身的遂生活动加上限制，有时候是由于仁爱心情的作用，有时候是由于功利主义的计算。仁爱的限制力量可以说是道德的权威，功利的限制力量可以说是理智的权威。自动的限制力量是"良心"的权威，他动的限制力量是社会的或法律的权威。权威不但不与遂生自由相冲突，它实在是在社会环境当中实现遂生自由的必要条件。个人可以自己选择他自己愿意服从的权威。他可以选择良心的拘束，社会的拘束。他可以选择主动的自治或被动的他治。他可以服从道德的命令或功利的指示。但他不能够毫无限制地去推进个人的遂生活动。

在遂生活动范围以内，自由与权威不相冲突，在达意范围以内是否也不相冲突呢？个人的信仰，思想，言论是否也必须受拘束限制呢？

我们在第二讲里面曾指出个人思想言论系由社会环境陶融而成的事实。英国哲学家波善克（Bosanquet）② 曾说，个人的心灵是社会生活

① 《法意》卷九第三节。
② *The Philosophical Theory of the State*, p. 174.

的独特表现或反映。个人思想既然是社会的产物或反映，换言之，思想既然不是个人任意的创造，那么严格说来，人类根本没有完全自由的（或不受限制的）思想和言论。

个人虽然没有完全自由的思想和言论，他却不能够没有自认为可取的思想和言论。人类除了生存欲之外还有一种表现欲，愿意把自己的情感和意思表现出来。从儿童们信口的唱歌或小百姓的街说巷议以至思想家，艺术家的发表著作，展览作品，都是程度不同的"达意"活动。广义的说，达意活动是人所共有的。从原则说，个人应当承认，别人也有和自己同样有达意的要求。我要享受达意的权利，同时就要让别人也能够享受这个权利。

但不幸是人类达意的活动有时候会超出合理的范围。一个思想家所以采取某一种主张，一个艺术家所以采取某一种作风，当然是由于他喜欢这种主张或作风，认为它是最合理或最完美的。他认定其他的主张或作风纵有可取，都不如自己所采的美善甚至根本毫无可取，于是往往进一步对它们加以批评或讥讽斥骂。宗教家和思想家排斥异己的倾向似乎更有过于艺术家。"文人相轻，自古已然"。虽然不见得每一个人都觉得丈夫或太太是别人的好，儿女是自己的好，但几乎每一个作家都明说或默认文章是自己的好。这恐怕是很少例外的一种普遍心理。从自是而非人的心理，自然会发生门户争胜的现象。合乎我者引为同调，异乎我者斥为邪异。照庄子的解释，入主出奴的态度基于人类好胜的劣根性。《在宥篇》说："世俗人皆喜人之同乎己而恶人之异于己也。同于己而欲之，异于己而不欲者，以出乎众为心也"。这个解释固然也有事实的根据，但门户争胜的动机，有时候不是单纯的"好胜"而是"悲天悯人"，想用一种自认正确的思想或信仰去救世。孔孟想以仁义的思想去救世。凡不合乎这个思想的学说都被他们斥为异端邪说。耶稣基督想用博爱敬天的教义去救世。凡不合乎这个教义的宗教都被认作异端邪说。

达意的活动先从自是非人的心理，一转而成为门户争胜的现象，再转便成为思想独尊的结局。思想家狭隘的偏见，宗教家狂热的信仰，有时候会使得原来睿智慈悲的活动完全变质，转为愚盲拙劣强暴残酷的活动。秦始皇"别黑白定一尊"，以吏为师，焚书坑儒。汉武帝推尊孔氏，罢黜百家。中世纪的天主教想利用政治的力量，以火刑消灭异端。这都是历史上最惊人的恶例。政治家有时候也采用这办法以消灭异己。周厉王的监谤，秦法的偶语弃市，法西斯纳粹和苏维埃独裁的统制思想，也可以看做少数人达意活动的越出范围，以致酿成多数人达意自由的完全消失。

如果我们上面的分析不误，我们就应当承认，人类的达意活动需要保障，同时也就需要限制。要使得人人能够达意，便要限制任何达意活动，正如要使得人人能够遂生，便要限制任何人的遂生活动，使其不能够侵害阻遏别人的遂生活动一样。

也许有人要怀疑，遂生自由和达意自由的性质不同，不能够相提并论。遂生是人人维持生命的普遍要求，没有是非善恶的差别。所以人人应当有同样的平等的遂生权利，纵然不能够大家有饭吃，至少也要有饭大家吃。达意的要求纵然普遍，但人与人间的要求在事实上不是平等的。大致说来，智识高广，精神生活发达的人，比未受教育，脑力贫乏的人有更多更大的达意要求。哲人教主的思想比愚昧平庸人的思想有更大的价值，包含更多的真理。为了社会进步起见，甚至为了愚庸者自身的利益起见，社会应当给与优秀分子以更多更大的达意自由。纵然其余人众的达意自由因此受到限制也是无妨的。所以在一个社会当中，不一定要大家有话说，也不一定要有话大家说。儒家圣君的理想，和柏拉图哲君（philosopher-king）的理想，纳粹党人所说"领袖的原则"，在某限度以内是值得考虑的。

这个说法，假定思想信仰有真伪是非邪正的区别，而且真伪是非邪正的标准是十分明显，随时可以确定的。然而根据几千年来人类的经验来看，思想信仰纵有是非邪正之分，而孰是孰非，谁邪谁正，却不容易得到确实的判定。庄子《齐物论》有一段很有趣味的话："既使我与若辩矣。若胜我，我不若胜，若果是也，我果非也邪？我胜若，若不吾胜，我果是也，若果非也邪？其或是也，其或非也邪？其俱是也，其俱非也邪？我与若不能相知也，则人固受其黮暗。吾谁使正之？使同乎若者正之？既与若同矣，恶能正之。使同乎我者正之？既同乎我矣，恶能正之。使异乎我与若者正之？既异乎我与若矣，恶能正之。使同乎我与若者正之？既同乎我与若矣，恶能正之。然则我与若与人俱不能相知也，而待彼也邪？"庄子指出人类观点思想难于一致的事实，虽然略有过分，但也不是完全无稽。例如宗教家几乎毫无例外，自认本教的教义为正道真理。但世界上的宗教不一，教义互殊。谁是正道，不易作确切不移，人所共喻的论断。基督教和清真教各认其所崇拜的上帝为真宰，各自主张除真宰之外别无可拜之神。上帝不能自己直接发言，人类便无从判断两教的是非。只要能够不像印度与回教或犹太与回教的流血冲突，而能各行其是，彼此相安，便是天大的幸事。不但宗教信仰，学术思想也难于有明确的是非标准。先秦诸子的互相攻排便是著例。儒家在汉代得到了正统思想的地位。但黄老与申韩的后学仍旧不承认孔孟能够代表真理。到了近代，主张打倒"孔家店"的人当然更不承认。自然科学的学说，可以说是最客观，最切实的了。但哥白尼，爱因斯坦便修正了科学家多年公认的真理。

我们可以承认世界上有绝对的真理，也可以承认人类有发现真理的能力。但我们必须承认在任何时间，任何一个人或一群人不一定发现了全部的或最后的真理。理由是很明显的。因为人类知识的范围有限，而宇宙的秘奥无穷。人类可以不断地扩充知识的范围。但如果把自己的知识范围看做宇宙真理的全部却是狂妄。如果把自己的知识内容看作宇宙的最后真理，不容许别人提出不同的见解，那更是狂妄之外加上了强横。这样的态度只会阻止知识的扩充和真理的透露。反之，如果人人追求真理表示意见，而不妨碍别人同样的活动，如果不同的思想言论互相切磋而不单独垄断，知识范围便可以比较迅速地扩充。宇宙任何一个现象都有无数的前因后果，而宇宙间人类可以见闻的现象为数也至为繁多。一个人的聪明和时间只足够了解宇宙的一小部分。一个人的心思只能在一个时间里面针对一个方向去探讨。人类探求真理的情形，好像一只电筒射在一堵黑暗而广大的墙壁上，在一个时限以内，只能照明墙面的一小块。开明的思想家会有系统地把电筒移动，以图多照一些面积，也会容忍别人的电筒照在不同的面积上，因此可以尽量看清墙上的美丽花纹。偏执的思想家既不肯移动电筒，更不准别人的电筒照明别的面积，看见墙的一角却以为墙的全貌尽在眼中。其错误正如古人所谓"坐井观天"或"扪鼻喻象"。纵然大圣大贤的眼光远大，不能比做电筒，而应当比美日月。然而日月之明在一个时间也不能照见地球的全体！我们也不要看轻我们所指为愚昧之人。古人说："愚者千虑，不无一得"。中世纪最伟大的思想家圣多玛就被他的同学称为"哑牛"（"dumb ox"）。在门户辩争之中，对敌的思想家往往被斥为大愚。孟子甚至骂杨朱墨翟为禽兽！

所以为了真理，我们应该保障一切人的达意活动，要让人人有同等表示思想的机会，不管他们自身是愚是智，是君子或是小人。不管他们的思想是好是坏，是邪是正。庄子说："道恶乎往而不存，言恶乎存而不可"。"是以圣人和之以是非而休乎天钧，是之谓两行"。我们在达意的问题上应当接受这个天钧两行的原则，让不同的思想与言论去自然平衡，同时传播。

那就是说，我们要限制任何人的达意活动，不让他垄断自由，妨碍他人的达意活动。我们要用法律和教育的方法建立一个达意的社会秩序，使得人民不但能够有话大家讲，而且能够大家有话讲。在这个秩序当中，任何人都不能够用强力去压迫他人接受自己的主张，去禁止他人发表本心的意见。

在一个近代国家当中，私人大致上不会有用强力迫使他人接受自己主张的力量。达意自由最大的威胁还是执掌大权的政府。因此近代各国宪法保障个人思想信仰言论自由的条文规定是极有意义的。用我们的眼光看，这些条文事实上等于限制了政府人员的达意活动，防止他们认定自己的信仰和思想是绝对正确，因而强迫人民接受。一般人都知道法律，可以拘束个人的行动。他们有时候忘了在近代国家当中，法律也拘束政府人员的行动。而且就思想信仰言论来说，法律对于政府的拘束比较加于人民者更为必要，也更为重要。

照方才的解释，可见在达意活动的范围内，自由与权威也是不相冲突的，达意的自由也需要权威，建立秩序，由合理的限制而得到普遍的保障。

自由与权威的矛盾解决以后，自由与平等的矛盾，尤其是遂生自由与经济平等间的矛盾，也不难随着解决。在前一讲里面，我们发现传统的自由思想，认定不受拘束才是自由。经济生活的放任直接地促成了经济不平等，间接地促成了政治假自由。共产主义反过来想用澈底的拘束管制来消除经济不平等。用我们的名词来讲，前者承认达意的自由而疏忽了遂生，后者注重遂生的自由而疏忽了达意。要解决两者间的矛盾，我们必需遂生与达意并重，建立一个新的社会秩序，使个人得到完整无缺的自由。这个自由不是个人的活动不受拘束，而是在合理限制之下人人得到天性的充分满足和发展。

我们已经说明，遂生和达意的活动都需要适宜的限制，但就人类的经验看，遂生活动的限制比达意活动的限制更为困难而迫切。达意活动唯一重大的障碍是凭藉强力以图作思想或信仰的独占。只要人类放弃用刀枪水火作消除异己言论的工具，精神生活的领域真如天空海阔足以容纳一切的思想和信仰。某甲发表了一个主张，某乙某丙某丁也可以各自发表主张，不因为某甲已经发表了主张而他们便没有了发表主张的空间。物理学上物体相排的定律（两个物体不能同时占据同一空间）是不能适用于思想信仰的。至于遂生的活动，不但牵涉到人与人的关系，而且牵涉到人与物的关系。经济生产消费和分配等一切复杂困难的问题都由此而发生。社会中的财富虽然可以由于生产方法的进步而继长增高，不像司马光所说"天地所生货财百物止有此数"，但在某一指定时间，一部分人如果多享有一些，其余的人必然要比例地少享有一些。农田耕地的面积更有一定的最后限度。如果"富者田连阡陌"，贫者必然就会"无立锥之地"。假如社会当中没有合理的经济制度，人类竟会因各求遂生而酿成同类相残的惨境。荀子说得好："欲恶同物，欲多而物寡，寡则必争。"要人类不争，我们必需调整人与物的经济关系和人与人的经济关系。

调整人与物的经济关系，必需用合理的方法去计划，经营，和管制生产、消费、供应等活动。大体上说，这是一个经济学的课题。我们不必在这里来讨论，但有三个原则可以提出来研究。

（一）西洋近代国家工业革命以后的经济发展，多得力于私人自由企业，但资本主义成立以后的经济发展却有赖于私人集中企业。集中企业的经济方式形成了独占的经济。大规模大资本的生产，又往往酿成过剩的生产。这样一来，生产和分配都难于合理。解除这些困难的有效办法只有管制和计划经济。

（二）一般地说，生产与分配应当同时并重。但在一个民生枯窘的国家里面，生产的充实比较分配的均平更为迫切需要。孔子说："有国有家者不患贫而患不均"。这是一个注重分配的说法。俗话说："有饭大家吃"。这也是一个注重分配的说法。但我们不要忘了"有饭"是一件事，"大家吃"又是一件事。先要有饭，然后才能够大家吃。美国可以算是当今第一个典型的资本社会。贫富不均的现象固然可耻地存在。然而美国人虽不能够大家吃一样丰富的饭，却因为生产发达，做到了有饭可吃的成绩。工人虽也有失业的悲哀，但不失业的工人尽可以有自己的房屋和汽车。中国可以说是当今"名列前茅"的贫穷社会。初初萌芽的工业和生产组织，在抗日戡乱的战火当中摧毁殆尽，甚至于在号称以农立国的社会当中，粮食都要仰仗友邦的周济。纵然我们愿意有饭大家吃，无奈可吃之饭实在太少。有许多人把大家没饭吃的责任写在"豪门资本"的账上。豪门资本垄断市场剥削民生的罪恶诚然不容否认，但假使豪门资本能够采取正当的生产途径，把它无比的经济力量放在恢复生产发展农工的工作里面，中国贫穷的苦境至少可以改善一些。

（三）要促进生产，必需有现代的生产知识和技术。利用厚生，驾驭物质的科学是经济建设的必要基础。实用科学的教育是任何国家所不能忽视的工作。

人文的教育应当与技术教育同时并重，不容偏废。我们要享受物质的效用，但不要忘了人性的尊严。"稚子弄影，不知为影所弄。"① 人类发明了机器，掌握了机器的动力，自以为驾驭了物质。我们不知不觉间很容易"玩物丧志"，只知道追逐物力，认为人生意义，尽在这里。役使机器的人反而为机器所役使。这样的人类，不过是用科学方法作遂生活动的一种高等动物而已。

人与物间的关系需要调顿，人与人间的经济关系也需要充分的调整和管制。在感情生活方面，人类确可以表现忠孝仁爱的美德。但在经济生活方面，人类有时候也可以做出穷凶极恶的行为。"当歉岁则争臭恶之尸，值严围则食父子之肉。"② 在经济斗争的时候，人类如果没有适当的拘束，真可以无所不为。有道德修养的人可以自己限制遂生的活动，不使其越出轨范。仁爱天性笃厚的人更可以缩小自己遂生的满足以扶助同类的生存。可惜在任何社会当中不是人人都有这样的修养和天性。不能克己自制的人必然会无限度地扩充自己遂生活动，因而妨碍他人的生存，这样的人除了用合理制度的外力拘束以外，别无对付的方法。荀子说："人之情，食欲有刍豢，衣欲有文绣，行欲有舆马，又欲夫余财蓄积之富也。然而穷年累世不知足，是人之情也"。虽然社会中不一定人人都这样不知足，但少数不知足的人已经足够把社会的经济生活弄得混乱不堪。古人所慨叹的"豪强兼并"，时人所诅咒的"豪门资本"，社会主义者所攻击的"剥削阶级"，大体上就是"不知足"的一个产物。因此马克斯"阶级斗争"的理论，未尝不包含一部分的真理。社会主义者和共产主义者澈底管制经济生活的主张，因此也确有可取之处。

就近代社会的情形说，人与人间经济关系的失调，大体上是由于劳力，资本，与物产分配的失当。古今的思想家所提出调整的原则，似乎以儒家和共产主义者为最惹人注意。礼运说："人不独亲其亲，不独子

---

① 《谭子化书》，《稚子篇》。

② 同上书，《鸱鸢篇》。

其子，使老有所终，壮有所用，矜寡孤独废疾者皆有所养。男有分，女有归。货恶其弃于地也，不必藏于己。力恶其不出于身也，不必为己。是故谋闭而不兴，盗窃乱贼而不作。是谓大同。"这是儒家遂生制度的最高理想。荀子说："欲恶同物，欲多而物寡，寡则必争。……事业所恶也，功利所好也，职业无分，如是则人有树事之患，而有争功之祸。……故知者为之分也，……德必称位，位必称禄，禄必称用。……朝无幸位，民无幸生。"① 这可以说是儒家遂生制度的最低理想。马克斯②认定在共产社会后期里面，个人从分工制度之下解放出来，他们的全部才能充分发展，社会的生产力比例地增加，社会的财富也更为丰裕。在这个情形之下，"各尽所能，各取所需"的理想就可以实现了。这是共产主义者遂生制度的最高理想。列宁③认为在共产社会实现之先，必需经过一个"社会主义"的阶段。在这个阶段里，"生产的工具属于社会，不再是个人的私产。每一个社会的分子分别执行社会必需的工作，从社会得到一个证书，证明他曾经做了某一数量的工作。凭了这张证书，他从存放消费品的公共货栈里面领取和他工作数量相当的物产。因此每一工人减去了归入公积的那一部分劳力以后，从社会当中取得和他所给予社会的贡献相当的报酬。"这可以说是共产主义者遂生制度最低的理想。

人类所提出来的遂生制度理想当然不只上面所说的两种。但大致说来，其他的理想，似乎不能超出"各尽所能，各取所需"和"禄必称用，民无幸生"的两大原则。无论我们采取哪一种理想，我们必需承认，要使得人人遂生，社会当中不能不建立一个管制经济活动的遂生秩序。

但遂生的制度必须由人民自己选择，自己运用。换言之，经济管制必需以政治民主为条件。最稳当的遂生制度必须认人民自己决定如何管制经济活动和谁来管制经济活动。

共产主义者相信阶级间的斗争无法消融，因此主张用革命的手段建立"无产阶级独裁"，以实现经济平等的遂生制度。在革命和建设过程当中，个人都没有自动选择的余地。这种方法，诚然有效。但就人类生活的全面看，却有极大的流弊。独裁政治集大权于少数人的手上。历史

---

① 《荀子·富国篇》。

② 见 *Critique of the Gotha Program*。

③ 见 *The State and Revolution*，p. 200。

的经验告诉我们，少数人纵然不是有意滥用大权，至少难免误用大权。这是一弊。共产主义者想用阶级独裁的手段以达到阶级荡平的目的。殊不知人类除了求生存的欲望（will to live）以外还有一种求权力的欲望（will to power）。独裁政治让领袖欲作无限制的发展。要手拿屠刀的人放下屠刀不是一件容易的事。社会纵然得到了经济的阶级平等，恐怕不免发生政治的阶级不平等。这是二弊。假如我们不信这话，认为共产主义者荡平阶级的理想可以由独裁政治实现，我们何妨等一等，到苏联果然达到了之后再下断语呢？还有一点：共产主义者遂生制度的最大好处是让大家有饭吃，或大家吃同量的饭。为了达到"实其腹"的享受，他们愿意"虚其心"，愿意大家无话说，或大家不说话。但我们在第二讲里面曾经发现人类除了遂生之外还有不能消灭的达意要求。这种自由不但有关个人心理的健康，并且有关社会文化的进步。苏联为了管制经济而管制思想，甚至音乐家的乐谱，被认为不合乎共产主义的意识形态时，也要加以干涉。这种牺牲达意自由的遂生制度，照我们看来，也不免美中不足。

遂生和达意是人类自由，不可偏废的两个方面。它们是相辅而行，相助以长的。用普通的话来说：经济平等是政治自由的基础，政治自由是经济平等的道途。资本主义注意政治自由而忽略经济平等，共产主义企求经济平等而牺牲政治自由，都有所缺漏。用政治自决的方式以建立经济管制的社会，才能够同时兼顾人类遂生和达意的全部自由。这样说来，自由与平等间的矛盾也就可以涣然冰释了。

············

我们主要的结论是：第一，自由不是消极地不受拘束而是积极地满足人性。因此自由不仅是个人权利的享受，而是生活本身的表现。一个人愈作生活的努力便愈有自由。社会当然应该保障个人的自由。但假如个人不努力生活，不努力于遂生达意的活动，社会纵然规定人民有某些自由，自不长进的个人还是没有多少自由。不但如此，努力便是进步。近代人类的文化便是遂生达意活动的结果。因此我们可以说，不进步便是不自由。《周易·乾卦》说："天行健，君子以自强不息"。自强不息的人才是真正自由的人。

第二，自由不仅是个人天性的满足，也是人类社会性的满足。爱类和互助的心理产生了合群的现象。合群的事实又产生了人我交互的关系。个人的自由也因此必须制度化，必须受社会的指导与管制。但自由既是个人自己天性的满足，管制自由的制度也必须由人民自己去选择运用。自由不是个人不受拘束，但自由只能在民主的拘束之下而安全存在。

我们上面所得到的两个结论是极其平凡的"老生常谈"。然而常谈往往接近真理。刁钻古怪的议论有时候倒是"美言不信"。我们所得的常谈虽不敢说是真理，但或者可以帮助我们对于自由的概念得一个比较接近实际的认识。

——选自光华大学丛书《自由的理论与实际》

（商务印书馆 1948 年 10 月初版）

大学教育与学术独立

如何整顿大学教育
（1933 年）

中国自从清季倡办新政，废科举，设学堂，数十年已来，"整顿教育"好像成了政府的一贯政策。辛亥以后差不多经一次的政变，便有一次的整顿教育。国民政府成立了不过数年，教育制度已经变更了几次。甚至每一位教育部长上台，就有一个整顿教育的计划。中国政府对于整顿教育如此努力，教育的进步似乎应当超过世界任何国家了。但是事实不是这样的。中国整顿教育愈热心，更显出教育的腐败，虽然每次整顿的结果不能说是每况愈下，至少我们要承认进步是很慢，成效并不大。

教育失败的原因当然是复杂的，例如社会不安，政治不上轨道，都是间接的重要原因。教育固然可以改造社会，刷新政治，但是教育的进步和社会的进步，总是互为因果。教育并非仙方魔术，可以于一转眼间化腐朽为神奇。因为这个原因，我们对于历来执掌教育大权的大人先生们，不应当过于苛责。

但是教育失败尚有较直接的原因。其中最显然的一个是：教育当局虽有整顿的决心与毅力，但对于教育的性质和功用似乎未能确然认清。因为国内谈教育者大半注意高等教育，所以我也专就大学教育发言（虽然这是不很妥当的）。

近代中国教育的改革当以清季废科举为最重要。我们赞成废科举，因为我们承认科举时代的教育是错误的。但是现代教育是否完全脱离了科举时代的精神，尚是一疑问。我们不可不平心静气的反省一下。中国传统教育的原则，最重要的是"学以致用"。换句话说，教育的目的不是学问的本身而是本身以外的"用"。什么是"用"呢？在科举时代是"书中自有黄金屋"；是"扬名声，显父母"；是"出将入相"，"经邦治国"；——总而言之读书不是求知，不是为学问而学问。就是理学家大谈格物致知，归根到底还是要拉到治国平天下上面去。至于子张干禄之辈把学问认做了名利的捷径，更不足深论。因为中国人信奉如此粗浅的一个实用主义，所以中国虽有长期的教育史而无科学的产生。中国人能够发明指南针、地震器、火药、纸张、木版书籍等物，而不能够发见宇宙引力的定律，生物演化的理论。我们只注意应付眼前的现状而不愿意去求进步，寻真理。这种非科学的实用态度是中国文化的一个特点，或者也可以说是中国人的一个弱点，而这个特点或弱点已在历来的教育精神上十足的表现出来。

"学以致用"不但是科举时代的教育原则，也是当今教育的主旨。党国要人提倡工程实业教育，无非是因为工程实业教育具有"救国"的实用。教育部限制文法学院学生的名额，其理由之一也是理工的人材较为需要。其他一切人的态度都明显地表示学以致用的主张。假如提倡实用，果然能够一洗从前空泛虚浮的学风，当然是很好的事情。但是事实上实用教育未曾实现，而"不切实用"的纯粹学术亦因此受了打击，不易前进。悲观的人或者要说现在学风的虚浮，比科举时代还要变本加厉。土八股虽然打倒了，洋八股代之而兴。文学是革命了，党义是颁行了；但是新文学在什么地方比旧文学更有补于国事民生，党义在什么地方比经义更能实际救国，颇令人难以致答。因为洋八股、白话文，比土八股更容易做，所以出版的书籍刊物，风起云涌，替日本瑞典诸国推销了不少的纸张。还有一层：在从前科举时代政府提倡学以致用，同时为读书人定一条出路。冲要大员大批科举出身；而进士翰林出身的"词臣"亦不乏才智出群之士，效忠君国。现在一面标榜实用教育，一面又不为受教育的人谋实用之机会。四年毕业，一纸文凭，高等教育的责任就算完成。粗制滥造，年复一年，毕业生应考文官，未必能取；各处奔走谋事，未必有成。政治既然不安定，具有专门学识而无奥援的人，更感应用所学的困难。现在一般人满口讲培植工程人才。其实政府如果能把已经造就的工程人才分配到工程建设事业上去服务，不使他们作用非所学的事，便是一场功德。我个人的朋友或同学专习工程各科的人，其中不少因为不能谋得（或不愿谋得？）实际工程的职务而去做官、教书、经商的。有了实用的人才，反而不用；没有任用实用人才的办法，偏要高唱实用教育。结果抱学以致用宗旨的人，对政府失去了信心。名利熏心的知道出身不在真正的学识，于是把教育看成一种取巧幸进的工具。诚心向学的人更因不能得社会的同情而彷徨歧路。无怪乎办教育的人天天高呼实用，而造就的人才实不能用了！

这种失败不是由于提倡实用教育的错误，也不是办大学教育的错误。其根本原因之一，照我个人看来，是被学以致用一句话所误，把全部的大学教育认为仅是实用教育，把高等普通教育与专门或职业教育混为一谈。我以为大学教育和高等专门教育的性质并不相同。后者的功用是训练技术人才，而前者是养成"通人"或"学者"。两者本当分头兼重，并行不悖。中国的教育家把二者的界限不曾看清，对于西洋求知纯粹科学（广义的）精神似又未了解，于是拿科举时代学以致用的眼光来办以高等普通教育为主体的大学，这真是一件不幸的事。

我以为整顿大学教育应当承认下列三个原则：

（一）大学教育的功用是培养治学人材，与专门教育分途并进，两不相妨。

（二）确定治学人材的出路。

（三）养成学以求知的科学精神，放弃学以致用的科举观念。

现在分别说明我提出这三点的理由如下。

（一）在上文中我曾批评迷信实用教育的错误，同时又指摘大学教育的空泛不切实际，似乎自相矛盾。其实我既不反对实用教育，更不拥护空泛教育。我的意思以为办教育的人应当把大学教育与专门教育的途径分开，不可张冠李戴，在不应该讲实用的地方讲实用。前清废科举、办学堂的时候注重实用的空气颇为浓厚。严几道曾主张"治学"与"治事"的教育宜分，以矫正其弊。当时的人往往提倡"以专门之学，任专门之事"，"以坐言起行，合为一事"。殊不知"治学"与"治事"是两件不同的事，不可得兼。他说：

> 尝有观理极深，处事极当，宏通渊粹，贯通百物之人，授之以事，未必即胜任而快愉。而彼任事之人崛起草莱，乘时设施，往往合道，不必皆由于学。使强奈端以带兵，未必能及拿破仑也。使毕士马以治学，未必即达尔文也。

严氏的区分是否全是，姑且不论；但他的主张大体是合理的。大学中虽或可出治事之材（欧美不乏先例），但大学的功能却在训练治学之才。所谓治学之才，当然不必限于埋首书案的纯粹学者。高等普通教育的结果也可以出产通达世务、胸襟开旷、眼光远大的通人，也可以出产天才卓越的文人、诗人、艺术家。但是这几种人材，严格地说，都不是学以致用的人材。

我们如果把大学中所设各系的性质略为分析一下，此理更为明显。假如大学是训练治事之才的地方，文学、哲学、历史等系有何用处？物理系的毕业生，如遇家里的电话坏了未必能有电气匠的能耐，把它修好。更进一步说，假如他能做迈克生、康卜登、安因斯坦，那是大学教育绝大的成功；假如他不能做爱迪生，也不能算是失败。法学院各系的性质，略为不同。它们虽较文理各系较近实用的治事一途，但亦与寻常人心中所想的实用不同。经济学系的主旨并不在教人如何发财，政治学系也不教人如何升官。在政治系或经济系治学的好处是明了政治经济生活的原理，了解世界各国政治经济组织的情况。参加实际工作的时候，能够高瞻远瞩，胜人一筹，不做无谓的事情。这还是仅就应用方面说。其实政治经济等类的学问自有它们本身学术的价值。研究政治学或经济学的学者，和物理学家、历史学家一样在大学中占一相当的地位。

大学是培养治学人材的学府。造就实用的专门人才，可另设高等专门学校，如德国的 Hochschule、美国的 Institute of Technology。也可照现在中国的办法在大学中设立专门学院。

但最重要的一点是要认清二者性质不同，不可因为现在大学中有实用教育的一部分，即以为大学教育全部是实用教育。假如我们认为中国现在国难未已，民生凋敝，无力"治学"，而停办大学——非实用的高等教育——也未尝不是一种适应国情的政策，不可厚非。但既办大学，揭出最高学府的招牌，而又挂羊头，卖狗肉，大办其变相的职业学校，却是不可。我以为宁可不办大学，不可办非驴非马的大学。

（二）教育当局不但要分开治学和治事的途径，并且应该为二种人材谋确定的出路。后者的出路当然在乎任用贤能以图建设。这事非待政治上了轨道是不易实现的。（同时这事若不实现到相当程度，政治也难上轨道。）治学人材的出路与政治的关系较浅。第一，办教育者要承认学术自身的真价值，给笃学之士以诚心的赞助和奖励。西洋先进各国对于学术的推崇、学者的尊敬是人所悉知的。在彼处一位对于学术有贡献的人是常常名利兼收。贡献愈大，名利上的收获亦愈大。已死的学者文人，也受政府或人民的荣戴。我们只须一看各国通都大邑中文人学者等的纪念品——碑、铭、像、墓等——即可了然。中国对于学者的崇拜，以较西洋，真有望尘莫及之慨。假如一位西洋游客到中国来观光，他随地所见的不是李太白或韩昌黎的纪念碑，也不是苏东坡或戴东原的铜像。他所数见不鲜的是和尚庙、道士观、尼姑庵；文庙、武庙，或其他

"立德立功"者的生祠专祠；此外惹人注目的还有伟人要人的陵墓，前代帝王的陵寝；有名烈士、无名英雄的纪念建筑物……假如他相信中国文化是以"士"或学者文人为中心，他看见此种现象或许要发生"莫名其妙"的感觉。我并不是说我们不应当纪念伟人先烈，我只是说中国虽历来号称重士，而实际上并不看重真正的"书呆子"。在此种环境中办大学，自然难得满意的结果。我们要办大学，同时必须奖进学术，养成尊重学者的风气。

所谓奖进学术，包括物质的与精神的两方面。物质上政府可以与学者以种种的援助或奖励，如研究设备、学术奖金等等，但是精神上的援助也是同等的重要。潜心学术的人很少为利的，有一部分（也许是很少数）的人，甚至连名也不在心目之中。他们以为读书自有真乐，研究工作的本身即是他们努力的报酬。不过众人的钦佩、知音者的赞许，也可以与他们以快意的刺激。社会上如能养成一种尊崇学术的普遍空气，献身学术的人数自然增加，研究学术的兴味自然更趋浓厚，学术自然可以进步。不然，学以致用的观念永远压倒学以求知的态度。中国的学术永远不能与他国争衡，永远要落伍。

（三）我们在上面已经说明大学是培养学者和通人的最高学府，并主张政府当奖进和援助治学的人材。现在我们更进一层，建议于教育当局，确定一种积极的政策，培养学以求知的风气，在大学当中提倡纯粹的科学精神。实用教育的重要是不容否认的，但是注重实用已成为现在许多党国要人的口号，更无须乎我们治下小民的提倡。至于求知的科学精神，似乎至今尚未为一般人所重视。没有这种精神而办大学，恐怕很难得着结果。所谓学以求知，就是爱好学术，或承认学术本身有价值，而去求学；至于学是否有"用"，并不在心目当中。

近来颇有人提出"读书不忘救国"的口号。假如一个学生在读书的时候，一字一句之间，念念不忘"救国"，我相信他虽手不释卷，必是"心不在焉"，不知所云。其实"救国"太热心的人，根本就不必读书（虽然读书的人未必无补于国）。况且作一事而别有所为，便是缺乏诚意。缺乏诚意的工作，每难得圆满的结果。有人说，假如青年为救国而读书，宗旨岂非极端纯正？假如他是诚心忧国，岂可说他缺乏诚意？我的答案是：救国的宗旨固然比升官发财较纯正，但从治学本身方面看来，却是同等的不纯正。臧谷亡羊，那〔哪〕有善恶的分别？况且把工作与目的打成两截，尚有一个很大的流弊。为目的而工作，工作自身便失去了意味。浅见的人，有时急于达到目的，每至于取巧徼幸，以图不耕而获。我们如果把国人与西洋人一加比较，更可明白这种浅薄实用主义的弱点。我们不妨拿商人来做一个例。中国商人以赚钱发财为目的，以经营商业为手段，二者截然两事。所以他们对于商业本身并不感觉兴趣。只要可以赚钱，任何卑劣有碍于商业的事都可以做。他们的理想是发一注大财，退休养老，做"封翁"，享清福。美国的商人往往有发了百万千万的财，到了六七十岁，应当退休的时候，依然继续不断的工作。他们在从前，固然是为赚钱而经商。但他们对于经商工作的本身也有兴趣。换句话说，经商是手段，同时也是目的。到了发财以后，他们显然不是为赚钱而工作，乃是为工作而工作了。我以为缺乏为工作而工作的精神，正是中国"国力"不充实的一个大原因。有了这样"自强不息"的精神，国力才有增长的希望。假如国人能忠实诚恳地为做官而做官，为当兵而当兵，为读书而读书，为游戏而游戏（可怜得很，中国人往往连游戏也有另外的目的）——如果多数人有如此诚实的态度，全国的事必定好办多了。我们要培养此种精神，应当从所谓知识阶级做起。最低限度，号称最高学府中的人，应该有为读书而读书的态度。能有此种态度，学术方得进步。学者以学术的自身为目的，所以他的工作和贡献没有止境。假如一个学者治学的目的是在学问以外，目的一经达到，求知的事业即便停止，他自己也成了学术界中的死人。

我们如能承认（一）"治学"是大学教育的基本工作；（二）治学治事应当分道扬镳，不可以治事而害治学；（三）政府应为治学人材谋出路；（四）学以求知的态度是急待提倡和培养的；——假如我们承认这几点，我们便能确定一较合理的大学教育方针。根据这个方针去整顿教育，或者可以更见功效。至于文法学院的学生数目是否不应超过理工；各校某院某系是否应缩小或裁并；私立大学是否应添设文法学院；诸如此类，尚系枝节的问题，一时纵不能圆满解决，于大学教育成绩的大体并无多大的影响。反过来说，如果我们不能逐渐地养成学以求知的风气，大学教育终不免似是而非，难于整顿。倒不如老老实实地免唱高调，不办大学，而专心致力于职业或专门学校，也许能够名副其实，得到相当的效果，不致把得之维艰人民血汗的金钱尽数掷之于无用之地。

——原载《独立评论》第五十八、五十九号

（民国二十二年七月九日、十六日）

工作的快乐
（1943 年）

    从前荀子曾说："事业所恶也，功利所好也。"这两句话把一般人厌恶工作的心理表示得明白无遗。"工作乏味得很！""生活枯燥得很！"这是一般青年、中年、或者老年人口中常发的感叹，至少是他们心中常起的感想。工作既然乏味，他们在工作的时候必不能够鼓舞精神，全力以赴。无形之中工作便受了不良的影响。在工作可以停止的时候他们自然弃之如敝屣，悠然而逝，别寻快乐。于是电影院、大舞台、跳舞场平添了无数的主顾，假使时间来不及，便牺牲吃饭，枵腹入座也未尝不可。或者叉麻将、推牌九、打扑克，夜以继日精神百倍。纵然磨到了头昏眼花、腰酸背痛的地步也毫无怨言。等到必须工作的时候，已是精神颓丧，意兴索然，为着"饭碗"的关系，只得勉强敷衍过去，呵欠之余，再来一声"生活苦闷"！倘若孔夫子生在今日，他也许要喟然叹曰："吾未见好工作如好娱乐者也！"

    正当适宜的娱乐，我们无可反对，并且要加以提倡。然而一般人把娱乐认为惟一可喜的活动，把工作认为必然可厌的事，这却是一个错误。平心而论，工作与娱乐并非苦乐相反。读书做事需要劳心费力，打牌跳舞何尝不劳心费力？看好电影听好戏固然有趣（注意：看坏电影听蹩脚戏是无趣的），读好书做好事何尝又没有趣呢？苦乐的区别几乎完全是当事人自己的心理态度所决定。我们能够认看戏打牌为有趣，我们也可以把工作当做娱乐。

    "日出而作，日入而息。凿井而饮，耕田而食。帝力何有于我哉！"这是相传为尧时老人所唱的"击壤歌"。这岂不充分表现了农人对于工作的快乐吗？

    "其为人也，发愤忘食，乐以忘忧，不知老之将至。"这是孔子的自白。"一箪食，一瓢饮，在陋巷，人不堪其忧，回也不改其乐，贤哉回也！"这是孔子对颜回的称赞。这岂不明白地指出了读书学道的快乐吗？这种乐业的心理在古书中随处可以找着不少的记载。

西洋人也能领会工作的快乐。或者他们乐业的心理比我们中国人更为普遍些。例如"哲学"这个名词希腊原文的意义是"爱智"，智而可爱，可见研究学问的人用不着愁眉苦脸，把它当苦口的良药去硬吞，而可以当山珍海味去咀嚼欣赏。我们别误会爱智是古希腊的陈迹。在现代的欧美社会中尽有为趣味而工作，从工作得快乐的学问家、企业家和政治家足供我们的借镜。

我们如何可从工作中得到快乐？这并不是一件甚难的事。我们只要改变我们对工作的态度就行了。为容易了解起见，我们无妨从艺术工作说起。一个艺术家对于他的工作至少有两种基本的心理。第一，他对于他的工作有真挚而长久的兴趣。第二，他的工作就是他自己的主要目的，而不只是达到另一目的的工具——它不只是取得金钱和名誉的代价。倘如一个艺术家像一部分的学生或公务员，只感觉工作的烦恼，只想到以工作换取物质上或其他报酬，他的工作品恐怕会毫无价值，无人过问。

读书做事，诚然与艺术工作有重要不同之点。然而工作者却未尝不可采取近乎艺术家的态度。任何人都能够对某一种工作发生兴趣，他也能够把这种有兴趣的工作作为本身直接的目的。他可以聚精会神去推进、去改善、去完成他的工作。在这种心理之下，非艺术的工作人也可以享受艺术创造的快乐。——读书的有了心得，办公的写了得意的签呈，从政的举办了艰难的事务……我们不用担心报酬，"莫问收获，但事耕耘"。工作有了成绩，报酬迟早必来。

我们要以艺术的态度去工作！我们要把工作看成娱乐！我们要拿看戏的兴趣去看书，用打牌的精神去办事！我们先完成这一种"心理的建设"，我们就不会再感觉工作的苦痛，而能够从工作中得到快乐。我们的工作不但不受恶劣的影响，而且可以得着更多更好的成绩。

这是一粒效验如神的"工作止痛丸"。笔者不敢独享，谨以公诸同好，以为祝贺新年的礼物。

——原载民国三十二年一月光华大学四年级同学会壁报

学术独立的真谛
（1945 年）

国民党第六届全国代表大会在本年五月十八日通过了"促进宪政实施之各种必要措施案"。其中提议的第三点是"各级学校以内不设党部，三民主义青年团改属于政府，担任训练青年之任务"。就政治说，这个决议的作用是表示实行宪政的决心，便利宪政的进行，其重要性是显明易见的。就教育的观点说，这个决议的实行是"党化"教育的终止，"学术独立"的开端，换句话说，是我们教育政策的转变，其重要性更是不容蔑视的。

国内人士对于这个决定大致表示欢迎和拥护，论者或检讨以往教育政策的阙失，或提出改进教育的方案。有的主张改变学制，有的建议"大学自治"，有的注重于充实内容，有的着眼于合理分布。笔者不揣愚陋，在此提出一些补充的意见以附于时贤宏论之末。

我们首先要研讨"学术独立"的真谛。学术的鹄的在探求真理，而其效用在造福人类。各级学校所设的一切学科决不能越出由致知以致用的这个范围。要达成致知致用的目标，学者必须具有健全的求学态度，适宜的求学环境，以及充分的求学工夫和时日。学校所定的修业年数及学科门类钟点，应当满足求学工夫时日的需要。学校的设备，规章，及生活程序，应当供给求学者适宜环境。（我们批评一个学校制度的良否，必须按照这个标准来衡量。）然而仅仅有了这两个外在的条件还是不够的。倘若求学者自身缺少了内在的心理条件，倘若他抱着错误的态度来求学，他还是不够实现致知致用的理想。近代科学昌大，学术趋于专门，一个人想要学有所就，势必要穷年累月，专心致志，才能收功。但是要这样地"好学不倦"，学者必须先于自己所择定的一门学术发生了真挚的爱好。换句话说，必须对于学术有了浓厚的兴趣，然后才能对于学术有所成就。先能学有所成，自然学有所用。因此求学的人在求学的阶段中，必须放弃功利主义的人生观，而采取一个崇奉真理的学术观。经验告诉我们，在求学的时候一个人能够承认"为真理而生活"，到了学成以后他才真正能够得着"真理为生活而服务"的享受。好学崇真这就是求学者所必需的健全态度。

明了了学术的性质以后，我们就可以明了学术所以必须独立的道理。求学者既然必须取得特殊的物质及心理条件，方能有成，我们就不应当以任何原因而削减侵害这些条件。为了使得教育发生它固有的功用，我们必须把学术自身看成一个目的，而不把它看成一个工具。国家社会应当有此认识，治学求学者的本人应当有此认识。所谓学术独立，其基本意义不过就是：尊重学术，认学术具有本身的价值，不准滥用它以为达到其它目的之工具罢了。

有两个可能的误解我们必须极力避免：第一，学术独立不是要学术与社会生活隔离，而是要学术能够摆脱社会恶劣风气的影响。我们时常听见人批评现在的学校，以为"教育与社会脱了节"。我们的学校诚然缺点尚多，但是教育与社会脱节的批评是否确当，还有研讨的余地。个人一切的生活行动，当然不能离开社会，就教育的基本动机及最后效用说，学术必然要与社会生活相衔接。社会建立学校的动机是想要培植某一种或某几种的人材，社会培植人材的希望是这些人材能够把他们的学术用来造福其社会。但是要培植人材，必须要满足上述求学的条件。在求学期中，一个人必须在相当距离间离开社会，然后他的学识才能有所成就。否则尚在学校当中，早参加了社会的活动，熏染了社会的风习，表面上看来，似乎是明通世事，少年老成，而按其实际，却是心有外骛，学未敏求，世故上的早熟，却成了学术上的低能。（这种现象，在目前各学校中不难见到。）这样的社会合拍的"人材"不知道果然能够有多少的用处？一个种林的人，在林木的生长期中，一定不愿把它随便取用。他宁可耐心等候，到了它长成以后才来材尽其用。古人拿树木来比喻教育人材真有深意存焉。不但如此，社会的进步有赖于知识和道德的进步，而知识的进步又有赖于教育的进步，因此学校为进步的重要枢纽。学校要想达成进步的使命，必要能够打破社会环境的羁绊。学校必须走在社会的前面，社会必须受学校的领导，换句话说，学校必须先与社会"脱节"，然后社会才能进步，否则学校跟着社会走，虽然能够培植社会所需要的人材，它已经放弃了教育最重大的工作。"学校与社会脱节"这一句话本身上并不构成对于教育的充分批评。倘若我们社会是一个恶劣顽固的社会，这句话当是对于学校的赞颂而不是讥斥——在这样的社会当中，初出学校的人，愈是"书呆子"愈是"少不更事"愈是教育成功的表现。将来真正建设人材，多半会从这些"不合时宜"的分子当中产生出来。

第二，学术独立不是要违抗教令，不遵法纪，放弃国民的职责，而只是要在求学的过程中划分政治和学术的界限。教者与求学者都是国民。他们有政治上的义务，也可以有政治上的主张。就其国民的资格说，学校的员生应当遵守法令，履行义务，但就其教学求学正当工作的本身说，根本上是应当没有政治限制的。一个自然科学家在试验室中研究物理化学，一个社会科学家在教室中讨论社会或政治学理，实在和法令义务不发生直接的关系。纵然他们的见解错误，真理和明达的学人终究会加以纠正，无须乎政府雷霆之威来取缔禁止。就其具有政治主张说：学人可以加入政党，可以发表政论。但是入党论政都是国民资格的行为，不是教学求学者身份的行为。倘使一个学人把学校用为政治活动的地盘，把学生用为政治势力的工具，把学术用为政治企图的幌子，他这样地就把学术当做了政治的附庸而毁灭了学术的尊严独立。倘使他的心力用于政治活动者多于他用在学术工作者，他虽未必因此牺牲了学术的独立，但是他已经犯了"喧宾夺主"的错误，也不足称为一个忠实的学术工作者。我们不要担心知识阶级不问政治，任何国家里面关心政治的人总以知识分子为多，在今日的中国这更是显明的事实。我们几乎可以说，除了知识分子外，绝少关心政治的人民。教育最大的目标是培植良好的公民。我们岂有反对学人问政之理？但是我们必须加上两层限制：（一）教育的作用是完成国民的心理发育。因此在求学期间，青年只可作问政的准备，而不应当进行问政。心理未成年者的早"仕"和生理未成年者的早婚差不多是同样有害的。问政最好的准备无过于充实学识，涵养气度，培成品格。求学的时期的确是太短促、太可贵了，我们不容把它丝毫浪费。（二）教学者固然是政治上的成年者。他们固然可以径行从政，他们果有从政的兴味，就应当离开学校，走入政途。但是他们既然投身教育，作育人材及研治学术就是他们的主要职责，一切有碍这个职责的行为（纵然是正当的）都应当避免，至少应当避免在学校中去做。因此教学者虽然可以作政治活动，但是不应当把学校当做这些活动的场所。古语说，"师严然后道尊"。我们可以借用这句话来说明学术独立下的师道。不过我们应当把"严"字解作"严格"而不解作"严厉"：一个教学者应当是一个忠实于学术的学人而不是一个戴学术面具的政客。

六中全会已经决定了国民党退出学校。这个促成宪政基础、培成学术独立的贤明措施值得一般国民及一切从事教育者的感悟，但是这个决议加重了学校员生的责任。我们应当奋发淬励，以求实现学术独立的民主教育。我们应当要求一切政党不要在国民党退出学校以后，企图在学校中推动政治，来作政争。我们要爱护教育，尊重学术，这才是我们民主宪政的最后精神基础。

抗战即将胜利，宪政即将实施。愿我们从事于教育的人本着六全大会决议的精神为国家培植一些合格的公民、有用的人材，以助成建国的大业。

——原载成都《华西日报》（民国三十四年七月二十九日）

论教育政策
（1947 年）

近来国内人士颇有关于"国定本"中小学教科书的讨论。反对国定本的言论多注重于教本内容的恶劣。其实我们的整个教育政策需要根本检讨，教本尚是一个枝节问题。

三十余年以来的教育政策显然可以分做两个段落。从民国元年到十七年，政府所行的教育政策大体上是放任的（假定那种放任办法可以称为政策）。从国民政府成立到现在，政府所采的是训政教育或党化教育的统制政策。

放任政策的结果可谓得失相参。第一个供人指摘的恶果就是教育界的混乱状态。通都大邑之内"野鸡大学"如雨后春笋，东起西伏。各地商店式的中等学校也应市而兴。出洋留学的自费生几乎是肩随踵接。学校的内容是否充实，教师的修养是否足够，学生的程度是否合格，政府事实上并不过问。教育部几乎"无为而治"。除了学生闹学潮以外，教育当局很少干涉学校的生活。只要有学费，便可进学校；只要是学校，便可发证书。今日时常触耳的青年失学和伪造证书问题，在当时是难于听到的。这不是由于学生有较高的程度，而是由于社会有滥收学生的学校。不一定是因为从前的青年更加诚实，而是因为没有伪造证书之必要。至于出洋留学，更是富家子弟的一道方便大门。第一次世界大战之后，美金曾跌落到每元值国币九角余，民国十七年前后不过涨到每元值国币两元余。外汇既无限制，护照亦可随领。富家之子纵然不懂外国语文，不曾在国内合格的学校毕业，好在家里有钱，正好利用良机出国——去开眼界、找娱乐、混资格。混住了一两年，回国之后便可"大卖野人头"。博士硕士或学士的头衔随意选带，谁又来稽按其真伪？纵然在外国闹了笑话，甚至犯洋法，坐洋监，谁又来追究既往？当时国内外学生品流之混杂，国内学校内容之不齐，今日中年以上的教育界人士类能言之，笔者岂敢捏词诬谤？

西谚说，每朵黑云都有一道银色的边缘。在民国初年混乱的教育状态之中也不无一些收获。政府放任，即是学校及学生自由。有些人滥用了这个自由，另外一些人却从自由中得到进步。正因为政府没有用死板细碎的法令规章管制教育，所以学校和学生可以在自由竞争的环境当中各求长进。坏学校诚然因有坏学生照顾而存在，好学校也能吸引好学生而声誉日隆。这些学校在录取新生的时候不受证书名额等的束缚，而以投考成绩为主要的标准。这些学生凭仗自己的学力去投考，证书是没有关系的。这样的放任办法无形中鼓励学生致力于毕业本身而不注意于外在形式。因此在较好的学校当中便养成了好学的风气。批评者虽然说那时候的学生过于"读死书"，不大关心社会和国家的实际问题，然而一般人赞许的"五四运动"就发生于这个时期。今日五十岁上下在社会或政府中知名的人士多是那时候的中学生或大学生，也就是放任政策的一部分产品。而且，就教育的观点看，专心求学不能算做不好的风气。

国民政府成立以后，教育政策起了重大变化。政府根据训政时期的原则，鉴于放任政策的流弊，采取了统制的教育政策。施行的经过，国人多耳熟能详，不必于此追述。施行的结果，笔者认为也是得失相参（纵然不至于得不偿失），时贤指摘统制政策，持论或不免过度苛严。例如有些人忘记了抗战所引起的困难，无意中把一切罪过都算在这个政策的账上，这不足以令人心服。平心而论，统制政策纠正了以往的若干病态，也引起了一些新的缺点。

第一个显见的缺点，是政府对于教育的管导过重形式的整齐而忽略了内容的发展。各学校的课程、院系、考试、证书、校历等事都由政府规定、核发或核定。政府对于各校学生的真正程度却缺乏有效的考核或奖进方法。就是形式上的统制也未能收到预期的效果。其中原因之一便是政府的法令颇有窒碍难行之处。例如政府规定各大学课程应有期终大考和期中小考，各教员应将考卷交校存查，其用意显然在防止教员怠职或滥定成绩。殊不知大学的课程有些宜于随时测验，有些宜于自发的研讨，考试不一定是评定成绩的妥善办法。考试的卷子应当由教师批阅后发还学生，让他们知道得失所在，俾求改进。存校的试卷谁来查看？存查云云不过为学校添一大堆废纸。又如前几年政府力行中学毕业生会考制度。其用意虽在考核中学的实际程度，而其施行却有困难。有些不长进的学校到了学生将届毕业的一年，便改变教学的常轨而策动学生致力于应会考的准备。它们有时候竟会把"毕业班"学生的分数一体提加，以便与会考分数合并核算以后多得"及格"的机会。会考的题目纵然十分审慎合理，但各校教员授课的侧重点（甚至内容）每有歧异。因此应考生的答案不一定就表示他们的实际的程度。政府要考核各校的程度为什么平日不妥慎监督或严加奖惩？既准许学校让学生结业，却于结业之后举行"劳民伤财"的会考，似乎有失情理之平。会考之后政府对或〔成〕绩低劣的学校既少有效的惩罚，对成绩合格的学生又无升学的保障，徒然使成千成万的学生在炎天暑气之中连应三考（中学毕业，教厅会考，大学入学），真不知所为何来。至于会考中舞弊卖题等流言，虽然未必果有根据，但其眩惑耳目、败坏人心的影响足以抵消会考可能得到的任何利益而有余。又如照规定，中等学校毕业证书由教育厅核发，大学毕业证书由教育部核发。这个办法在本身上倒没有重大的错误，但可惜政府的办事手续往往过于迟缓，学生毕业了一两年，甚至服务了一两年，核发的证书方才到手。各校为顾全学生升学或就业的机会起见，只有先行发给毕业证明书。其结果就是核发的证书有时几乎无用。让初离学校的青年亲身体验到政府办事的缺乏效率，这不能说是良好的教育影响。

政府统制留学生的公费自费考试较有成效。但可惜达官贵人们的少爷小姐，和放任时期的平民或富家子弟一样，不须经过考试就能到外国去进大学或中学。从前放任的结果是混乱，现在统制的结果是不平。不平统制也有败坏人心的反教育作用。

统制政策的第二个缺点是当局注重党化而忽视了推行党化教育的必需条件。执政党想用种种方法扩充维持自己的势力，是可以原谅的一件事。在国民党训政期间推行"三民主义的教育"也是极自然的一件事。如果推行得当，把孙先生的学说普及全国青年，未尝不是奠定民主宪政基础的一个途径。但可惜推行这个政策的人注意于排斥异己而不十分努力于健全本身，着眼于党化的形式而不措手于教育的内容。例证随处皆是。依照政府的明令，各学校举行纪念周，大学里要设党义（后改称三民主义）的课程。根据党部的密令，各校内不容"异党"活动或立足。全国私立学校没有公然违背这些命令的，然而实际上的效果却不见佳。"异党"或不同情的教员被排斥的确不乏其人。延揽入校的"本党"教员却不一定有够水准的学术品行。其中有一部分对于教育工作本无兴趣，他们为了博取资格而走进学校（大学教授有简任官的铨叙资格）。然而走进学校也要资格，他们有时候能够伪造资格。笔者曾亲遇一位党员教授，他虽曾由党部资送某国留学，自称得有学位，但考其实际不仅西文不通，中文也未能清顺。在讲堂上东拉西扯，不知所云。学生喜其给分宽大，学校当然不加追问。一般党籍教员往往对学生的学业放松，对党务的推进加紧。只要学生"加入"，成绩虽差，可以及格，将来出路还有保障。结果是入党的学生不一定好学，好学的学生得不着学校的鼓励，学校的好学风气也就逐渐淡薄下去。党化教育推行不善，竟至发生了反教育的影响。有一位国民党的教育家曾对笔者说，我们要先能"教育化党"然后才能"党化教育"。这真是一针见血之言。可惜一般推行党化教育的人没有他这样的认识。

因为本身条件不够，党化教育的一切措施都难以收效。教党义或三民主义的教员不一定有博雅的学术或真诚的信仰。上堂开讲往往是照本宣科或信口开河。对于这样的"党八股"和"党杂碎"，学生很少发生兴趣。师生间彼此心照，大家鬼混。至于纪念周——如果不严格点名，不严格执行缺席处罚，学生很少自愿出席的。唱党歌，念守则，读遗嘱，多成了缺乏精神作用的死形式。如此推行党化教育，恐怕是非徒无益，而又害之。

无论统制政策的成败如何，在当今宪政的前夕，我们的教育政策又到了一个重新改定的关头。宪法基本国策章中教育政策的规定虽然空泛，但也可以看出一些眉目。第一五八条规定"教育文化应发展国民之民族精神、自治精神、国民道德、健全体格、科学及生活智能"。第一五九至一六一条规定普及教育的政策。第一六三至一六七条规定保障和奖励教育的政策。第一六二条规定"全国公私立之教育文化机关依法律受国家之监督"。从这些条文看来，似乎宪法所采的仍是统制的政策。但一加分析便可以知道它和训政时期的统制政策大有区别。教育文化机关虽然依法要受政府的监督，然而按第十一条的规定，讲学自由是人民基本权利之一。一切宪法保障的自由除了在妨害他人自由或社会利益秩序等条件之下以外是不容政府干涉的。任何政党的党化教育都有违宪法的精神。

具体地说，政府应该如何监督教育，是一个极重要的待决问题。笔者认为参证以往的经验，斟酌民主精神，依据宪法所定的政策，政府的监督范围应当以尽量缩小，不应当以尽量扩大为原则。监督的方式应当以积极奖进，不应当以消极限制为原则。

教育文化本身是一个前进的努力。愈是自由，愈能发展。在正常情形之下，一个国家的社会及政治生活都从文教发展当中获得方针与进步。为了防止教育误入歧途并协助工作推进起见，政府诚然应当对它酌量监督。然而过度的干涉会使教育的生机枯竭，其弊不可胜言。这是我们的第一个理由。发展自治精神是宪法规定的一个教育目标，保障讲学自由是宪法赋予的一个人民权利。自治精神只有在学校的自动自主生活当中培养，讲学自由只能在教师自择自决条件之下存在。因此政府对于教育机关的监督应当避免干涉课程教本的内容、教员的思想以及师生的生活。国家把教育的责任交给学校，交给教师，而向他们责取应有的效果。这才是合理的监督。越出这个范围的禁令便是烦扰的干涉而不是合理的监督。在烦扰的干涉之下想达成发展自治精神的教育，正如古人所谓缘木求鱼。这是第二个理由。监督的作用在于防止误入歧途。这可以采取两个不同的办法。一是封闭旁门，二是开启正路。后者较前者为易行而有效。教育当局可以在不侵害讲学自由、学校自治的范围内，用适当方法去疏导学术潮流，使其大势趋于合宜的方向。这略如大禹治水的妙用，不在筑堤遏水而在因势利导。这不是"统制"而是用奖励来引导。政府只要积极提倡合乎国策的教育文化工作，多数的人自然会趋向于这些工作。政府认为不重要、不需要，甚至不当有的工作也不必加以限制或取缔。从事者自然不会众多，让少数人去做这些工作，决不会发生重大的祸害。何况政府认为不需要的工作，事后却可能被发现是很重大的贡献。科学史里不乏这样的例证。这是第三个理由。

总之，发展教育最好的方法是把地方自治的原则应用到教育机关。我们可以称之为教育自治的原则。依照这个原则，政府应该避免干涉讲学内容和学校生活。

讲学内容和学校生活都不受干涉，政府监督教育之权岂不太小？假如师生中有了不道德或不合法的行为，政府也不加干涉吗？

先就法律说。学校里的师生都是国家的人民，他们同受法律的保护和制裁，却并不享受法外的特权。他们如果有了犯法的言行，只要他们有法律上的行为能力，司法机关应当加以法律的制裁。这是司法机关职权范围内的事，不是教育范围内的事。以往政府似乎不曾认清这个界限，有时越出法律范围以外直接或间接干涉师生的生活，到了学生有违法行为（尤其是群众的违法行为）的时候，却又不能让司法机关执法以绳。这种办法不但不能发展国民道德和自治精神，反养成了一些青年蔑视法律的习惯。（社会人士称强横的军人为"丘八"，称放恣的学生为"丘九"不为无因。）这是必须纠正的。学校在平日要培养守法的习惯。教育当局虽然不干涉师生的犯法行为，自有司法机关负责追究。学校不会因此而至于无法无天。

就道德说，政府诚然不能坐视师生的人格沦亡，然而生硬的干涉手段是无补于事的。古代哲人和近世教育家多认培养道德的有效方法不是干涉或口说，而是潜移默化、以身作则。如果师长、家庭、社会和政府的榜样太坏了，当局者纵然三令五申，以行善相勉，青年人还是难于接受的。至于强制责罚的方法，充其量不过收到"免而无耻"的效果，不足以启发学生的人格自重心理。一位任中学训育主任的朋友曾告笔者，某公的儿子在他任职的校内求学。这个家境优裕的学生，平日既不读书，行为也极放纵。训育主任向他作一次最恳切的劝导，以他父亲的崇高地位和盼子成器的期望为说。他却很直率地答复："不提父亲也罢了，他平日贪赃枉法，荒淫无度，还能够管我吗？"这位训育主任可算是失败了。但失败者不只他一个人。一般的学校尽管设置训育主任或训导长，尽管用记过或开除的方法处分学生，尽管高谈正心诚意的大道理，许多学生还是行恶犯规。这不仅是人的失败，也是法的失败。道德生活不是在统制政策之下能够生长的。

笔者认为教育当局必须用教育的精神和方法去推行教育政策。部长厅长们都应该有教育者的风格（略如黄梨洲所谓诗书宽大之气）和尊重学术的诚心，以为全国或一省师道的倡导。师道果能尊严，学术果能见重，多数的学生自然会潜心向学。潜心学术的人是不倾向于违法背德的。少数犯法的师生会受司法的裁判。少数背德的师生会为众议所不齿，也不能发生败坏风气的影响。政府又何必干涉讲学内容与学校生活呢？

因此笔者主张我们今后应该用教育机关自治的原则去推行国家的教育政策，这样才能够避免放任政策与统制政策的缺点。

——原载上海《观察》第二卷第二期（民国三十六年三月）

大学生的抱负
（1947 年）

　　夏尽秋来，又值全国各专科以上学校开学之期。许多夏间考取的新生即将进入高等教育的门庭。笔者曾经做过大学生，并且，忝预大学教席。谨就过来人和此中人的身份向他们恳致欢迎慰勉之意。

　　中国各级教育的设备，本来就比较欠丰，抗战以后高等教育的现状尤其难于令人满意。长期战争的破坏降低了学术的水准，复员以后的困难又阻碍了学校的再造。除了少数例外，各校的图书仪器依然未能充实，不足供给学术研究之用。在这种情形之下求学，其成绩不但难以比肩欧美的优秀学府，恐怕比较战前国内的大学也有逊色。但是能够得着机会在这些残破之余的学校当中去求学，却是很不容易的事。在物价高涨之下，学生经济负担之沉重固不待说，就是投考而能录取已经是极大的幸运。照本年七月内政部发表的统计，中国的人口约为四亿六千一百万。照教育部的统计，全国国立、省立和私立的大学、独立学院、专科共计不过一百八十所。在平均二百五十六万人当中才有一所专科以上的学校。本年夏季专科以上学校毕业生约计有二万人。教育部曾令各校招生应以上届毕业生人数为度。各校虽不一定严守这个规定，但因宿舍和设备的限制，纵有出入，决不会多。照这样计算，平均全国二万三千人当中才有一个人考入专科以上的学校。再就各校招生的情形看，取得高等教育的机会也显然是不容易的。一般专科或大学校招考大致是在报考数千人中录取几百人，约为十与一之比。今年北大清华南开三校联合招考却是四万人中录取一千六百人，约为廿五与一之比。全国今年有二万名专科以上学校的新生，就有十万名左右不能升学的高中毕业生。从上面这个数字看来，可见一个青年人能够取得高等教育的机会是值得自豪、大可庆幸的事。《淮南子》说，"知过万人者谓之英，千人者谓之俊"。大学新生从千万人当中脱颖而出，也可以说是英俊之士了。

在任何社会当中，具有优越才智或享受特殊地位的人都应当担负较大的义务或责任。英俊的大学生也不是例外。要担负重大的职责，就要有充分的智能品德。取得领受高等教育的机会所以值得庆幸，就在于青年人可以在学校当中把个人的才德发育到最高的境地，以作造福人群的准备。

然而默察近若干年来的情形，却令人感到失望。大学生当中虽然确有英俊之士，而一般说来，学风的退化已经达到一个可虑的低度。若干青年不肯潜心向学，反而驰心外骛。第一种外骛是流连忘返的社交和娱乐，其中尤以跳舞赌博两项为求学的最大魔障。既然是人，便需要与同类相交往。纵是机器，也必须有休息的时间。正当的、适度的社交娱乐是发展人格、陶冶性情、恢复疲劳不可缺少的调剂方法。古人所谓"乐群""游艺"的原理是近代教育家所承认的。跳舞博弈只要合乎分际，无伤大雅，也是无需反对或禁止的。但是有些青年竟沉迷其中，俾昼作夜，耗神费财，不仅废书不习，甚至身体健康也难于保持。这种昏迷颓废的生活岂是求学者所应当有的。

腐化的青年大体限于富家子弟，为数尚不甚多。"恶化"的青年却不分贫富，散播较广。从前人喜欢用"少年老成"一句话夸奖青年人。现代的大学生虽不一定"老成"却颇有一些先时早熟，在未入社会之前已经深于"世故"。"狂者进取"、"狷者有所不为"的健全品性因此难于保持。他们又不一定肯"折节读书"，往往喜欢从事于和学业无直接关系的课外活动。有的在毕业之先已经在机关中服务，或私人经营商业（注意：这不是指学校办理之"工读"制度）。这或许由于个人经济的需要，未可厚非，但对个人学业和学校风气总有不良的影响。有的参加党派，做政治"工作"。读书的时间精力因此分散，同学的友谊有时也因此破裂。"人是政治的动物"，"天下兴亡匹夫有责"。学生关心政治是应该的。欧美各民主国家成年的学生也多有党籍，参加选举。然而学生对政治的关心应当以不妨害敬业乐群为限度，超出了这个限度就是可惋惜的牺牲。栋梁之材要等到培植长成以后才能发挥其应有的效用。为了一时的急需，把正在生长、尚未成熟的树木砍来支房立柱，一则浪费可惜，二则不尽合用。

学术空气既不浓厚，学业品性也大受影响。浮躁、强横、褊狭、偏私、颓废的恶习侵入了青年人的生活。同学之间平日不惜互相排挤，甚至斗殴。成绩不好，品行有缺，不肯反躬自省，竟与教员导师为难。侮辱伤害教师的行为已经在各地出现了不只一次。

驯良的多数青年又似乎缺乏理想，过于迁就现实。近若干年来各校报名投考的人数以"出路"较广、腾挪较易的学系为最多。纯学术性质的学系被视为"冷门"。投考冷门者固也有人，但其中颇有投机分子妄冀冷门易取，姑往一试，准备幸取之后设法转入出路较宽之系。这些本性并不喜欢学术的青年为了尊重家长的主张或为了谋求自身的出路，勉强入学。照他们看来，"读死书"是无用的笨事。

造成这种轻视学术、败坏学风等恶劣习气的主要原因不是青年自身而显然应由社会、家庭和学校共负较大的责任。我们应当促请社会，努力改善青年人的环境，使他们得着向上的鼓励和前进的便利，然而青年也应当策励自己，不让社会环境束缚自己的上进。社会纵然污浊，青年人尽可"见不贤而内自讼"，出污泥而不染。环境纵然恶劣，青年人尽可"虽无文王犹兴"，从盘根错节去别利器。中年以上的人纵然落伍了，青年人尽可力争上游，用自身的造诣和建树来领导进步。社会失掉了领导青年之力，青年就要负起倒挽狂澜的大业。

这不是不可能的幻想，我们可以从中国的历史当中随手举出许多显著的实例。古来在学术或事功上有重大成就的人，往往在青年求学的时候便有恢弘的抱负，远大的眼光，轩昂的气概，或清高的志趣。孔子十五岁而志于学。颜渊箪食陋巷不改其学道之乐。匡衡家贫，凿壁分邻舍的灯光以免耽误晚间读书。终军弃繻出阙，认定只要本身有能力，必然有成就，不屑于计较"证书"之有无。宗悫少年时候答复叔父问志说"愿乘长风破万里浪"，以立功绝域自期。陆九渊少时读书，悟到"宇宙事乃己分内事，己分内事乃宇宙内事"。王守仁少时问塾师"何为第一等事？"塾师答应他说，"惟读书登第耳"。守仁不谓然，认定"读书学圣贤"才是第一等事。后来与人讲道，竟至把结婚的时日都忘记了。——这样的人，假如生在今日，决然不会有混资格、找出路、争贷金、逃军训、伪造证书、侮害师长，或沉迷于跳舞赌博的行为。这样的人也断不会为环境所同化，勇于责人而怯于自奋。

现代的青年人不能学古人的生活形态，但必须要学古人的高怀远志。近代科学文化的猛进，民主政治的发展不是偶然得来，而是由欧美若干高怀远志的科学家、政治家、革命家、改造家所缔造成功的。米尔顿、洛克、杰佛生、华盛顿、牛顿、达尔文、爱因斯坦等都不是颓废虚浮、受缚于环境的人物。就他们的有怀抱、有志趣而言，与中国古代的志士仁人，虽然生活的内容不同，其有功于同类却是殊途同归。

因此笔者不揣，谨向大学的青年，尤其是向今年入学的新生，提出一个愿望——愿他们有英俊不凡的抱负。

有了抱负，求学才能够有正确的出发点，生活才能够有鲜明的意义，腐恶的病菌才不能侵入个人的心灵。有了抱负，青年人才能够自重自责，树立"富贵不能淫，贫贱不能移，威武不能屈"的风格。他们既不会受任何人的引诱，利用或蒙蔽，也不怕任何势力的压迫，这样才有资格去担当拨乱反正的任务，做独立自由民主国家的建设者。

为了达成抱负而求学，学业必然会有成就。做一个科学家、艺术家、教育家或政治家对于国家人群，各有裨益，其中并无轩轾之分。自然科学、人文科学、社会科学、应用科学，都是实现个人抱负的途径，其中也并无轻重之分。无所谓冷门，也无所谓捷径。俗语说"七十二行业，行行出状元"。话虽鄙俗，却含至理。只要立志能坚，求进有恒，致力不懈，任何一门学问都可以福群立己。

有了真学识，才能有真建设。二十世纪是科学的时代，也就是学术的时代。近代文化是以科学的学术为基础的。一个学术落后的民族不但不能够与列国争取平等，甚至独立自存的保持也要成为疑问。从同治六年设同文馆和光绪三年派遣留洋学生起，中国推动新式教育到今已满七八十年了。中国仍然是一个科学落后的国家。不但纯科学的研究发明，不能望欧美的项背，就是用来抗日"戡乱"的新式军器依旧要盼望友邦的援济，和同光维新时代乞灵于西人船坚炮利的作风很少改变。前辈和中年以上的人太不争气了。推进学术建国工作的重责无形中已经落在青年人的身上了。诚然，大学生当中的一部分已经觉悟，已经表示过他们对于国事的关心。这是很好的现象。然而仅仅觉悟、仅仅关心是不够的。东汉、南宋、晚明的大学生，为了国事日非，曾经危言深论，躬蹈祸灾，毫不退缩，写出了中国学生运动史的光荣篇幅。"五四运动"的火焰，至今还照耀青年的心目。这都是由觉悟关心而产生的行动。然而事实上，宦官外戚奸臣蠹吏的政治并未倾覆，危乱的国家反而随着党锢党禁之后而归于灭亡。五四运动的成绩，要较好一些。但是严格说来，还是破坏有余而建设不足，言论有余而工作不足，热心有余而学术不足。今日的青年正要继前人之有余而补其不足，由关心国事而专心学术，由精通学术而献身建设。这样才能够把以往学生运动史当中光荣的失败转为最后的成功。

在今日中国混乱污浊贫困的环境当中劝青年人有抱负，勤学业，似乎不切实际。有些青年人也许会这样想：现状已经坏透了，生计枯窘，救死不暇。政府腐败，澄清不易。烽火弥天，安定无日。劝青年去静心求学，真是"先生欺我"。如果我们的力量不足以打破现状，我们不如就现状中求受用。如果我们的力量足以打破现状，我们革了命再谈其他一切！

笔者的解答是简单的。屈服于现状固然自误误人，只想消极破坏而不能积极建设也徒劳无益，青年人要注意：今日你们看着不顺眼的"革命"对象，其中有一些也曾经从事于革命。今日中年以上的落伍分子他们在青年的时候对于个人利益的打算不见得比你们更欠精，关于爱国忧时的呼声不见得比你们更欠响。二三十年前大学青年的知识水准或个人能力比较今日的大学青年不见得更低更小。然而因为他们当中的多数抱负不够宏大，意志不够坚定，学问不够踏实，所以不能够有可观的建树。今日的青年如果没有胜过前人的抱负和学问，纵然把他们推翻了，取其权位而代之，恐怕还要蹈他们的覆辙。反过来说，有了突过前人的抱负和学问才可以冲决恶劣传统的网罗，在黑暗污浊的氛围当中放出一线光明以领导社会的转变和前进。

青年人最大的优点是感情充沛，有朝气，能勇往。笔者愿他们乘时逢会，善用所长努力自奋自修，必能做出超越旧环境、创造新天地的奇迹，在残破之余的学校当中，在生活困苦的教师手下，也许得不着理想上充实的学术，然而他们总可以在这里面奠定最低的知识基础。假如不能急起直追，奋发振作，中国的建设固然难有早日完成的希望，青年的自身也有被混乱污浊环境所吞没的危险。

——民国三十六年九月十四日《独立时论》社发交全国各报刊出

教育的矛盾与救急的治标
（1947 年）

　　中国今日的教育呈现着种种的矛盾：国家感觉到建设人才的缺乏，但大学毕业生却遭受失业的威胁；投考的学生惟恐不能录取，甚至舞弊以冀徼幸，但在校肄业的学生却有许多不肯用功求学；尊师重道的口号随时可以听到，但当教员的不仅生活困窘甚于苦力，而且有时还会被学生殴辱伤害；政府用种种方法去提高程度，肃整学风，结果不堪教的学生，不像样的教员依然溷迹于校中，程度学风反有低落的趋势；教育当局直接或间接地设法管制思想，而学校中思想之庞杂似乎有增无减。这不过举其大者。仔细探索一下，恐怕"南辕北辙"的现象还不只此。在千矛百盾围攻之中，中国的教育纵然一息尚存，却已经是体无完肤，缺少生气。

　　要解决矛盾，诚然不是一朝一夕的措施所能见功。教育里面的矛盾实在是整个社会矛盾的反映。虽然治本的办法一时谈不到，我们尽可先着手于治标，以救眼前的危急。

　　第一，要立刻宽筹教育经费以大量充实学校设备，充分改善教职员生活。今日财政的困难几乎到了山穷水尽的境地，再增加政府的预算支出，诚然是火上添油。然而政府并不因为财政困难而避免动员"戡乱"。政府认为不努力"戡乱"就不能够安定政治，所以，就是要开支天文数字的费用，也不可不办。但教育是否也重要到同样的程度呢？政府的看法我们难以确断。照国民的眼光看来，教育的绝对重要性是毫无疑问的。教育是造就人才、保育国民的工作。是一切建设、政治安定、社会进步的本源。国家的大政还有比它更重要的吗？

　　退一步从安定政治的消极理由来说，教育的危机也必须迅速挽救。因为教育经费不足，弄到学校设备不充。教师的研究工作固然停顿，学生的读书兴趣更难于鼓起。物质生活的压迫不必提，精神的苦闷无形中造成学校当中不安的心理。聚成千成百的"知识分子"于一处，使他们的生活贫乏而苦闷，使他们的心思精力不能集中于学术，其结果就难免会向着学术以外的方面去活动。

物质生活的压迫也不容忽视。在抗战期间，教职员的生活虽然痛苦，他们却不曾口出怨言。因为知识分子无不拥护抗战，认为个人受些折磨是应当而值得的。但是他们对于"戡乱"的看法却大异其趣。如果政府对于教育的危机不甚关心，依然为"军事第一"的看法所蔽，其结果是相当危险的。

教育本身的安定也值得考虑。照以往的经验看，一般学生对于他们的教师颇能尊视。然而近年教育破产的现状似乎造成了师道破产的现状。少数蛊惑学生的教员不必说，就是诚心指导学生向学的教员也苦于威信之低落。他们劝学生专心读书，学生也许反问他们有多少图书供浏览，有多少仪器供试验？何况学生看见教员生活的窘态，纵然同情，下意识却难免轻视。"冬暖而儿号寒，年丰而妻啼饥。头童齿豁，竟死何裨？不知虑此，反教人为。"一部分的学生既然根本瞧不起穷教员，无怪乎在他们认为必要时就会饱以老拳或以白刃了。学风由何而纯良？学校由何而安定？

年来政府用于教育的经费不过占总预算百分之五上下，这比较用于"戡乱"军费者必然是一个很小的比例。政府为什么不可以把教育经费增加到宪法所定百分之十五的最低比额？为什么不可以缩减其他次要甚至不必要的经费以裕教育呢？纵然预算无从缩减，为了抢救教育而小有增加也是十分值得的事。否则照现在这种情势推演下去，笔者很怀疑将来我们能有多少可用的人才以担当建设的责任。

第二，要改换现行的毕业证书制度，以纠正一部分学生对于教育的错误认识。从社会的立场看，办教育的目的在培植人才。从个人的立场看，受教育的目的在发展知能。毕业证书的用意在证明个人学问的造诣，以便社会分配适当的地位或工作。如果个人真正得着了学问，证书确实表明了造诣，毕业证书诚然是一个有用的制度。然而在中国现今教育出轨的情形之下，这个制度已经成为一个用少弊多的形式主义，学校多数内容空虚，学生程度普遍低落，各级教育已经不能达成培植人才的最高目的。"毕业"云云，不过表示一个学生住校若干年月，修习若干课目。是否得着了按照标准应得的学识，往往大成疑问。政府却依旧注重毕业的形式。升学投考要证书，文官考试要证书，铨叙就业要证书。有了证书必有出路。加上"特殊关系"才可以有把握去解决许多就业的问题。个人的学问能力有时候还是次要的因素。但是没有证书却很难有办法。流风所播，使得有些青年人忘记了学校是求学的场所，而把它看成博取资格的必需途径。"毕业"和毕业证书成了他们进学校的主要目的。学问、兴趣、服务，几乎全成了装点门面的空话。商学经济的出路宽，就群趋商学院与经济系。法律司法的出路稳，就群趋法律系和司法组。教育政治的课程比较容易混，就群趋教育系和政治系。生物物理的考生，比较容易取，就投机报名，冀图徼幸录取之后设法转系。在学校里打听哪些教员的功课易、给分宽，就尽量选修他们所授之课。教员如果给了"不及格"的分数，那就是阻挠个人的出路，非向他理论，哀求或拼命不可。到了四年期满，用功求学的学生与混取资格的学生一齐毕业，同得证书。这样的证书哪里能够作为正确可靠的学识造诣之证呢？何况证书偶然还有伪造的呢？

这种已"毕业"而未必有学问，得证书而未必该毕业的弊病，教育当局不但知道，而且曾用若干方法去改善防止。中学会考，督学视察，审核教员，证书部发或厅发，招生报部或报厅等等都显然意在整饬学校，使其符合培育人才的目的。然而因为环境困难，执行未当，所收效果实在不丰。这些防弊的办法本身也受了形式主义的侵蚀。

要想改正视听，使学校真能发生教育的作用，必须首先打破形式主义，必须废除徒具形式的毕业证书制度。（一）各级学校，从小学、中学以至大学，只容纳合格的学生分科修业。"毕业"与毕业证书均予废除。（二）规定一个最多的肄业年限（可参酌现行各校毕业年限略予延长，例如中学八年，大学六年）。逾限以后，无论成绩如何，必须离校，以免久占学额。（三）教员平时可给予习作及考试成绩，以供学生自己参考，使其知道毕业的进度。一切成绩概不对外发表。（四）小学可按普及教育原则，免试入学，中等以上学校入学则须经考试以后方准肄业。中学入学考试由教育厅会同公私立学校校长组织入学会考委员会办理，命题阅卷人由委员会就各校教员中妥选。专科以上学校入学考试由教育部会同公私立专科以上学校校长组织入学会考委员会办理，命题阅卷人由委员会就专科及大学教授中妥选。学生报名时就愿入之学校中填明第一、第二、第三志愿。录取后按各校学额及学生成绩分发。（五）招考学生由各校分别汇集报名。学生自问能力充足，可以向本人肄业之校申请。但为避免滥请起见，可限定升学报名之肄业最低年限（例如报考专科以上学校应在中学肄业满足五年），并规定每生在初次报考失败之后，可于此后三年以内再行报考两次。如果还不能录取，此后不得再考。（这样的学生应当转入他途。）（六）大学修业生可申请参加文官考试，研究院考试，或"学士"学位考试。研究院肄业生，满足适当年限后，可参加文官考试及"硕士"或"博士"学位考试。学位考试由教育部聘请合格的专家组织学位考试委员会办理。这些考试的报名，仍由各校汇办，不要学生自己的证书。（七）学位考试合格的人可以发给证书，但不作为铨叙、就业或任何其他考试的证件。政府或社会机关选用人员，凭考试成绩及服务成绩以为取舍标准。"学历"只能看做个人求学经过的记录，以备参考，不作为鉴定"资格"的证件。——以上所说，不过是几个要点。详细的节目，当待研究。

废除毕业证书制度的最大优点，就是促使学校成为纯粹的治学求学机关。想借证书为就业敲门砖的人可以绝迹。教员与学生可以在学术的立场上相见。好教员可以发生影响，得到尊敬。坏教员难于立足，终究会被淘汰。分数的宽严不是重要的关键。教员有学善导，学生好学勤修，在参加各种考试的时候自然可以见长。反之，纵然偶尔有少数徼幸得售，大多数必难徼幸。其次，空虚松弛"误人子弟"的学校，久了定然无人上门。（证书制度无形中替坏学校拉生意。）不学无术的教员也不会有人请教。私立学校只能靠教出来的学生考试多能获隽而存在。反之，多数学生成绩不佳，政府纵不勒令解散也自然难于维持。公立学校的主持人也可以按历年学生考试的成绩而分别奖惩。学校当局聘请教员也不敢不尽量认真。督学视察、教员审察、中学会考一类的麻烦手续尽可免除。因此政府对于学校的监督可以不费多事而收到实效。其三，这个办法施行之后，中学（尤其是大学）的学生数目可能因混资格者的裹足不前而减少。这并不是坏事。而且还可以略略减轻教育经费不足的困难。

这个建议似近荒唐而确有根据。它是中国往昔考试制度以及近代学校制度的参合。它也是孙先生考试制度原则的扩充应用。我们何妨把它试行一下呢？

——原载《观察》第三卷十三期（民国三十六年十一月二十二日）

一个学术独立的途径
（1948 年）

　　自从胡适之先生提出学术独立的主张和达成这个主张的办法以来，国内关心学术的人士，颇多响应或讨论。虽然其中有一部分怀疑他的主张，但多数人表示赞同，并且把它加以补充解释。笔者是赞同者之一，也愿略陈所见，以补充各位先生未经注意到的一点。

　　检讨中国学术现状的人士，往往认定环境不良是我们学术比较落后的一个重要的原因。照他们看来，在抗战和"戡乱"期间，国家社会动荡不安，财政经济枯窘日甚，研究设备简陋可笑，文化教育界人士饥寒可虑。这样的环境实在有碍于研究工作顺利的进行。就是在北伐前后，中国也不是太平盛世，国家用于开展学术的财力人力也嫌不足。因此他们断定，要想中国学术进展到一个可以并肩欧美的程度，我们必须先改善环境，充实设备。纵然国家的财力有限，不能立刻普遍充实，也应当选择较有根柢的少数大学，就他们已有的设备先作局部的充实。

　　平心而论，这个主张是切实合理的。但它也可能引起一个误会，使得我们误认更好的研究环境是发展学术的唯一条件。其实学术的发展除了有赖于研究设备以外，更有赖于优秀精勤的研究人员。人的条件实在比物的条件更加重要，更为基本。

　　我们且举一些粗浅的历史事实来印证。欧洲学术（尤其是自然科学）以近年来的进步最为迅速惊人。但近代学术的根基早已奠定于近代初期纷扰动荡的两三百年当中。许多开宗风、划时代的大学者如哥白尼（Copernicus 1473—1543），卜汝诺（Bruno 1548—1600），培根（Bacon 1561—1626），加利略（Galileo 1564—1642），凯卜勒（Kepler 1571—1630），格老秀士（Grotius 1583—1645），笛卡耳（Descartes 1596—1650）等都在乱世当中完成了学术的贡献。他们不但不曾得到社会或政府的重大支持或资助，甚至还有时遭受无情的压迫或摧残。卜汝诺就因为被判定邪说之罪而惨罹火刑。假如这些学者所处的环境，比当日良好一点，也许他们的造诣会更加优越。但无论如何他们并不曾因为环境不良，而停顿了他们的工作推进。

假如我们单就政治学术来说，我们会发现一个有趣的事实：卓越的政治思想家大多生于衰乱之世。以主张哲君政治传名的柏拉图，号称政治哲学始祖的亚里斯多德，首阐政府制衡原理的波利比亚都是希腊衰亡时代的人物。中古时代的大师奥古斯丁和圣多玛都不曾享太平之福。近代首屈一指的"霸道"思想家马克维里生在意大利分崩离析的环境之内。首倡契约说的霍布士和自由主义宗师洛克针对着英国十七世纪的革命而著书立说。这些人的学术成就多少得力于险阻艰难的社会环境。如果他们不生于忧患之世，或者他们不会有如此超迈的学术成功。

欧美近代学者所享受的研究便利诚然比以往的较为丰富。藏书百万卷的图书馆以及价值百万金的试验室多为十九世纪以前的学者所未曾梦见。欧美的学者利用他们充实的设备努力前进，得到了突过前人的成就。拿我们国内一般的设备来相较，真是小巫大巫，望尘莫及。我们有时候这样想：假如我们也有这样优美的研究环境，我们的学术也就可以猛进直追，以达于自立的境地了。

假如我们果然有了媲美西洋的研究设备，加上同等的研究努力，我们当然可以并驾齐驱，与西洋学者作同样的学术贡献。但是我们不要忘了一个事实：近代欧美的研究设备既不是一朝所成，更不是外求而致。它们是若干世代，若干学者分程各进，层叠聚积的结果。图书馆的藏书和试验室的仪器不是仅凭金钱购买，而根本上是研究进行和研究结果的产物。研究工作愈努力，研究的设备就愈充实。到了设备充实的时候，研究工作才会有"事半功倍"的幸运，欧美近代学者的研究便利一大部分是前人开辟蹊径覆篑奠基之所赐。我们中国人不要徒然歆慕欧美的研究设备。"临川羡鱼，不如退而结网。"我们要从研究工作当中去改善研究的环境。我们不但要避免无计划的出国留学，我们也应当避免长久依赖西洋人的学术设备。换言之，我们要逐渐创立我们自己的研究设备、研究方法与学术贡献。我们不要怀疑在贫乏设备条件下进行研究的可能。请问居里夫人发现镭质所用的试验室有多少设备？莱特弟兄发明飞机所用的仪器有多大规模？

笔者并不否认设备的重要，也与一般关心学术研究的人士一样，希望国家能够实行宪法关于教育经费的规定，能够在最近的将来建立若干设备充实的大学以为推进研究工作的场所。但笔者也要强调一点：研究工作与研究设备是学术进步一件事情的两面。工作与设备应当相随共长，不能分开独进，大致说来在指定限度的一个研究设备当中，只能作那一个限度以内的研究工作，反之，在一个指定限度内的研究工作当中，也只能够有那一个限度以内的研究设备。要想学术进步，我们最好先从工作下手。我们要先在设备贫乏的研究环境当中去做艰难迟缓的研究工作，在艰缓的研究工作当中去充实研究的设备，五年，十年，三十年，五十年……一年会有一年的进步。工作者的个人不一定能够享受到丰裕的研究环境，或看见重大的学术收获，但至少他可以为后来者尽一些培本奠基的义务。在我们中国今日经济枯窘的现状里面要想发展学术，这是一个切实可循的途径。它与胡先生所提分期选校，充实设备的主张是可以相辅而行的。

——原载南京《大学周报》第九期（民国三十七年一月二十六日）

萧公权年谱简编①

1897 年　1 岁

11 月 29 日，生于江西南安。母亲病故。

1902 年　6 岁

随大伯父唐侯公移籍四川崇庆州。初学课本使用《史鉴节要》、《地球韵言》、《声律启蒙》和《千家诗》等书，先后从师本地老秀才罗老师、外省人樊老师（据说是王闿运弟子）。

1905 年　9 岁

迁居重庆，从江西同乡汤老师学习二年。

1907 年　11 岁

从大伯母异母弟廖老师读《论语》、《孟子》、《国语》等古书，逐章熟读背诵《论语》、《孟子》。大伯父同时聘请英文老师重庆人王骨臣先生，日文老师太田喜智、刚本健女士。

1910 年　14 岁

正月至 1914 年十二月，师从何笃贞先生（王骨臣先生介绍）学习中国经史文学，涉猎《十三经》，细读《纲鉴易知录》，选读唐宋大家古文和历代韵文，学习撰写"论"、"说"、"经义"或"时论"。

---

①　本萧公权年谱简编参考汪荣祖先生所撰"萧公权先生学术年表"（载《中国政治思想史》商务印书馆 2011 年），并依据萧公权《问学谏往录》（台北，传记文学出版社 1972 年）订正增补制成。

1914 年　18 岁

准备去上海投考学校，在福州人林先生所设英文夜校补习一年。

1915 年　19 岁

夏天，考进上海中国基督教青年会中学三年级。因欣赏"柳字"，改名公权，报考五年级。师从程万里先生（英文、历史）、何挺然先生（数学）、马瑞琪先生（自然科学）、叶楚伧先生（国文）。期间因反对学校强迫学生做礼拜，与其他两个同学写信给朱树翘校长，说明信教自由的立场。

1918 年　22 岁

夏天，在青年会中学毕业，在叔玉八哥的鼓励下考进清华学校高等科三年级。

1919 年　23 岁

五四运动爆发，与清华北大学生代表赴天津法国租界印刷出版《民钟》日报，其中包括时评、社论、新闻、小品文和广告等栏目，不久在北京政府干预下被迫停刊。

1920 年　24 岁

夏初，随从清华庚申级同学赴上海办理出国手续，8 月 23 日由王文显先生率领，乘坐中国邮船"南京"号离沪赴美求学。

9 月中旬，先入密苏里大学新闻学院，除了必修课"新闻学原理"、"初级新闻采访"外，选修"欧洲近代史"、"哲学概论"、"社会学"。第二学期转修哲学系，该系仅有郝真（Jay William Hudson）和佘宾（George H. Sabine）两位教授。此后三年中选修"哲学史"、"心理学"、"人类学"、"政治学"、"教育学"、"植物学"、"法文"、"德文"、"艺术"等课程，期间曾学习两年水彩画和油画。

1922 年　26 岁

6 月，密苏里大学本科毕业，因成绩优异被选入全国性荣誉学会 Phi Beta Kappa。决定进研究院继续求学，选定心理学作为副修。

1923 年　27 岁

在佘宾教授建议和指导下用八个月的时间完成长约 2 万字的硕士论文《多元国家理论》（*The Pluralistic Theory of the State*），并于 6 月获得硕士学位。决定到康乃尔大学继续深造。入学前参加西北大学夏季学校，学习音乐理论，并到餐馆"跑堂"。

9 月，入康乃尔大学哲学系研究生院，主要受业于狄理教授（Frank Thily），同时受益于韩莽（William Hammond）和阿尔比（Ernest Albee）等教授。

1925 年　29 岁

初夏，开始撰写博士论文初稿。

1926 年　30 岁

5 月初，长约 8 万字的博士论文《政治多元论》（*Political Pluralism*）脱稿。

6 月中旬，参加康乃尔大学毕业典礼，获博士学位。7 月启程返国，8 月乘"麦金利总统"号轮船抵沪。在南方大学教授"政治思想"的同时，作为"专任教授"在国民大学担任"政治学概论"、"政治思想"、"社会学原理"三门课程。11 月 5 日与订婚十五年的未婚妻薛织英女士结婚。

1927 年　31 岁

2 月上旬，赴天津，受聘南开大学，商定所授课程："政治学概论"、"比较政府"、"法理学"。博士论文《政治多元论》经恺德林教授（George E. G. Catlin）介绍，作为"国际心理学哲学及科学方法丛书"之一，由伦敦著名出版社出版。

1928 年　32 岁

受聘南开大学第二年讲授三门全年课程："西洋政治思想"、"中国政治思想"、"社会演化论"。

1929 年　33 岁

9 月初，就任东北大学教授，讲授"政治学"、"西洋政治思想"两课程。

1930 年　34 岁

秋，应燕京大学政治系主任徐淑希之约就任燕京大学政治系教授，讲授"政治学概论"、"西洋政治思想"、"中国政治思想"等课程。

1932 年　36 岁

9 月至 1937 年 7 月，应清华大学政治系主任浦薛凤之约，在清华大学政治系任教五年。讲授中国政治思想史和当代西洋政治思想。与张奚若、钱端升、王化成、陈之迈同事。结识吴宓，与陈岱孙、俞平伯、闻一多、潘光旦为近邻。

1934 年　38 岁

至翌年 8 月，代蒋廷黻编辑纯学术性英文季刊《中国社会及政治学评论》（*The Chinese Social and Political Science Review*）。以"国立清华大学讲义"形式印成《中国政治思想选读》。

1937 年　41 岁

七七事变爆发。7 月 30 日出校进城，与贺麟、熊十力同住一处两进的房屋。10 月 9 日离开北平，经天津、青岛、济南、徐州、郑州、汉口，于 12 月 22 日辗转抵达重庆。

1938 年　42 岁

2 月初，前往成都，任教于国立四川大学，授"中国政治思想"和"西洋政治思想"两门课程。在燕京大学政治系兼课讲授中、西政治思想两门课程。6 月中旬从成都启程，经昆明、海防、香港到上海接家眷，9 月初回到成都。川大西迁峨眉，考虑到儿女学业，未能随迁。

1939 年　43 岁

婉谢就任国防最高委员会参事之邀。3 月 16 日至 31 日，在中央政治学校就"国权与国力"作六次演讲。

从 9 月至 1947 年 6 月，在上海光华大学成都分校任教八年，同时继续在燕京大学兼课。

1940 年　44 岁

夏天，《中国政治思想史》全书脱稿。任国立编译馆编纂，同事有孙小孟、郑鹤声、台静农。与朱自清唱酬旧诗。

1941 年　45 岁

7 月初，迁进光华大学新建教职员住宅。

1943 年　47 岁

冬，应邀到重庆出席宪政实施协进会，婉拒陈布雷参加国民党之邀。

1944 年　48 岁

考察川西区地方民意机构，了解行宪准备过程。冬，应聘到中央训练团高级班（第三期）任教官，讲授"各国政治思想"，为时约一个月。同期教官有钱穆、冯友兰、钱端升、陶孟和。

1945 年　49 岁

《中国政治思想史》由重庆商务印书馆出版。抗战结束，川大迁回成都，1945 年秋至 1947 年再度任教川大。9 月至 1947 年 6 月，为维持生计，同时在华西大学、四川大学、光华大学三校兼课，每星期上课 18 小时。

1946 年　50 岁

辞谢蒋廷黻就聘上海《申报》主笔推荐。

1947 年　51 岁

8 月上旬，全家离成都，抵南京，应国立政治大学校长顾一樵之约任教国立政治大学，担任"中国政治思想"和"西洋政治思想"两门课程。在介寿堂居住四、五个月后迁进梅园新村四十四号住宅，一年后另租建邺路 174 号半西式平房，不到半年从南京转徙上海。

1948 年　52 岁

春，四川大学转来美国华盛顿大学远东与俄国研究所主任戴德华教授（George Edward Taylor）电报，约任客座教授。

应台湾大学校长庄长恭前约，赴台讲学，暂住校长公馆、职员宿舍后，秋天搬进和平东路二段安东街四百十八巷十号。

1949 年　53 岁

9 月下旬，到高雄乘美国太平洋远东航线的货船"中国熊"离台赴美，就任华盛顿大学（西雅图）客座教授，后转为专任教授。19 年当中所授课程共三门："中国政治思想"、"中国社会制度"、"中国政治思想及制度资料阅读"。

1950 年　54 岁

接受梅谷（Franz Michael）、卫德明（Hellmut Wilhelm）等建议，开始十九世纪中国乡村的研究工作。

1953 年　57 岁

秋，开始草写计划中的《中国乡村》，每章初稿写成后印成副本，送交两星期一次的"中国近代史讨论会"。

1955 年　59 岁

秋，《中国乡村》全书脱稿，送华盛顿大学出版部付印。在梅谷教授提议下，决定从事"康有为研究"。

1957 年　61 岁

春，《中国乡村》书稿校订完毕。

1959 年　63 岁

1959 年 12 月，美国学术团体协会（American Council of Learned Societies）致函告知授予"人文学术卓著成就奖金"（Prize for Distinguished Scholarship in the Humanities）。至 1968 年，康有为研究论文先后在《华裔学志》（Monumenta Serica）、《崇基学报》和罗荣邦教授编译的《康有为：传记与论集》（1967 年）刊载。

1960 年　64 岁

偕同妻女赴纽约参加 1 月 20 日举行的授奖宴会。年末《中国乡村》（Rural China，Imperial Control in the Nineteenth Century）由华盛顿

大学出版社出版。

1968 年　72 岁

5 月 31 日，上完"中国政治思想"最后一课，结束持续四十二年的教学生涯。初夏退休之后开始写作回忆录，在台湾《传记文学》连载。继续参加研究所中国近代史讨论会，指导少数研究生。

1970 年　74 岁

汪荣祖编《迹园文存》在台北出版。

1972 年　76 岁

《萧公权荣休论文集》（*Festschrift Hsiao Kung-ch'uan*）在香港出版。回忆录《问学谏往录》、《迹园诗稿》（线装）在台北出版。

1973 年　77 岁

《画梦词》（线装）在香港出版。

1975 年　79 岁

《康有为思想研究》（*A Modern China and a New World：K'ang Yu-wei，Reformer and Utopian，1858—1927*）由华盛顿大学出版社出版。

1979 年　83 岁

牟复礼英译《中国政治思想史》由普林斯顿大学出版社出版。《调争解纷——帝制时代中国社会的和解》（*Compromise in Imperial China*）由华盛顿大学出版社出版。

1981 年　85 岁

11 月 4 日，逝世于美国西雅图寓所。

中国近代思想家文库

方东树、唐鉴卷	黄爱平、吴杰 编
包世臣卷	刘平、郑大华 主编
林则徐卷	杨国桢 编
姚莹卷	施立业 编
龚自珍卷	樊克政 编
魏源卷	夏剑钦 编
冯桂芬卷	熊月之 编
曾国藩卷	董丛林 编
左宗棠卷	杨东梁 编
洪秀全、洪仁玕卷	夏春涛 编
郭嵩焘卷	熊月之 编
王韬卷	海青 编
张之洞卷	吴剑杰 编
薛福成卷	马忠文、任青 编
经元善卷	朱浒 编
沈家本卷	李欣荣 编
马相伯卷	李天纲 编
王先谦、叶德辉卷	王维江、李鹜哲、黄田 编
郑观应卷	任智勇、戴圆 编
马建忠、邵作舟、陈虬卷	薛玉琴、徐子超、陆烨 编
黄遵宪卷	陈铮 编
皮锡瑞卷	吴仰湘 编
廖平卷	蒙默、蒙怀敬 编
严复卷	黄克武 编
夏震武卷	王波 编
陈炽卷	张登德 编
汤寿潜卷	汪林茂 编
辜鸿铭卷	黄兴涛 编

康有为卷	张荣华	编
宋育仁卷	王东杰、陈阳	编
汪康年卷	汪林茂	编
宋恕卷	邱涛	编
夏曾佑卷	杨琥	编
谭嗣同卷	汤仁泽	编
吴稚晖卷	金以林、马思宇	编
孙中山卷	张磊、张苹	编
蔡元培卷	欧阳哲生	编
章太炎卷	姜义华	编
金天翮、吕碧城、秋瑾、何震卷	夏晓虹	编
杨毓麟、陈天华、邹容卷	严昌洪、何广	编
梁启超卷	汤志钧	编
杜亚泉卷	周月峰	编
张尔田、柳诒徵卷	孙文阁、张笑川	编
杨度卷	左玉河	编
王国维卷	彭林	编
黄炎培卷	余子侠	编
胡汉民卷	陈红民、方勇	编
陈撄宁卷	郭武	编
章士钊卷	郭双林	编
宋教仁卷	郭汉民、暴宏博	编
蒋百里、杨杰卷	皮明勇、侯昂妤	编
江亢虎卷	汪佩伟	编
马一浮卷	吴光	编
师复卷	唐仕春	编
刘师培卷	李帆	编
朱执信卷	谷小水	编
高一涵卷	郭双林、高波	编
熊十力卷	郭齐勇	编
任鸿隽卷	樊洪业、潘涛、王勇忠	编
蒋梦麟卷	左玉河	编
张东荪卷	左玉河	编

丁文江卷　　　　　　　　　　　　宋广波　编
钱玄同卷　　　　　　　　　　　　张荣华　编
张君劢卷　　　　　　　　　　　　翁贺凯　编
赵紫宸卷　　　　　　　　　　　　赵晓阳　编
李大钊卷　　　　　　　　　　　　杨琥　编
李达卷　　　　　　　　　　宋俭、宋镜明　编
张慰慈卷　　　　　　　　　　　　李源　编
晏阳初卷　　　　　　　　　　　　宋恩荣　编
陶行知卷　　　　　　　　　　　　余子侠　编
戴季陶卷　　　　　　　　　桑兵、朱凤林　编
胡适卷　　　　　　　　　　　　　耿云志　编
郭沫若卷　　　　谢保成、魏红珊、潘素龙　编
卢作孚卷　　　　　　　　　　　　王果　编
汤用彤卷　　　　　　　　　汤一介、赵建永　编
吴耀宗卷　　　　　　　　　　　　赵晓阳　编
顾颉刚卷　　　　　　　　　　　　顾潮　编
张申府卷　　　　　　　　　　　　雷颐　编
梁漱溟卷　　　　　　　　　梁培宽、王宗昱　编
恽代英卷　　　　　　　　　　　　刘辉　编
金岳霖卷　　　　　　　　　　　　王中江　编
冯友兰卷　　　　　　　　　　　　李中华　编
傅斯年卷　　　　　　　　　　　欧阳哲生　编
罗家伦卷　　　　　　　　　　　　张晓京　编
萧公权卷　　　　　　　　　　　　张允起　编
常乃惪卷　　　　　　　　　　　　查晓英　编
余家菊卷　　　　　　　　　余子侠、郑刚　编
瞿秋白卷　　　　　　　　　　　　陈铁健　编
潘光旦卷　　　　　　　　　　　　吕文浩　编
朱谦之卷　　　　　　　　　　　　黄夏年　编
陶希圣卷　　　　　　　　　　　　陈峰　编
钱端升卷　　　　　　　　　　　　孙宏云　编
王亚南卷　　　　　　　　　夏明方、杨双利　编
黄文山卷　　　　　　　　　　　　赵立彬　编

雷海宗、林同济卷	江沛、刘忠良　编
贺麟卷	高全喜　编
陈序经卷	田彤　编
徐复观卷	干春松　编
巨赞卷	黄夏年　编
唐君毅卷	单波　编
牟宗三卷	王兴国　编
费孝通卷	吕文浩　编

图书在版编目（CIP）数据

中国近代思想家文库. 萧公权卷/张允起编. —北京：中国人民大学出版社，2014.8

ISBN 978-7-300-19939-9

Ⅰ. ①中… Ⅱ. ①张… Ⅲ. ①思想史-研究-中国-近代②萧公权（1897～1981）-思想评论 Ⅳ. ①B250.5

中国版本图书馆 CIP 数据核字（2014）第 200774 号

中国近代思想家文库
萧公权卷
张允起　编
Xiao Gongquan Juan

出版发行	中国人民大学出版社	
社　　址	北京中关村大街 31 号	**邮政编码**　100080
电　　话	010－62511242（总编室）	010－62511770（质管部）
	010－82501766（邮购部）	010－62514148（门市部）
	010－62515195（发行公司）	010－62515275（盗版举报）
网　　址	http://www.crup.com.cn	
经　　销	新华书店	
印　　刷	涿州市星河印刷有限公司	
开　　本	720 mm×1000 mm　1/16	**版　　次**　2015 年 1 月第 1 版
印　　张	27.5 插页 1	**印　　次**　2024 年 7 月第 3 次印刷
字　　数	429 000	**定　　价**　99.00 元